U0626828

"十三五"国家重点图书、音像、电子出版物出版规划项目

2016年主题出版重点出版物

永远的 YONGYUAN DE
CHANGZHENG

红色近卫军

红一方面军长征珍闻录

刘 波◎著

陕西新华出版传媒集团

未 来 出 版 社

图书在版编目（CIP）数据

红色近卫军：红一方面军长征珍闻录／刘波著. —西安：
未来出版社，2017.1

（永远的长征）

ISBN 978 - 7 - 5417 - 4978 - 0

Ⅰ．①红… Ⅱ．①刘… Ⅲ．①红一方面军 - 史料
Ⅳ．①E297.2

中国版本图书馆 CIP 数据核字（2017）第 006816 号

红色近卫军：红一方面军长征珍闻录

HONGSE JINWEIJUN：HONGYIFANGMIANJUN
CHANGZHENG ZHENWENLU

丛书策划	尹秉礼　高　安
执行主编	刘　波
责任编辑	高　安　贾文泓
封面设计	许　歌
技术监制	宇小玲
出版发行	陕西新华出版传媒集团　未来出版社
	地址：西安市丰庆路 91 号　邮编：710082
经　销	全国新华书店
印　刷	陕西安康天宝实业有限公司
开　本	710mm ×1000mm　1/16
印　张	23.5
版　次	2017 年 3 月第 1 版
印　次	2017 年 3 月第 1 次印刷
书　号	ISBN 978 - 7 - 5417 - 4978 - 0
定　价	39.00 元

如有印装质量问题，请与印厂联系调换。

目　录

第一章
秘密进行的长征准备

长征前的最后一场恶战——中央红军扩红——长征的思想动员——长征的物资准备——选择长征的突围方向——选择长征的时机

1934 年 10 月 7 日，江西瑞金云石山，中革军委驻地，一位来自白区的神秘使者求见周恩来副主席。来人面目狰狞，衣衫褴褛，一副乞丐打扮。很难想象，他便是神秘的中共特科成员项与年。项与年带来的一份绝密情报令周恩来大吃一惊：国民党军即将提前一个月发起对中央苏区的总攻！

原来，在 9 月下旬，蒋介石在庐山秘密召开军事会议，在对中央苏区第五次"围剿"的基础上，重新调整了兵力部署，并在他的德国军事顾问汉斯·冯·塞克特将军的策划下，制订了一个旨在彻底"剿灭"中央红军的"铁桶计划"。然而，就在庐山军事会议结束的当晚，这份"绝密"的"铁桶计划"就落在了共产党人的手中。

据有关史料记载，这个所谓的"铁桶计划"，是国民党准备集结 150 万大军、270 架飞机、200 门大炮，对以瑞金为中心的中央苏区，"分进合击""铁壁合围"，在距瑞金 150 公里处形成一个大的包围圈。然后在瑞金四周大修碉堡工事，构建起 30 道铁丝网和火力封锁线，迫使红军主力在狭小地域内同国民党军决战！同时为防止红军突围，还计划调配 1000 辆军用卡车快速运送部队实施机动截击，以期一个月内将中央苏区的红军彻底歼灭。用蒋介石的话说，就是"剿共大业，毕其功于此役"！

当"铁桶计划"被临时中央"三人团"（博古、李德、周恩来）传阅后，他们立即意识到中央红军面临着极度危险。当时中革军委收到的前方战报显示，此时整个中央苏区仅剩下瑞金、雩都、长汀、宁都、会昌五座县城,红军在各个方向均频频告急,明显敌军正在加速合围。"三人团"深感形势严峻,必须要抢在敌"铁桶"尚未完全合拢前,红军主动迅速跳出敌人的包围圈,否则后果不堪设想!

三天之后,即10月10日,中革军委发布由朱德签发的突围出发令,以此为标志,中央红军开始了战略转移,踏上了漫漫的长征征途。

项与年冒着生命危险送来的这份绝密情报,对拯救十万中央红军无疑发挥了重大作用。不过,仅在三天之内,近十万红军想要有条不紊地紧急出动,却殊非易事。其实在此前的近半年时间,长征的准备工作早已紧锣密鼓地开始了,长征的准备始于广昌战役结束后。

长征前的最后一场恶战

广昌战役,红军这一方的实际总指挥是担任中共中央军事顾问的德国人奥托·布劳恩,其中国名字叫李德。李德到中央苏区时,正是中央红军第五次反"围剿"开始之时。

历史这时出现了有趣的巧合,当红军有一个德国军事顾问李德的同时,在国民党军中也有一个以德国将军佛采尔为首的德国军事顾问团。于是,国共双方的军队都在德国顾问的"顾问"下,围绕着对红军的"围剿"和红军的反"围剿"展开了新一轮的较量。

对中央红军来说,大规模的反"围剿"作战这已是第五次了。此时,已是日本自九一八事变后入侵中国的第三个年头。1933年初,日军又大举入侵华北,中华民族危机日益深重,然而国民党蒋介石政府却置民族危亡于不顾,仍然坚持推行其"攘外必先安内"的反动方针,决心消灭中国共产党及其领导的红军。当年9月,蒋介石调集约50万兵力,围攻以江西瑞金为中心的中央革命根据地。

此时的中央红军,经过了前四次反"围剿"作战的胜利,积累了丰富的作战经验,且队伍不断壮大,从游击兵团过渡到了运动战大兵团。一年前,也就是1932年6月,中央红军复称红一方面军[1],中革军委主席朱德兼任总司令,彭德怀任副总司令,毛泽东、周恩来先后任总政治委员,叶剑英、刘伯承先后任参谋长,王稼祥任政治部主任。同年底又进行整编,全军下辖3个军团又4个军,林彪任第一军团军团长,彭德怀任第三军团军团长,董振堂任第五军团军团长,共约7万人。1933年5月,中国工农红军总部成立,并兼红一方面军总部,朱德任总司令兼方面军司令,周恩来任总政治委员兼方面军政治委员,叶剑英任方面军参谋长,杨尚昆任方面军政治部主任。10月,红一方面军组建第七军团,军团长寻淮洲,政委萧劲光;组建第九军团,军团长罗炳辉,政委蔡树藩。

蒋介石以百万大军发动对红军的第五次"围剿",其中50万用于对付中央红军,塞克特为国民党军制定了"铁壁合围"的新战术:"战术上要以守为攻,战略上要取攻势即以攻为守。""军行所至,立建碉堡,逐步推进,稳扎稳打,三里五里一进,十里八里一推。""进行一步,即守一步,逐渐前进,缩小匪区。"陈诚则对此形象地比喻为"抽干鱼塘的水来抓鱼塘里的鱼"。

强敌压境,如何打败国民党军新一轮的"围剿"?李德要求红军以阵地战、堡垒战,结合"短促突击"顶住敌人,而且经常要求红军对以堡垒作依托的敌人发动进攻。这种打法与中央红军此前四次反"围剿"成功的打法背道而驰,但李德固执己见,认为毛泽东等人坚持的游击战、运动战是"右"倾,说"游击战的黄金时代已经结束"。

李德,住在瑞金郊外一所水田环抱的三居室"独立房子"中,他孤傲的性格,就如同这所不合群的住所一样。他性格固执,听不进中国红军将领的合理意见。时任中共总负责人的博古,年仅27岁,由于他自己不懂军事,便把军事指挥权拱手交给了本只是"军事顾问"的李德。李德,曾在第一次世界大战中参加过德国军队同沙皇俄国作战,在战斗中被沙俄的军队俘虏。1919年4月,他在慕尼黑参加过德共的街垒战。因参加革命他曾两次被捕入狱。后来,他逃出监狱参加了苏联红军,不久晋升为骑兵师参谋长,进入伏龙芝军事学院接受军事训练。1932年春,他毕业后被共产国际执委会派往中国,在共产国际执委会(驻上海)远东局工作。1933年初,中共临时中央从上海迁往中央根据地。同年9月,他以中共中央军事顾问的身份来到瑞金,成为中央红军的主要指挥者。李德受过正规的军事训练,无疑算得上苏联红军的正规战的专家,尤其对建设一支骑兵有独到的见解,但他对中国工农红军的军情和中国的国情却并不清楚。所以,李德把持下的中革军委错误地判断了形势,误以为中央苏区已经建立了中华苏维埃共和国,红军已经正规化,同国民党军队的作战便是国家和国家之间的作战、大军与大军之间的较量。

红军过去打胜仗,一条重要的经验是发扬军事民主,集智对敌。俗语说:"三个臭皮匠,顶一个诸葛亮。"然而糟糕的是,李德只听从坐镇上海的共产国际驻中共军事总顾问弗雷德的指挥。弗雷德全名为曼弗雷德·施特恩,奥地利人。弗雷德在上海的中央局遥控指挥,对红军的实际情况更缺乏了解。满脑子主观的臆断和空想,经常提出一些异想天开、不切实际的军事计划,就连李德对此也抱怨道:"弗雷德给我的指示和建议最多。他深信苏联会给予武器援助,并且抱有进行一场大规模正规战争的幻想。"

李德几乎是傲慢地拒绝了所有中国同事的协助,仅凭借一己之力,单独对抗训练有素的整个德国军事顾问团的集体智慧。而蒋介石的德国顾问团则云集了一批才华出众、经验老道的德国国防军精英,如:乔治·佛采尔中将、汉斯·冯·塞克特上将、亚历山大·冯·法肯豪森上将等军事专家。主要与李德对垒的佛采尔,在第一次世界大战中,曾任陆军作战处长,多次率部突破协约国防线,屡立战功。大战结束后,塞克特任德国陆军总司令,佛采尔被提升为总司令部部队室主任(相当于总参谋长)。仅从顾问团的力量对比上看,便显得极不对称,其作战后果便不难想象了。

第五次反"围剿"最激烈的战事发生在广昌。

1934年4月,国民党军集中了11个师的兵力对广昌发起总攻。广昌已处于国民党军东、北、西三面包围之下,处境十分险恶。

中革军委命令中央红军主力一、三、五、九4个军团到江西广昌地区构筑工事,死守中央苏区北大门,企图"御敌于国门之外"。

李德下达了《坚守广昌的作战命令》,将防守的红军分为西方集团、东方集团以及广昌支点守备部队,还规定"只有受命后才能撤退"。

27日这一天,是广昌战斗最惨烈的一天。进攻广昌之敌,以一个炮兵旅进行轰击,三四十架次飞机配合,边打边建乌龟壳似的堡垒,每次只前进一至两公里,步步为营地推进。在现场指挥红三军团防御的彭德怀描述道:

> 从上午八九时开始至下午四时许,所谓永久工事被轰平了。激战一天,我军突击几次均未成功,伤亡近千人。在李德所谓永久工事里担任守备的营,全部壮烈牺牲,一个也未出来……

在广昌指挥的李德目睹了一塌糊涂的败绩,不得不同意部队在黄昏后撤出战斗,广昌保卫战遂告结束。

广昌战役,红军伤亡5093人,占参战人员的五分之一,第六师政治部主任曹其灿牺牲。

国民党军占领广昌之后,调集了31个师的兵力于7月上旬向中央苏区中心发起全面进攻,蒋介石限令8月1日前必须攻占红色首都瑞金。面对敌人的疯狂攻势,红军"继续在内线作战取得决定的胜利已经极少可能以致最后完全没有可能",本应先避敌锋芒,保存有生力量,"在广大无堡垒地区,寻求有利时机,转入反攻,粉碎'围剿',创造新苏区,以保卫老苏区"。[2]但中革军委领导人博古、李德在请示共产国际后,仍继续采取单纯防御战略,已经连续苦战了10个月的红军又开始了更加艰难的防御作战。

部队转移到贯桥、高虎垴一线继续进行防御。彭德怀率红三军团,依托山地拼死阻击敌军。在彭德怀指挥下,红军构筑了坚固阵地,指战员英勇顽强地实施了反攻击,予敌以很大的杀伤,从阻止敌军进攻进程的角度看,算得上胜利,但红军损失也很惊人。万年亭一战,红三军团五师政委和军团卫生部长阵亡,全师团以下干部牺牲342人。驿前保卫战,红军将士决心"为苏维埃流尽最后一滴血",仅红三军团和红一军团十五师就有2352名官兵伤亡。

李德指挥红军死打硬拼的打法,激起了红军指战员的强烈不满。当李德提出,要彭德怀写一篇关于万年亭之战胜利的文章,以证明李德鼓吹的"短促突击"的战术高明之时,彭德怀忍无可忍地断然拒绝,并当面怒斥李德"崽卖爷田心不痛"。

彭德怀毫不掩饰自己对所谓"短促突击"战术的反对,他毫不客气地当面批评李德瞎指挥,"怎样组织火力点?根本没有子弹!在敌碉堡密布下,进行短促突击,十次就有十次失败,几乎没有一次是得到成功的。"他越说越激动:"你们的作战指挥从开始就是错误的。……如果不是红军高度自觉,一、三军团早就被你送掉了。"[3]

广昌失利,导致中央苏区门户洞开,红色首都瑞金乃至整个中央苏区,在敌人的优势兵力的进逼下,已是岌岌可危。面对这样的险境,中革军委"三人团"开始秘密筹划中央红军的战略转移。

《红色中华》关于广昌失守的报道

李德后来在《中国纪事》中写道："突围的准备工作从一九三四年五月开始。""五月初,我受中央委托草拟了一九三四年五至七月关于军事措施和作战行动的三个月的季度计划。这个计划是以军事委员会决议的三个观点为基础的。这三个观点是:主力部队准备突破封锁,独立部队深入敌后作战,部分放弃直接在前线的抵抗。"[4]

博古把准备战略转移的打算向共产国际执行委员会做了汇报,共产国际执行委员会回电询问:在这种情况下,是否可能让主力继续在苏区内作战? 这次电报之后,中央委员会上海局连同电台都被国民党秘密警察查获,中共中央同共产国际代表团以及共产国际执行委员会的联系完全中断了。然而,不幸中之大幸的是,这对中国共产党和红军而言,反而无形中却成了一件好事,由于没有了共产国际的干预,中国共产党开始独立自主地行事。

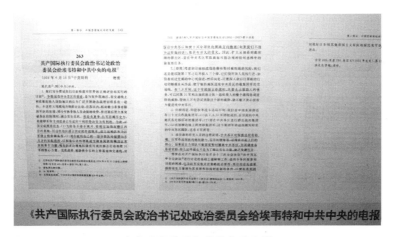

《共产国际执行委员会政治书记处政治委员会给埃韦特和中共中央的电报

共产国际关于红军长征的电报

长征的准备工作,在以博古、李德、周恩来组成的"三人团"指导下,秘密地开展起来。从军事上的战略佯动和转移目标上,从暗示性的思想动员上,从兵员的补充、训练,从粮食、经费、被装的大力保障,到战略突围方向、突围时机的选择上,都积极、广泛地开展起来。

中央红军扩红

广昌战役失利后,中共中央和中革军委就发出指示,要求5月份开展一次扩红突击运动,完成1.4万名的扩红计划。中华苏维埃共和国中央政府在发表的五一劳动宣言中,号召苏区的每一个工人和农民武装起来,加入到红军中去。

5月18日,中革军委发布的《武装起来,到红军中去》的宣言中,提出5、6、7三个月中央苏区扩大红军5万,5月完成扩红2.7万人的计划。9月1日,中央组织局、总动员武装部等又发出了9月间动员3万新战士上前线的通知,要求各地党组织完成的人数指标为:江西1.1万,直属四县7000,赣南7000,福建2300,会昌1700,宁化1000。并且在动员中要求保障每个新战士有一支梭镖带赴前方,争取每个新战士有一床被毯,草鞋等用具亦要准备充分。在大规模的扩红努力下,中央红军开始长征时,人数达8.6万人,其中大约有一半是新参军的战士。

8月26日,中革军委下令成立教导师,由三个团、一个机枪连、一个警卫连编成之,以张经武同志为师长;9月21日,中革军委组建了红八军团,由第二十一、第二十三师合编而成,由周昆任军团长,黄甦任军团政委。另外,还成立了红三十四师、少共国际师等新的部队。

长征前的思想动员

中共中央和红军总部对即将进行的战略转移,隐晦地作了先期发动。1934年8月1日,红军总政治部编辑出版的《红星》报发表的《红军抗日先遣队已过闽江》的报道中说:"我们工农红军今年'八一'全体誓师,在彻底粉碎敌人五次'围剿'的胜利决心下,准备全体北上抗日。"8月4日,总政治部发出的《关于在部队中解释红军抗日先遣队北上抗日的指示》,8月10日苏区中央局机关报《斗争》第70期发表的《使抗日先遣队的出动成为真正的广大的武装民众民族革命战争的开始》的社论,也都谈到了同样的问题。

当时,有许多共产党员和红军指战员在看了这些讲话或报道后,就预感到中央红军要退出中央苏区。如董必武在看了张闻天的文章后就"因而猜测红军可能要转移了"。9月29日,张闻天又在《红色中华》第239期上发表了《一切为了保卫苏维埃》的社论,提出:"为了保卫苏区,粉碎五次'围剿',我们在苏区内部求得同敌人的主力决战,然而为了同样的目的,我们分出我们主力的一部分深入到敌人的远后方,在那里发动广大的群众斗争,开展游击战争,解除敌人的武装,创造新的红军主力与新的苏区……我们有时在敌人优势兵力的压迫之下,不能不暂时地放弃某些苏区与城市,缩短战线,集中力量,求得战术上的优势,以争取决战的胜利。"这一社论,实际上是向苏区军民发出了中央红军准备战略转移的第一个公开信号。

长征的思想动员,考虑到保密的需要,没有明说。李德认为"突围成功的最重要的因素是保守秘密。只有保守秘密,才能确保突然行动的成功,这是取得胜利的不可缺少的前提。因此,当时关于突围的传达范围只限于政治局和革命军事委员会的委员,其他人,包括政治领导干部和部队高级干部,只知道他们职权范围内需要执行的必要措施。"[5]为了保密,多半只是中央的机关和干部作了出发的准备,而几乎所有的地方机关和地方干部都留在了苏区。留下的干部由项英领导,在军事上由陈毅领导。

由于过度的保密,使许多高级干部都被蒙在鼓里,包括许多中央委员也不知道内情,以至于自己都缺乏应有的思想准备,部属的思想工作自然也就无法做到位。彭德怀就曾批评说:"最奇怪的是退出中央苏区这样一件大事情,都没有讨论过。"[6]时任中央组织局局长的李维汉对此也曾批评道:"中央红军为什么要退出中央苏区?当前任务是什么?要到何处去?始终没有在干部和广大指战员中进行解释。这些问题虽属军事秘密,应当保密,但必要的宣传动员是应该的。"[7]正是由于缺乏足够的思想准备,使得长征开始后,在突破三道封锁线的过程中,尽管战斗不多,却出现了大批战士开小差离开红军队伍的非战斗减员现象。陈云就指出,其原因第一条就是"政治动员不够"。[8]

为了进行战略转移,在作战思想上,也发生了很大转变。9月8日,中革军委发出指示,要求红三军团在作战中,要以"最高度的节用有生兵力及物质资材"为基本原则,在战斗的间隙,除三分之一的值班部队外,主力应集结补充整理训练,并加强部队的政治团结。此时一改过去让部队打阵地战的提法,要求部队进行运动防御,并强调在防御的同时,"应准备全部撤退"。中革军委在9月25日给各军团的电报中再度强调,"一方面你们应给敌人相当的损失和抵抗;另一方面应很爱惜地使用自己的兵力,并且应坚决避免重大的损失,特别是干部。"特别要求各军团注意"在飞机轰炸、炮兵集中所威胁不利的条件下,及我们工事不十分巩固时,指挥员应适时放弃先头阵炮(原文如此,应为"地"),以便于我们阵地的纵深内实行突击。应特别注意在战时中不间断的对于部队指挥,在失利时,应有有组织地退出战斗的计划。"[9]

长征的物资准备

长征前,中央苏区开展了大规模的筹粮筹款运动。1934年6月2日,中华苏维埃共和国临时中央政府发出了《为紧急动员二十四万担粮食供给红军致各级党部及苏维埃的信》；7月5日，《红色中华》第210期发表题为《动员二十四万担粮食是目前我们第一等的任务》的社论；7月22日，中华苏维埃共和国临时中央政府发布了《关于在今年秋收中借谷六十万担及征收土地税的决定》。9月30日，粮食部长陈潭秋宣布秋收借谷任务圆满完成。这使得凡参加长征的干部战士都领到了一份长途行军的粮食。

与此同时，根据地的筹款工作也在加紧进行。1934年春天，中共中央下令把埋藏在瑞金附近山洞里的金银财宝统统挖出来，以备长征开始时就把金锭、银锭和钞票分给红军战士，以便部队离开苏区后，能用通用的银钱购买粮食和军需用品。同时，中央机关各部门还发动群众打土豪筹款，1934年8月，《红色中华》第227期报道了各地发动群众查找地主埋的金银窖以筹集现款的情况。

在武器弹药等军用物资上，也作了长期的准备。为准备足够的长征所需要的武器弹药等军用物资，中共中央采取措施，发动群众，加紧生产制造武器弹药。1934年7月，苏维埃中央政府做出决定，在苏区开展征集军用品的突击运动。中革军委还在雩都设立了总兵站和物资供应总站，红军制衣厂数千人加紧生产，制作了一大批新的军衣。长征开始时，中革军委将140多万发子弹、7.6万多枚手榴弹和大批物资补充到红军各主力军团，保证了每个指战员都带着一件冬衣，一两枚手榴弹，一支步枪或一把刺刀，以及10—40发步枪子弹[10]。

选择长征的突围方向

长征出发的突破口选择在哪里呢？

据红军的侦察结果表明，敌人防御相对薄弱的地方在湘粤桂三省交界处。虽然这里也有四道南北方向的堡垒封锁区，但在最重要的东西方向上却没有堡垒相联结。

从这里突围的另一好处是可以利用桂系、粤系与蒋介石的矛盾，他们不会过多地为蒋介石火中取栗，因为他们深知同红军作战就意味着减少与蒋介石对抗的本钱。这里是南路军粤军防御的范围，尽管蒋介石给了陈济棠巨额"剿共"经费，但粤军在进攻中央苏区上一直不太积极，9月，陈济棠还主动派人与红军接洽谈判事宜，这为后来的红军长征借道粤军防线突围，提供了最好的机会。

时任江西"剿匪"南路军总司令的陈济棠，系广东地方实力派，曾三次通电反蒋，现虽驻守在江西省会昌县筠门岭地区，却希望偏安广东地盘，安稳地当其

"南天王"。十九路军的"福建事变"[11]失败后，蒋介石派其嫡系李玉堂等部，陈兵福建西南地区，威逼广东，令陈济棠深为忌惮。陈作为雄霸一方的军阀，对蒋介石消除异己的企图怀有戒心，担心蒋利用粤军与红军互斗，自己坐收渔人之利，顺势打入广东抄了粤军老巢。为保存实力，陈济棠采取了同红军"外打内通""明打暗和"的策略，主动派人与红军谈判秘密合作事项。9月，陈济棠派出代表赴瑞金，求见红军总司令朱德，表示愿与红军合作的意向。周恩来、朱德热情接待了来人，讨论了停战和联合抗日等问题。朱德还致信陈济棠，提出"中国人民凡有血气者，莫不以抗日救国为当务之急"，重申了1933年1月毛泽东、朱德签发的中华苏维埃临时中央政府、工农红军革命军事委员会《为反对日本帝国主义侵入华北愿在三条件下与全国各军队共同抗日宣言》，表明了与粤军合作的诚意。信中，朱德向陈济棠提出如下建议：

一、双方停止作战行动，而以赣江沿江至信丰而龙南、安远、寻乌、武平为分界线。上列诸城市及其附郭十里之处统归贵方管辖，线外贵军，尚祈令其移师反蒋。

二、立即恢复双方贸易之自由。

三、贵军目前及将来所辖境内，实现出版、言论、集会、结社之自由，释放反日及一切革命政治犯，切实实行武装民众。

四、即刻开始反蒋卖国贼及法西斯之政治运动，并切实做反日反蒋之各项军事准备。

五、请代购军火，并经筠门岭迅速运输。[12]

在朱德、周恩来的直接推动下，陈济棠不久即致电红军，建议派军事代表来广州面商军事问题。中共中央遂决定派出中央宣传部副部长潘汉年和粤赣省军区司令员兼政委何长工为代表，前往粤军独立第一师第二旅旅部驻地江西寻邬县罗塘镇，与陈济棠的会谈代表——少将参谋长杨幼敏及他的两个师长黄质文、黄旭南[13]，举行秘密会谈。

毛泽东对此举深表赞同，此前他就曾对何长工说："我们要吸取福建事件的教训，善于利用陈、蒋的矛盾，粉碎敌人的'围剿'，壮大自己的力量。但是，也要提高警惕，军阀毕竟是军阀，要'听其言，观其行'"。[14]

朱德于10月5日专门为潘、何两人特地写了封信，其内容为：

黄师长大鉴：

兹应贵总司令电约，特派潘健行（即潘汉年）、何长工两君为代表前来寻乌与贵方代表幼敏、宗盛两先生协商一切,予接洽照拂为感!

专此顺致戎祺!

朱德手启

10月6日,潘汉年和何长工携带朱德的亲笔信出发,临行前,周恩来叮嘱他们要"勇敢沉着,见机而作",要以1934年7月《向白军士兵提出六条抗日救国的行动纲领》以及1933年的"三条件"为依据谈判。时任军委副参谋长的叶剑英也关切地说:"此去白区谈判,任务重大,谈成了,是很有益处的,要尽力而为;谈不成,也不要紧,关键是沉着灵活。"[15]

到了红军与粤军的交界处,粤军派出一个连前来迎候,还为他二人专门准备了4个人抬的大轿子。每遇岗哨盘问,连长就高声说"这是司令请来的贵客"将其喝退,潘、何两人因此畅通无阻地安抵会谈地点罗塘镇。潘、何两人住在镇上的一栋小洋房的二楼,黄质文、黄旭南、杨幼敏住在楼下。

双方经过反复磋商,终于达成了五项协议,为后来中央红军顺利通过国民党军的第一道封锁线,创造了极为有利的条件。

多年以后,何长工回忆起当时的情景仍觉历历在目:

1934年九十月间,忽接周恩来的通知,要我急去瑞金有事相商。于是我迎着朝霞,策马扬鞭、急驰在绵水河畔的崎岖道路上。抵目的地后,周恩来亲切地握着我的手说:"南天王"陈济棠电我们,要举行秘密军事谈判,这很好,我们可以利用陈、蒋之间的矛盾。朱德已给他复信。根据目前党的统战策略思想及政策,我们准备与陈谈判。我们商定,派你和潘汉年(公开职务为中共中央宣传部部长)为代表,到陈管区寻乌附近和陈派来的代表——第一集团军总部少将参谋杨幼敏及两个师长,一个是独立第七师师长黄质文,另一个是独立一师师长黄任寰,举行密谈。

周恩来亲切而又郑重地对我说:长工,这是中央给你的重任,望你勇敢沉着、见机而作。他还向我交代了联络密语等项事宜。

我们经过连来带去三天三夜的谈判,很快达成了以下五项协议:

一、就地停战,取消敌对局面;

二、互通情报,用有线电通报;

三、解除封锁;

四、互相通商,必要时红军可在陈的防区设后方,建立医院;

五、必要时可以互相借道,我们有行动事先告诉陈,陈部撤离40华里。

我军人员进入陈的防区用陈部护照。

为保密起见,协议只写在双方代表的记事本上,并未形成正式文本。这是继 1933 年 10 月我们同蔡廷锴第十九路军谈判达成停战同盟协定之后,又签订的一个停战协议。这是中国共产党统一战线政策的又一胜利。[16]

正当谈判顺利进行之时,周恩来向潘汉年、何长工发来了密语电报:"你喂的鸽子飞了。"暗示他们中央红军的战略转移开始了,要他们尽快返回。粤方谈判代表对此敏感地问:"你们是否要远走高飞了?"潘汉年解释道:"这是说谈判成功了,和平鸽上天了。"的确,与陈济棠的谈判,使中共中央和中央红军成功地找到了战略转移的突破口,其后,中央红军的战略大转移,就是以南线作为突破口的。

陈济棠也基本履行了秘密协议。停战协定签订后,陈济棠即派人给红军送来了大量食盐和几百箱子弹。

陈济棠很快就将与红军达成的秘密停战协议的内容要点传达到前线少将以上军官,要求各部队认真履行协议,给红军让出大路通过。同时,为了哄骗蒋介石,陈济棠又令各部广筑工事,派兵扼守咽喉要道,摆出要与红军决战的架势。

突围的人事安排也在悄然进行中。据时任中央组织局主任的李维汉回忆:

1934 年七八月间,博古把我找去,指着地图对我说,现在中央红军要转移了,到湘西洪江建立新的根据地。你到江西省委、粤赣省委去传达这个精神,让省委作好转移的准备,提出带走和留下的干部名单,报中央组织局。他还说,因为要去建立新苏区,需要选择一批优秀的地方干部带走,也让省委提出名单。听了博古的话,我才知道中央红军要转移了,根据博古的嘱咐,我分别到江西省委、粤赣省委去传达。那时,江西省委书记是李富春,粤赣省委书记是刘晓。传达后我又回到瑞金。[17]

由于李德等人一味地强调保密,所以这些准备工作只是在很少范围内秘密进行,以致在长征前,连许多党和红军中的高级干部,都还蒙在鼓里,一无所知。广大指战员更是毫无思想准备。正如李维汉所说:

长征的所有准备工作,不管中央的、地方的、军事的、非军事的都是秘密进行的,只有少数领导人知道,我只知道其中的个别环节,群众一般是不知道的。当时我虽然是中央组织局主任,但对红军转移的具体计划根本不了解。第五次反"围剿"的军事情况,他们也没有告诉我。据我所知,长征前中央政治局对这个关系革命成败的重大战略问题没有提出讨论。中央红军为什么要退出中共苏区?当前任务是什么?要到何处去?始终没有在干部和广大指战员中进行解释。这些问题虽属军事秘密,应当保密,但应该的宣传动员是应该的。[18]

干部的去留,也在秘密敲定中。属于省委管的干部,由省委决定报中央;党中央机关、政府、部队、共青团、总工会等,由各单位的党团负责人和行政领导决定报中央。决定走的人再由中央组织局编队,中央政府党团书记是洛甫,总工会委员长是刘少奇,党团书记是陈云,这些单位的留人名单,分别是由他们决定的。部队留谁则由总政治部决定。中央政治局常委决定留下一个领导机关,坚持斗争,叫中央分局。成员有项英、陈毅、瞿秋白等,由项英负责。毛泽覃、周以栗、陈正人、贺昌四人正在养病中,也被留在苏区;何叔衡、古柏等,属于王明一派不喜欢的人,也被留了下来。主力红军长征后,除陈正人外,这些干部都在保卫苏区的战斗中牺牲,令人不禁为之扼腕叹息!

李维汉还谈到,"中央政府机关的东西很多。如中央银行携带很多银圆,财政部有大量苏维埃钞票,还有银圆,都要挑着走。一边走,一边抄土豪的家,得了现洋,也挑着走。因为部队发的是苏维埃钞票,不能拿苏维埃钞票买老百姓的东西。印票子的石印机也抬着走。军委后勤部把制造军火的机器也带上了,要七八个人才抬得动。每个部几乎都要抬着机器走,卫生部带的坛坛罐罐也很多。真是大搬家……"[19]正是这么多的坛坛罐罐,严重地影响了红军长征初期的行军速度,为突破第四道封锁线——湘江战役失利,埋下了严重的隐患。

选择长征的时机

对于红军突围时间的选择,在中革军委"三人团"8月份的计划中,预定为10月底11月初。据李德解释说,这是"因为根据我们获得的情报,蒋介石企图在这期间集中力量发动新的进攻,突围的日期选择在敌人到达时,必然会使敌人扑个空。"[20]李德还说这样做的理由有三个,第一,八九月份第六和第七军团开始突围以后,国民党在后方加强了封锁区的堡垒设置。第二,陈济棠突然递交停战声明。第三,我们从破译的电报中获悉(这对我们来说当然是极其重要的情报),蒋介石指示把发动新的大规模进攻的日期提前了大约一个月。

至于为什么后来时间突然提前了,那是因为"在9月的最后几天中,蒋介石的主攻部队的确同时行动起来了。由于我们的侦察工作做得十分出色,党和军队的领导才能及时对计划做出相应的修改。"[21]

周恩来在 8 月 18 日给《红星》报的社论《新的任务与新的胜利》中,分析了中央红军面临的敌情:"敌人已经集中了全国正规军队百分之七十以上的兵力来围攻中央及其周围的苏区;如果再加上进攻鄂豫皖的奉军,进攻红四方面军的川军,进攻红二军团的川鄂黔军,则在全国除山西阎锡山、山东韩复渠[榘]和云南军阀的部队以外,没有一个军队不在与红军作战了。这一切形势,说明眼前敌人的进攻,已经是蒋介石企图总攻瑞金计划中的重要步骤。大战就在眼前,九十月间将是决定胜负的血战的关键。"[22]这一社论表明中革军委已在思考战略转移的时机。

9 月 25 日,朱德发给各军团领导的电文中,已经明确指出不容置疑的险恶形势:"26 日晨,蒋敌向我行总的攻击,李(延年)纵队向汀州进,陈(诚)路军向石城进,其以后目的是在占领我们的中心瑞金。而薛(岳)路军和周(浑元)纵队近日亦逐步前进,其目的是在占领我们的兴国,从西面切断我之主力。"[23]电文还特意叮嘱:"一方面你们应给敌人相当的损失和抵抗;另一方面应很爱惜地使用自己的兵力,并且应坚决避免重大的损失,特别是干部。""在失利时,应有有组织地退出战斗的计划。"这一电文表明中革军委已了解国民党军总攻的动向,要求红军主力部队在节节抗击敌军的同时,注意保存实力,准备战略转移。

当时,红军的侦听和破译技术很高,对国民党军的动向了如指掌。从红军当时不断准确截获敌军的电报来看,中革军委显然是截获了国民党军大举来犯的准确情报,因而决定将长征提前了一个月时间,因此难免有些仓促。但由于广大群众和红军指战员的努力,基本弥补了时间的不足,长征的准备到 9 月底基本完成。

当然,长征的提前出动,也要归功于暗战中的中共地下党员以及同情中共的国民党左派人士。蒋介石 9 月下旬在庐山军事会议上,在德国顾问的帮助下,制定了一个进攻中央苏区的新计划,会议一结束,同情我党的进步人士、国民党赣北第四行政区专员兼保安司令莫雄便将会上发给的绝密情报,交给了他的手下、打入国民党军的前中共特科情报人员项与年手中。

项与年见此情报,深感惊讶,谢过莫雄后,即冒着生命危险前往中央苏区。他先是化装成教书先生,后为保险起见,忍着剧痛,用石头敲掉自己的四颗牙,化装成面孔肿胀、肮脏不堪的叫花子,闯过了几十道国民党设置的关卡,进入中央苏区,将密写在小学生字典中的情报显现后,交到周恩来手中。这一情报进一步验证了蒋介石即将开始的大规模军事行动。

敌变我变,中共中央于是加紧了长征的准备,将原定于10月底11月初的出发时间提前到10月中旬。最后的准备工作,使许多人感到有些仓促。尽管突围时间作了调整,但在各级党组织和红军的艰苦努力下,出征准备的工作还是基本上出色地提前完成了。

长征,一场影响中国革命命运的战略转移,就这样大规模、有条不紊、秘密地准备着。时至10月初,准备工作基本完成,进军的号角即将吹起。长征的各路队伍开始秘密集结,在敌人没有发觉的情况下,夜行军向中革军委指定的出发地行进。

9月28日,正在松毛岭作战的红九军团接到了撤退的指令。

红九军团供给部长赵镕在这天的日记中写道:

"据军团参谋处黄更生参谋说,上级要我九军团第三师的防御阵地交给二十四师接替,原九军团所部的三师仍撤到钟屋村附近休整,准备接受新的任务。"

于是,红九军团带着补充的1600多名新战士,在30日这天结束了长征前的最后一战,冒着小雨撤离钟屋村,走向瑞金。钟屋村(后改名中复村)由此以红九军团的"长征零公里"载入史册。

红九军团长征前最后一战之长汀中复村松毛岭

10月8日赵镕又在日记中写道:

"我军团的服装,经汀州补充后,全部焕然一新:新衣服、新绑腿、新腰带,再配以鲜红的新领章和用红布剪成的红五星帽徽,显得精神了许多。

下午,军委发来五万分之一和十万分之一的地图十担,计有江西、湖南、广东、广西、贵州等省,今后的行动将是意识不到的。"

他稍后的日记记载了红九军团补入了人数达8000人的红二十二师一事。这些非同寻常的事情,让赵镕敏锐地感觉到将有不同寻常的事情发生。由于中革军委高度的保密,连军团一级的干部都不知道将要进行长征。赵镕怎么也没有料到,他将和8.6万名红军战士一起踏上漫漫长征路。

[1] 1930 年 8 月，红一军团与红三军团在湖南浏阳永和会师，经两军团前委联席会议决定，组成中国工农红军第一方面军（简称"红一方面军"）。朱德任总司令，彭德怀任副总司令，毛泽东任总前委书记兼总政治委员，朱云卿任参谋长，杨岳彬任政治部主任。方面军下辖第一、第三两个军团，全军共有 3 万余人。与此同时，成立了中国工农革命委员会，毛泽东任主席。1931 年 11 月，红一方面军总部撤销，所属各部归中央革命军事委员会指挥，统称中央红军。

[2]《中共中央关于反对敌人五次"围剿"的总结决议》，见《遵义会议文献》，人民出版社 1985 年版，第 17 页。

[3]《彭德怀自述》，人民出版社 1981 年版，第 189—191 页。

[4] 李德：《中国纪事》，现代史料编刊社 1980 年版，第 97 页。

[5] 李德：《中国纪事》，现代史料编刊社 1980 年版，第 106 页。

[6]《彭德怀自述》，人民出版社 1981 年版，第 193 页。

[7] 李维汉：《回忆与研究》（上），中共党史资料出版社 1986 年版，第 344 页。

[8] 中国革命博物馆：《陈伯钧日记》1934 年 11 月 6 日，见《红军长征日记》，档案出版社 1986 年版，第 12 页。

[9] 中国人民解放军历史资料丛书编审委员会：《红军长征·文献》，解放军出版社 1995 年版，第 38 页。

[10] 据 1934 年 10 月 8 日《野战军人员武器弹药供给统计表》统计折算，见《红军长征·文献》，解放军出版社 1995 年版，第 83 页。

[11] 福建事变：1933 年秋，国民党粤系部队第十九路军在福建发动反蒋事变，表示愿意同红军联合对付南京政府。中共如抓住这一机会，就有可能打破蒋介石的第五次"围剿"。但此时的中共临时中央在"左"的思想主导下，仍将福建政府视为敌对力量，看着其被蒋介石进攻却坐视不理，从而使蒋介石能够迅速镇压福建政府。此后，蒋军在中央苏区东部也形成了强固的进攻态势，致使中央苏区第五次反"围剿"的形势更加恶化。

[12]《朱德选集》，人民出版社 1983 年版，第 17—18 页。

[13] 据曾任国民党广东省平远县县长的秦庆钧回忆，参与谈判的系黄任寰，字旭南，而非"黄旭初"。

[14] 何长工：《难忘的岁月》，人民出版社 1982 年版，第 129 页。

[15] 何长工：《难忘的岁月》，人民出版社 1982 年版，第 131 页。

[16] 何长工：《难忘的岁月》，人民出版社 1982 年版，第 131 页。

[17] 李维汉：《回忆长征》，见《党史通讯》1985 年第 1 期。

[18] 李维汉:《回忆与研究》(十),中共党史资料出版社1986年版,第344页。

[19] 李维汉:《回忆长征》,见《党史通讯》1985年第1期。

[20] [德]奥托·布劳恩:《中国纪事》,现代史料编刊社1980年版,第107页。

[21] [德]奥托·布劳恩:《中国纪事》,现代史料编刊社1980年版,第108页。

[22] 中国人民解放军历史资料丛书编审委员会:《红军长征·文献》,解放军出版社1995年版,第21页。

[23] 中国人民解放军历史资料丛书编审委员会:《红军长征·文献》,解放军出版社1995年版,第38页。

第二章
先遣抗日的红军队伍

即将出征的将士们都不知道,其实早在 1934 年 7 月,中革军委就已派出了两个红军军团,拉开了长征的序幕。一支是红七军团北上先遣,一支是红六军团西征。

当时中央苏区可谓是阴云密布,蒋介石调集的近 50 万大军压境,妄图一口吞下瑞金城,将中央红军扼杀于摇篮之中;而此时,日本对华侵略的不断加剧,更有使中国亡国灭种的危险。面对当前的两大主要矛盾,中共中央、中革军委决定抽调主力红军一部组建抗日先遣队,北上闽浙赣皖边地区,一则开展抗日救国运动,发动敌后游击战争,创造游击区域,建立苏维埃根据地;二则"吸引敌将其兵力从中央苏区调回一部到其后方去",从而减轻中央苏区的压力,配合中央红军打破敌人的第五次"围剿"。

组建北上抗日先遣队

1934 年 7 月初,中国工农红军第七军团奉命从福建连城地区回到江西瑞金待命。

部队到达瑞金后,李德和中共中央、中革军委的几位主要领导人接见了军团长寻淮洲、政委乐少华、参谋长粟裕和政治部主任刘英等,宣布红七军团改编为红军北上抗日先遣队,立即向闽、浙、赣、皖等省出动,宣传我党抗日主张,推动抗日运动的发展。中央规定先遣队行动的最后到达地域为皖南,因为那里已经有几个县的群众暴动，建立了一小块苏区，要求红七军团在一个半月内赶到，支援和发展那里的革命局面。

接着，中共中央和中革军委分别给红七军团发出作战训令和政治训令，说明抗日先遣队的主要任务是深入国民党统治区的深远后方，宣传推动抗日运动的发展，开展游击战争，在敌人最受威胁的地方，建立新的苏维埃根据地，调动围攻中央苏区的国民党军队。训令还详细部署了红军北上的三步行动计划：第一步，由瑞金出动，经连城以北、永安东南，到达福州、南平之间的闽江地域，并在红九军团的配合下北渡闽江；第二步，

粟裕将军

渡过闽江后，经古田、庆元、遂昌向浙西前进，在有利的条件下，协同红十军消灭浙赣边境地区的敌人；第三步，在浙江及皖南地域，创立新苏区。一路上尽可能地与各地苏区、游击区的红军取得联系，以利北上行动。

训令还规定，由随军中央代表曾洪易和军团长寻淮洲、军团政委乐少华三人组成红七军团军委，决定和处理重大军事政治问题。在军团三人领导核心中，寻淮洲参加过秋收起义，是屡经沙场的优秀军事指挥员，他善于联系群众，作战勇敢灵活。作为中央代表的曾洪易，曾在闽浙赣苏区任中央代表和省委书记，积极推行"左"倾错误政策，造成过极大危害，到抗日先遣队以后面对艰险的斗争环境，他一直悲观动摇，后来发展到投敌叛变。军团政委乐少华，也是"左"倾错误路线的坚决执行者，曾到莫斯科留学，回国后很快升任七军团政治委员。此人既无实际斗争经验，作风还很霸道，动辄以"反政治委员制度"的大帽子来打压不同意见者，并滥用所谓的"政治委员最后决定权"进行瞎指挥。抗日先遣队担负着特殊艰巨的任务，任重而道远，而军团的领导权又掌握在"左"倾主义者手中，其前程艰险可想而知。

接受训令后，红七军团在瑞金进行整编，同时对兵员和后勤物资作了尽量的补充。由于部队在东线连续作战的消耗，此时全军团仅有4000余人。为了执行新任务，突击补充了2000多名新战士，合计6000余人。其中战斗人员4000多人，分编为三个师，实际上各师只相当于一个团；非战斗人员约2000人，其中包括中央派出的一个随军工作团。整编后非战斗人员占了全军的三分之

一左右;同时武器也严重不足,全军团约有长短枪1200余支,一部分轻重机枪和6门迫击炮,许多战士只能使用大刀梭镖作战;宣传品和后勤物资共500多担,负荷很大,不便于机动作战。这些问题,给年轻的红七军团进入国民党统治地区作战造成了严重的困难。1934年7月7日,先遣队在中央代表曾洪易、军团长寻淮洲、政治委员乐少华的率领下,从瑞金出发,在万民欢呼的欢送中,踏上了北上抗日的先遣征程。

出征之初,先遣队攻势如虹。7月21日,抗日先遣队进占闽中大田县城,此时城内的保安团早已闻风逃窜,红军入城后,缴到步枪10余支,无线电和电话机各一架,食盐万余斤,受到当地工农群众的热烈欢迎。29日,先遣队一部占领闽江南岸的尤溪口,从敌卢兴邦后方办事处里,搜出了500余箱日本造的炸药及大批炮弹。30日,进占尤溪口东的樟湖板,消灭敌保安团两个连(一个步兵连和一个机枪连),缴获步枪百余支,轻机枪两挺,俘虏百余名。31日清早,进黄田,与当地之保安师接触后,将其大部击溃,俘获人枪各40余。先遣队前卫进占谷口,该地之敌已先逃,先遣队立即追击,获人枪10余。

红九军团军团长罗炳辉

为策应先遣队的行动,7月底,罗炳辉等率领的红九军团进占尤溪口,保护七军团安全渡过了闽江,顺利地完成了抗日先遣队北上的第一步计划。

袭取福州

正当先遣队攻占闽江北岸要点黄田和谷口,欲向浙江庆元、遂昌进军之时,中革军委突然电令七军团由谷口向东进袭水口,威胁并相机袭取福州。于是,红七军团改变部署,于8月1日晚夺取水口。水口守敌四个营早已闻风逃窜。翌日,在水口镇召开"八一"纪念大会,军团领导向全体指战员传达中央关于组织北上抗日先遣队的决定,正式打出了"中国工农红军北上抗日先遣队"的旗帜。先遣队领导在此向部队讲明北上抗日先遣队的任务,并进行了夺取福州的战斗动员。同日,中华苏维埃中央政府主席毛泽东发表《谈目前时局与红军抗日先遣队》一文,指出国难当头之际,苏维埃政府与革命军事委员会已命令全国红军准备随时与抗日先遣队一起出征,并号召全国人民援助红军,粉碎国民党反动派对中央苏区的第五次"围剿",实现其抗日主张。

8月2日,抗日先遣队在水口没收了国民党政府公卖处的食盐10万余斤,大都发给当地群众,受到群众热烈欢迎,不少青壮年自愿加入红军。这天,部队从水口绕道大湖向福州进发,当天黄昏遇到敌机袭击,由于缺少防空经验,伤亡七八十人。8月5日,抗日先遣队占领大湖,直逼福州。

国民党当局对红军直逼福州相当震惊,东路军总司令蒋鼎文从漳州飞抵福州"视察",福建省政府主席陈仪急令驻宁德、福安、霞浦"围剿"闽东苏区的各部及八十七师王敬久部主力速援福州。蒋介石虽然没有抽调围攻中央苏区的军队回援,也不得不电令在湖北集训的原十九路军所属的第四十九师伍诚仁部,由长江水路日夜兼程,经海运入闽,并令海军派"咸宁"号等四艘浅水舰进入闽江,空军派作战飞机助战。同时,日、英、法、美等帝国主义国家以保护侨民和领事馆为借口,先后派出军舰进入马尾港。福州南濒闽江,城墙高大,并筑有比较坚固的防御工事,再加上前方敌情不明,后方又无地下情报配合,形势对红七军团非常不利。

攻打福州,带有很大的盲目性。先遣队逼近福州西北近郊时,对福州守敌的实力、工事、部署等情况都不了解。但部队在中革军委攻打福州的作战命令鼓舞下情绪很高,又听说福州城内的地下党组织将进行策应配合,所以决定于7日晚发起进攻。进攻发起后,红军指战员打得十分勇猛顽强,强攻一昼夜,攻占了敌军一些阵地和城北关的主要街道。但国民党守军凭借工事扼守和侧后重机枪掩护,居高临下,并调来飞机对红军阵地进行轮番轰炸扫射。红军一部至新店钳制守敌,主力向义井猛袭,进抵应石山坡与敌遭遇,双方展开激战。红军几番强攻,都未奏效。9日凌晨,红军调整部署,主力绕新店、湖前,向福州北门进攻,而此时敌八十七师两个团已赶到,布置在湖前与北门楼一线,红军更无优势可言,双方形成相持局面。

先遣队指挥部注意到福州城防兵力相当雄厚,援兵不断到来,红军不仅不易取胜,且福州这么大,即使红军进入城内,也只能占一隅之地。先遣队于是决定停止攻城,部队向连江县的桃源方向转移。在降虎地区,先遣队与敌八十七师一部追兵激战终日,消耗很大,伤亡达600余,先遣队于是在次日主动撤出战斗,继续转移。

福州一战,虽然给敌人以巨大的打击,但却暴露了红七军团的实力和战略企图,为其以后行军作战的迭遭不利埋下了祸根。

夜袭罗源

降虎战斗后,抗日先遣队进入闽东苏区和游击区。闽东游击区主要位于宁德、福安、霞浦三县之间,以赛歧、赤溪一路为中心,领导人是叶飞、阮英平、范式人等。时值盛夏,天气炎热,部队的伤亡已到七八百人,伤病员随部队行走十分不便,迫使先遣队不得不将其安置下来。在闽东党组织和群众的热情帮助下,700余名伤病员被分散安置在连江、罗源沿海的红军医院和临时医院治疗。为了感谢当地党组织和群众,也为了开拓闽东苏区,打通宁德、连江等游击区的联系,应闽东同志的要求,先遣队决定攻打罗源、宁德县城。先遣队的先头部队在粟裕参谋长的率领下,开到距罗源城40华里的白塔村住下,派出侦察人员,化装成乡下农民潜入城里,察明了城内敌情,得知城内驻有敌省保安十一团一个营、一个特务连、海军陆战队一个连以及县警备队和民团等共计1000余人。8月13日下午,先遣队在白塔村召开作战会议,定下战斗决心,进行战斗动员,决定当晚奇袭罗源县城。

是日夜7时,罗源城一片寂静。参谋长粟裕一声令下,红军战士如猛虎下山,利剑出鞘,攻打罗源的战斗就这样打响了。在当地党、群和红军游击队的配合下,红军攻势如虹,里应外合,仅仅两个多小时就攻下了城池,歼敌1000多,缴获步枪、自动步枪、轻重机枪几百支和许多弹药,活捉了县长徐振芳和军官40多人。红军和群众用熊熊燃烧的火把把整个罗源县城映得通红,胜利的欢呼声响彻夜空。

第二天上午,红军独立十三团进驻罗源城。先遣队把300多俘虏,包括伪保安团的营长,连同缴来的两三百支步枪、自动步枪和轻重机枪一起交给了他们。当天下午,先遣队安置好伤病员后,便在全城人民的欢送下,撤出了罗源。

罗源县城的解放,打通了宁德、连江等几块小游击区之间的联系,完成了预期的战略目标。在随后两个多月的时间内,罗源的乡、村苏维埃政府就由原来的70多个,迅速发展到170多个。特别是抗日先遣队留下的数百名伤病员治愈后,都成了闽东独立师的骨干力量。苏维埃革命根据地的不断扩大使红军的影响力也在不断扩大,为加强抗日宣传和补充红军力量起到了积极的作用。

巧设疑兵

撤出罗源后,大军继续北上。1934年8月16日,先遣队告别了闽东游击区,沿着闽浙边境,继续向闽北前进。8月22日,先遣队在闽东红军独立团及游击队的配合下,攻克福安县西部的穆阳镇,消灭敌军数百人。8月28日,在浙西南击溃一个保安团的拦阻后,又攻克了庆元县城。随后又在竹口附近打垮了浙江省保安纵队两个团各一部的阻截,俘敌200多人,缴获步枪数百支,轻重机枪十余挺,迫击炮两门。不到半个月的时间打了三个胜仗,红军声威大震。9月初,先遣队进入了闽北苏区东北的古楼一带游击区。

闽北苏区以崇安为中心,是闽浙赣苏区的一部分,领导人是黄道等人。先遣队自出发以来,一路上马不停蹄,到达闽北苏区以后,原想利用这里的有利条件作短暂休整,同时准备寻机给尾随之敌四十九师以一个有力的回击,打一两个好仗。中革军委对先遣队准备消灭尾随之敌的计划表示首肯,但对休整计划却不同意,在9月7日的电报中给予了严厉的批评:"你们拟于闽北边区休息,这恰合敌人的企图,因敌人企图阻止你们北进,而将你们向西逼在一处,久停则使敌人能洞悉我军的行止。"[1]

军令如山。接此电报,先遣队只好放弃原定计划,在浦城古楼宿营三天,安置好一批伤病员后,便转进广丰大丰口向浙西进军。让先遣队急于离开闽东、闽北,是当时"左"倾冒险主义占统治地位的中革军委在战略指导上的又一次重大失误。其时,皖南暴动已经失败,先遣队此去已失去了支援暴动的意义;从当时红军斗争的全局来看,既然是要让先遣队配合中央红军主力实施战略转移,牵制大批的敌军,就不必机械地限定其到皖南去。如果能相机行事,让先遣队先在闽东、闽北地区活动,帮助地方党扩大武装斗争,打几个好仗,更大规模地发动群众,把闽东、闽北连成一片,再跳跃式地向浙西和皖南发展,倒是会足以吸引和调动更多一些敌人的。

9月12日,先遣队避开浙江保安纵队重点设防的二十八都,出敌不意地出浦城王村进入浙西江山县境。先遣队进入江山腹地后,按照中革军委的电令,着手执行破坏杭江铁路交通设施的任务。先遣队先是袭击贺村,炸毁火车站、桥道等铁路设施,接着在大陈炸五都铁路大桥。由于遭到敌人拦截,加上缺乏爆破器材,摧毁的交通设施不多,五都大桥也因炸药不足,仅炸坏一个桥墩。在大陈,先遣队还派出一部分兵力,沿常山港西岸向常山进发。16日凌晨,先遣队听说常山守备空虚,于是派教导队伪装成国民党保卫团的侦察队接近常山东门,以迅雷不及掩耳之势突入城内,守敌顿时大乱,先遣队迅速夺占了县城。后因敌援兵到达,对红军发起反攻,鉴于敌我差距过大,教导队在歼敌90余人后,带着缴获的武器主动撤出。

18日,先遣队抵达遂安白马,接中革军委电令:"主力应迅速占领遂安,并保持之于我手中,以后则于安徽边境、淳安、寿昌、衢县、开化的范围内发展游击战争和苏维埃运动。"尔后"在浙皖边境,约在徽州、建德、兰溪、江山、屯溪地域建立新的苏维埃根据地。"红军派出侦察分队,至遂安附近了解敌情,准备相机袭取遂安。

蒋介石对红军连续攻占城镇恼羞成怒,9月15日电令各县县长"督率团队,固守待援,万一守御力尽,则与城共亡",否则"失陷城镇,糜烂地方,则军法俱在,决不宽宥"。浙江省政府赶调军队增强遂安城防,城内守敌增至2000余人。与此同时,国民党闽浙皖边区"剿匪"总指探赵观涛在常山与浙江省保安处长俞济时策划组成左右两个纵队,会合遂安守军共同"会剿"先遣队于遂安附近。俞济时率补充一旅王耀武部和浙保一部为右路纵队,由衢县北驰遂安;伍诚仁率本部四十九师为左路纵队,由常山开化向东北推进。浙江的《东南日报》在21日声称:大军云集,包围之势已成,今日开始"围剿",三日内将全部消灭红军于遂安附近地区。

因敌众我寡,相机袭取遂安的命令根本无法执行。22日晚,红七军团部指示部队从铜山向皖浙边境转移,机智地跳出了敌人的包围圈。面对强敌的围追堵截,先遣队没有机械地执行上级命令,而是从实际出发,避实击虚、灵活机动,在途经送驾岭时,又巧设疑兵,意外地导演了一场敌军自相残杀的好戏。

红军进抵遂安白马后,便派出侦察分队了解敌情。先遣队侦察连抓住了18名警察,交给军团部处理。后来,又抓到一名送信的警察,信中说,要18人坚持下来,后面马上有国军两个军赶到白马。红军得到这个情报,不知是计,于是就改变方向,朝九都转横沿着鲁村而来。

部队到了送驾岭一带,后面追赶的敌人就更近了。敌人的飞机在上空侦察,找不到目标,还投了炸弹。为了掩护大部队顺利前进,甩开尾巴,先遣队侦察营二连按上级意图,指派一个侦察班将一面红旗插在半山的一个亭子上。半小时后,从江西出发尾随红军的国民党军队,爬上对面的钓金山上,看到了红旗,以为红军在送驾岭上,就朝插红旗的方向猛烈扫射,红军侦察员也端起机枪向尾追的敌军开火。这时，从十五都、十六都方向赶来阻击红军的另一路国民党军队，从送驾岭山后赶来，发现对面山上有很多人正向这边射击，就认为红军发现了他们，于是架起机枪就开火，这时大约是下午5点多钟。红军侦察员本想把红旗收回，一看敌人自己打起来了，一面红旗就变成了疑兵阵，能让两股敌人自己人打自己人，实在合算，于是高高兴兴往后撤到山岭脚下，当夜随大部队一起转入了安徽境内。

组建第十军团

10月中旬，先遣队主力大部到达皖赣边和皖南地区。皖赣边和皖南地区是先遣队北上的目的地，这里有发展苏区的有利条件：党的工作基础好，农业经济较发达，而且地理位置重要，可以威胁南京、杭州。先遣队在中共皖赣分区委的帮助下，安置了伤病员，补充了新战士500多名，总结了三个月来的战斗历程，向中央做了汇报，并建议今后就在这一带活动，开展游击战争，发展苏区和游击区。另外根据连队战士不足的实际情况，向中革军委建议将部队改编为四个营，精简机关，充实连队。同时还要求在敌情变化的情况下，允许部队机动自主地处理问题。但是这些建议都没有被采纳。此时，敌已集中20个团的兵力，分六路"围剿"皖赣苏区，企图一举消灭先遣队于黎痕地区，中革军委电令先遣队立即摆脱敌人，自行决定向皖南或是赣东北苏区转移。这时，中央苏区第五次反"围剿"斗争已经失败，红军开始长征，闽浙赣苏区亦日趋危急。先遣队领导决定主力到皖南石门、太平、休宁之间地区活动。21日，中革军委电令明确要求先遣队转入赣东北苏区。10月底，先遣队全军约3000人，在浮梁、婺源、德兴之间，冲过敌两道封锁线，进至赣东北苏区，结束了北上抗日第一阶段的行动。

1934年10月底，红七军团抵达方志敏等领导创建并发展起来的闽浙赣革命根据地，在葛源以北的重溪等地同红十军会合。11月1日，部队在赣东北的德兴重溪受到苏区军民的热烈欢迎。苏区人民亲切地称这支饱经战火的部队为"老十军"[2]，军民鱼水一家亲，群众送来了1000多头猪和几万双草鞋等大批慰问品，使一路征战、历尽艰辛的七军团指战员倍受鼓舞，士气大振。休整期间，军团领导邀请方志敏参加会议，总结前一阶段部队行动成败得失的经验教训。会议对随军中央代表曾洪易的"右"倾悲观情绪进行了严肃的批评。

11月4日，中革军委来电，命令红七军团与闽浙赣苏区的红十军合编为红十军团。任命原浙赣军区司令员刘畴西为军团长，乐少华为政治委员，继续担负抗日先遣队的任务。红十军团辖第十九师(原红七军团改编)和二十师(原红十军改编)，寻淮洲和聂洪钧分别担任第十九师师长、政委，刘畴西、乐少华分别兼任第二十师师长、政委。同时任命曾洪易为中共闽浙赣省委书记兼军区政委，省苏维埃主席方志敏兼任军区司令员，粟裕调任军区参谋长(后改任红十军团参谋长)。军团整编后的任务是：红十九师出击浙皖赣边，创建新苏区，担任打击"追剿"的敌人与发展新苏区的任务；红二十师仍留在老苏区，执行打击"围剿"敌人与保卫苏区的任务。这时中共中央和中革军委已率中央红军主力转移，中央苏区成立了以项英为首的中央分局和中央军区，所以军委在电令中还指出，红十军团和闽浙赣军区今后接受中央军区的指挥。

11月18日，中革军委又电告红十军团，认为根据目前闽浙赣的形势，二十师留在苏区活动将受限制，两师分散行动亦不利于打击敌人与创造新苏区，现为有力地保卫闽浙赣苏区以调动敌人，创造新苏区并壮大红军，十军团决全部立即从玉(山)、常(山)间挺进铁道以北，首先活动于开、遂、衢、常间，并以一部积极破坏铁道，威胁衢州，调动围攻闽浙赣的敌人，便于集结主力，坚决地争取运动战中消灭敌人，以创造皖浙边苏区。为了领导十军团与创造新苏区，中央军区指示以方志敏、刘畴西、乐少华、聂洪钧、刘英五同志组成军政委员会，并以方志敏为主席，随十军团行动。同时命令军区、省委仍留闽浙赣苏区，以独立师为基干，继续领导发展广泛的群众游击战争，保卫苏区。

红十军团的组建不仅是对两支独立的部队进行了整编，而且对领导班子也作了相应的调整。从一般意义上来讲，通过调整红军的编制，部队的体制会更加合理，士气会更加高昂。但从当时革命斗争的全局来看，两大红军主力编成一个军团早已不合时宜。当时，中央红军长征已一月有余，闽浙赣苏区第五次反"围剿"斗争也处于最危急的时刻，南方革命斗争处于低潮。新成立的中央军区命令红十军团撤出闽浙赣苏区，到皖南打运动战，又是更大的失误。11月底，正当红十九师出击20余天，转战浙西，在遂安、淳安、桐庐、分水、昌化等县连续取得胜利，逼近临安、震动杭州之时，却接到与二十师会合的命令，于是，又放弃游击桐庐、临安等地区以威胁杭州的行动计划，由浙西转向皖南。12月6日，红十九师攻克旌德县城，10日在汤口与红二十师胜利会师。但放弃在浙西的胜利，失去战机便是决策上的失误。粟裕后来指出："在当时形势下，组成红十军团，并把长于打游击的红十军和地方武装集中起来进行大兵团活动，企图打大仗，这是战略指导上的又一个更大失误，为后来红十军团的挫折和失败埋下了祸根。"[3]

谭家桥之战

"不编不散，一编就散"，朱总司令曾经这样痛心地评价红十军团的失败。的确，红十军团这支8000多人马的队伍，从1934年11月编成到1935年1月失败，只存在了短短两个月。谭家桥一战便是转折点。方志敏后来总结道："我们会合后在皖南打的第一仗，就是谭家桥之战。这一仗关系重大，差不多是我们能不能在皖南站住脚，完成自己的战斗任务的一个关键！两方的兵力，我方为9个营，敌方为10个营，为俞济时所指挥。"

红十军团会师汤口后，蒋介石十分震惊，连夜发出急电，调集10万国民党军，分由浙江的俞济时、安徽的赵观涛、刘镇华指挥，专事"追剿"和围堵。为了在皖南站住脚跟，红十军团决定利用乌泥关至谭家桥公路两侧的有利地形，伏击尾追的补充第一旅和浙保一个营。

12月14日凌晨，红军进入伏击阵地。上午9时许，补充一旅的前卫进抵离谭家桥三公里处，由于一名红军战士的枪不慎走火，敌前卫部队警觉起来，派一个营兵力占领谭家桥西南高地，其余在公路两侧展开，并将情况立即飞报旅部。红军3个团于是只好提前发动攻击，击伤敌前卫团长和副团长，敌军一度陷于混乱。但由于开火过早，敌主力尚未进入伏击圈，致使伏击战变成了阵地战。战斗中，红军指挥不当，十九师埋伏在悬崖峭壁地段，兵力施展不开。不擅长阵地战的二十师遭到敌军的猛烈攻击，以致阵地被冲垮，石门岗的制高点被敌军占领。敌军以绵密的火力，居高临下射击。为夺回阵地，红军连续发起四次冲锋，并与敌短兵相接展开激烈的肉搏战，战斗异常艰苦激烈。为夺回乌泥关制高点，寻淮洲亲率部队奋勇冲锋，一个猛攻夺回了制高点，但寻淮洲却负了重伤。战斗一直持续到下午5时，双方各伤亡两三百人，形成对峙局面。此时，敌援兵二十一旅由太平方向向谭家桥靠近。战至黄昏，红军无力再攻，经留杯荡向孙村转移，至15日拂晓全部撤出谭家桥地区。敌军亦因"苦战既久，亟须整顿"而无力追击。此战，先遣队未能取胜的主要原因是轻敌和指挥上的不统一，以及伏击正面过宽。

谭家桥之战是红十军团整编后全部转到外线的第一次战斗。此战，敌军伤亡220人，红军伤亡300余人。虽然大体算得上平手，但十九师师长寻淮洲身负重伤，不能再指挥部队（后在转移途中至茂林时牺牲），团长黄英特阵亡。在组织掩护的战斗中,军团政委乐少华、政治部主任刘英等又先后负伤。此役领导干部伤亡过多,部队的战斗情绪受到了很大的影响,最严重的是,由于能征善战的寻淮洲的牺牲,军团长和一些师、团领导指挥能力薄弱,无法在危局中率领部队打胜仗,打不开局面,先遣队因此逐渐陷于被动的境地。寻淮洲是湖南浏阳人,15岁投笔从戎,参加了著名的秋收起义,1928年参加中国共产党。在革命战争的战火中,他英勇顽强,机智勇敢,屡立战功,18岁时担任红军第十二军第三十五师师长,以后相继担任红四军第十三师师长、红十五军第四十五师师长、红一军团第三十一师师长、第二十一师师长、红三军团第五师师长、红七军团军团长等职务。他为了中国人民的解放事业,曾先后六次负伤,牺牲时年仅22岁。

红十军团经泾县茂林、青阳县陵阳和太平县新丰等地,分兵向地处太平、黟县、石埭交界处的皖南苏区进发。途中,部队整编为十九、二十、二十一3个师,王如痴任十九师师长,胡天桃任二十一师师长,二十师师长仍由刘畴西兼任。12月18日,先遣队抵达皖南苏区中心柯村。在柯村,方志敏主持军团领导干部会议,总结谭家桥战斗的教训,研究部队下一步的行动计划。同时,还召集皖南苏区党政干部会议,对皖南斗争作了具体安排,留下红十军团的侦察营和地方红军合编为皖南红军独立团,原侦察营营长熊刚任团长,刘毓标任政委。还留下军团教导营在石埭游击区开展武装斗争。加上沿途留下的军团地方工作团干部和少量指战员,在柯村一带安置的伤病员,先遣队留在皖南的部队和干部近千人。随后,军政委员会还决定留下聂洪钧为皖南特委书记。

先遣队在柯村休整三天后离开,其后半个多月,部队辗转迂回在皖浙赣三省边之歙县、绩溪、太平、休宁、祁门、婺源、淳安、开化等县城,探寻部队发展方向,力求摆脱被动局面。其间与敌四十九师、补充一旅、第二十一旅先后接战,"虽经过大小十余战,总是小战获胜,大战掩护退却,一路避战"(方志敏语),部队还是陷于被动挨打的两难境地。

1935年1月10日,红十军团指挥层在浙江遂安县的茶山开会。会上有两种意见:一种是乐少华、刘英、粟裕等人提出,要分兵游击,减少目标保存实力;另一种是方志敏、刘畴西提出,继续大兵团作战,部队转回闽浙赣苏区休整。经过争论,方志敏拍板决定采用后者。从事后看,这是一个致命的失着。

怀玉山之围

红军先遣队的归途,总长虽不过 200 里,却十分凶险。国民党当局为消灭红军先遣队,动用数万大军沿途围追堵截,从 1 月 10 日起,部队在 7 天内 4 次受到阻击。

第一次受阻于开化县大龙山,先遣队从茶山南下的当天,在大龙山与敌第二十一旅四十团遭遇,激战数小时,红军撤离。

第二次受阻于开化县徐家村。13 日上午,红军至徐家村,浙保五团早于红军半小时到达,并占据阵地,以密集的火力封锁道路。山高路窄,红军无法展开,双方时断时续战至傍晚,红军以十九师为掩护,连夜绕道向西转移。

第三次受阻于德兴县港首村。15 日中午,先遣队前卫十九师抵港首,遭到敌四十九师在西北侧高地的射击,后西进道路被切断,先头部队与主力部队被分割成两段。除先头部队 800 余人在方志敏、乐少华、刘英、粟裕率领下突出重围外,主力部队 2000 余人在刘畴西、王如痴率领下被拦在封锁线后面。前段的部队,从陇首通过,进入了赣东北苏区。方志敏本可随先头部队一起进入安全地区,但他出于强烈的领导责任感,留下来返回封锁线与后续部队会合,意欲说服后续部队连夜突围。

第四次受阻于德兴县张家坞。16 日,刘畴西率领的先遣队主力在张家坞遭敌二十一旅阻击。当日傍晚,刘畴西接到方志敏突围的通知,但由于刘、王优柔寡断,顾忌部队过于疲倦,坚持让部队休息一晚再走。结果这时,敌四十九旅、二十一旅、浙保安师都赶到了,敌人共有 14 个团的兵力在纵横不过 15 里的周围驻守着,红十军团主力陷入了敌重重包围之中,先遣队主力由此错过了当晚突围的时机。

方志敏在陈家湾找到刘畴西部后,决定通过金竹坑的封锁线,这是一个生死关头!若能冲过去,队伍便可保存,不致遭受重大损失。但当时,先遣队领导对被包围的危险性仍估计不足,没有下最大决心硬冲过去。1 月 18 日,方志敏、刘畴西组织部队向金竹坑、树坞突围,在金竹坑遇到敌人火力拦阻,动摇了突围决心,仍旧折回另寻他路突围。后来才知道,其实这里仅有敌军一个排封锁山口。先遣队因而丧失了最后的突围良机,由此便决定了其最终悲壮的命运!

英勇的怀玉山突围战开始后,红军指战员们因连日翻山越岭,极度疲惫,再

怀玉山

加上怀玉山恶劣的自然环境，使先遣队处境更加险恶。许多战士几天来粒米未进，饥寒交迫，但战士们仍然顽强地抵御敌人一次又一次的进攻。被敌军分割开的红二十一师，在王龙山的刺窝一带被敌补充一旅包围，由于子弹奇缺，挡不住四面敌军密集的火力，许多战士牺牲，师长胡天桃身负重伤，与部分指战员一同被俘。除在西侧山上担任警卫的五连突出重围、重返苏区之外，二十一师损失殆尽。五连在连长刘亨云指挥下，多次击退敌人进攻，有力地保障了主力部队侧翼的安全，在与上级失去联系的情况下，发挥主动精神，在夜幕的掩护下，用绑腿带结成长带，悄悄沿着山头南面的峭壁，攀附而下，回到了闽浙赣老苏区。

十九师、二十师被困在怀玉山西北山地和北部的玉峰、马山一带。19 日，红军由向导带路下山，当晚准备向八际突围，被敌二十一旅的一个营发觉，集中火力封锁龙潭山门，红军突围未成。次日，红军占据龙潭山坡，居高临下，击退进攻之敌。国民党四十九师、补充一旅、独立四十三旅等纷纷压来，包围圈日益缩小，红军部队不断被分割、冲散，伤亡惨重。方志敏与刘畴西一起冒着雨雪，带领部队不分昼夜地翻山越岭，努力要越过敌人封锁线。虽然连续 7 天没有吃饭，饿得两脚走不稳，冻得浑身发抖，每夜也不得睡眠，疲劳到万分，但他们仍咬紧牙关。24 日，红十九师师长王如痴指挥数百战士乘黑夜突围，遭敌军阻击后被打散。次日，方志敏命乔信明，将集拢起来的指战员重组一个团，退向山顶，一面顽强抵抗，一面继续寻路突围，然而，这支部队又被打散。国民党军出 8 万元悬赏来抓方志敏，出 3 万元来捉刘畴西，出 2 万元捉王如痴。敌人组织了一次次的搜山，分散隐蔽在深山密林中的红军指战员，除少数突围进入赣东北苏区和皖南游击区外，一部分牺牲，刘畴西、王如痴等大部分被俘。抗日先遣队在怀玉山遭到了失败。刘畴西，原名刘梓荣，湖南望城人，1922 年夏加入中国共产党。1924 年 5 月考入黄埔军校第一期，1927 年四一二政变后到贺龙部工作，同年参加南昌起义。1929 年初到莫斯科伏龙芝军事学校学习，1930 年 8 月回国后被派往中央革命根据地,任红一军团第三军第八师师长,后任红二十一军军长。1933 年调任闽浙赣军区司令员兼红十军军长,1934 年 1 月被选为中华苏维埃共和国中央执行委员,同年 8 月获中革军委授予的二级红星奖章。红十军团成立后,任军团长兼第二十师师长。被捕后,他抱定"男儿到死心如铁"的决心,无私无畏地同敌人进行了坚决的斗争。后来,他与方志敏一道被"秘密处死",牺牲时年仅 38 岁。

红十军团十九、二十、二十一师在怀玉山突围的失败,除了敌众我寡和自然环境恶劣的客观原因外,方志敏认为主要是主观战术失误的原因:第一、地形的选择不好,敌人占据马路,是居高临下,我们向敌冲锋,等于仰攻。第二、钳制队与突击队没有适当的配合。我们没有集中主要力量,由右手矮山头打到马路上去。第三、十九师是以有用之兵而入无用人之地,钻入一个陡峻的山峡里,陷住不能用出来。十九师的指挥员没有十分尊重军团指挥员的意志,凭着自己的意志去作战,战斗指挥未能完全一致。

刘英对怀玉山突围战深为惋惜地分析到:主力曾经接连通过七次封锁线,始终由于决心的犹豫,竟全部折回。结果,化、婺、德的苏区日益缩小,粮食无法再找,有的饿了三天未含粒米,有的吃草根树叶,但战士们始终规劝高级首长应不顾一切牺牲地冲过封锁线。但由于军团首长决心的不够和认为敌封锁线是铜墙铁壁,竟宣布有本事的各自找方向出动。可是由于时间的延长,不仅敌人主力全部赶到,且皖浙赣之保安团队亦集中封锁线之周围,以致敌人使用包围战术,逐渐缩小基地且见人就杀,见房子就烧,特别对粮食的烧毁更尽其能事。这样一来,将近万人的部队围困于荒山僻野间,且又各自为政,所以最终的失败也就无法避免了。[4]

方志敏被俘

1935 年 1 月 28 日夜,当方志敏两次冲封锁线都没有冲过去的时候,天已大亮,又在敌人碉堡监视之中,无法再跑,只得用烂树叶子铺在身上,睡在柴窝里。第二天,在国民党军反复搜山中,方志敏在江西德兴、玉山两县交界的陇首附近的高山上,不幸被两名敌军士兵发现被俘。

方志敏,江西弋阳人,1923 年 3 月加入中国共产党。1925 年 7 月当选国民党江西省党部执行委员兼农民部长,1927 年 2 月当选省农民协会常务委员长兼秘书长,3 月当选中华全国农协临时执行委员会委员,是中国共产党农民运动的著名领导人之一。1928 年 1 月领导弋（阳）横（峰）农民起义，创建了赣东北革命根据地和红十军，1929 年任信江苏维埃政府主席，1930 年任信江革命委员会主席和赣东北革命委员会主席，1931 年 3 月当选赣东北省苏维埃政府主席，兼红十军代理政治委员，同年 11 月当选中华苏维埃共和国执行委员。1932 年任闽浙赣省苏维埃政府主席，接着任中共闽浙赣省委书记。1934 年 1 月在中共六届五中全会上补选为中央委员，并在中华苏维埃共和国第二届全国代表大会上当选为中央政府主席团委员。红十军团到达闽浙赣革命根据地后，任军政委员会主席。

方志敏

方志敏被捕后，被押解到上饶。从此，方志敏开始了一场同敌人的新的战斗。在敌人的"庆祝大会"上，他昂然挺立，正气浩然，目光炯炯，沉着冷静。上饶的革命人民谁不敬仰方志敏啊，他们看到大义凛然的方志敏，心情无比沉重，许多人低下头来，禁不住热泪盈眶。沉默中蕴藏着革命的怒火，敌人害怕出事，匆忙又把方志敏押解到南昌。南昌城里，春寒料峭，血雨腥风。敌人于 2 月 6 日在豫章公园里组织了一个所谓"庆祝生擒方志敏大会"。这一天，公园四周军警密布，宪兵侦探大批出动。方志敏面对着被国民党逼来的几千群众，却抓住时机，宣传起革命来。他站在装甲车上高声说："同志们，同胞们！我很高兴还能和大家见见面，能和大家讲讲话。我们中国外受帝国主义的侵略压迫，内受贪官污吏、土豪劣绅的统治剥削，国已不国，民不聊生，只有实行共产主义……"敌人怎么也没有料到，他们精心策划的"庆祝生擒方志敏大会"，竟会变成方志敏宣传革命的演讲大会。方志敏争取最后几秒钟时间，大声地说："希望你们继续我未完成的事业，努力奋斗！"方志敏的革命气概压倒了色厉内荏的敌人。从此，国民党再也不敢"庆祝胜利"了。

2 月 2 日，敌人把方志敏押到南昌监狱管押。在狱中，蒋介石密令顾祝同劝降，用酒宴、封官许愿等手段软化方志敏的斗志，蒋介石本人还亲自出马劝降，许以江西省主席的高位，方志敏却不屑一顾。敌人软的一手的办法失败后，只好给方志敏带上了十几斤重的脚镣手铐，并对他施以鞭挞、铜烙等重刑，方志敏受刑时几次昏死过去,却毫不屈服。方志敏仍然念念不忘党的工作,他利用敌人要他写"供词"的笔和纸,不顾身体虚弱和咳血,写了《可爱的中国》《清贫》《狱中纪实》和《赣东北苏维埃创立的历史》的序言、《我从事革命斗争的略述》等十几篇、多达几十万字的传世之作,表现了一名红军将领和一名共产党员的铮铮铁骨,以及他对革命的赤热之心。他的言行感动了同在狱中的进步人士胡逸民、高家骏等人,胡、高于是冒着危险,将他的这些手稿分批偷运出监狱,后经鲁迅、宋庆龄、胡子婴等辗转传递,大部交到了中共中央手中,毛泽东、周恩来、朱德、叶剑英等领导都认真传阅了这些文稿。

蒋介石见方志敏坚贞不屈,于是恼羞成怒,遂下了"秘密处死"的命令。1935 年 8 月 6 日清晨,方志敏慷慨激昂地高呼口号,走向刑场,在南昌市下沙窝英勇就义,时年 36 岁。方志敏用他的行动履行了他的誓言:"我愿意牺牲一切,贡献于苏维埃和革命!"

方志敏牺牲前在狱中写的自述

由于王明"左"倾冒险主义的错误领导,尤其在中央红军长征后,南方土地革命斗争趋向低潮,先遣队未能及时实现大兵团运动战向分散的游击战争的转变;也由于敌我力量过于悬殊,长期孤军奋战,加上指挥上的失误,北上抗日先遣队最后在国民党优势兵力围攻下遭到失败。但先遣队在所经过的四省几十个县的广阔地区内,深刻揭露了日本帝国主义的侵略罪行和蒋介石的不抵抗政策,宣传抗日救亡,推动了抗日运动的发展,扩大了党和红军的影响。先遣队沿途留下了一批又一批指战员,加上其突围部队,对促进闽东、闽北、浙西、浙南、皖赣边和皖南等苏区和游击区的发展起到了积极的作用。全军前后共 1 万余人，深入闽浙皖赣诸省国民党统治地区，一度震动了福州、杭州、徽州、芜湖以至蒋介石的统治中心南京，历时 6 个多月，行程 5600 多里，不断冲破国民党军队的围追堵截，大小战斗少有间断，牵制了十几万国民党军队，策应了中央红军的第五次反"围剿"斗争和尔后进行的战略大转移。这是工农红军在革命战争中的一个重要历史事件。先遣队广大指战员为中国革命事业浴血奋战、英勇献身的事迹将永垂青史。

---

［1］中共福建省委党史研究室、中共浙江省委党史研究室、中共安徽省委党史工作委员会、中共江西省委党史资料征集委员会：《中国工农红军北上抗日先遣队》，中央党史出版社 1990 年版，第 89 页。

［2］1933 年 2 月，闽浙赣苏区的红十军调到中央苏区，成为红七军团的主要组成部分。闽浙赣苏区随后又成立了新的红十军。

［3］中共福建省委党史研究室、中共浙江省委党史研究室、中共安徽省委党史工作委员会、中共江西省委党史资料征集委员会：《中国工农红军北上抗日先遣队》，中央党史出版社 1990 年版，第 250 页。

［4］中共福建省委党史研究室、中共浙江省委党史研究室、中共安徽省委党史工作委员会、中共江西省委党史资料征集委员会：《中国工农红军北上抗日先遣队》，中央党史出版社 1990 年版，第 226 页。

第三章
巧妙突破前三道封锁线

1934 年 10 月 10 日 17 时许,一阵号角在瑞金云石山吹响。

云石山,在江西瑞金城西 19 公里处,山石色泽如云,山麓绿树成荫。其时,中共的党、政、军机关聚集在这里。中共中央机关设在云石山马道口,中革军委机关设在云石山梅岗,苏维埃中央政府则驻在云石山古寺及其附近的小村庄里。中央苏区党政军中央机关处在南北方向一条线上,从南往北是中革军委、中共中央、中央政府,之间相隔 3—5 华里。

号角声响起后,中共中央和红军总部从瑞金出发,踏上了长征征途。

按照由朱德签发、中革军委发布的突围出发令,中央党政军机关分为两个野战纵队。

第一野战纵队由红军总参谋部各局、总政治部各部、一部分直属分队,红军学校编成,叶剑英任司令员兼政委,钟伟剑任参谋长,王首道任政治部主任,辖第一至第四梯队。第一梯队由军委第一至第三局和通信队组成,彭雪枫任队长兼政委;第二梯队由军委第四局、第五局、警卫营、总政治部及政治教导队组成,罗彬任队长兼政委;第三梯队由工兵营、炮兵营、运输大队和部分医院组成,武亭任队长兼政委;第四梯队由红军各学校组成,又称军委干部团,陈赓任队长,宋任穷任政委。第二野战纵队由中共中央机关,苏维埃中央政府机关、后勤部门、卫生部门,总工会、共青团等编成,李维汉任司令员兼政委,邓发任副司令员兼副政委,辖第一至第四梯队。第一梯队由军委教导师组成,第二梯队由总供给部、军事工业局、通信教导队组成，第三梯队由总卫生部和部分医院组成，第四梯队由中央机关、保卫局、政保团等组成。

云石山顿时呈现出空前的繁忙场面。身着灰色军衣的红军部队有条不紊地穿行在乡间；"嗒嗒"的战马蹄声不时急驰而过，传递着一道道行动命令；在梅岗草坪上，一批又一批的队伍在进行着出征前的动员；云石山的大小村庄，拥挤着各支运粮、挑夫和担架队；数十支宣传动员小分队四处奔走，边走边在墙上、树上刷写和张贴着"誓死保卫苏维埃""坚持游击战争，粉碎敌人的大举进攻"等宣传员和鼓舞士气的标语，乡间的沙石路上有一连串西指的箭头，醒目地标示着行军的方向。

毛泽东、张闻天、王稼祥同周恩来、朱德、博古、李德等人编在军委第一野战纵队，走向长征的集结地。

毛泽东和贺子珍一起走下了云石山，为了不影响部队行军打仗，他们忍痛将自己的孩子毛毛留了下来，步入了长征的行列中。

李德，在他的独立屋，吃掉了他养的鸭子后，进入了长征的队伍。

红九军团军团长罗炳辉夫人杨厚珍，将3岁的女儿振涛寄养到老百姓家中，也加入了中央纵队的长征队伍。

董必武的夫人因体检不合格，只能挥泪告别，退出长征的队伍。

项英、陈毅、瞿秋白、何叔衡、贺昌、李才莲、毛泽覃、古柏、刘伯坚……一大批高级领导被留了下来。留下的人依依不舍地目送军委纵队走过了瑞金长征第一渡、第一桥，直到队伍消失在视野外……

谁也不曾想到，一场伟大的万里长征就这样秘密地拉开了序幕。

长征编队

10月7日和9日，中革军委主席朱德连续发布电令，调动部队到预定地点集结，进行补充和整训，准备实施战略转移。10月8日，中共中央在云石山马道口发布了《军事与政治命令》，9日，中革军委又在梅岗发布了《野战军10月10日至20日行动日程表》。同日，红军总政治部发布政治指令，要求在"迅速的整理、补充、配合友军与全国革命力量准备反攻"的口号之下，进行部队的整理、补充与战斗准备。

根据中革军委制定的《野战军10月10日至20日行动日程表》要求，军委第一野战纵队应于10月10日傍晚，从田心、九堡出发，经宽田、古田圩、岭背

瑞金望江亭 红军离开瑞金的地方

圩，14 日在宁、会河汇合处，即龙石嘴到孟口地域准备渡河。军委第二野战纵队应于 10 日晚在瑞金梅坑编队，于 13 日先后到达雩都的麻地圩、宽田、黄龙地域集中，14 日在东江口到洛口塘地域准备渡河。红一军团应于 11 日抵达雩都段屋、宽田地域待命，15 日在龙江口地域准备渡河；红三军团应于 15 日抵达雩都古嶂村、铺前岗、三门滩地域，准备渡河；红五军团应于 15 日转移到兴国以南增山、竹坝、山田地域进行运动防御，16 日转移到杰村、社富、溪原地域。红八军团应于 10 日转移到银坑、桥头地域，于 15 日转移到水仓前、石口、观音庙地域，准备渡河，16 日晚移至王母渡、立赖圩之间的地域渡河。红九军团将防务交给红二十四师后从长汀出发，11 日三师到达会昌北塘坊，13 日二十四师转移到麻州地域。

按照中革军委制定的《中国工农红军第一方面军突围前部队集结位置图》，从 10 月 7 日起至 10 月 9 日，红一、三、八、九军团先后奉命将各自的防御阵地移交给留守的地方独立团（红五军团 18 日撤离防御阵地），陆续撤出战斗，向雩都河（贡江）北岸指定的集中地集结。

红一军团于 10 月 6 日接到中革军委电令后，将防务移交五军团，11 日抵达雩都段屋、宽田地域待命；

红三军团于 10 月 7 日奉中革军委电令，将防务移交给地方红军独立第十七团和红十五师，撤离战场，15 日抵达雩都车头地区，进行休整补充；

红九军团在福建将防务交给红二十四师后，从长汀出发，红二师在会昌北面渡过雩都河，红二十二师在安远河之长沙圩渡河。红二十二师之六十五团在雩都盘古镇茶梓村负责剿匪，之后随中央红军其他部队在雩都渡过雩都河。

红一军团军团长林彪，政治委员聂荣臻，参谋长左权，由红一师、红二师和红十五师组成，有 19880 人，有 6992 支步枪、1052 支短枪和约 339 挺（支）机枪、冲锋枪、自动步枪。

红三军团军团长彭德怀，政治委员杨尚昆，参谋长邓萍，由红四师、红五师和红六师组成,有 17805 人,有 7193 支步枪、857 支短枪和约 237 挺(支)机枪、冲锋枪、自动步枪。

红五军团军团长董振堂,政治委员李卓然,参谋长刘伯承,由红十三师、红三十四师组成,12168 人,有 4190 支步枪、609 支短枪和 1260 挺(支)机枪、冲锋枪、自动步枪。

红八军团军团长周昆,政治委员黄甦,参谋长张云逸,由红二十一师和红二十三师组成,有 10922 人,有 3292 支步枪、89 支短枪和 95 挺(支)机枪、冲锋枪、自动步枪。

红九军团军团长罗炳辉,政治委员蔡树藩,参谋长郭天民,由红三师和红二十二师组成,有 11538 人,有 3650 支步枪、197 支短枪和 98 挺(支)机枪、冲锋枪、自动步枪。[1]

每个军团,另装备有 2—8 门迫击炮,军委纵队有 16 门迫击炮。每个师都配有供指挥用的无线电设备、野战电话和其他通信器材。每支步枪配有 10 至 40 发子弹,每挺轻机枪配有 100 至 300 发子弹,每挺重机枪配有 300—500 发子弹。[2]

为保密需要,中革军委规定军委及各部队对外均用代号。各部代号如下:军委代号"红星",军委第一野战纵队代号"红安",第二野战纵队代号"红章"。红一军团代号"南昌",红一师、二师、十五师分别为"广昌""建昌""都昌"。红三军团代号"福州",红四师、五师、六师分别为"赣州""苏州""汀州"。红五军团代号"长安",红十三师、三十四师分别为"永安""吉安"。红八军团代号"济南",红二十一师、二十三师分别为"定南""龙南"。红九军团代号"汉口",红三师、二十二师分别为"洛口""巴口"。

渡过雩都河

雩都河[3],是中央红军战略转移要过的第一条大河,河宽 600 多米,河床很低,但水流较深,常年可通过 20 吨以下的木船到邻近各县、赣州、南昌等地。

红军采取架桥与渡船并行的办法过河。架桥工程自 10 月 12 日开始,在雩都县城东门渡口、龙石嘴、赖公庙、龙山门、孟口长达 60 里的河段处,架设了 5 座浮桥。

中革军委副主席周恩来亲自指挥架桥材料的征集工作。苏区人民倾其所有,大力支援红军渡河。沿河800多条民船全部停运,船工们自愿驾着船赶赴渡河地点,听从红军工兵部队的调遣。雩都县城居民几乎把家中所有的门板、木料甚至老人的寿木,都捐献出来,用于架桥。雩都百姓组织大批慰劳队,带着10万双布鞋、草鞋,以及大批鸡蛋、猪肉等慰问品,热情慰问红军指战员。妇女们组织了许多洗衣队,帮助红军洗衣服。

按照中革军委5号命令的安排,10月16日,中央红军主力部队在雩都河以北地区集结完毕。是日夜,按照中革军委颁布的《野战军渡河计划》,各部队的渡河时间应为:

军委第一纵队,从17日晚起,至18日拂晓5时止;军委第二纵队,从18日晚起,至19日拂晓5时止;红一军团从17日晚起,至18日拂晓5时止;红三军团从17日晚起,至18日拂晓5时止;红五军团从20日晚起,至21日拂晓5时止;红八军团从18日晚起,到19日拂晓5时止;红九军团从18日晚起,到19日拂晓5时止。各部队分别从雩都、花桥、潭头圩(龙石嘴)、赖公庙、大坪心(龙山门)、峡山圩(孟口)等10个渡口南渡雩都河。

红一军团从雩都山峰坝、花桥、长口等渡口,红三军团从雩都西门、孟口等渡口渡过雩都河,17日至18日军委纵队和中央纵队从雩都县城东门等渡口渡过雩都河,至20日,参加长征的中央红军主力86000余人全部渡过了雩都河[4],踏上了西去的征途。21日前卫部队攻占古陂、新田等地。

为避免敌机侦察暴露目标,红军每天深夜渡河后,次日凌晨又把浮桥拆除,不留痕迹。苏区船工与红军工兵部队密切配合,下午4点再将浮桥架好,供红军夜渡雩都河。白天,偶尔有国民党飞机来轰炸雩都桥,炸伤了部分人员。

南渡贡水计划表

雩都人民十分热爱红军,队伍刚住下,妇女大嫂就跑来洗衣服,烧开水。苏维埃政府的财政人员,忙着征粮备款。宣传队也积极向群众宣传红军抗日反蒋、打土豪分田地的政治主张。

午后4时,红一军团红一师三团出发,经卦江、庙前、白交坡、大屋里、石坡到雩都城南关宿营,行程 70 里。路过卦江时,卦江赤卫队刘队长拉着红一军团红一师三团党支部书记萧峰的手问:"你们往哪去?"他希望红军早日粉碎敌人的五次"围剿"。战士们也不断问萧峰:"总支书,队伍开到哪里去?"萧峰也只听说向南行动,反正哪里便于消灭蒋介石,好打破敌人"围剿",就打到哪里去。

傍晚 5 时,雩都河畔,人山人海,红旗猎猎,战马嘶鸣。军委纵队、红一军团、红三军团依依惜别乡亲们,开始渡河。一部分队伍从桥上缓缓通过,一部分红军则乘船渡河。数百艘渔船排列渡口,等候红军灰色的队伍分批登船,岸上密布着整齐的红军队伍,有条不紊,听不到一点喧闹之声。

第一波队伍登船后,只见河上众船齐发,向对岸齐刷刷驶去。由于船太小,每趟只能装 10 人,船工们奋力划桨,送完一批后,又赶忙返回送第二批。

数以万计的苏区群众,从四面八方汇拢来为子弟兵送行。有的给部队送来茶水,有的抢着帮助部队挑担子、背背包,不少妇女和老人穿行在等候过河的队伍中间,送草鞋、送布鞋、送斗笠、送雨伞,还往战士们怀里塞鸡蛋、糯米团等吃的东西,与红军战士握手告别。那些被安排在老乡家里治疗的重伤员也来了,他们拖着受伤的身体,盘桓在人群中间,寻找着自己的部队,依依不舍地与战友话别。入夜,人们燃起熊熊的火把为部队渡河照明,火光映红了军民的脸庞,照亮了雩都河的两岸。

深秋的夜晚,寒气已经很重了,红军战士们仍身着单衣,有的甚至还穿着短裤,但都满不在乎,豪情勃发地踏上了征程。

10 月 18 日傍晚,中共中央、临时中央政府所属机关和博古、周恩来、朱德、毛泽东、张闻天等中央领导从雩都东门渡口渡过河。

"十月里来秋风凉,中央红军远征忙,星夜渡过雩都河,古陂新田打胜仗。"时任中共中央宣传部干事的陆定一这首《长征歌》,正是红军告别苏区,夜渡雩都河的生动写照。

本来按照李德原来的想法,只打算派出 3 个军团的主力进行战略转移,其余部队则留在中央苏区内继续部署战略防御,以保证今后主力重返苏区。但周恩来反对这个不现实的方案,主张将整个苏区的全部力量撤出,包括地方游击队和地方部队。后来,经过博古的折中,周恩来的方案占了上风,但撤退人数稍有降低,据李德介绍说"降低了百分之十至百分之二十。结果作战部队被非作战人员过分拖累,大大妨碍了部队的行动"。但他也承认,"后来的情况证明,这里还是应该留下足够的、可以顺利开展游击战争的干部和战士"。

雩都长征渡口

省委和省苏维埃政府在雩都县城谢家祠堂召开省、县、区三级干部大会，专门研究部署掩护主力红军战略转移，架设浮桥，筹粮筹款，组织支前运输队伍，慰问红军，实行坚壁清野，开展游击战争及安置伤病员等工作。

正在雩都调查研究的毛泽东出席会议，给到会的两百多名干部鼓气：国民党军队采取"步步为营"的堡垒政策，打到中央苏区门口来了，企图"抽水捉鱼"，主力红军应该顺水而出；教育干部要发动群众，冲到敌人的后方去打击与牵制敌人，留在地方的同志要迅速组织做好坚壁清野工作，开展游击战争，掩护主力红军战略转移。

10月7日起，红二十四师和地方武装接替了中央红军主力的全部防御任务，迟滞各路敌军向苏区中心地带进攻。按照指示，在长汀、雩都、宁都、兴国等地区开展斗争，掩护红军主力实行战略转移。

赣南省的广大军民在党的领导下，为保卫中央苏区的西南大门，为支援和掩护中央机关和中央红军主力突围长征，为坚持游击战争和保存革命力量，作出了巨大牺牲和重要贡献。

对此，周恩来禁不住感慨地说："雩都人民真好，苏区人民真亲！"

留下的红二十四师和十几个独立团和地方部队约1.6万余人，另有伤病员3万余人，由项英、陈毅、瞿秋白、陈潭秋、贺昌、张鼎丞、谭震林、邓子恢等党政军领导人领导，在中央根据地坚持游击战争，掩护主力突围。党中央专门在中央苏区设立中央分局、中华苏维埃共和国中央政府办事处、中央军区，项英任中央分局书记和中央军区司令员兼政治委员，陈毅任中央政府办事处主任，统一领导中央苏区及闽浙赣苏区的党政军工作。在项英、陈毅等的领导下，党政机构和储备物资，地方红军和游击队都陆续转移到了通行不便的山区，以便继续开展斗争。从12月起，陈诚等指挥20多个师的国民党军队共20余万人，对中央苏区进行分区"清剿"，组织地主武装，建立保甲制度，企图彻底消灭红军，摧毁苏区。

长征出发时,中共中央曾给中央分局发出训令,指出"为要适应着游击战争的环境,党应该时刻依照环境的变化来改变自己的组织",主要斗争形式"不是与敌人进行阵地的硬拼的战斗",而要"正确的发动领导群众,正确的运用游击战术"。[5]可惜由于"左"倾路线的继续影响,苏区中央分局和中央军区领导人未能适时改变组织方式与活动方式,反将许多小游击队编入各独立团,将出院的伤病员补充到红二十四师,继续同优势敌人打阵地战,其结果是红二十四师等部队遭受了严重损失。

曾担任过党的总负责人的瞿秋白,未能随中央机关同行,留在中央苏区,任中央分局宣传部部长。主力转移的关键时刻,依然任劳任怨地工作。

由于敌人大兵压境"围剿"的恶劣环境,为便于行动,瞿秋白指示把工农剧社编成部队形式,分成"火星""红旗""战号"三个剧团,在各自划定的区域,分散到部队、农村集市中进行演出,利用话剧、歌舞、山歌等节目,向群众宣传工农政府的政策,动员群众参军参战、支援红军、支援前线,增强了群众对敌斗争的决心和信心。

1934年12月下旬,中央分局机关撤到雩都黄麟井塘村。新年将近,瞿秋白通知三个剧团到井塘村集中,决定为庆祝新年进行元宵节文艺会演。为搞好这次会演,瞿秋白不仅亲自布置演出会场,还冒着大雨到山口迎接从前线赶来的各剧团演员。

一个有顶棚的舞台搭建好了。元宵节前夜,悬挂在舞台两旁的汽灯亮起来了,松柴点燃了,元宵节文艺会演开始了。项英、陈毅、瞿秋白、毛泽覃、陈潭秋、何叔衡、刘伯坚、邓子恢等中央分局领导同近万名群众前来观看演出。尽管山雨霏霏、寒意浓浓,但演员和观众心中却像燃烧着一团火一样。

"红旗""战号""火星"三个剧团十分难得地欢聚一堂,在热烈的气氛中,表演了丰富多彩的文艺节目,有话剧、舞剧,还有小提琴独奏、口琴独奏和乐器合奏等。会演持续了几个小时,观众的情绪非常激动、高涨。演出结束时,瞿秋白对演出提出了不少好的建议和意见,并对优秀节目评了奖。"火星"获第一,"红旗"获第二,"战号"获第三。

会演结束后,中央分局召开了突围动员大会。项英、陈毅等根据中央指示,将留守苏区的红军游击队化整为零,分路突围。

不久,瞿秋白在突围中不幸在福建省长汀县被捕,后在长汀英勇就义。"元宵节井塘文艺会演"成为中央苏区最后一抹悲壮的绝唱,也成为瞿秋白生命中最后一次闪亮的精彩,永远铭刻在中华苏维埃共和国的红色记忆之中。

遵义会议后,中共中央于1935年2月接连发出指示,要求苏区中央分局立即从正规战向游击战转变,采用灵活机动的游击战,以"小游击队的形式,有计划的分散活动,环境有利则集合起来,不利又分散下去"。中央苏区按照这些指示将红二十四师和各独立团分散突围。由于敌强我弱,突围部队大部遭到损失,少数部队转战于赣粤边、湘南、闽赣边、闽西等地区。

国民党军队占领中央苏区后,实行白色恐怖统治,无数的革命干部和群众惨遭杀害。据有的材料说,仅瑞金被杀的就高达12万人,宁都被杀绝户的有8300多家,闽西有4万多家。在国民党统治下,留在长江南北各苏区的一部分红军和游击队,在项英、陈毅等人和党组织的领导下,紧紧地依靠人民群众,在江西、福建、浙江、安徽、河南、湖北、湖南、广东8省内的14个地区独立地坚持了3年艰苦卓绝的游击战争,克服了重重艰难困苦,保存了自己的力量和阵地,为中国革命战争做出了重要的贡献。后来就是这些红军游击队在抗日战争中多数被改编为中国共产党领导下的新四军,与八路军一起,成为抗日战争中坚持敌后抗战的中流砥柱。

小战过第一道封锁线

1934年10月19日至20日,中央红军主力先后到达国民党南路军阵地前的仁风圩(街)、双芫(园)、牛岭、长洛、桂林江等地区,完成了突围准备。在此期间,为加强对各部队的领导,中共中央先后派凯丰、刘少奇、陈云到红九、红八、红五军团担任中央代表。

这时,国民党南路军总司令、广东军阀陈济棠部为配合进攻中央苏区的北路军和东路军,在赣州以东,沿桃江(即信丰河)向南,经大埠、王母渡,折向东南,经韩坊、新田等地,构筑了第一道封锁线,其具体部署是:第四师驻赣州、南康,第二师驻信丰、王母渡,第一师主力驻古陂、新田、重石、版石等地,独立第三师驻韶关、乐昌、连县、南雄等地,第二独立旅驻安远。其防堵的重点在阻止中央红军进入广东。

根据这些敌情,中革军委决定在王母渡、韩坊、金鸡、新田地段突破粤军的封锁,向湘南挺进。全军以能征善战的红一、红三军团作为开路前锋。这两支部队在中央红军中兵力最多、装备最好,装备有8门轻型迫击炮,以及600多发红军兵工厂制造的迫击炮弹,还各有两门直瞄火炮和几百发炮弹。红一军团为左路,负责进攻新田、金鸡之敌,向安西、铁石口方向发展;红三军团为右路,负责进攻韩坊之敌,占领古陂,向坪石、大塘方向发展;红九军团随红一军团后跟进,掩护左翼安全;红八军团随红三军团后跟进,掩护右翼安全;军委第一、第二野战纵队居中,红五军团担任后卫,掩护红军主力和中央机关前进。各军团随即展开行动。

21 日,红军在赣南安远和信丰一线发起突围战役。红三团从信丰进击敌人。晚11 时,三营冲入金鸡镇。粤军没料到红军进展如此神速,一交火,便晕头转向,被红军击毙200 多,其余狼狈逃窜。红军衔尾追击,吓得驻新田的粤军第一师副师长莫希德惊慌失措,急忙撤出新田,退往古陂。

突破第一道封锁线之信丰县新田镇百石村战场遗址

粤军驻重石、版石的第三团团长袁霖生和教导团团长陈克华一向狂妄自大,认为红军大部队不会来得那么快,企图打一场速决战捞一把再走,不料被红军以雷霆之势分进合击,经一昼夜激战,两团伤亡很大,后死命向大庾撤退。红三军团第四师师长洪超在古陂侦察地形时遭敌袭击牺牲,洪超曾因作战指挥机敏荣获过二级红星勋章,他指挥下的第四师素有"猛虎四师"之称。他是长征途中牺牲的第一位师长。洪超牺牲后,红四师师长由张宗逊继任。突围作战打响后,敌我双方战斗相当激烈。直到粤军余汉谋第一军在得到陈济棠的示意后,才稍事抵抗,防守一番,从重石、新田、古陂、韩坊全线撤退,退守赣州、信丰、大庾、南雄等几个城镇据点,让出了中间大道。红军主力随即向信丰东南地域前进。

22 日,红一军团与从重石、版石撤退的粤军两个团遭遇,激战数小时,将其击溃,乘胜向安西挺进。这天,红三军团进占坪石。

23 日晚,红三团在安西北同粤军第一师第三团展开激战,红三团打白三团,粤军防守严密,总攻安西未克,半夜,李聚奎师长、赖传珠政委下令撤出战斗。红一军团绕开安西之敌,向西面的桃江转移,安西之敌由红九军团监视。红三军团主力则向大塘前进。

24 日,红一、三军团前锋部队占领桃江东岸渡口。当晚,各路先头部队开始西渡桃江，抢占河西要点，掩护主力渡河。25 日，军委第一、第二纵队和红军其他部队结束新田、古陂之战后，从王母渡、新田之间渡过桃江，沿大庾岭边缘地区进入广东南雄境内，突破了由粤军防守的第一道封锁线，继续向西前进。

红军之所以能轻而易举地突破第一道封锁线，其原因除与战略突围方向选择得当、广大红军将士英勇顽强外，也是与对粤系军阀陈济棠的统战工作密不可分的。

李汉魂假打真送

粤北区绥靖主任、韶关作战地区司令李汉魂按照陈济棠的要求，执行了与红军的谈判协议，他对警卫旅少将副旅长黄国梁强调说："一定要认真执行谈判协议，敌不向我射击，不准开枪；敌不向我袭击，不准出击。要作为战场纪律来执行。"韶关作战地区参谋处的李卓元上校对黄国梁交代："已经同共产党达成协议，互不侵犯。共产党借路西行，保证不入广东境；我方保证不截击，在湘粤赣间边境划定通道，让红军通过；并由我方赠送步枪子弹 1200 箱，由巫剑虹的第三师负责运送，到乌径附近交接。"[6]他边说边指着军用地图对黄国梁说："拟定共产党西行通道是乌径、百顺、长江圩以北、城口、二塘，便脱了广东境。"接着还叮嘱道："同共产党协议的事，不能向团长传达，但要明确要求，共军不向我射击，不准开枪；共军不向我袭击，不准出击。"对上峰的这一命令，黄国梁十分乐意执行。因为他与叶剑英曾在云南陆军讲武堂同学几年，有着同窗之谊，唯恐在战场上兵戎相见；加上黄本人对蒋介石极度不满，不愿为其与红军作战，黄国梁于是把一向反共积极的军官郭士槐留在韶关，不让郭部上前线。

红军入粤后，也执行了与粤军的谈判协议，不进入广东腹地，只沿粤、赣、湘边界西进。10 月 26 日，中革军委还电告各军团"现我方正与广东谈判，让出我军西进道路，敌方已有某种允诺。故当粤军自愿的撤退时，我军应勿追击及俘其官兵；但这仅限于当其自愿撤退时，并绝不能因此而削弱警觉性及经常的战斗准备"[7]。27 日夜，红军分两路进入仁化县的锦江地域时，在此设防的警卫旅第一团团长莫福如向旅部请示："红军部队徒涉锦江，队伍庞大，有乘骑，有辎重，好像一个高级指挥机关。请准半渡出击。"旅部则以"上峰严令，敌不向我袭击不准出击"为由，要他们遵守战场规定，一团于是取消了攻击意图。该旅第三团何汉武营违反命令，在厚坑以北同红军交火，旅部得知后即严令该营撤出战斗。

对陈济棠的统战工作,不仅帮助中央红军顺利地通过了第一道封锁线,而且对通过国民党军队的第二、第三道封锁线也同样创造了极为有利的条件。

顺利通过第二道封锁线

中央红军突破粤军第一道封锁线后,蒋介石电令广东的陈济棠和湖南的何键火速派兵,在湘粤边境组成从桂东、汝城至仁化的第二道封锁线,同时还命令他们在乐昌、郴县、宜章、临武间沿粤汉路南段利用原有碉堡,构成第三道封锁线,阻止红军西进。

接到蒋介石指令时,西路军总司令何键部尚处于对红二、红六军团的分散"清剿"状态,没有料到中央红军突围会不经西部防线,而是从粤湘边入湘。湘南仅有胡凤璋、欧冠等一些地方民团防守。何键自顾不暇,为应付差事,遂派出湘军第六十二师陶广部在汝城东南一带布防。其布防思路为:将主力西调,在10月下旬至11月10日前,依湘江为天然屏障,在粤湘、湘桂公路线各要点,构筑阻止堡垒线。调临时配属给西路的第二十三师、第二十五师从江西向湘南疾进。

南路军总司令陈济棠这时已将其南路军主力撤至大庾、南雄、安远等地,取守势,以防红军进入广东。为应付蒋介石差事,于是命令李汉魂率独立第三师、独立警卫旅赶到仁化、乐昌、汝城附近设防。李汉魂、叶肇等部固守城口;地方民团胡凤璋部把守汝城境内各关口要塞。

这时,国民党中央军还远在赣江以东的兴国、古龙冈、石城等地,短期内难以赶到湘南和粤北地区。根据这些有利情况,10月25日,中共中央、中革军委决定乘敌军尚未弄清红军意图之际,沿赣粤和湘粤边界,迅速向湖南的汝城和广东边境的城口方向前进,夺取先机之利,西进湘南。10月27日,中革军委下达了突破第二道封锁线的命令。

10月30日至11月2日,中央红军由江西崇义向湖南汝城推进。红三军团第四师前卫第十一团歼灭一股民团后,控制了湘赣咽喉——热水;军团先头部队击退湘敌一个团与胡凤璋民团的三面围攻,歼其一部,迫敌退守县城,另一部则围占了濠头,牵制桂东、田庄之敌。3日,红三军团包围汝城。当红军主力靠近湖南时,国民党中央军"追剿"红军的主力周浑元、吴奇伟两个纵队还远在湘赣边地区。汝城只有国民党地方部队两个团和新调来的第六十二师一个旅,第六十一师主力尚在桂东;仁化地区也只有一个旅的敌人。这时,中央红军如能抓住敌军兵力尚未集中、协同比较困难的有利时饥,集中兵力,创造战机,打一两个歼灭性的胜仗是有可能的。但红军领导人博古、李德急于西去,采取了避战的方针。

在长江(注:地名,位于广东北部与湘、赣两省交界处)地域,红军基本没有遇到粤军的堵截,11月3日,红军开始进入湘南,突破汝城第六十二师钟光仁旅防线时,全湘震动。何键来往于萍乡、长沙、衡阳、宝庆之间布防,深恐湖南地盘难保。

至4日,红军各路部队均推进到汝城至城口一线。在当地人民群众的密切配合下,沿途摧毁敌人碉堡30余座,并在城头寨、太平圩、大坪等地重创敌军。左路红军向国民党军第二道封锁线上的重镇城口开进。广东仁化县城口,粤军李汉魂只派了一个连防守,红一军团第二师一攻即破,蒋介石寄予厚望的第二道封锁线又被红军突破了。

11月5日,中革军委决定:中央红军兵分三路,以一部兵力监视汝城之敌,主力分两路纵队,在汝城、城口间通过国民党军第二道封锁线。红三、红八军团为右纵队,绕过汝城县城,由汝城至大坪间通过,向百丈岭、文明司前进;红一军团第一师和军委第一、第二纵队及红五军团为中路纵队,由新桥经界头、九峰山向九峰圩前进,担任后卫的红五军团为了掩护中央纵队,在延寿、岭秀等地堵住了粤、湘两敌的进攻,激战数日,歼灭了大量敌人;红一军团第二师和红九军团等部为左纵队,由城口、思村向岭子头前进。至8日,红军全部通过第二道封锁线,进入湘南地域。

至此,中革军委鉴于红军主力转移已无密可保,才正式向部队通告说,中央红军这次进行转移,是为了到湘西去同红二、红六军团会合,在那里建立新的革命根据地。

突破第三道封锁线

针对中央红军继续西进的情况,蒋介石于11月12日任命何键为"追剿"军总司令,统一指挥国民党军共16个师、77团,包括蒋的嫡系薛岳、周浑元两部。何键令湘军刘建绪、李觉防守郴县,王东原师由茶陵向郴县急进,陶广师尾追至文明司。令周浑元纵队向遂川集结,企图侧击中央红军。

湘军在宜章、郴县一线修筑了数百座碉堡,但该线国民党军兵力空虚,九峰圩仅有粤军一个团,并无堡垒;乐昌也只有粤军两个团;汝城、宜章间无正规部队,只有民团;宜章以北亦只有湘军的一个团,但该地区公路发达,交通方便,有部分路段可通火车,便于国民党军快速调动兵力。在红军的前面,有国民党军几年前就利用修铁路的水泥等器材,在这一线的山上修筑的大量碉堡;后面,蒋介石的嫡系部队已经从江西、福建追了上来,广东的敌军利用其铁路公路交通的便利,正快速赶来堵截红军。

11月7日11时,红三军团彭德怀、杨尚昆,向中革军委发出万万火急电,建议趁敌人还未完全部署就绪,一面佯攻郴县,牵制湘军,同时占领宜章,阻抗粤敌,主力从中间突破,向嘉禾、临武进军。该报告认为:红军进入湘南,湘军处于存亡关头,必与蒋介石协同动作对我;粤军疑蒋入粤,目前对我无与蒋介石南北夹击企图。因此,"我应迅速坚决突破宜、乐、郴间封锁"。[8]同日16时,朱德致电彭德怀、杨尚昆等,决定中央红军于宜章以北的良田及宜章东南的坪石间突破敌第三道封锁线,以红三军团为右路军,从宜章以北通过;军委两个纵队和红五、红八军团随后跟进;红一军团为左路军,从宜章以南通过,红九军团随后跟进。

遵照中革军委的决定,红三军团立即作了部署。9日,红五师第十四团攻占章桥市。10日,红五师迫近郴县,切断郴宜大道;红六师以第十六团为先锋,冒着大雨向宜章城前进。在距宜章城15公里的白石渡,打垮了民团200多人的拦阻,乘胜追至宜章城下。此时,群众纷纷前来欢迎红军,300多名筑路工人自发组织起来,帮助红军挖坑道、扎云梯,准备第二天攻城。守军见此情形,半夜弃城而逃。11日拂晓,宜章城城门大开,群众列队欢迎红军进城。11月13日清晨,红三军团六师的十六、十七两团,在地方游击队的配合下,占领宜章县城。

林彪与聂荣臻夺取九峰山之争

红六师攻取宜章后,中革军委要求红三军团在良田、两湾洞、宜章地域,掩护其他部队西进,保证中央红军全部通过封锁线。据此,红四、红五师在万会桥、良田、两路司地域,向郴县加强侦察警戒,掩护中央红军右侧安全,等待红一军团主力;红六师在宜章、罗家观地域,等待红一军团第十五师到来。14日,国民党军第十五师由郴县南进,第八纵队随后跟进,第六十二师经文明司向良田前进。红三军团为保证两条西进道路安全,掩护兄弟部队通过第三道封锁线,派出得力部队抗击郴县南进及东面文明司之敌。正当右路军向宜章前进的同时,红一军团奉中革军委命令向九峰山、乐昌方向进军,并派出一支部队控制距粤汉铁路约10公里的九峰山制高点,以防备粤敌占领乐昌,从而威胁到军委两个纵队的安全通过。

要抢在粤军到来之前占领粤汉铁路东北10多公里处的制高点九峰山,是突破敌人第三道封锁线的关键。红一军团受中革军委的命令,前去夺占九峰山,以掩护中央纵队从九峰山以北到五指峰之间安全通过。为是否夺占九峰山一事,军团长林彪与军团政委聂荣臻之间发生了激烈的争论。林彪不愿执行中革军委的命令,想避开九峰山,从平原疾进,直接快速地冲过乐昌,中革军委此时在博古、李德的统治下,指挥确实不见得高明,林彪的反对也有他的理由,他认为敌人既然还没有到达乐昌,为什么不从平原疾走乐昌,而要专走崎岖的山路上九峰山呢?聂荣臻对林彪的想法表示反对:"那可不行!我也估计敌人可能还没有到达乐昌。可是我们离乐昌还有一段路程。我们的两只脚怎么能跟敌人的车轮比呢?就算敌人现在还没有到乐昌,等我们靠两只脚走到乐昌时,也可能就和敌人在乐昌碰上了。因为人家是乘车。""再说,我们也不能只管自己在平原跑过乐昌就算完了,还有中央纵队在后面,我们担任的是掩护任务。如果我们不占领九峰山,敌人要是把后面的部队截断的话怎么办?我认为这是个原则问题。作为政治委员,对军委命令的执行,是负有责任的。因此,我坚决主张按军委命令行事。"一向与林彪配合默契的聂荣臻,此刻为主攻方向问题与林彪发生了激烈的争吵。

为缓和矛盾,解决好进军目标,军团参谋长左权想出了个折中的办法:"要不先让陈光带一个连到乐昌侦察一下,看看敌人到了没有。"聂荣臻绷着脸答道:"去也可,不去也可。你去侦察时,敌人可能还没有到,等你侦察回来,敌人可能就到了。担任如此重大的掩护任务,我们可不能干这些没有把握的事!"陈光侦察后回来报告说,发现敌人正在乐昌大道上向北开进。林彪这才不再坚持自己原来的意见。

11月6日下午,红一军团攻占麻坑圩后,林彪在军团部拿起与国民党军电话线相通的的电话机,装作中央军的口气,同乐昌道上赖田民团的团长接通了电话,骂骂咧咧地训斥道:"你们这些没用的民团,知道红军在哪里吗?"民团团长一听对方飞扬跋扈的口气,还真以为是中央军,于是老老实实地坦白:"红军到了哪里我也不知道。不过,我知道乐昌前天到了粤军邓龙光的三个团,一个团今天已经开往九峰山了。"林彪一听,惊出了一身冷汗,于是急忙派红二师四团,不顾天雨路滑,连夜兼程奔袭九峰山,抢占有利阵地;随后派出主力,攻击九峰山南侧的茶岭,监视九峰圩的敌人,保证了左翼的安全。再加上三军团在右翼先后占领了宜章、良田等地,增加了安全系数,从而确保了从南北两个方向掩护中央纵队,保障红军主力从九峰山以北安全地通过了第三道封锁线。

粤军此时对红军和国民党中央军采取的均为防堵的架势,陈济棠将余汉谋指挥下的第二师叶肇部、独二旅陈章部和独三师编为一个纵队,由李汉魂指挥,布置在乐昌、仁化及汝城之间,利用原有碉堡群守护粤北门户。驻守九峰圩的粤军独立第三师因能见度差,将从湖南汝城过来的粤军第二师当成了红军,而发生交火,后来指挥部发现对方火力有密集的掷弹筒的发射爆破声,不像是红军,于是用军号联系,才知是一场误会。第二天拂晓,得知此事的陈济棠向交战的两支部队发来电报:"关于金樟坳战报,备悉。我军以'保境安民'为主。"部队的师长会意,于是,此后粤军再没有同红军发生过大的战事。好笑的是,李汉魂将此次作战伤亡的数字加到同红军战斗的伤亡数中,虚报战果,竟然也得到了蒋介石和陈济棠的嘉奖。

由于红三军团和红一军团分别占领了国民党军第三道封锁线的重要支撑点宜章城和白石渡,使全军较顺利地通过了粤汉铁路线。至15日,中央红军主力从郴县、良田、宜昌、乐昌之间全部通过第三道封锁线,进入湘南临武、蓝山、嘉禾地区。

蒋介石得知红军已通过第三道封锁线时极为恼火,蒋虽然发现陈济棠与红军联系的一些蛛丝马迹,但因疲于"围剿"红军,加上陈济棠已将谈判协定烧毁,蒋无法抓住陈的把柄,也就无可奈何了。他给陈济棠发了一封措辞严厉的电报,指责陈"平时请饷请械备至,一旦有事,则拥兵自重。……此次按兵不动,任由共匪西窜,不予截击,贻我国民革命军以千秋万世之污点。着即集中兵力二十七个团,位于蓝山、嘉禾、临武之间堵截,以赎前愆。否则,本委员长执法以绳。"[9]陈济棠的粤军在红军过了二塘后,本想全部回防广东,接到这番电令,只得应付差事,装模作样地继续追击红军,陈济棠还在蒋介石的电报上特意加了一句"本电报转发至团长为止"。粤军部队按照陈济棠的授意,先头部队与红军的距离保持一两天的路程。各部追至湖南蓝山,见红军确实对广东毫无威胁后,便都回防广东和赣南。陈济棠因担心日后难以逃脱责任,于是又命令叶肇、李汉魂、李振球等师,分头尾追红军入湘,但此时红军早已向西远去。

大搬家式行军

中央红军长征出发后的行军队形往往是,三军团在右翼,其后有八军团;一军团在左翼,其后是九军团,从两翼掩护着中央的两个纵队,作甬道式开进。中央纵队和各军团后勤部大量地搬运物资,多达1000多副担子的运输队伍拥挤在崇山峻岭的羊肠小道上,往往一天只能走30—50里,这种"大搬家"式的行军为红军埋下了湘江战役重大损失的祸根。

长征出发前,军委教导师每团派出1000人到中央机关的印刷厂和兵工厂,协助捆包印钞机和修理枪炮的机械;长征开始后,教导师负责搬运四五百担机器部件,简直变成了辎重师,行军往往只能在夜里避开国民党的空中侦察,走偏僻的山路,因此行进十分缓慢,往往十几个小时才走40余里,部队也被拖得很疲劳。师特派员裴周玉对此曾感慨地说:"虽然进行了艰苦的思想工作,强调党团员发挥先锋模范作用,但是部队的思想问题仍然很多,时常发生逃亡现象,非战斗减员很大,有时一天达百人。"[10]

杨得志率领的红四团,翻过九峰山往宜章西进的时候,由前锋改为后卫,在左翼掩护中央纵队。途中翻越大王山,山势虽没有九峰山险要,但高度不比九峰山低。天又不停地下着雨,道路泥泞,部队行进的速度很慢,红军战士有的站在雨中、有的坐在雨地里打起盹来。拂晓时,参谋肖思明十分懊恼地告诉杨得志:"团长,你知道我们一夜走了多少路?""五里!就走了五里!"肖思明接着说:"我到前面看了,主要是他们带的东西太多。文件箱子、坛坛罐罐不讲,还有机器哩!一架印票子的机器,少说有一个排抬着;还有一架什么给病号照相的家伙(X光机),说怕碰怕跌,十几个战士像捧着瓷碗似的抬着它走。路这么窄,他们能走得快吗?"[11]

"大搬家式"的转移和甬道式的行军队形,增加了部队的疲劳和减员,削弱了红军的作战能力。许多高级干部对其危害体会很深,对"大搬家式"的行军极不赞成。朱德曾针对长征初期的问题严肃地指出:"长征就像搬家一样,什么都搬起来走,结果太累赘,很吃亏。补充来的新兵没有来得及训练就搞到团里、营里去。没有带过兵的人,就会搞空头计划。他们不知道没有训练过的新兵,不跟着老兵怎么能走?结果,就让新兵去搬运东西、保护东西,连印刷机、兵工厂机器都搬出去。结果,一个直属队就有一万多,所以需要的掩护部队也就多了。因此,部队动起来很慢。"

彭德怀曾忧虑地说过,长征在没有根据地作战的情况下,部队普遍的心理是不怕急行军、夜行军,就怕害病掉队。"抬轿式"的"搬家",加上缺乏应有的政治工作,远离中央苏区后,不少人因掉队、生病、开小差而离开了长征队伍,突破前三道封锁线时,因与粤军有秘密协定,作战都较少,然而突破第一道封锁线时红军仍减员3700余人,突破第二道封锁线时减员9700余人,突破第三道封锁时减员8600余人,其中多数系非战斗减员[12]。

据粤军将领李汉魂、陈章说：粤军在湖南汝城与广东仁化、乐昌间，特别是延寿、九峰山地区，收容和俘虏的红军散失与落伍人员达万余人。叶肇后来说："粤军对俘获的红军士兵予以资遣或补充，对红军军官，一般都采取秘密处决，按照蒋介石规定送感化院的甚少。后来有些红军在粤、湘、赣边被截击掉队、散在边区打游击的，有好几支部队数以千计。"[13]

"甬道式"的开进，不但使红军过早地暴露了战略目标，也给蒋介石提供了充裕的时间，从从容容地调兵遣将。他调兵数十万，在潇水以西、湘江以东的兴安、全州、灌阳之间，布下了号称"铁三角"的第四道封锁线，给正缓慢前进的红军张开了一个大口袋，等着红军的到来。

[1] 见 1934 年 10 月 8 日《野战军人员武器弹药供给统计表》，见《红军长征·文献》，解放军出版社 1995 年版，第 82—83 页。

[2] 据 1934 年 10 月 8 日《野战军人员武器弹药供给统计表》统计折算，见《红军长征·文献》，解放军出版社 1995 年版，第 82—83 页。

[3] 雩都河：是贡江在雩都县境内的称呼。西汉高祖六年（前 201）设雩都县，是赣南三大古县之一。1957 年经国务院批准，改雩都县为于都县，故雩都河亦改写为于都河。

[4] 根据 1934 年 10 月 8 日中革军委公布的《野战军人员武器弹药供给统计表》，出发时，参加长征的人数应为 87059 人。见《红军长征·文献》，解放军出版社 1995 年版，第 82—83 页。

[5] 中国人民解放军历史资料丛书编审委员会：《红军长征·文献》解放军出版社 1995 年版，第 54—55 页。

[6]《围追堵截红军长征亲历记——原国民党将领的回忆》（上册），中国文史出版社 1992 年版，第 96 页。

[7] 中国人民解放军历史资料丛书编审委员会：《红军长征·文献》，解放军出版社 1995 年版，第 108 页。

[8] 参见中国工农红军第三军团史编委会：《中国工农红军第三军团史》，国防大学出版社 1992 年版，第 325 页。

[9]《围追堵截红军长征亲历记——原国民党将领的回忆》（上册），中国文史出版社 1992 年版，第 98 页。

[10] 裴周玉：《踏上艰难的征途——回忆中央教导师的长征》，见《峥嵘岁月》第七集（红军长征在湖南专号），湖南人民出版社 1987 年版，第 94 页。

[11] 参见《杨得志回忆录》,见《峥嵘岁月》第七集(红军长征在湖南专号),湖南人民出版社
1987 年版。

[12] 参照林建公:《走走长征路再现当年史——访著名中共党史学家石仲泉》,《党史文
汇》,2004 年第 1 期。

[13] 《围追堵截红军长征亲历记——原国民党将领的回忆》(上册),中国文史出版社 1992
年版,第 50 页。

第四章
令人扼腕的湘江
之战

国民党军的"天炉阵"——貌合神离、各怀鬼胎——智取道县——白崇禧想给红军让路——博古、李德指挥红军往"口袋"中钻——惨烈的觉山铺、光华铺、新圩和水车之战——杨成武受伤——林彪心痛地流下了眼泪——陈树湘绞断了自己的肠子

　　尽管长征出发时,博古、李德对广大红军指战员都高度地保密,但狡猾的蒋介石却已从红军的动向中,精明地判明中央红军入湘后有与贺龙部会合的可能。曾任蒋介石侍从室主任、国民党南昌行营第一厅中将副厅长的晏道刚回忆说,当10月18日国民党方面得悉红军转移的动向时,蒋介石在南昌行营召集杨永泰、熊式辉、林蔚、贺国光、晏道刚等高级将领商讨对策,对红军的战略转移方向作出了四种推断:

　　第一种可能:由赣南信丰入广东。蒋认为:红军利在乘虚,如进入粤境,逼得粤军不得不拼命抵抗,倘被前后夹击,是难于立足的,那是他们的不利之路,去了亦无足为虑。

　　第二种可能:从赣南经粤湘边入湘南,重建苏区。蒋认为赣粤湘边区是政治上的薄弱点所造成的军事弱点,且中央红军入湘后有与贺龙部会合之利,应加重视。

　　第三种可能:进入湖南后出鄂皖苏区再北进。蒋认为这是当年太平天国北进路线,政治上威胁较大,可以考虑。

　　第四种可能:经湘西入黔、川再北进。杨永泰以为还要考虑红军尔后渡长江上游金沙江入川西的可能性。蒋说:"这是石达开走的死路。他们走死路干什么? 如走此路,消灭他们就更容易了。"随后蒋还对大家说:"不问共军是南下或西行、北进,只要他们离开江西,就除去我心腹之患。"[1]

等到 10 月 18 日红军西进前锋迅速到达赣湘粤边时,蒋介石已从国民党东路军占领苏区后所得的资料中,了解到红军不是战术机动,而是战略转移;不是南下,而是西进。蒋介石当即向各路"围剿"部队发出电令:令西路军何键部主力悉数调湘南布防,依湘江东岸构筑工事堵截红军,并以一部在粤湘边境堵击;南路军陈济棠部主力进至粤湘边乐昌、仁化、汝城间进行截击;北路军顾祝同部以第六路军薛岳率所部包括吴奇伟、周浑元两个纵队追击;调第四集团军主力集中于桂北。一张企图"围剿"红军的大网正在展开。

国民党军的"天炉阵"

10 月 30 日,蒋介石南昌行营电令白崇禧"桂军应控置于全(州)、兴(安)之间,并迅速巩固黄(沙河)、全、兴、桂(林)碉线。"11 月 6 日,蒋介石还不放心,又电令李宗仁和白崇禧,要求他们除巩固湘江、漓江和龙虎关一带碉堡线以外,还要派出有力部队迅速出道县以北,与何键的永州部队协同堵截红军。蒋再三叮嘱:"此方极关重要,乃匪必经之路,务须严密防堵。"同日,蒋介石在南昌又电令各路"围剿"军,歼灭红军于"湘漓两水以东的地区"。蒋此次投入兵力约 30万人,想在湘江东岸逼红军决战,以绝对优势兵力加上数十架飞机的轮番轰炸,消灭中央红军。

围堵红军的国民党军一部

11 月上旬(9 日、10 日),粤军和红军在延寿圩、靶子场、珊瑚岗附近激战两日,陈济棠曾向蒋告捷,虚报伤毙及俘获红军人数,称发现中央红军一、三、五、九等军团番号。此前,南昌行营命令空军侦察红军动向,总是找不到真实具体的情况。蒋介石认为延寿战役是弄清红军情况最有意义的一仗,据此,蒋介石认为自己对红军的情况已经比较明了。[2]蒋介石最担心的是中央红军与红军二、红六军团会合后,在鄂湘川黔建立一大片新苏区,而到11月中旬,当他看到红军主力进至郴州、耒阳、衡阳一线后,他便沾沾自喜地认为中央红军离开根据地西行"流徙千里,四面受制,下山猛虎,不难就擒"。他判断中央红军必沿红六军团西征路线,经广西兴安、全州间西进,不会北上。于是提出在湘江以东构筑第四道封锁线、以围歼红军作为指导方针。

薛岳已于10月19日接到在兴国的周浑元发来的电报,称红军已经通过雩都、信丰、麻溪附近地区,继续向西南行,似无经三南(虔南、龙南、定南)地区入粤的企图。随后,南昌行营又根据一系列的资料,证实了红军各军团的番号,估计西行的中央红军约10万以上。后来在红军过第二道封锁线时,据参加围堵的湘南民团指挥胡凤璋及汝城县县长报:红军通过文明司时,实有人数六七万人,再据飞机侦察,红军行军迟缓,远非江西时期可比。

薛岳综合上述情报判断,红军将沿萧克部队前进路线,强渡湘江入桂转黔,为此"追剿"军基于行营指示,利用湘江地障,一面猛追,一面猛堵,以强有力之一部,协同广西友军扼守全州迄灌阳以北四关,并沿湘江布防堵截,主力衔尾追击,并先占道县;另以一部机动于祁阳、零陵、全州间作为战略预备,以防共军取道零陵北进;俟在湘江将其击破后,加以"追歼"。

11月16日,薛岳前往衡阳拜见他的新上司何键,按照蒋介石授意,与各军军长会商"追剿"计划,并面授机宜。为防红军渡过湘江,蒋介石于11月17日又颁发了湘水以西地区"剿匪计划大纲",提出不让红军长驱入贵州,会合四川红军,蔓延湘西,会合红二、红六军团,企图在湘西南或湘桂黔边境将红军歼灭。蒋介石部署湘江战役,命湘、桂两省军队与红军决战,这样既可以消灭红军主力,又可借机削弱湘、桂两省兵力,以坐收渔翁之利。他令何键、薛岳在衡阳召开军事会议,贯彻其六路进军的湘江追堵计划。衡阳军事会议订出的方案为:将何键所辖国民党部队编为六路"追剿"军,薛岳任前敌总指挥。

第二十八军军长刘建绪任第一纵队司令,指挥章亮基第十六师、李觉第十九师、陶广第六十二师、陈光中第六十三师共4个师,外加4个补充团、3个保安团,其主力集结于黄沙河附近。限10月25日以前到达全州,沿湘江布防,北自觉山、朱蓝铺，南至永安关与桂军驻灌阳的夏威第十五军协同，堵截红军西进，并以一部兵力沿湘江碉堡线布防；桂军夏威率第四十三、第四十五师布防于恭城、富川一线，第四十四师与第二十四师布防于兴安、灌阳一线，廖磊率第十九师布防龙虎关；

第四军军长吴奇伟任第二纵队司令，指挥欧震第九十师、韩汉英第五十九师，沿湘桂公路进行侧击，保持机动，防止红军北上与红二、红六军团会合。

第三十六军军长周浑元任第三纵队司令，指挥谢溥福第五师、萧致平第九十七师、万耀煌第十三师尾追红军，经桂阳、新田，直趋宁远，再继续向道县前进，并抢先占领道县固守，防止红军南下进入桂北。

第二十七军军长李云杰为第四纵队司令，指挥其所兼之第二十三师、王东原第十五师，取道桂阳、嘉禾、宁远，阻止红军向零陵北进。

第十六军李抱冰(李韫珩)任第五纵队司令，指挥其兼任师长的第五十三师和地方民团，在蓝山、水口(今江华)一线进行截击，阻止红军南下企图。经宜章、临武，尾追红军，与粤军联络，并确保第三纵队左翼安全。

薛岳兼任第六纵队司令，直辖梁华盛第九十二师、唐云山第九十三师、梁思演第九十九师，以及惠济的第一支队，其主力集结于零陵附近地区，主要负责堵截红军北进；并作为机动兵团，策应各纵队的作战。

六路纵队还配属两个中队航空兵共30架飞机，对红军实施侦察和轰炸。

蒋介石、何键、薛岳等订下的这一湘江追堵计划，十分阴险毒辣，确实颇费了一番心机。他们认为湘军何键与桂军的李宗仁、白崇禧有私交，让湘军入全州，彼此不会猜忌，双方必能合力封锁湘江，堵住红军去路。李抱冰、李云杰均系湖南人，人熟地熟，令其尾追红军，可得天时地利。以周浑元军抢占道县，压迫红军西进；吴奇伟沿永州西进，则可阻遏红军北上；红军若不渡湘江的话，要在桂北或粤北立足几无可能，陈济棠有好几万人集中粤湘边。数十万大军前堵后追、左右侧击，逼使红军只有选择强渡湘江。

中央红军突破敌人第三道封锁线后，蒋介石、何键竭尽全力，按照上述计划部署。中央红军突围进入湘南后，蒋介石调集湘军、桂军在前堵截，粤军和中央军侧击、追击，利用湘江这道天然屏障，又修筑了500多个碉堡，在湘江沿岸300里长的地方布置了第四道封锁线，企图将中央红军消灭于湘漓两水以东地区。

貌合神离、各怀鬼胎

中央红军突破第三道封锁线时，处境已十分险恶。南有粤军数万人布防在边州、星子一带；北有薛岳中央军的 5 个师正向零陵进发，对红军展开平行追击；前方的湘江地区，已被湘、桂两方部队近 10 个师封锁；后有周浑元中央军 4 个师，外加湘军李云杰 2 个师、李抱冰 1 个师的追击。这一形势令蒋介石大有胜券在握的感觉，他把中国古代兵书《尉缭子》中的话"众已聚不虚散，兵已出不徒归；求敌若求亡子，击敌若救溺人"写进给各路部队的电令中，企图鼓动手下的士气，一举将红军围歼在湘江地区。但蒋介石的如意算盘却并不是他想象的那样如意。国民党的"追剿"军和粤、桂军虽有 25 个师的兵力，但他们之间却貌合神离、各怀鬼胎。

11 月 12 日，蒋介石任命湖南军阀何键为"追剿"军总司令，薛岳为前敌总指挥，同时电告薛岳入湘后将其嫡系和周浑元部拨归何键指挥。薛岳对此曾颇有微词，但却没有料到蒋介石原本是打算让他担任"追剿"军总司令一职的。其实，老蒋之所以又改任何键，也有自己的如意算盘：这样才有机会将拥兵自重的何键部调离湘南。深知蒋介石本意的陈诚安慰薛岳，认为薛率中央军入湘，又以前敌总指挥名义可指挥湘军各师，从台面上说，是"将来越境追歼有利于国家大局"；而台面下说，则是蒋介石生怕粤湘桂三省军队联合，希望薛率湘军进入外省，调虎离山，使何键无所凭借。[3]

何键因被封为"追剿"军总司令，大有受宠若惊之感，十分卖力，"追剿"行动比较积极。但何键的心思主要在于阻止红军进入湖南，以保住他的地盘。他既想立功讨得蒋介石的欢心，但又怕在堵击红军过程中损失太大，搞不好会蚀掉老本，于是便先派人试探白崇禧的态度，没想到对方回答得很干脆："硬打，没有那么蠢。"何键听罢，也决定效法桂军，尽可能避免与红军正面作战，而采取尽快"送客"的方针。他将薛岳 8 个师布于龙冈、桂东、资兴、郴州、桂阳、新田、永州，阻拦红军北上湖南腹地，并防止中央红军与湘鄂川黔边的红二、红六军团会合；湘军主力由刘建绪指挥的第十六师、第六十三师、第六十二师、第十九师及补充 4 个团、保安 3 个团等部，集结主力在黄沙河一线附近，并沿湘江碉堡线至衡阳的车渡止设防。从衡阳经祁阳、零陵至黄沙河一线，修筑了碉堡 410 座。这种一字长蛇阵的布署，与其说是为了执行蒋介石将红军聚歼于"湘、漓水以东地区"的命令，不如说是为了防备中央红军从道县北上，直趋湘西。

这一架势,实际上是意欲逼迫红军向西挺进,将"祸水"一路引向贵州。当红军突破第二、第三道封锁线并从湘粤边境西进时,何键唯恐红军在湖南境内重建根据地,一心只盼着把红军赶快送离湖南就谢天谢地了。他的部队一心"送客",忙乱之中未免显得太"客气"了些。湘军第十六师师长彭位仁前番在红六军团沿湘粤边境西行时,主动让开路,等红军过去了才远远尾追。此种避战的方式,连何键都感到不好意思,批道:"十六师太糟糕,要送客也得送出一个样子来!"为了怕蒋介石追究,便将师长彭位仁撤职了事。这次中央红军转移,何键下属的李抱冰部又跟在中央红军屁股后面,"听不着枪声",其实也是典型的"送客"了。

智取道县

对国民党军的调动,红军从无线电侦听中,洞察了敌方的大体动向,于是决心先调动桂军主力于桂东北,乘桂北兵力空虚之际,从全州到界首之间渡过湘江。11 月 17 日,中央红军仍以红一军团、红三军团为左右路前锋,继续西进。红一军团二师四团在天堂圩接到师部电报:"限明日(18 日)拂晓前相机占领道县城。"天堂圩距道县 100 多里,如果红军不能迅速占领道县的话,周浑元、吴奇伟部则可能先期到达,红军将会受到三面夹击。四团火速行动起来,由侦察排和一个步兵连组成了先头部队,在潘峰的率领下向道县急进。

　途中一群老百姓告诉他们:道县守敌虽然仅有一个连和百把个人的民团,但要攻占县城却不容易,首先要渡过潇水河,然后要登上三四十级的石板台阶,再经过水壕,才能到又高又厚的城墙边。道县南门潇水河上有座浮桥,守敌怕红军攻城,早已把浮桥破坏,只留下一条木船供来往行人摆渡,而这仅有的一条船,又紧紧控制在民团手中。先头部队经一昼夜急行军,走完一百五六十里的路程,在离县城四五里远的地方,换上了国民党军队的军装,然后大摇大摆地走到潇水河边。防守的民团一看是中央军,

道县潇水渡口

便将渡船撑了过来。先头部队过河后突入城内,经一个小时的巷战,即占领了全城,控制了城外的几个山头。刚挖好简易工事,从宁远开来的国民党中央军周浑元部就到了城外。好险,仅比敌军早两小时到达道县!周浑元整整一个纵队就此被红军牢牢地牵制在道县,无法赶在红军前面西进湘江。

红四团在道县迅速架好浮桥后,第二天,中央纵队即通过浮桥,向西挺进。之后,红军派出游击队在道县附近游击,一部在寿佛寺,一部在王母桥,一部在永明,摆出一副入桂的姿态;而红五军团又在把戏河牵制李云杰部,向西南前进。这些假象使蒋介石和白崇禧都感到红军可能真的会入桂作战,蒋介石因此于25日致电薛岳,要求其以"追剿"军主力偏在西北,须防红军进入桂境富(川)贺(县)。但周浑元即电告薛岳,判断红军强渡湘江的可能性最大。因此薛岳回电令周浑元排除红军侧翼及后卫牵制,"力求压迫其主力决战于湘江,进入我天炉阵(注:即预设包围圈)而击破之"。[4]

11月24日,蒋介石急调国民党空军第三中队从南昌起飞对红军实施空中打击。面对敌机的狂轰滥炸,担任预备队的红一军团二师一面指挥部队疏散隐蔽,一面迅速组织优秀射手对空中敌机进行密集射击,将一架正在疯狂俯冲轰炸的敌709号战斗机"请了"下来。此举创造了我军军事史上用步枪打下高速战斗轰炸机的先例,敌飞行员谢廷藩、魏德跳伞后被红军俘虏。红军这次出色的防空战斗,给骄狂的国民党"空中骄子"第三中队以迎头痛击,使之在以后对红军的作战中再也不敢肆无忌惮地低空俯冲轰炸了。

红军在灌江架设浮桥时,当地群众闻讯,自告奋勇赶来参加,仅文市一处就有100多人,他们将自己家里的木料、门板、桌凳,甚至连床板都献了出来,在寒风凛冽、江水刺骨的情况下,与红军一道下河架桥、打桩。数十名群众冒着敌机轰炸的危险,仍坚持把桥架好,让红军顺利通过。

桂系军阀白崇禧

白崇禧想给红军让路

蒋介石乘"追剿"红军之机挤占地方军阀地盘的企图,瞒不过有着"小诸葛"之称的桂系军阀白崇禧。白认为,红军从湘南西进只是路过广西而不会深入广西腹地,当时桂军只有2个军5个师18个团,共2万余人。虽然装备精良,还有大批训练有素的民团,但与号称10万的中央红军对阵，桂军也生怕将这点本钱蚀光，桂系军阀赖以生存的政治生命也就随之完结了。因此，当红军进入广西时，桂系的兵力防御重在防止红军进入广西，同时也防蒋介石"明取西川，暗夺荆州"，所以专从红军后卫部队身上做文章，以送客早走，并敷衍蒋介石。白崇禧决定既要反共，又要防蒋，实行自卫，决不让红军和蒋介石的中央军进入广西境内。为保存实力和地盘，白下令对红军"不拦头，不斩腰，只击尾"；让开正面，只对红军进行侧击、截击，这样不仅能减少伤亡，还可获取战果，好向老蒋交差。白崇禧先按任务部署，将桂军沿湘江一线布防和守备桂北，装出要与红军决战的架势。桂军准备"让路"，湘军准备"送客"，蒋介石精心炮制的封锁线战前就被自己的人给解开了。

1934年11月18日，红八军团部队佯攻龙虎关，同据守的桂军四十四师发生战斗。21日，红九军团攻占江华县城，威胁富川。白崇禧得悉红军有2万余人向江华、永明而来，有进袭富川、贺县、恭城之虞，大为惊恐，担心红军由此攻入广西腹地。桂系军队已经看到了红军过境是势不可挡的，权衡再三，决定立即放弃湘江防线，回防桂东北边境重地。

按照事前白崇禧制定的方针，认为让路时机已到。但他们考虑到这样一来，红军就可能被引向湘西，会遭到何键的反对，于是以李宗仁的名义直接向蒋介石发电，要求将原在全州、兴安、灌阳布防的第十五军撤往恭城，仅在全州留下第七十二团的两个营的兵力，兴安留下一个团，灌阳留下一个团。蒋介石不知是计，复电同意。桂军于是在11月22日下午名正言顺地撤离了湘江防线，至此，从全州到兴安60公里的湘江防线上无正规军防守，湘江防线已完全向红军敞开。

白崇禧看见红军在道县盘桓四五日不西进，唯恐红军绕道入广西，于是向夏威发去电报："着将四关工事星夜挖去，让红军通过。"白崇禧说："老蒋恨我们比恨朱毛更甚。有'匪'有我，无'匪'无我，我为什么顶着湿锅盖为他造机会？不如留着朱毛，我们还有发展机会。"他还对部下夏威、蓝香山等戏言道："谁给红军送个信，说我们让一条道任其通过。"[5]虽是戏言，却反映了心里的想法。

桂军撤防，使湘、桂军阀在11月上旬达成的联合"协剿"的"全州协议"形同虚设，并且使何键陷入了手忙脚乱的狼狈境地。何键对桂军撤离湘江防线大为不满，深恐红军因此顺利通过湘江，达成与红二、红六军团在湘西会师的目的，使得他的湖南地盘更加不保。11月23日，他急电蒋介石叫苦："合围之局既撤，追剿之师徒劳。职受钧座付托之重，虽明知粉身碎骨，难免一篑功亏。"[6]蒋介石从何键的报告中得知"湘江无兵防守"的实情后,不禁大为震怒!立即电令湘军"全力向红军的后续部队发起攻击"!出于"追剿军总司令"职责的考虑,何键也怕脱不了干系,随后不得已遵照蒋介石的指示,令刘建绪部"沿湘水上游延伸至全州之线",防红军渡江西进,但刘建绪部直至 25 日才到达全州,27 日后才在觉山等地侧击渡江红军。

这份电报挑起了一向相处不错的湘、桂双方的矛盾,白崇禧先是向蒋介石发去一封措辞非常强硬、泼辣的电报,对蒋介石的指责予以毫不客气的回击,先挖苦老蒋指挥大军"东南西北四路围剿兵力达百余万",也未能将中央红军消灭,反而让其从容突围,"已为惋惜";红军进入湖南后优游达 10 余日,老蒋指挥下的数十万国民党军又未能加以消灭,更加"引为失策","以我国军百万之众尚被匪突破重围,如职军寡少兵力,何能阻匪不渡湘江"?然后连续发问"究竟何军与匪激战,战斗经过几日,共匪死伤几何,又何国瞻望不前,何军迟迟不进"?其矛头直指对红军追而不战的中央军。

稍后,白崇禧又向何键发出冬电一封,将湘军的责难尽数推挡回去,反指责湘军不及时从全州南下接防,以至贻误战机。说"此次共匪西窜,敝省首当其冲,兵薄力单,兼顾未能",因此在富川、贺县、龙虎关吃紧时,将主力转移。桂军从湘江撤防"只因十余团兵力分配不敷,故请集中全城二十团之贵军迅速南下",将失职的责任推给了湘军。其实,湘、桂两军都怀有私心,关键时刻互相推诿,而中央军欲借刀杀人、不劳而获的企图又十分明显,三方都没有什么信义可言。最后,湘、桂双方表示"彼此俱抱遗恨","置之一笑可也"。

接到蒋介石加强防务的命令后,湘、桂两军也不敢过于怠慢,于是重新调回撤走的部队,再度杀向湘江地域。桂军重回湘江防线,本来也是"击尾"的原本打算,11 月 27 日,桂军白崇禧推算红军从道县出发已有四五日,到湘江渡江估计已基本完成,认为红军已经没有进攻广西腹地的企图,侧击红军后卫的机会到了。为免周浑元部深入广西,于是才命令原驻在灌阳附近的四十四师、二十四师部队,前出至湘江东岸的新圩展开,与红军侧翼掩护部队发生激战。首先担任攻击的是第二十四师,该师被红军阻于隘路,无法展开。开战后,白崇禧担心桂军损失过大,还特意叮嘱:"不要猛进,等待红军过去。"[7]经过约两天一夜的战斗,南面红军掩护部队即向石塘圩附近撤退,旋即渡湘江西去。第四十四师到达石塘圩后继续向麻子渡、界首方向尾追红军。桂军对红三军团及红八、红九军团之一部作侧面疯狂的攻击,战斗达三昼夜,双方均有很大伤亡。当红军通过文市后,桂军第七军覃联芳第二十四师第七十团由灌阳赶到文市附近,正遇周浑元纵队由清水关进入桂境,覃联芳从望远镜和联络信号中已判明对方确系中央军,但仍按白崇禧事前的吩咐:"即使是中央军,也不能放过。"因此派出部队向周浑元部攻击,出其不意地伤亡对方十余人,将其先头连缴械后放回。然后假装是误会,写信派人送给周浑元道歉。周部因此也颇为忌惮,不敢再入广西境内。[8]这分明是在警告中央军不要打广西的主意。结果,蒋介石的中央军对浑身长刺的桂军只好礼让三分,无论是中央军,还是湖南的湘军,周浑元、李觉、陶广、章亮基、萧致平、郭思演等部,都不敢沿着红军所走过的石塘圩、麻子渡、凤凰嘴、洛江、西延的路线尾随红军,而改由文市,一路经两河圩,一路经白宝岭、全州出湖南东安追击。

博古、李德指挥红军往"口袋"中钻

对敌人的这些微妙变化,以博古、李德为首的中革军委浑然不知。直到11月25日,中革军委才下达抢渡湘江的命令,决定分成四个纵队,在全州、兴安之间渡过湘江,前出到湘桂边境的西延山区。此时,何键也令其第一路两个师由东安进至全州、咸水一线,第二路一部进至零陵、黄沙河一线,第三路由宁远尾追红军,第四、第五路由宁远向东安集结。由于李德指挥延误,扼守湘桂走廊的全州古城终于被先到一步的敌军占领,红军再度陷入进退维谷的危险境地。

中共中央和红军总政治部,向中央红军全体将士发出了《关于野战军进行突破敌人第四道封锁线战役渡过湘江的政治命令》,指出:"我野战军即将进行新的最复杂的战役,要在敌人优势兵力及其部分的完成其阻我西渡的部署条件下,来突破敌人之第四道封锁线并渡过湘江。此战役须经过粮食较缺乏之两个大山脉,并要克服二条(河)道与开阔地带,及部分的敌人堡垒。野战军应粉碎前进路上敌人之抵抗与击溃向我翼侧进攻及尾迫之敌,任务是复杂与艰巨的。但由于敌我部队质量之悬殊,我工农红军之顽强坚决、忍苦耐劳,可断言胜利是属于我们的。""当前战役的胜利完成,是将决定着我们突破敌人最后的封锁线,创造新的大块苏区,协同其他红军部队(二、六军团,四方面军)一致进行全线的总反攻,与彻底粉碎敌人五次'围剿'。"

11月27日,刘亚楼率领红一军团的先头部队红二师首先渡过湘江,随后第二、第四师各一部控制了界首至觉山铺一带渡口,找到四处浅滩徒涉,大部分人员涉水过了江,并架设了浮桥。这时,全州至兴安的湘江防线并无敌人主力,兵

力空虚。此时,中央纵队已到达文市一带。文市离湘江最近渡口仅160里路。如果以一部兵力阻挡全州守敌南进,红军主力轻装前进,一两天内即可到达,仍可以较小的代价渡过湘江,突破第四道封锁线。可惜红军总指挥部对敌情的这一重大变化并不了解,错过了过江的最佳时机。由于道路狭窄,辎重过多,中央纵队尚在越城岭南段的山脉中缓慢行军,每天行军不到50里,短短的160里路,竟然花了整整四天时间才到达渡口！对于"左"倾领导指挥下的这种行进阵式,毛泽东戏称为"叫花子搬家",刘伯承讥笑是"抬轿子行军",彭德怀更干脆怒斥为"这是抬棺材送死",事实证明了他们的说法。由于在速度上远落后于敌人,使得敌军有充裕的时间部署兵力应对红军。行军迟缓、指挥不力,让红军在过湘江时付出了数以万计将士的鲜血和生命。

惨烈的觉山铺、光华铺、新圩和水车之战

从11月28日起,湘军和桂军分别从北、南两面,在飞机支援下,蜂拥而至,向正在渡江的红军发起了全面的进攻,企图夺回渡河点,围歼红军于湘江两岸。刘建绪部由全州向觉山铺[9]地区的红二师阵地发起进攻,桂军主力由龙虎关、恭城一带向兴安、灌阳以北的红军后卫部队发起疯狂的侧击。国民党军以绝对优势的兵力和火力,接连不断地向红军发动全线猛攻,加之空中有飞机助战,一时间湘江两岸硝烟四起,炮火连天,血流成河。

面对强敌铺天盖地的进攻,红军广大指战员毫不畏惧,在新圩、古岭头、界首、觉山铺、咸水等地,与敌人展开了气壮山河的血战。湘江之战,战斗最激烈的主要有四个战场,分别在觉山铺、光华铺、新圩和水车一带。每一处战场都是以少对多,以弱对强。尽管如此,装备单一、缺乏弹药的红军将士仍顽强地用自己的血肉之躯阻挡敌人飞机和重炮的狂轰滥炸,顶住了敌人一次又一次的疯狂进攻,掩护主力渡江。担任阻击和后卫任务的部队为了掩护中央纵队过江,付出了巨大的牺牲。面对如此恶劣的战斗环境,"保卫中央纵队安全渡江"的口号一直回响在阵地上空！

在觉山铺战场上,红一军团的两个师阻击湘军刘建绪部三个师,无论兵力或兵器的对比,红军均处于严重的劣势。敌军的兵力像蚂蚁一样越来越多,刚打走一批,又涌上来一批,他们在十多架飞机掩护下,攻势越来越猛。战至下午,第一师守护的米花山防线被突破,接着又失去美女梳头岭。敌人占领米花山和美女梳头岭后,更加狂妄,从三面向二师前沿阵地尖锋岭进攻。五团在上

面只派有两个连,很快尖锋岭失守。二师主力只得退守黄帝岭,与敌展开殊死搏杀。这是红一军团从未遇到过的最残酷的战斗。二师、一师坚守了两天两夜,虽然完成了阻击任务,但终因敌众我寡,敌逸我劳,两道阻击线先后为敌所破,还牺牲了1000余人。

湘江战役觉山(脚山铺)阻击战遗址

在光华铺战场上,由红三军团的第四师阻击廖磊的独立团和夏威的第四十五师。双方兵力相对比,红军仍处于劣势。光华铺距界首只有几里路,这是一片开阔地带,对红军构筑防御工事十分不利。但是,为了阻击由全州、灌阳出击之敌,保证后续部队顺利过江,红三军团只有背水一战。

部队缺衣少穿,很多人都没有军装穿,为避免暴露目标,部队白天休息,晚上行军,不点火把,一个挨着一个走,悄悄地进入了阵地。江西籍战士张育发随部队到达光华铺后,听上级说这里将有硬仗要打了,当时他所在的班有12个人,但只有6条枪,子弹也没有多少。国民党军却弹药充足,上有飞机,下有大炮掩护。然而,战士们都毫无惧色,战斗打响后,便奋不顾身地向敌人冲锋,前面的战友倒下了,后面的战友紧跟着,没有枪的战士就接过牺牲战友手中的枪,继续往前冲。战斗打得十分艰苦。

第二天清晨,敌军正面进攻被红军顽强顶住后,便沿湘江两岸向界首逼近,对红十团实施迂回。团长沈述清指挥发起反击,中弹牺牲。随即,彭德怀任命杜中美接任红十团团长。当日,杜中美又壮烈捐躯。经一天半加两晚的顽强战斗,四师的三个团(十、十一、十二团)未能守住阵地,牺牲400余人。坚持到12月1日上午撤离阵地,向西转移,界首渡口遂被敌占领。

在新圩战场上,红三军团第五师之第十四、第十五团和临时配属的军委炮兵营,在师长李天佑、政治委员钟赤兵的指挥下,奉命阻击桂军夏威的四十四师、四十三师和廖磊的二十四师。这是两个团对三个师,兵力对比红军又是劣势,桂军不仅数量上占优势,而且装备上乘,训练有素,又有空军助战,红军阻击战面临着严峻的考验。军委命令他们:"不惜一切代价,全力支持三天至四天。"红五师接到命令后当即向彭德怀等军团首长发电表示:只要我们有一个人在,就不让敌人到新圩!彭德怀相信自己的指战员,无数次激战已把他们锻炼成钢铁般的战士。但任务异常艰巨。红五师在师长李天佑、政委钟赤兵带领下,以急行军的速度赶到指定地点,这是一片山岭,离湘江有七八十里路,山岭前面是一条通往灌阳的公路,也是敌人进逼江岸的必经之路。通过这些山岭,就是一片大平川。因此,红军一定要在这片山岭上守住。根据这一情况,师部决定,以红十五团为左翼,红十四团为右翼,师指挥所就设在离前沿二三里的地方。红五师刚刚布置好,敌人也赶到了。敌人的三个师在素有"小诸葛"之称的白崇禧指挥下,一场激战打响了。战斗开始后,红五师凭借有利地形沉着应战,迎面给予敌人狠狠一击,桂军正面进攻受阻,遂以一部兵力从侧翼迂回,红军两个团腹背受敌,被迫退至第二道防线。

由于弹药严重不足,红军战士仅以屈指可数的少量子弹抗击大批敌军的进攻,以血肉之躯一次次地挡住了疯狂进攻的敌军。红军每行动一步都要付出血的代价,但是,谁都没有胆怯和后退,继续英勇奋战,因为他们心中都有一个共同的目标:就是无论付出怎样的代价,也要保证中央红军主力渡过湘江。但最后终因寡不敌众,第二道防线也被敌突破。在这次战斗中,红十四、红十五团指战员在敌我兵力悬殊的不利情况下,发扬英勇顽强、不怕牺牲的革命精神,与敌人一个山头一个山头地拼死争夺,浴血奋战三昼夜,伤亡2000多人,红五师参谋长胡震、红十四团团长黄冕昌以及副团长、参谋长、政治处主任都英勇牺牲,红十五团团长、政治委员和红十四团政治委员均负重伤,营以下干部大部分牺牲。

30日下午至12月1日下午,军委一纵队、二纵队在光华铺、觉山铺及湘江东岸新圩三个阻击阵地的掩护下,从界首浮桥渡过湘江、穿过桂黄路,进入越城岭山区,12月1日下午3时,根据中革军委命令,工兵炸毁了浮桥。这时刚刚赶到江边的红九军团的先头部队,只能涉水过江。在得知中央纵队已安全过江后,红五师才奉令撤出战斗,向西转移。阻击任务交给了六师。六师十八团继续担任阻击和掩护。这时是 1 个团对 3 个师,十八团虽然经过顽强战斗,牵制了敌人,但终因寡不敌众,最后大部红军壮烈牺牲。

在水车战场上,红三十四师面对汹涌而至的

新圩阻击战时的战地救护所遗址

敌军,当接到中革军委要求其掩护红八军团主力渡过湘江时,明知断后作战就意味着可能永远过不了湘江,却毫不犹豫地将生的希望留给了兄弟部队,而将危险留给了自己。第三十四师以巨大的牺牲,巍然坚守在江边阵地,阻击周浑元和李云杰部从道县、天堂圩向文市、水车的进攻,为红八军团部队过江争取了宝贵的时间。

12 月 1 日,红八军团开始组织战士渡江。可是正当前卫部队过江时,五六架敌机径直朝渡口飞来,炸弹无情地落在八军团战士身上。由于八军团的战士多数是刚入伍不久的新兵,缺乏训练,在敌机的空袭下,队伍顿时混乱,敌机在河滩上扫射、轰炸,八军团伤亡惨重。敌机刚过,突然后面又响起了密集的枪声,接着炮弹呼啸着落在河滩上,从新圩追来的桂军突破八军团后卫的阻击,向渡口冲来。在这危急关头,军团首长周昆等亲自率领军直属队向敌人发起反冲锋,将敌先头部队压了下去,然后命令各部队交替掩护,尽快过江。然而,又一批敌机飞来,在湘江的上空猛烈轰炸,疯狂扫射半渡的红军,江面上出现了一簇簇机枪扫射的浪花,一处处冲天而起的炸弹水柱,正在涉渡的红军战士成批倒下,被湍急的江水卷走,死亡的骡马、散乱的文件、零落的钞票、圆圆的斗笠在宽阔的江面漂浮着。江水慢慢变成红色,然而红军队伍仍在硝烟中无所畏惧地向着东岸前进,并勇敢地冲向了江岸,冲过桂黄路,一直进入越城岭山区与主力部队会合。红八军团遭此恶战,损失惨重,从长征出发时的近 1 万人,过湘江后,只剩下 1200 余人。无奈,中革军委只好将八军团余部编成一个团,加入五军团建制,八军团建制从此在红军中被撤销。

杨成武受伤

杨成武将军

湘江之战时,红四团政委杨成武年仅20岁,他所带领的红四团首先在界首参加了阻击桂系夏威的部队。杨成武和团长耿飚亲密配合,巧妙指挥,沉着应战,给仗着武器精良、目中无人的夏威一部一顿猛揍,打得他们全线崩溃,夺路而逃。接着,红四团接到上级命令:将界首阵地交给三军团六师,连夜奔向觉山铺和红五团共同阻击向南之敌,掩护红军主力通过湘江和湘桂路。经过一夜的急行军,红四团赶到了觉山铺。先到一步的红五团已在公路以东占领了阵地,红一师一团也占领公路以西的西半部阵地。杨成武和耿飚指挥部队构筑好凹形防御阵地时,天已经渐渐亮了。不一会儿,敌人的十多架飞机发出尖利的狂啸声,向红军的阵地轮番扫射。顷刻之间,阵地上枪声大作,炮声震耳,浓烟四起,一场恶战就这样开始了!进攻的敌人如同一片黑压压的蚂蚁,向红四团所在的山坡蜂拥而至。由于弹药严重缺乏,战前红军就规定了各种枪的射击距离,在敌人的狂叫声中,红军战士沉着地等待着射击的最佳距离。红军阵地一片沉默,时间在一分一秒地逝去。湘军误以为经过飞机的轰炸,大炮的轰击,红军的有生力量已经不多了,便更加疯狂地号叫着向红军冲来。当湘军完全进入红军的射击距离时,突然,一颗颗复仇的子弹如同长了眼睛一样射向敌人。"敌人像被风暴摧折的高粱秆似的纷纷倒地,但是打退了一批,一批又冲上来,再打退一批,又一批冲上来。从远距离射击,到近距离射击,从射击到拼刺,烟尘滚滚,刀光闪闪,一片喊杀之声撼山动地。但是,我方的短兵火力虽然猛烈,但是也不能完全压倒数量数倍于我们的敌人。"[10]事后才知道,红四团当时面临的敌人达16个团之多!湘军采用集团轮番出击,不给红四团一点儿喘息的空隙,整整激战了一天!敌人死伤无数,红四团也减员很大。夜幕降临后,敌人安静下来,红军的战士总算有了短暂的休整时间。第二天天刚亮,死不罢休的敌人又向红军发起了新一轮的进攻。这次,狡猾的敌人改变了战术,不仅从正面加强了兵力火力,轮番猛攻,并且以大部队向红军的整个阵地迂回,特别以重兵向红五团施加压力。

30日的战斗更加激烈。红军工事被炸得支离破碎,团部根本找不到合适的指挥所,只能在弹坑间跳跃移动。湘军占领五团阵地后,又从三面向四团攻来,红军伤亡在不断加重。这时,陈光师长传来命令,要红四团转移阵地,以运动防御的手段,迟滞敌人的前进,好为红军主力过江争取更多的时间。红四团开始边打边撤,尽量地阻挠敌人,拖延时间。敌人在红四团后面死追不放,天上又有敌机在助阵,红四团的战士们每走一步都要付出血的代价。团长耿飚,其时正身患疟疾,打着摆子,却也不顾病体,带头挥舞马刀带着战士冲入敌阵,直杀得血糊满身。敌人直接从侧翼公路正面展开宽大突击,团指挥所已成为前沿战场,万分危急的关头,杨成武率通信排前来增援,杀入敌阵,保住了团部。在与敌人在公路附近交战时,杨成武不幸被一颗子弹击中右腿,血流不止,倒在公路上。敌军见他受伤,狂叫:"抓活的!抓活的!"在红五团五连与红四团二营的火力配合下,同志们急忙冒死冲上去救他,在付出几名战士伤亡的代价后,连长黄霖亲自冲上去,抓着他的一只胳膊,匍匐着拖着他,硬是把他从枪林弹雨中抢了下来。红四团且战且退,交替掩护向后收拢,撤至珠兰浦、白沙一线又构筑起第二道阻击阵地。这时,全团伤亡已达三分之一。面对装备精良且人数为己10倍、20倍的敌人,红军硬是靠着刺刀、大刀,以大无畏的牺牲精神杀退了一批又一批敌人。直至行动迟缓的中央纵队渡过湘江,红四团才边打边撤渡过了湘江。湘江阻击战历时五天五夜,是红四团离开中央根据地后打得最激烈、损失最大的一仗。耿飚曾感慨地说:"每分钟都得用血换啊!"

林彪心痛地流下了眼泪

在红一军团的米花山、美女梳头岭、尖峰岭等主要阵地相继失守后,林彪、聂荣臻、左权面对巨大的损失和严酷的环境,彻夜未眠,连夜给中革军委发了一封十万火急的电报:"军委须将湘江以东各军,星夜兼程过河,一、二师明天继续抗敌。"

1日凌晨3时半,中共中央、中革军委、红军总政治部联合发出最强硬的战斗命令:

> 一日战斗,关系我野战军全部西进,胜利可开辟今后的发展前途,退则我野战军将被敌层层切断。我一、三军团首长及其政治部,应连夜派遣政工人员分入到各连队去进行战斗鼓动,要动员全体指战员认识今日作战的意义。我们不为胜利者,即为战败者,胜负关系全局。人人要奋战作战的最高勇气,不顾一切牺牲,克服疲惫现象,以坚决的突击执行进攻与消灭敌

人的任务,保证军委一号一时半作战命令全部实现。打退敌人占领的地方,消灭敌人进攻的部队,开辟西进的道路,保证我野战军全部突过封锁线,应是今日作战的基本口号。望高举着胜利的旗帜向着火线上去!

中央局、军委、总政[11]

接到这一战斗命令,全军团指战员均无怨无悔地继续死守阵地。为了保卫中央纵队,为了红军主力能顺利过江,谁也没有胆怯和后退。这一仗直杀得天昏地暗,草木为之惊心,风云为之变色。章、陈两师利用地形压迫红一军团于徭子江口,依山对峙。觉山铺之战直打了两昼夜,湘军向红军阵地发起了十多次冲锋,敌我双方都损失惨重。战斗结束后,在告别觉山铺战场时,林彪、聂荣臻、左权、朱瑞等红一军团领导亲自为死亡官兵安葬,平生极少流泪的林彪当时望着满山遍野的尸体不禁泪如泉涌!

在全州旁边湘江转弯处有个地方叫岳王塘,此处江水流速很缓,湘江战役后上游漂下的尸体几乎全都汇到这里,红军尸体密密麻麻,难以计算!一眼望去,湘江就是灰色的。红军作家陈靖的《湘水黔山》"血染十里溪,三年不食湘江鱼,河底遍尸体",正是当年血战之后惨烈场面的真实写照。

陈树湘绞断了自己的肠子

陈树湘烈士雕像

1934年12月2日,担任总后卫的红三十四师在完成阻击任务后,湘江两岸已完全被敌人封锁,东岸到处都是桂军,还有湘军刘建绪部、中央军周浑元部和广西民团。红三十四师已处在多路强敌的重重包围之中,渡江西进的所有道路都被彻底阻断了。在渡湘江已没有可能的情况下,陈树湘师长带着战士们向东行进。这时军委电令他们"不应东进,而应留兴安灌阳间","发展游击战争,以钳制桂敌,借以积极的协助野战军之行动"。面对四面八方的围敌,红三十四师一次次突围受阻,一次次被伏击,在撤退中多次被冲散,伤亡人数剧增。

12月9日,陈树湘率余部在湘南永明抢渡沱水时,遭到当地保安队的袭击,到最后只剩下140

多人。陈树湘指挥大家顽强战斗,不幸腹部受了重伤,鲜血汩汩地往外流。他慢慢地把手枪举起来,想对准自己的太阳穴开枪,却因无力握住手枪而作罢。这时,敌人的一发炮弹落到阵地上,阵地失守,昏迷中的陈树湘被俘了。当他醒来时,已在敌人的担架上,陈树湘乘敌人不备,毅然扯开受伤的腹部,掏出自己的肠子,用力扯断,壮烈牺牲,时年29岁。陈树湘实现了突围前"为苏维埃流尽最后一滴血"的誓言。至此,第三十四师5000多名将士,大部壮烈牺牲,有的在负伤后冻死、饿死、病死,仅有400多人被俘。陈树湘牺牲后,红三十四师余部转战于湘南的道州、永明、江华、蓝山、宁远之间的山区,队伍最多时发展到300多人,并建立起3支游击队。到1935年冬,不幸被重兵包围,战至弹尽粮绝,最后大部分牺牲。

湘江战役是中央红军长征以来,历时最长、规模最大、战斗最激烈、损失最惨重的一次大战。是役,中央红军损失高达2万多人,从过江前的5万多人,过江后仅余下3万多人。其中,牺牲师级指挥员7人,团级指挥员16人。未过江的红三军团十八团约1800人,以闽西子弟为主、担任殿后掩护任务的红五军团第三十四师5000多人,大部牺牲。

所幸,红军以高昂的代价粉碎了蒋介石将红军"全歼于湘江以东地域"的图谋,同时也宣告了"左"倾机会主义军事路线的彻底破产。在惨痛的教训面前,广大红军将士深深感受到了"左"倾冒险主义的危害,博古、李德指挥上的无能和呆板使红军蒙受巨大损失的事实,与中央红军第一次至第四次反"围剿"的胜利形成了鲜明的对比,谁对谁错,已经不言自明。谁都清楚,如果继续这样下去,剩余的红军将早晚被"左"倾教条主义者消耗干净。纠正错误路线、撤换不称职的"左"倾领导人的时机也日益成熟。

湘江战役令国民党军营垒的内部矛盾进一步激化。对湘江战役堵截红军的失败,蒋介石深为懊恼,他发电责问桂系。对老蒋的责怪,桂军早已有心理准备,白崇禧复电毫不客气地反唇相讥:"职部仅兵力十八九个团,而指定担任之防线达千余公里,实已超过职等负荷能力……钧座手握百万之众,保持重兵于新宁、东安,不趁其疲敝未及喘息之际,一举而围歼于宁远、道县之间,反迟迟不前,抑又何意? 得毋以桂为壑耶? 职部龙虎、永安一战,俘获七千余人,以较钧座竭全国赋税资源,带甲百万,旷时数年,又曾歼敌几许?"白崇禧既自吹自擂,虚报战功,又极尽辛辣讽刺之能事,推卸责任,弄得老蒋哑口无言。

桂系为证明其俘虏红军"七千余人",还专门拍了《七千俘虏》的所谓纪录片。据当年参加拍摄的国民党第四集团军总司令部政治训练处少校科员周游所说，拍入镜头算得上红军战俘的仅有 100 多人，主要是一些跟随红军长征的掉队的男女老幼，其他所谓"俘虏"都是由民团扮演的。为了凑镜头，华江千家寺被烧毁的 10 多间房子，本是桂系尾随红军部队不慎失火烧的，而桂系的电影队则把这些残余的烟火和颓墙断瓦也上了镜头凑数。影片拍好后，到各地放映，而白崇禧则将其作为向老蒋邀功和论战的"战绩"。边放电影，桂系还边讽刺中央军，说："蒋介石叫他们去'剿共'，他们偏要去'抗日'（指晒太阳）。"

[1]《围追堵截红军长征亲历记——原国民党将领的回忆》（上册），中国文史出版社 1992 年版，第 4—5 页。

[2]《围追堵截红军长征亲历记——原国民党将领的回忆》（上册），中国文史出版社 1992 年版，第 7 页。

[3]《围追堵截红军长征亲历记——原国民党将领的回忆》（上册），中国文史出版社 1992 年版，第 39 页。

[4]《围追堵截红军长征亲历记——原国民党将领的回忆》（上册），中国文史出版社 1992 年版，第 47 页。

[5]《围追堵截红军长征亲历记——原国民党将领的回忆》（上册），中国文史出版社 1992 年版，第 151 页。

[6] 胡羽高：《共匪西窜记》，贵阳羽高书店 1946 年版，第 163 页。

[7]《围追堵截红军长征亲历记——原国民党将领的回忆》（上册），中国文史出版社 1992 年版，第 137 页。

[8]《围追堵截红军长征亲历记——原国民党将领的回忆》（上册），中国文史出版社 1992 年版，第 149 页。

[9] 据全州县党史县志办的蒋廷松 2008 年 12 月 2 日发表于《桂林党建网》的文章：《是觉山铺，还是脚山铺》，"脚山铺是明朝在全州境内陆路官道沿途所设的十五铺之一，因为设在山脚下，故名脚山铺。"作者还举了全州县地名委员会 1982 年 9 月编的《全州县地名录》，从那里找到了脚山铺地名来历的记载："110 人，王唐伍卢四姓，因居山脚处要路开设小铺而取名。""脚"与"觉"谐音，红军到此处听当地人说"脚山铺"而写成"觉山铺"，也就不难理解了。

[10]《杨成武回忆录》（上），解放军出版社 2005 年版，第 57 页。

[11] 中国人民解放军历史资料丛书编审委员会：《红军长征·文献》，解放军出版社 1995 年版，第 161 页。

第五章
战略转折的台前幕后

中央红军渡过湘江后,即按中革军委 12 月 1 日的计划,经西延、龙胜边沿山岳北进。蒋介石唯恐中央红军北上,经绥宁、洪江、黔阳去湘西同红二、红六军团会合,于是急忙令薛岳向黔阳、洪江地区转移兵力,开展新一轮的堵截。

过老山界

12 月 3 日,渡过湘江的中央红军主力已进至兴安、华江一带。过了湘江之后,中革军委已经深刻地意识到辎重和后勤物品过多的极大拖累,朱德立即和军委副主席周恩来、王稼祥在 12 月 4 日发布了《后方机关进行缩编的命令》,命令缩编各部后方机关,并要求检查携带的物资,不必要的立即抛弃或毁掉,使部队能够轻装前进。轻装之后,中央红军的行军速度大为加快。

4 日,中共中央、中革军委决定红军"继续西进至通道以南及播扬所、长安堡地域"[1],然后北上湘西北与红二、红六军团会合。按照这一决定,主力部队于当日进入了西延山脉的越城岭老山界山区,向湘鄂川黔革命根据地前进。老山界是越城岭山脉的中段分支,南北长约 21 公里,东西宽约 6 公里。主峰猫儿山海拔 2000 多米。这里山势连绵,国民党的追兵无法对红军实施包围,红军便可发扬吃苦耐劳的长处,将国民党军靠汽车轮子机动的优势化为乌有。红军后卫部队节节抵抗,且战且走,主力则向湘黔边西进。

过老山界时,中革军委原来命令军委第二纵队随左翼的五军团行动。这时彭德怀向第二纵队司令李维汉去电,说明五军团要担任后卫作战,如果第二纵队跟五军团行动,整个纵队会有危险。他已向军委发电报,建议第二纵队跟第一纵队走。军委批准了彭德怀的建议。军委第二纵队过老山界时,是在夜间行动。在漆黑的夜晚,火把不足,爬山时,只能摸黑一个石阶一个石阶地向上攀登。由于山高路陡,在一个叫"雷公岩"的地方,几近90度的陡坡,马登不上去,有的马已经摔断了腿。他们只好把马集中起来,等到最后人少时再设法弄上山。第一纵队走在前面,不知何故,走几步、停几步,行动奇慢。夜晚的山野,天气寒冷,山风呼呼地刮个不停,山下的水流声像万马奔腾。走在又窄又陡的山路上,人疲倦极了,却不敢合眼,有的战士边走边打瞌睡,一不小心就会失足掉进水沟。在泥泞的道路上,有时连人带背包滑下去几十米远,挑的担子也滚到山沟中。有的战士打趣道:"广西好地方,走路坐飞机。"通过险要路段时,大家都手拉手,小心翼翼,个别人不慎掉下悬崖牺牲了。

国民党军追得很紧,五军团在后面挡住敌人,保卫着两个中央纵队。彭德怀见部队走得如此之慢,十分着急,就催军委第二纵队快走,以便甩掉敌人,减少兵力的损失。李维汉赶紧到前面了解情况,才知道原来是"红星"纵队的电台队队员实在太疲倦了,他们边走边睡,走走停停,停停走走,却不知因此影响了军委第二纵队的前进。第一纵队首脑机关早已走远,丢下电台队在后面也不知道。等到第二纵队催电台队快走时,他们才打起精神,紧追上去。

到第二天天亮,部队过了12个高峰,终于到达了山顶。老山界山下的瑶民对红军成功地翻过此山十分折服,惊叹地说:"你们走的这条路,名叫鬼门关,我们一个人空手都从来不敢走过,可你们挑着担子,拉着骡马过来了,真是神仙保佑!"

80里路程的老山界是红军长征中所过的第一座难走的大山,比之后来红军所经过的金沙江、大渡河、雪山草地的困难来说,实在是小巫见大巫了。五军团在老山界为掩护中央纵队又付出不小的牺牲。过老山界,仍是"甬道式"搬家的方式,进一步暴露了长征初期红军被动的问题。

12月5日,红五、红八军团指挥机关在老山界以西的千家寺(兴安县西北),遭到桂军经山间小路绕行而来的偷袭,部队猝不及防,第三十八、第三十九团被敌截断,后改道突围,才得与主力会合。此次战斗,红八军团损失500多人、枪300多支。[2]

红军过老山界时遇到的一大困难，就是每到一处，全村甚至全镇的房屋以及粮食统统被烧光，使部队无法得到给养，也得不到好的休息。国民党的报纸造谣说是红军每到一处便放火烧民房，这些谣言引起了部分不明真相群众的恐慌。有的老百姓也传言是红军烧的。红军当然不会做违反群众利益的事，再说也不可能跟自己过意不去。事情的真相在广南城(广西龙胜县西北)水落石出了。当军委第二纵队在广南城外的田间集合正要出发时，突然见镇内三处房屋起火，红军一边救火，一边派人搜捕纵火者。结果捉到七八个穿着红军军装的人，一问口音均为广西人，他们供认是受国民党龙胜县政府所派，专烧民房，嫁祸红军，还能每天得两块大洋。至于身上的红军军装，是抓到掉队红军后，残酷地将其杀害后再从其身上剥下来的。他们穿上红军军装后，冒充有病掉队人员，天天随在红军队伍后面走，伺机做坏事；或者冒充红军侦察队，在红军将到达时，先放火烧民房，使得红军无安身之地。

弄清这一情况，镇上的大火也扑灭后，军委第二纵队召开了全镇大会，公审这些纵火犯，得知真相的群众十分愤怒，几百人当即一拥而上，将这七八名坏蛋打得奄奄一息。应群众的强烈要求，红军将这些纵火犯拖出去当场枪毙了。事实面前，谁是谁非，十分明了。镇上的群众被红军深深地感动了，立刻就有一群年轻人到卫生部长贺诚面前说："我们要当红军！"结果有100多人报名当了红军。[3]

12月11日，中央红军进至通道、下乡、长安堡(今通道县城附近)地区，红二师占领了通道县城。这时，桂军在红军左侧后跟追，"追剿"军的第一、第二兵团则已进至城步、绥宁、靖县、洪江、黔阳、芷江等地赶筑工事，张网以待。而红军经过两个月连续行军作战，极度疲劳，战斗力大为削弱。在这种情况下，红军如仍北出湘西，势必将与五六倍于己的敌人作战，就会有全军覆灭的危险。可是，博古、李德等人却仍坚持同红二、红六军团会合的原定计划。在这种背景下，中央决定召开一次会议，来解决前进的方向问题。

通道会议

湘江之战红军惨重的损失，红军将士都记忆犹新。痛定思痛，红军的领导人在思考，下一步将何去何从？是继续到湘西同红二、红六军团会合，还是向西进入贵州？

在通道县恭城书院，12月12日，中共中央在此召开了一次紧急会议。中革军委的决策者们就今后的方向问题进行了激烈的争论。会上，向北还是向西，分成泾渭分明的两派。

李德后来在其回忆录《中国纪事》中提到："在到达黎平之前，我们举行了一次飞行会议，会上讨论了以后的作战方案。

通道会议旧址

在谈到原来的计划时，我提请大家考虑：是否可以让那些在平行路线上追击我们的或向西面战略要地急赶的周部（指周浑元部——作者注）和其他敌军超过我们，我们自己在他们背后转向北方，与二军团建立联系。我们依靠二军团的根据地，再加上萧克和贺龙的部队，就可以在广阔的区域向敌人进攻，并在湘黔川三省交界的三角地带创建一大片苏区。"

鉴于在湘江战役中李德错误指挥下红军遭受的巨大损失，毛泽东等人坚决拒绝了这个建议，坚持继续向西进军，进入贵州。这次毛泽东不仅得到张闻天和王稼祥的支持，而且得到了当时就倾向于"中央三人组"（指毛泽东、张闻天、王稼祥反"左"倾路线的三人，非党内组织）一边的周恩来的支持。这是长征出发后，毛泽东在会上以谈话的方式第一次完整表述了他的想法，即应该放弃在长江以南同红二、红六军团会师建立苏区的想法，而改向敌人力量薄弱的贵州前进，争取主力打几个胜仗，使部队得到稍事休整，再向四川进军，去和四方面军会师。毛泽东的主张得到了与会大部分人的赞同。

这时，一份情报彻底改变了会议的风向。12日凌晨，二局破译了敌"追剿"军第一兵团总指挥刘建绪企图截击红军的部署密电。12日2时，中革军委将这一敌情和稍前破译的薛岳第二兵团的动态综合通报全军。

原来，湘江战役后，何键已断定中央红军意在出通道北上湘西北，与红二、红六军团会合。据此，他把统领的20万"追剿"军重新编组成两个兵团，由刘建绪率湘军组成的第一兵团为先导，由薛岳率中央军组成的第二兵团跟进，在通道以北地区张网以待。

因而在通道会议上,正当红军的决策者们争论不休时,作战局及时送上红色"听风者"破获的敌情通报,并附上敌形势图。面对敌人张网以待我北上的事实,博古只好放弃了对李德的支持,转而同意毛泽东转兵西进贵州的主张。

当时李德正患着疟疾,提前离开了会场,等到命令发布时,他才知道会议的最后决议。周恩来有些激动地对他解释说,红军需要休整,而在敌人比较薄弱的贵州很可能有休整的机会。

通道会议后,中革军委暂时结束了北上的冒险计划,转为向西进军。12日19时30分,中革军委下达了《红军明十三号继续西进的部署》电令:"一军团之第二师及九军团应前进至新厂、崖鹰坡、溶洞地域,向靖县派出警戒,向白[马]路口及黎平方向继续派出侦察部队。其第一师,如今日已抵洪洲司,则应相机进占黎平。"[4]根据这一命令,中央红军突然改变了向北的前进方向,转向贵州前进。

13日,朱德、周恩来、王稼祥电告红五军团领导董振堂,决定将红八军团余部并入红五军团。八军团除营以上干部外,全部战士编入五军团,军政干部除加强五军团外,其余送军委四局和总政治部。红八军团军团长周昆、政委黄甦和红五军团参谋长刘伯承调回军委工作,陈伯钧任红五军团参谋长,曾日三任政治部主任。

鉴于部队伤亡较大,机构臃肿,同日,中革军委决定紧缩机关,充实战斗部队,下达了取消第二纵队,合编一、二纵队的命令,合编后的军委纵队共12000多人。军委纵队以刘伯承为司令员,叶剑英为副司令员,陈云为政委,钟伟剑为参谋长,下属三个梯队。纵队司令员、政委、参谋长均兼第一梯队司令员、政委、参谋长,第二梯队以何长工为司令员兼政委,第三梯队以罗迈(李维汉)为司令员兼政委。另以干部团、保卫团为独立的作战部队,归军委纵队司令部直辖。军委纵队在过湘江后,已经把笨重的印刷机、重装备、重武器等丢掉了,现在是轻装上阵,灵活多了。

这是一个历史性的战略决策,它有利于将几十万敌军甩在湘西,为红军争取主动创造了良好的条件。通道会议的决定非常重要,使红军避开了敌人的重兵,免遭灭顶之灾,又能放开自己的手脚,发扬红军的长处,避实击虚地消灭敌人。特别是红一、红三军团从此不再"抬轿子"了,可以灵活机动地消灭敌人的有生力量,红五军团也不致老是担负后卫,受敌人的咬"屁股"之苦,而可以灵敏地打击敌人了。事实证明,通道转兵确实是正确的。对红军突然增强了机动性,国民党军高级将领深感惊奇,曾有人慨叹:"红军经湖南通道转入贵州黎平时,如入无人之境。"除侧卫、后卫被湘军尾追稍有战斗外,红军主力经锦屏、剑河、台江,顺利进抵黔东重镇——镇远。薛岳指挥的中央军先头部队第九十二师梁华盛部,只在镇远西镇雄关与红军后卫第五军团打了几小时,以后沿途主力均未与敌有大接触。[5]

通道会议后,红军的负担减少,指挥已变得比较主动灵活。连李德也承认:"战斗人员与非战斗人员的比例变得更有利了,现在不是三比一,而是六比一。此外,我们把携带不便的辎重,包括那些用完了弹药的重武器统统扔掉了,中央红军由此赢得了更大的灵活性。简言之,运动战的一切条件现在都已经具备。"[6]

红军入黔

贵州当时不受国民党中央政府的控制,是一个比较贫困的省,人称"天无三日晴,地无三尺平,人无三分银"。红军进入贵州后,看到贫苦百姓在贵州军阀的残酷剥削压迫下,生活极为艰苦,他们犹如被榨干油的人,被称为"干人"。寒冬腊月,不少人缺衣少吃,红军就把缴获的粮食、日用品、食盐等分给群众。群众大受感动,激动地说:"红军好,红军好,红军一到,'大老肥'(土豪)都吓跑了。"得到贵州广大"干人"的拥护,红军如虎添翼,在贵州境内作战十分顺利。

当时,贵州由桐梓系军阀王家烈、犹国材、侯之担、蒋在珍四派的统治之下,名义上统归第二十五军军长王家烈的指挥,但由于四人各占一方,拥兵自重,实力被分割。副军长侯之担兼教导师师长,盘踞于黔北;蒋在珍师盘踞于黔东北正安、沿河一带;犹国材师盘踞于黔西南南盘江八属,这三人的部队,王家烈均不能直接调动。王家烈能直接指挥的有何知重第一师、柏辉章第二师、李成章第一旅、杜肇华第二旅、犹禹九第三旅、周芳仁第四旅、杨昭焯第五旅等。王家烈的部队中仅第一师、第二师较有战斗力,其余部队与黔军另三派一样,装备不良、训练很差,许多官兵吸食鸦片,战斗力弱。红军进入贵州,可以利用贵州军阀的内外矛盾和弱点,各个击破,夺取战略上的主动权。这样,既利于与红二、红六军团遥相呼应,打乱敌军围歼红军于出湘西途中的计划,又可与红四方面军和红二、红六军团形成鼎足之势,也利于红军尔后的战略发展,即东出可与红二、红六军团会合,北上可与红四方面军会师。

蒋介石与贵州军阀之间的矛盾,也是红军前往贵州,取得战略主动的重要条件。当时,蒋介石派薛岳西进的目的之一,就是乘机搞垮部分地方军阀,蒋介石亲自致函薛岳,指示机宜,"此次中央军西进,一面敉平匪患,一面结束军阀割据。"[7]其实就是告诉薛岳一箭双雕之意。红军进入贵州后,蒋介石便把进攻的矛头暗中也指向了贵州军阀王家烈。

贵州军阀王家烈与粤、桂军阀签有粤、桂、黔三省互保协议,一方有战,另两方一定相助。三家都担心蒋介石此番"追剿"红军,玩弄"假途伐虢"的把戏。出于唇亡齿寒的考虑,三省都希望紧密合作,一面防堵红军,一面防蒋吞掉自己。因此,当红军进入贵州后,粤、桂两家一方面庆幸"祸水"他引,一方面也担心盟友王家烈的命运。1934年12月11日,粤、桂军阀陈济棠、李宗仁、白崇禧联名向蒋介石"请缨",要求准许粤、桂部队入黔参加"追剿"。然而蒋介石却迟迟不予答复。17日,陈济棠鼓动"贵州旅粤同乡会"发出向粤军的求援电,以增加粤军入黔的合法性,电报中有:"不意西南之援兵已备,中央之明令未颁";"伏乞救兵如救火,安内必先剿共,黔事已急,刻不容缓……伏乞我总副司令,早兴义师,克日入黔。"[8]

此前,蒋介石不惜重金动员粤、桂两省军队在湘桂粤边参加对红军的围追堵截,但此刻却不愿让两广轻易出动,其原因就在于,他想趁在黔"追剿"红军之机,将贵州纳入自己的掌控之中。蒋介石曾对陈布雷说:"川、黔、滇三省各自为政,共军入黔我们就可以跟过去,比我们专为图黔用兵还好。""此乃政治上最好的机会。今后只要我们军事、政治、人事、经济调配适宜,必可造成统一局面。"[9]因此,直到次年1月10日,粤、桂的请缨才得到批准,于是粤军立即派出张达率第四、第五、第六师,会同桂军,入黔"追剿"。蒋介石对三省同盟关系早已察觉,此番对贵州已志在必得,岂容粤、桂两军前来插足,他立即命薛岳不再尾追红军,而转为以夺取贵阳、瓦解桐梓派为首要任务。等到一切就绪后,才同意广西部队入援贵州。而对于广东部队的要求,则予婉谢。正是由于诸多矛盾的存在,为中央红军寻找薄弱环节,避实击虚提供了胜利的机会。一方面,中央军对贵州军阀的成败漠不关心,甚至期望黔军失败,以便中央军能轻松地收拾残局,替蒋介石收拾掉不听话的桐梓派,黔军因此常常被薛岳推向单独与红军作战的境地;而且无论哪方成败,蒋介石都可坐收渔翁之利,都会成为赢家;另一方面,由于黔军派系林立,作战时互不呼应,也为红军各个击破提供了便利。

"贵州王"王家烈也深恐遭到红军和蒋介石的双重打击,因而对红军入黔抵抗不力,遇战往往一接触即避战撤退,便利了红军入黔后的行动。

黎平会议

中央红军进至贵州境内后,博古、李德等人仍不愿放弃寻机北上,与二、六军团会合的想法。在他们影响下,中革军委在13日《红军进入贵州动作的部署指示》中指出:"迅速脱离桂敌,西入贵州,寻求机动以便转入北上。"15日,红军突破贵州敌军的第一道防线,占领了黎平、老锦屏。16日,红一军团前出至柳霁地域,仍准备北渡清水江,前往湘西与红二、红六军团会合。17日,中央纵队进至黎平县城。这时,敌情又发生了新的变化:王家烈部退向施秉、镇远、台拱(今台江)地区;"追剿"军正开始向铜仁、玉屏、天拱之线前进,企图拦截中央红军北上;桂军一个师也向榕江前进,企图趁红军北行时侧击,形势对红军十分不利。这时,从红四方面军那里获取的重要情报表明,在去同红二、红六军团会师的途中,蒋介石已经埋伏了重兵。

红四方面军电台有高超的电报破译技术,蔡威等人监听国民党电台,源源不断地将国民党军的部署提供给中革军委。加上毛泽东前一段时期耐心地说服工作,许多领导人认识到了此时北上湘西的危险性,于是改变了立场,转而同意毛泽东的正确意见。

正是在这种情况下,中央政治局于12月18日在黎平举行会议,讨论中央红军长征的战略方向问题。

红军到底要向哪里去?这个重大的问题再次提了

黎平会议旧址

出来。

黎平县城二郎坡,古色古香的翘街上的胡荣顺店铺内,中共中央又一次召开了政治局会议。会议由周恩来主持,参加会议的有周恩来、博古、毛泽东、陈云、刘少奇、朱德等,李德列席会议,中心议题仍是红军战略转移的方向问题。会上,多数人与李德进行了激烈的争论。

面对险恶环境,红军决策者很容易得到了一致:会议采纳了毛泽东的建议,通过了《关于在川黔边建立新根据地的决议》,维护通道转兵决定,放弃北进湘西与红二、红六军团会合的计划,向敌人统治力量薄弱的贵州继续进军,在以遵义为中心的川黔边境建立新的根据地。

鉴于中央内部意见不一致,会议还决定到遵义地区开会讨论第五次反"围剿"以来军事指挥的经验教训。

周恩来后来回忆黎平会议时说:"从老山界到黎平,在黎平争论尤其激烈。这时李德主张折入黔东,这也是非常错误的,是要陷入蒋介石的罗网。毛主席主张到川黔边建立根据地。我决定采取毛主席的意见,循二方面军原路西进渡乌江北上。李德因争论失败而大怒。"会后,周恩来把《中央政治局关于战略方针之决定》的译文送给李德看,李德看后大发雷霆,咆哮不已。一向温文尔雅的周恩来,在会上为李德的冥顽不化愤怒地拍了桌子,马灯都被震落到地上,熄灭了,警卫员又把灯点上。这一拍,彻底拍醒了红军的决策者们。

19日,中革军委根据会议精神,对中央红军各部行动作了新的部署,将第一、第九军团编为右纵队,第三军团、军委纵队和第五军团编为左纵队,分别由剑河、台拱向黔北遵义方向前进;同时电令红二、红六军团在常德地域积极活动,以便调动湘敌;电令红四方面军重新准备进攻,钳制川敌,以策应中央红军的行动。

20日,中央红军即按照军委命令分两路西进,开始了长征以来具有决定意义的战略转变。随即从20日至29日,一路击败黔军,连克剑河、台拱、镇远、施秉等城,继而进占黄平、余庆地区。

随后,红军又分两路前进,左路以红二师为前卫,为军委纵队和红五军团开路,经瓮安县的老坟嘴到猴场,又于31日抵达乌江南岸的江界河。右路以红四师为前卫,经木孔、朵丁关等地,到达乌江渡口茶山关南岸,伺机过江。

黎平会议后,改编后的红军轻装前进,势如破竹,在贵州如入无人之境。

猴场会议

中央领导人所在的军委纵队到达瓮安猴场后，为落实黎平会议确定的战略方针，克服博古、李德指挥上的错误，确定红军进入黔北地区以后的行动方向，中央政治局于1935年1月1日在猴场（草塘）举行会议。

猴场会议旧址

会议由周恩来主持，李德等列席会议。会议再次否定了博古、李德的错误主张，重申了黎平会议的决定，提出红军渡过乌江后新的行动方针。通过了《中央政治局关于渡江后新的行动方针的决定》[10]，决定要求中央红军应立刻准备在川黔边广大地区内转入反攻，主要是和蒋介石的主力部队作战，消灭其一部，以彻底粉碎五次"围剿"，建立川黔边新苏区根据地。目前最中心的任务是首先建立以遵义为中心的黔北地区根据地，然后向川南发展。必须在"创造川黔边新苏区根据地""彻底粉碎敌人五次'围剿'""消灭蒋介石的主力部队"的基本口号之下，在全体红色指战员中间进行广大的深入的宣传鼓动，最大限度地提高他们的战斗情绪，坚强他们的作战意志与胜利信心。为此，必须尽量利用我们争取到的时间，使部队得到短期的休息，进行整顿和补充工作，并有计划有步骤地开展地方工作，争取广大群众到苏维埃的旗帜下，武装当地群众，扩大红军，搜集资料，建立政权，扩大我们的活

猴场会议会议室

动区。

为把握住取得胜利的有利时机,使红军不失时机地求得在运动中各个击破敌人,为防止"左"倾路线领导人博古、李德在决策指挥中的独断专行,中央政治局还决定:"关于作战方针,以及作战时间与地点的选择,军委必须在政治局会议上做报告。"这一规定,使黎平会议决议和猴场会议决定的贯彻执行获得了组织上的保证。猴场会议限制了"三人团"的权力,同时也意味着剥夺了李德的军事独裁权。

通道会议、黎平会议、猴场会议的召开和做出的各项决策,从思想上、组织上为遵义中央政治局(扩大)会议的召开做了重要准备。陈云说:"遵义政治局扩大会议的召集是基于在湘南及通道的各种争论由黎平政治局会议所决定的。"[11]周恩来说:"经过不断斗争,在遵义会议前夜,就排除了李德,不让李德指挥作战。这样就开好了遵义会议。"基于各种条件均已成熟,党中央决定,由博古准备在即将召开的政治局扩大会议上作关于第五次反"围剿"的总结报告,周恩来准备作关于军事问题的副报告。[12]

三路突破乌江天险

在中央举行猴场会议的同时,中革军委开始指挥红军部队展开了强渡乌江的战斗。当时,根据红军的侦察,国民党军的部署为:吴奇伟纵队4个师于30日到达施秉,31日向新黄平续进,其一部向老黄平方向尾追红军。周浑元纵队4个师仍经施洞口向新黄平前进,其先头师于29日到达施洞口。黔军第四师在

乌江回龙场渡口

遵义,其一个团在珠场(今珠藏),并派队扼守江界河北岸渡河点,30日猴场黔军一个团在红军打击下逃向瓮安。根据这些情况,军委对各军团发布如下命令:红一军团之第二师迅速夺取江界河渡河点,并架桥以便二师主力及军委纵队、五军团由此渡河;红

一师负责夺取袁家渡及其附近地域,以便红一军团主力由此渡河;红一军团部及十五师进至龙溪,红九军团至余庆,均向石阡方向侦察、警戒;红三军团主力进驻瓮安,向平越、重安江方向警戒;红五军团进至甘塘、老坟嘴、蔡家湾之线,向老黄平严密侦察、警戒。

根据中革军委的这一命令,各部队迅速行动起来,挺进乌江南岸地区。夺取渡口的任务交给了开路先锋红一军团,主渡点位于江界河、龙溪(回龙场)渡口。

12月31日,红二师师长陈光亲率红四团作为前卫,提前到达了乌江边。这时,他接到上级的指示:"先抵黔北,夺取遵(义)、桐(梓),发动群众,是红军当前的战略方针。"

乌江,古称延江,又名黔江,是长江上游的一条重要支流,也是贵州境内最大的一条河。它全长1050公里,江水碧绿,江面宽约200多米,流速每秒至少2米以上;南北两岸都是黑黑的石山,峭壁悬崖,巨石高耸,突兀云端,十分险峻。这里谷深水急,险滩相接,自古以来就被称为"天险"。它和有"一夫当关,万夫莫进"称号的娄山关,是遵义和桐梓的两道有力的天然屏障。要攻下遵义和桐梓两城,必先渡此江,过此关。整个乌江防线,自茶山关起,包括孙家渡、江界河、袁家渡、回龙场等大小十几处,全长约100公里。防守乌江的为黔军第二十五军副军长侯之担所部。侯之担命刘翰吾旅长任右路指挥,负责自尚稽至茶山关的江防;命易少荃旅长任中路指挥,负责羊岩关至孙家渡段的江防;命林秀生旅长为左路指挥,负责江界河至岩门段的江防;命二十五军军部配属给侯之担的万式炯第八团担任湄潭县境箐口至红岩段的江防;教导师副师长侯汉佑为前敌指挥,防守岩坑和珠藏;命侯之玺旅由川南、赤水开赴遵义,担任总预备队。侯之担本人亲率教导师直属团,驻在遵义指挥作战。

蒋介石和王家烈企图依恃乌江天险,夹击歼灭红军于乌江南岸地区。

红四团在从黄平到乌江的路上,一面行军,一面沿途散播攻打贵阳的假消息,以迷惑黔军。31日夜的新年晚会上,通过向部队进行政治动员,宣传突破乌江的意义,全团士气高昂,"突破乌江""拿下遵、桐""完成先头师的战斗任务"成了每个战士坚定的决心和信念。经侦察表明,渡口大道是黔军罗玉春团的防御重点,兵力多,工事强,渡口上游500米处,南北两岸能勉强攀登,此处敌人兵力不多,其余各处都是无法通行的绝壁悬崖。根据这一情况,师首长决定让红四团佯攻渡口大道,主攻渡口上游的羊肠小道。接到命令后,部队立即向渡口边大张旗鼓地搬运架桥的材料,摆出一个要在此处架桥的架势。黔军果然上了当,紧张地在对岸赶修工事,并不断地向红军部队射击。

当地老乡告诉红军:渡乌江一定要有三个条件,即大木船、大晴天,再加上熟悉水性、了解乌江的好船夫。国民党军将木船尽毁,在素有"天无三日晴"的贵州,晴天难寻。至于好船夫,一时半会儿也不容易找到。所以渡河的这三个条件,红军一条也不具备。但这难不倒红军。

当地老百姓为红军过河献了一个妙计,办法就是——扎竹筏。红四团用一个营的兵力赶制了几十个竹筏。筏子做得很巧妙,上面还筑有工事,构成人字形掩体。第二天上午 9 时,佯攻开始。红军打出了第一排子弹后,敌人就慌张地进入工事,开始反击。同时,红军第一批渡江的八位勇士在渡口上游 500 米的地方,每人携带一支驳壳枪,赤着身子,头顶着一捆绑好的手榴弹,"扑通"一声跃进刺骨的冰水中,他们的任务是拉过去一条缆绳,以方便后续部队过江。十几分钟后,八位勇士虽然过去了,但他们准备拉过去架桥用的缆绳却被敌人的炮火打断了。无奈之下只得返回南岸。

第一次强渡失败之后,红四团又想出了晚上偷渡的办法。天黑后,十七名勇士在三连连长毛振华的带领下,跳上了竹筏,约定到对岸后以手电或火柴光为联络信号。第一只竹筏离岸后,敌人没发现,他们继续向前划行。接下来,第二只、第三只竹筏相继下水……然而许久了还没有信号。正当大家焦急如焚的时候,通信员匆忙跑来报告:第二只竹筏到了江心后,被急流冲下五里,险些翻掉,现在已经返回来了。第三只竹筏也被急流冲下两里地,摸不到方向,也折了回来。第一只竹筏仍然不知去向,人员下落不明。

凌晨时分,军委副参谋长张云逸来了,他带来了紧急情报:追击红军的薛岳纵队就要追上了来,敌情紧急,军委电促要迅速完成渡江任务。四团党委立即召开紧急会议,决定抓紧时间,出动 60 只竹筏,马上强渡乌江。上午 9 时,强渡开始。红军对大渡口仍然以小部队佯攻,主力仍放在渡口的上游。此时红军准备过江的战士已赤着胳膊,穿着短裤,跳上竹筏,在密集火力的掩护下,奋勇向对岸划去。筏子离对岸越来越近,敌人向江面射击也更加猛烈。突然间,对岸岸边黔军岗哨附近的山崖底下出现了几个人,飞快地向敌人阵地运动,稍后便发起了猛烈的攻击,黔军只好将火力转向崖底下的几个人,竹筏上的战士乘机与崖底下的人组成了交叉火力，像钳子般地紧紧咬住了敌人。在轻机关枪的射击声和手榴弹的爆炸声中，敌人死的死，伤的伤，气焰很快被压下去了，抱头逃窜，崖底下的人迅速占领了敌人的岗哨，接应乘竹筏强渡过去的战士。他们正是昨夜偷渡的第一只竹筏上的毛连长等五位勇士！原来，头天晚上，他们五人的竹筏顺利地靠了岸，但由于离敌人仅二三十米，如果打手电就会暴露目标，他们只好暂时隐蔽在敌人的脚下，待机行动。挨到天亮，当强渡的竹筏快接近岸边时，他们才出敌不意地从敌人眼皮子底下冒了出来！第一批强渡的与毛连长他们汇合后，第二梯队的战士们又划着几十只竹筏飞快地向对岸驶去。

这时二营的全部火力加上数十挺轻重机枪和炮弹一齐射向敌人，在他们的火力掩护下，一营安全过江了，并迅速占领了高地。就在三营准备过江时，忽然，黔军的预备团到了，居高临下地对一营猛烈射击，夺回了一营占领的高地，把一营战士压退到了江边。在这危急关头，在团指挥所的陈光师长调来了炮兵连连长赵章成。赵章成曾在国民党部队里当过炮兵副连长，他的炮打得极准，是红军炮兵中响当当的神炮手。赵章成经一发试射后，将第二发炮弹装进了炮膛，只见炮弹出膛，在空中划出了一条优美的弧线后骤然急下，火光一闪，"轰"的一声巨响，不偏不倚，炮弹在敌群中间开了花，顿时，敌人四下逃窜。紧接着第三发、第四发炮弹，都如同长了眼睛一般落下，呈品字形的炸点周围，倒下了一片敌人。敌人被炸得晕头转向，纷纷向后溃逃，红军的滩头部队趁机向敌人发起猛攻。一时间，冲锋声、喊杀声、手榴弹声、枪炮声响成一片，黔军机炮营营长赵宪辉督战反扑，结果被红军当场击毙。黔军阵地立即土崩瓦解，团长罗玉春急得大喊："我不走，我要死在这里！"但被卫兵拼死拖着逃走了。守敌防线崩溃后，红军后续部队踏着工兵营用竹筏和门板架起的浮桥，跟着三营冲过了乌江。

浮桥修得可真不简单，凝结着不少红军战士的智慧与鲜血。

在红四团强渡乌江的同时，干部团特科营的工兵连也接到上级命令：赶到乌江江界渡口，迅速执行架桥任务。

工兵连的战士们测量江心的最深处是 5 米左右，流速每秒约 1.8 米。在这样一个水急浪高的河上，冒着敌人的火力架桥，绝不是件容易的事！工兵连指战员共同研究架桥计划，工兵教员谭希林、何涤宙也加入架桥的计划研究中，并提出了颇有专业水准的建议。

敌人看到红军在准备架桥，就疯狂地向红军射击，子弹在红军工兵身边掀起了阵阵呛人的烟雾，对他们形成了严重威胁。有的战士中弹牺牲了，有的负了伤，可是没有一个战士退缩，在红军火力的掩护下，浮桥仍然在枪林弹雨中有条不紊地向江对岸顽强地延伸。

全连两百多个战士按作业顺序划分为器材供应、编制竹排、架设、投锚、救护、预备等八九个作业组。用竹排、枕木、门板做成了一节一节的门桥。

门桥做好后，但要把它们一个一个放到水里固定下来，可不是一件容易的事。一节一节的门桥一入深水就好像脱缰的野马一样，挣着往下流跑。怎样才能把一节一节门桥固定在浮桥的线路上，成了架桥中的大难题。

谭希林想出了一个好主意：用大石头做"石锚"把门桥拖住。红军试着把三四百斤的石头推到水里，但是因为石头重量不够，表面又光滑，仍然拖不住一节门桥。大的石头需要现去开采，时间上根本不允许。后来，大家又想出改用篓子装石头的主意，来改装石锚。

突破乌江时红军工兵连搭浮桥用的竹锚（复原）

时任工兵连长的黄朝天回忆："我们又对石锚进行了改进。从单块石头改变为用篓子装石头的办法。我们用竹片编成大篓子，里边填满大小石块，中间交插三根两头削尖的长木棍，作为锚爪。石锚的顶端还系上一条粗锚纲，每个石锚有一两千斤重。石锚在竹排上装制，用竹排运到下水地点滚入水中。这个重家伙果然把门桥死死地拖住了。"

时任干部团政委的宋任穷回忆："工兵教员谭希林和何涤宙同志，对架桥很有经验，他们想了不少办法，最后用竹篓装石头，两个竹篓上下扣住，中间用硬木架成十字，捆绑结实后沉入河底，以此代锚，才固定住了浮桥。"

浮桥在工兵连200多名战士的奋勇努力下，一步一步地向前伸展着。

从红军开始架桥,对面敌人的炮火就没有停过,炮弹落下,溅起一根根水柱,子弹掠过江面,激起一朵朵水花。

架桥作业过程中,不少人受了伤,但战士们仍然坚守着岗位,有的战士甚至献出了宝贵的生命。石长阶就是其中一位。他是一个身材高大魁梧的青年,船工出身,在架桥中,他曾多次准确无误地将门桥和大石锚运送到江中,在最后一次运送门桥到江心去时,他撑着的竹篙几次被打断,但他仍然顽强地前进着。忽然,敌人的炮弹击中了他,他一头栽倒在门桥上。只见门桥顺着水流直冲已经架好的一部分浮桥,战友们一边焦急地呼唤着江中的战士拦住冲下来的门桥,一边派人去抢救石长阶。正在这时,石长阶忽然从水中站了起来,两手抓住门桥的边沿,用胸口拼命地抵着门桥,不让它被冲走,浮桥终于保住了,石长阶却牺牲了。战士们化悲痛为力量,架桥的速度更快了。经过 36 个小时的紧张作业,浮桥终于成功地架在了乌江江面上。

红一军团踏着浮桥浩浩荡荡地跨过了乌江。军委纵队和红五军团不久也踏着浮桥过去了。3 日下午,江界河被红军突破,该处守军第一团刘安桢部伤亡惨重,仓皇后撤。

在红四团强渡乌江的同时,由杨得志带领的红一师第一团,在 1 月 2 日也接到命令,从龙溪渡口(回龙场)强渡乌江。1 月 4 日红一军团渡过江后,占领了湄潭。

1 月 5 日,左纵队红三军团从马场及其以西地区进至江界河渡口西面的茶山关渡口,先头部队第十团开始渡江。防守这里的黔军林秀生旅得知回龙场、江界河渡口已经失守后,大为震惊,吓得不战而逃。6 日,红三军团全部渡过乌江,并向遵义前进。至此,中央红军全部通过乌江。

突破乌江后,驻遵义指挥防守的侯之担被红军吓破了胆,他估计入黔的红军可能在 10 万以上,强渡乌江的最少也有数万人,而黔军防守乌江和遵义的兵力不到万人,从川南调来增援的侯之玺旅也迟迟未到,其他援军更是无望。侯之担认为兵力悬殊太大,担心继续打下去会被歼灭,于是不待请示王家烈,便下令乌江 10 余处大小渡口及百余里江防部队全线撤退。"猴子兵"(侯之担的兵)如惊弓之鸟,溃不成军,红军随即转入追击。

天险乌江,在无比英勇的红军战士面前,不得不变成坦途!当跟踪的敌人追到江边时,红军已将浮桥烧毁,跃马驰骋在乌江上游百里以外了。敌人企图以乌江天险来阻击消灭红军的美梦彻底破灭,此刻的乌江反倒变成了阻挡敌人的天险。

渡江战役结束后,军委专门表彰和奖励了渡江战斗的英雄,对三连长毛振华颁发红星奖章一枚,其余每人均奖军衣一套。获奖的主要干部有:一营长罗有保、三连长毛振华、机[枪]连连长林玉、二连政指王海云、二连青干钟锦友、二连二班长江大标、二连长杨尚坤等八名。获奖的战士有:涉水及撑排的孙明、王家福、王友才、林玉、唐占钦、赖采份等五名;英勇冲锋顽强作战的曾传林、刘昌洪、钟家通、朱光宣、林文来(新战士)、刘福炳、罗家平、丁胜心等九名。[13]

朱德、周恩来、王稼祥于1月5日晚致电各军团、军委纵队首长,指出各部队要迅速休整,准备进入反攻,而下一步的战斗目标为:红军渡过乌江后,"仍分三路前进,坚决并迅速消灭阻我前进之黔敌,并实行追击。"同时对各部队的战斗任务进行了明确的布置:"右路纵队(缺二师)及九军团在迅速取得湄潭后,一军团主力应向虾子场集中,必要时得协同二师攻取遵义,消灭黔敌。九军团即留在湄潭、牛塘集中。""中央纵队以第二师及干部团主力担任攻占遵义,消灭黔敌。军委纵队六七号进至团溪。五军团则于六号集中珠场,并以一小部扼守袁家渡、江界河、孙家渡三渡河点。""左路纵队三军团于过乌江后,派出一个师进占镇南关,控制乌江北岸;主力则集结于沿稽场地域,并以一小部分守尚稽场以南各渡河点。"

智取遵义

中央红军分三路突破了乌江天险,取得了挺进黔北的关键性胜利,这一胜利使敌军闻风丧胆。接着,红军就如一支势不可挡的利箭,直指黔北重镇——遵义。

遵义,古称播州,历史悠久。它坐落在贵州省北部高原上,是黔北地区政治、经济、军事和文化的中心,贵州省的第二大城市。北部与四川省南部相邻,北面的娄山关,是四川通向贵州内部的必经之地和交通要塞,地形险要;东部铜仁地区与湖南西部相连接;西部毕节地区与云南东北部接壤;南部面临乌江天险,构成一道天然屏障与黔中地区相接。遵义地区气候温和,物产丰富,群山绵亘,四季多雨雾,适宜以稻谷为主的多种农作物生长,是贵州的"粮仓"。

夺取遵义的任务交给了红一军团第二师,为了迅速夺取遵义,中革军委总参谋长刘伯承亲率二师六团兼程疾进。1月6日,红军趁滂沱大雨袭占了离遵义30里的深溪水镇,镇上的守敌一个营,无一漏网。王集成政委和朱水秋团长经过商议,决定化装成敌人,利用俘虏去诈城,奇袭遵义。刘伯承非常高兴地说:"很好,这就是智慧。不过装敌人一定要装得像,千万不能让遵义守敌看出馅来。"

在晚上9点钟左右,部队冒着大雨出发了。六团一营营长曾保堂带领第三连和侦察排、司号员等,乔装成敌人的溃兵,并由十多个经过教育的俘虏带路,其余的部队都跟在后面,装成败下来的样子,慌慌忙忙向城门跑去。

"干什么的?"城楼上发出一句凶狠的问话,枪栓也拉得呱啦呱啦直响。俘虏们忙用贵州话答道:"自己人!"城楼上又问:"哪一部分的?"俘虏连长按着事先红军给他讲好的内容答道:"我们是外围营的,今天叫'共匪'包围了,庄子丢了,营长也被打死了,我是一连连长,领着一部分弟兄好歹逃出来了。现在'共匪'还在追我们,快快打开城门,救救我们!"

"你们营长叫什么名字?"敌人还想考问一下。

那个俘虏连长毫不迟疑地答上了。城楼上沉闷了一会儿,看样子,他们是在研究情况。为了不让敌人缜密地思考,曾营长组织了一次"攻势",许多人乱糟糟地喊道:"快开开门哪!""麻烦麻烦哪!""'共匪'马上就追来啦!"……

突然,从城楼上射下几道手电光,在他们身上照来照去,当他们确认这些戴大盖帽的是"自己人"时,这才说:"等着,别吵!这就给你们开门。"

"哗啦"一声,城内卸下了门闩,又高又厚的城门打开了。敌人恐慌地问侦察排的战士:"'共匪'怎么已经过了乌江啦?来得好快啊!"

"是啊!现在已经进了遵义城了!"侦察排的几个虎将把枪口指着那两个敌人的太阳穴,厉声道:"告诉你们,我们就是中国工农红军!"那两个敌兵吓得"啊"了一声,就像面条一样瘫在了地上。

红军大队人马便一下子拥进城去,割断了电线,收拾了城楼上的敌人,二三十个司号员一齐吹起了冲锋号。这时,红军后继部队风驰电掣般地向城里冲去,四周响起了激烈的枪声,大多数敌人还没来得及穿衣服就当了俘虏,只有少数人狼狈不堪地从北门逃窜了。

1月7日,遵义城解放!胜利的旗帜在遵义古城内高高飘扬!

夺取娄山关

1月7日,红军攻克遵义城。然而,形势并不容乐观,一些逃跑的敌人又在遵义附近集结,准备进行反扑。因此,在1月8日,朱德就致电各军团、军委纵队,命令红二师先头团"明日应向娄山关侦察前进,驱逐和消灭该地敌人,并相机占领桐梓"。

红一军团二师第四团,也就是刚刚胜利完成强渡乌江天险艰巨任务的部队,也跟随着大队红军进入了遵义城。战士们自长征以来,大多是在深山僻野行进,见到的都是土屋茅舍、山径小路,进入遵义城后,看着繁华的街景,战士们的心里都无比地高兴。大家都想,这下可以好好休整一段时间、恢复一下体力了,而遵义城吃住都有条件,确实是一个理想的休整之地。

当四团在耿飙团长、杨成武政委的带领下,来到了北城,刚刚准备停下来休息时,刘伯承总参谋长就匆匆地来到了四团,耿团长、杨政委急忙迎了上去。刘伯承一见到这两位主官,马上开门见山地说道:"你们四团立即出发,追歼北逃之敌。"耿飙和杨成武不约而同地互相看了一眼。作为带兵的人,他们知道,自己部队的战士自强渡乌江以来,星夜兼程,还未休息过一夜,身体已经超负荷运转了,好不容易进入遵义,大家都渴望着好好休息一下,把身体恢复过来。刘伯承明白他们爱护士兵的心思,他面带笑容,亲切地说:"想休息一两天吗? 不行! 现在还不行。必须趁着敌人在桐梓和娄山关还没有站稳脚跟的时候,给他们一个猛打穷追,扩大我军的前进基地。你们的任务是:坚决夺取娄山关,相机向西北发展,占领桐梓县城,粉碎敌人的反扑,巩固遵义。"他又向耿飙和杨成武介绍了娄山关的敌情,并指出在进攻中应注意的事项后,又说:"要告诉指战员同志们再忍受些疲劳,你们强渡乌江打得很好,相信你们能够继续完成这一新的任务。不仅要完成这个新任务,还会有好多艰难的任务在等待着我们去完成。要注意战士的休息,你们也要休息呀!"耿飙团长和杨成武政委不愧为二师的虎将,同时回答:"好! 立即出发,坚决完成任务!"刘伯承最后又特地嘱咐了一句:"记住,要利用公路旁边的第一根电话线和你们师部联系。"两位主官看到刘总参谋长如此细心,亲自到前线指挥部队,对敌人的情况了如指掌,对四团交代的任务考虑全面,他们心里顿时增添了信心与勇气。

当四团的干部战士们看到刘总长匆匆来到团部,就想到一定又有紧急任务要交给四团了。果然，在刘总长走后，耿飙团长与杨成武政委立即召集全团连以上的干部，耿飙团长向他们详细传达了首长的指示和迅速占领娄山关与桐梓县城的战斗任务。大家对此进行了讨论，有的干部提出："战士们确实疲劳得很，可不可以让部队在此休息一夜，明早再走？"杨政委进行了耐心的解释工作，对四团所肩负任务的重要性做了说明，大家都点头称是。

部队在紧急集合的号声中迅速集结起来，杨成武政委向大家作了简短的政治动员。从大家的面部表情来看，大家都不愿意立刻就走，尤其对留在遵义城吃顿早饭都不行的做法很不理解。但是，红军毕竟是一支有着高度自觉的组织纪律性的队伍，干部战士是识大体、顾大局，坚决执行命令的。杨成武政委动员的话虽然不多，但同志们一听就都清楚了。

出发的号角吹响了，战士们怀着眷恋的心情离开了遵义城，虽然没有休息，但是他们仍然斗志昂扬，以最快的速度向娄山关奔去。

从遵义到娄山关有 120 里，一条弯曲而又崎岖的公路，经过娄山关通向桐梓县城。四团按照部署，各级指挥员的行军位置皆提前一级，顺着公路疾步前进。走了大约 80 里，到达板桥镇附近，前卫连派人来报告说："前方约 500 公尺处发现敌人一个排，已向敌人发起进攻。"于是团长、政委立即命令部队跑步前进，以迅雷不及掩耳之势投入战斗。大约用了 20 分钟，就结束了这场战斗，并俘虏了十几个敌人。其余的敌人不战自溃，逃之夭夭，溜向娄山关去了。

时间已近黄昏，虽然对于娄山关上的敌情，四团指挥员们大致了解，但是对于敌人的兵力部署和火器配备的详细情况，他们却心中无数。因此，追击无益，上级决定要四团在板桥休息一夜，准备明天再向娄山关进攻。

战士们听到原地休息待命的指示后，也不择条件的好坏，躺下去就睡着了。但有的干部却不能休息，还要忙着找向导、绘制行军作战的路线图。他们向一个个老乡调查了解娄山关一带的地形情况，在调查中，一位常在娄山关附近打猎的老人提供了一个重要线索：从娄山关到桐梓城，除了一条公路外，在娄山关的东边还有一条羊肠小道可通桐梓城。这真是一个重要的情况，如果能从这条小道绕到娄山关后侧去攻打敌人，可以起到事半功倍的效果。通信主任忙将这个情况报告给团首长。

第二天，部队接到师部要他们原地休息一天的命令，团首长当即决定让部队补过新年，同时再进行一些战斗准备工作。趁着这个机会，团首长们又前往娄山关进行实地侦察。

红军与黔军激战的地点——娄山关

娄山关号称"一夫当关,万夫莫开",地势十分险峻。它位于娄山山脉的最高峰,四周峰峦叠嶂。中间两座山峰宛如两把利剑刺向天穹,两座山峰的连接处,形成一道狭窄的隘口,这就是天险娄山关。从遵义通往桐梓的公路,沿着这座山峰蜿蜒而上,从山下仰望这条公路,好像一条飞舞的长龙。

从侦察的地形来看,娄山关的左面是悬崖峭壁,右面是高山峻岭,如果从下面沿着公路去夺取这座关卡,部队肯定要付出很大的代价。地形对我非常不利!为了贯彻"夺关快、伤亡少"的目的,团首长认为在作战部署上要十分周密,既要从正面强攻,又要设法从侧面抄袭才能奏效。

第二天拂晓,部队由板桥镇出发,向娄山关前进,8时许逼近山脚,一营为前锋,担任正面主攻,二营为第二梯队,集结在山脚下待命。侦察队长潘思年带领着侦察队和工兵排隐蔽地向右侧山峰运动,觅路攀登娄山关右面的高山,向敌后前进。

通信班已架好了通向遵义的电话线,当耿飙团长正准备向师部报告战斗开始情况,却听到了敌军侯之担师部与王家烈军部的通话。原来四团通往遵义师部的电话线,是利用敌人原来由遵义通向娄山关的电话线。虽然电话线被红军剪断,但是被剪的一段落在地上后,经过雨后地面积水的传导,话路又接通了。因此,敌人讲的话就传到四团的电话机上来了。这真是一个意外的收获,敌人可以说是无偿地为红军提供了军事情报。从敌人的对话中,证实了娄山关东边确实有条小道通往桐梓县城,而且这又是敌人最担心和最空虚的缺口。经过综合分析,大家一致认为不能从正面强攻,只能利用娄山关东边的小道迂回敌后,采取前后夹击,才能夺取险关。

耿飙团长立即将这一情况告诉潘思年,潘思年协助团参谋长李英华带领迂回部队200多人,从娄山关东边的小路直向敌后插去。经过约两个小时的艰苦行进,他们终于神不知鬼不觉地攀上了娄山关峰顶。

预定的作战时间到了,三颗信号弹腾空而起,战士们向关口的守敌冲去,敌人做梦也没有想到红军会给他们来一个前后夹击。主力部队的干部战士冒着枪林弹雨,向敌人发起了一次又一次地猛烈攻击,经过三个小时的激战,敌人兵败如山倒,向桐梓县城逃去。四团的干部战士们终于没有付出很大的代价,就打下了天险娄山关。耿飙、杨成武等登上关口,见到那矗立的石碑上面刻着"娄山关"三个大字。他们举目四望,豪迈之情油然而生。

占领了娄山关,四团又沿着公路乘胜追击,边打边追,一口气追了30多里路,就在当天上午,又占领了桐梓县城。

毛泽东主导召开遵义会议

红军在黔境内纵横捭阖,出其不意地占领了遵义,把尾随其后的数十万"追剿军"甩在了乌江以东和以南。

从当时的革命形势和地理位置看,北有川陕革命根据地和红四方面军,兵力10万余人;东有湘鄂川黔根据地和红二、红六军团,兵力2万余人;中央红军在以遵义为中心的地域创建川黔边新苏区,兵力3万余人。这样的形势和地理条件,红军三大主力可以相互配备互相支援,三大苏区最后可能连成一片。从军事形势上,亦可形成犄角之势。

"滴,滴滴,滴滴滴!"1935年1月4日,一道来自红四方面军的电波飞向在遵义的中央红军。

红四方面军红色"听风者"蔡威领导的第二电台,破译了敌人在中央红军周围部署的情报,迅速向中央发报。电报全文不过300来字,却将当时中央红军周围分布的国民党军17支不同部队的位置、人数和动向悉数告知。

这份电报阐述了一个相对安稳的敌我态势,中共中央的决策者们从中敏锐地看到了在战事不断的间隙,有了召开一次政治局扩大会议,全面检讨第五次反"围剿"经验教训的契机。

此时，中央红军四面敌情非常微妙：蒋介石的中央军薛岳部刚进占贵州的政治中心贵阳，向红军的追击部署一时难以调整就绪；乌江以东的何键率领的湘军20个团到湖南常德地区与红二、红六军团作战去了；四川刘湘的部队布置在长江一线，由于摸不清红军的虚实，不敢轻举妄动；粤军距离中央红军较远，起不到什么牵制作用；而黔军王家烈部的战斗力素来比较弱，内部矛盾重重，加之有乌江阻隔，对中央红军的威胁不大。这样的形势，有利于红军在黔西地区休整补充，恢复战斗力。这也为党中央好好地总结一下经验教训，纠正错误路线提供了必要的条件。

中革军委纵队在1月9日进入遵义城，刘伯承兼任遵义警备司令，陈云任政治委员。红军总部进入遵义之后，积极开展建立根据地的各项工作。在1月12日，红军总政治部在当时的遵义省立第三中学的操场上，召开了有上万人参加的群众大会。毛泽东、朱德、李富春等出席了会议，并分别发表了演说，具体阐述了中国共产党的主张。大会宣布成立临时革命政府——遵义县革命委员会，由蒙合和、邓云山、罗玉顺、罗梓铭、李金生、陈云洲、毛泽民等25人组成。会后，在短短的10天时间里，许多当地青年报名参加了红军，使红军队伍得到了极大的补充。

红军队伍人数虽然得到了补充，但是从中央到基层部队，自从第五次反"围剿"失利以来所积下的思想困惑，却还远远没有得到解决。刘伯承回忆说："广大干部眼看反第五次'围剿'以来，迭次失利，现在又几乎濒于绝境，与反第四次'围剿'以前的情况对比之下，逐渐觉悟到这是排斥了以毛泽东同志为代表的正确路线、贯彻执行了错误的路线所致，部队中明显地滋长了怀疑不满和积极要求改变领导的情绪。这种情绪，随着我军的失利，日益显著，湘江战役，达到了顶点。"[14]

这时，中共中央的高层，毛泽东等人正在酝酿着一场自我变革。此前，从长征出发直到遵义，由于毛泽东正在养病，长征时他不得不坐着担架行军。中革军委副主席、红军总政治部主任王稼祥也在生病，因此一路上坐着担架与毛泽东同行。二人一路上一直在交谈着对当前局势的看法。

黄平老城东门内橘林，当军委纵队在这里休息时，张闻天和王稼祥走到一起商谈，两人认为：毛泽东同志打仗有办法，比我们有办法，我们是领导不了啦，还是要毛泽东同志出来。随后，橘林商谈的信息在高级将领中传开，大家都赞成毛泽东出来指挥。这为毛泽东进入中央常委作了舆论上的准备。

时任军委第二副主席的王稼祥后来回忆道：

> 在长征到达遵义城之前，毛泽东同志身体欠佳，我也在第四次反"围剿"时，在宜黄胜利后负了伤，同坐了担架。一路上，毛泽东同志和我谈论了一些国家和党的问题，以马列主义的普遍真理和中国革命实践相结合的道理教导我，从而促使我能够向毛泽东同志商谈召开遵义会议的意见，也更加坚定了我拥护毛泽东同志的决心。

当时，要求毛泽东回到领导岗位上来的呼声，在红军中已经非常强烈。长征途中，王稼祥、张闻天在和毛泽东等的交谈中，根据中国革命实践的检验和自己的切身体会，很快就接受了毛泽东的正确意见，周恩来、聂荣臻等同志也非常赞成召开一次中央会议，讨论和总结一下当前的军事路线问题。

遵义会议旧址

这样，召开会议的条件成熟了。在1935年1月15日，中共中央政治局扩大会议也就是遵义会议拉开了帷幕。会议是在遵义旧城枇杷桥原军阀柏辉章的公馆内举行的，中央红军野战军总司令部当时就设在这里。

柏辉章的公馆是当时遵义城内最好的建筑，是一幢中国传统建筑风格和少许西方风格相结合的建筑，非常气派。由于白天中央政治局和军委要处理战事的日常事务，因此会议一般都是在晚上开。会场设在公馆楼上一个不大的房间，房间里有一张长条桌子，四周还有一些木椅、长凳，天花板中央吊着一盏旧煤油灯，天气寒冷，生了一个炭火盆。会场虽是简陋的，但谁能想到，就在这里，将召开一场影响中国革命前途命运的会议。

政治局会议扩大到了军团级负责人，20个人一起开会。与会人员有：

中央政治局委员：博古（秦邦宪）、周恩来、毛泽东、朱德、洛甫（张闻天）、陈云。

政治局候补委员：王稼祥、刘少奇、邓发、凯丰（何克全）。

中央秘书长（一说是《红星》报主编）：邓小平。

红军总部和各军团负责人：刘伯承（红军总参谋长）、李富春（红军总政治部代主任）、林彪（红一军团军团长）、聂荣臻（红一军团政委）、彭德怀（红三军团军团长）、杨尚昆（红三军团政委）、李卓然（红五军团政委）。

共产国际顾问李德和翻译伍修权。

会议中途彭德怀和李卓然因为前方又发生了战斗，提前离开了。红九军团军团长罗炳辉、政委蔡树藩在湄潭一带执行警戒任务，没有参加会议。红五军团军团长董振堂因在党内没有领导职务，也未出席会议。

这一次会议的中心议题是："一、决定和审查黎平会议所决定的暂时以黔北为中心，建立苏区根据地的问题。二、检阅在反对五次'围剿'中与西征中军事指挥上的经验与教训。"[15]会议主要围绕军事问题进行讨论、总结并做出决定，由党中央负责人博古主持。

会议开始后，首先由博古代表党中央作《关于五次反"围剿"总结报告》。博古在报告中，总结第五次反"围剿"失败的原因时认为，是客观的而不是主观的。他认为主要是由以下客观原因造成的：

一、国民党反动派军事力量过于强大，直接用于进攻中央苏区的兵力就有50万，还有帝国主义经济援助和军事顾问的帮助。这是主要原因。

二、中央苏区的物质条件不好。

三、白区反帝反蒋运动没有显著进步；瓦解国民党军队的工作和游击战争薄弱；各苏区互相配合不够紧密。[16]

博古的报告，片面地强调了第五次反"围剿"失败的客观原因，而对他和李德等在军事指挥上的严重错误并没有正确认识。随后，周恩来作了关于军事问题的副报告，周恩来在副报告中，除了提出红军第五次反"围剿"失败，主要是军事领导上犯了单纯防御路线错误的教训之外，还对他自己作为"三人团"成员，直接参与军事指挥应负一定的直接责任，作了自我批评；同时，对博古、李德在军事指挥上所犯的严重错误，进行了严肃批评和揭露。

在博古和周恩来报告后，大会先后讨论了这两个报告的内容。

首先,由张闻天代表毛泽东和王稼祥在会上做了发言(称为《毛张王提纲》)。张闻天的发言受到了与会者的一致赞同和好评。

接着,参加会议的同志先后发言。毛泽东发言的中心内容是中国革命战争中的军事路线和战略问题。他批评了第五次反"围剿"和长征初期博古、李德在军事指挥上的错误,以及博古在报告中为其错误所作的辩解。他指出,正是在军事上执行了"左"倾冒险主义的错误主张,才导致了第五次反"围剿"的失败,造成了红军在长征中的重大牺牲。

毛泽东对博古、李德在军事上的错误进行了总结:第一个错误是以堡垒对堡垒。敌人采取堡垒主义,是企图避免和我们打运动战,迫使我们与其进行我们不占优势、甚至处于相当劣势的阵地战。敌人到处建筑堡垒,必然分用兵力,而且总不能都是待在堡垒里,更不可能在全国各地都建筑起堡垒来。红军可以在堡垒线的前后左右、四面八方打游击,也可以待敌前进时在运动中消灭他,或转到堡垒线外广大无堡垒的地带活动,迫使敌人不得不同我们打运动战。第五次反"围剿"的运动战的机会很多,"十九路军事变"(即"福建事变")就是一个打运动战的好机会。但这些极好的机会都被白白地放弃了。单纯防御路线取消运动战,以堡垒对堡垒,并用所谓"短促突击"的战术来和敌人死打硬拼,这就使敌人堡垒主义战术达到了目的。"短促突击"的结果,使红军的有生力量受到了极大的损失,每次战役总要死伤两三千人,使自 1933 年 5 月到 1934 年末扩大来的 15 万以上的新战士,除了因为政治工作的薄弱、动员扩大红军时工作上的错误而造成一部分减员外,都在这个战术下损失了。

第二个错误是分散兵力。第五次反"围剿"中,敌人分东西南北四路向根据地进攻。红军兵力比敌人少,应采取诱敌深入的方针,用次要兵力吸引和牵制敌人,而把主力隐蔽集结,待机突击。但博古、李德却要"御敌于国门之外",搞全线突击,分兵把守,节节抵御。广昌失守以后,又命令红军"六路分兵""全线抵御"。分兵抵御使我们兵力分散,不能集中优势兵力打击敌人的薄弱点。相反,使我们的力量往往被敌人在某一方向上的"佯攻"所调动,处于被动的地位。许多军事指挥员对此提出过很多不同意见,建议集中红军主力打运动战。可惜完全不被采纳,失去了很多胜利的机会。

第三个错误是军事上没有利用"十九路军事变"这一有利条件。博古、李德认为利用敌人内部的矛盾与冲突使自己转入反攻或进攻是冒险的行动,拒绝集中红军主力向东北突击的正确建议;相反,却把红三军团由福建西调至江西去攻打永丰等敌人的堡垒,坐等蒋介石在解决"闽变"后重整部队,对红军重新发动进攻。这样便失去了粉碎敌人第五次"围剿"的好机会。

第四个错误是在战略转变上迟疑不决,在实施突围时仓促出击。广昌战役后,红军在内线作战已经失去取胜的可能性,这时应坚决地实施战略退却,将红军转移到广大无堡垒地区,寻求有利时机,转入反攻。可是博古、李德却犹豫不决,直到制定《八、九、十三个月战略计划》时才提出战略转移的问题和做出退出苏区的直接准备。然而,这一计划却依然要求红军死打硬拼,以求得重大胜利。结果,又使红军消耗了大量有生力量。在实施突围时,指挥无章,行动无序,部队出动仓促,使红军的战略突围行动变成了一种惊慌失措的逃跑和搬家式的行动。庞大的后方机关使行军作战受到困扰,使所有部队变成掩护队,从而使整个红军处于被动挨打的地位,红军减员到空前的程度。

毛泽东的长篇发言,引发了大家的共鸣,受到与会绝大多数同志的热烈拥护。

据伍修权回忆,当时的情况是:"紧接着发言的是王稼祥同志。他旗帜鲜明地支持毛泽东同志的意见。严厉地批判了李德和博古在军事上的错误,拥护由毛泽东同志来指挥红军。张闻天和朱德同志接着也表示了明确态度,支持毛泽东同志的意见。朱德同志历来谦逊稳重,这次发言时,却声色俱厉地追究临时中央领导的错误,谴责他们排斥了毛泽东同志,依靠外国人李德弄得丢掉根据地,牺牲了多少人命!他说:'如果继续这样的领导,我们就不能再跟着走下去!'周恩来同志在发言中也支持毛泽东同志对'左'倾军事错误的批判,全力推举毛泽东同志为我党我军的领袖。""会上的其他发言,我印象中比较深的是李富春同志和聂荣臻同志。他们对李德那一套很不满,对'左'倾军事错误的批判很严厉。彭德怀同志的发言也很激烈,他们都是支持毛泽东同志的正确意见的。其余同志在当时形势下,也支持毛泽东同志的意见的。"[17]

会上被直接批判的是博古,而批判博古实际上就是批判李德。因此,会议一开始,李德的处境就比较狼狈。李德意识到了这一点,在会上,他独自坐在会场的门口一言不发,他一边听一边使劲地吸烟,神情十分沮丧,就像处在被告的席位上。

参加遵义会议的同志结合以上军事领导所犯错误造成第五次反"围剿"不

能取胜的事实,对博古总结报告中提出的三点原因,进行了具体分析。对博古提出的第一个原因,大家认为是原因之一,但不是主要原因。因为,第一次反"围剿"时,敌人兵力10万,我们兵力不足4万,是2.5:1;第二次反"围剿"时,敌人兵力20万,我们兵力仍不足4万,是6:1;第三次反"围剿"时,敌人兵力30万,我们兵力3万多,是10:1;第四次反"围剿"时,敌人兵力30余万,我们兵力4万多,是8:1;第五次反"围剿"敌人兵力50万,我们兵力4万多(未计红五月征来的新兵和地方武装),也是10:1。前四次反"围剿"时,都取得了胜利,这次为什么没有取得胜利?另外,红军第五次反"围剿"时,有国民党十九路军在福建同蒋介石军队作战,还有广东军阀陈济棠宣布自由行动,均对蒋介石"围剿"红军造成了一定的困难。并且,敌人内部发生的矛盾都靠近苏区。这种有利于红军粉碎第五次"围剿"的形势,一至四次反"围剿"时均未出现过。

对博古总结报告中提出的第二个原因,大家都不同意。因为在"一切为了前线上的胜利"的口号下,红军扩大了,红军财政和粮食等其他物资需要都基本解决了。

对博古总结报告中提到的第三个原因,大家认为这是个原因,但仍不是主要原因。因为从第一次反"围剿"到第四次反"围剿"的过程中,苏区也是被割裂的而且范围更小。瓦解敌军的工作也是有一定的限度的。

遵义会议从1月15日到17日,一共开了三天。会议的气氛非常热烈,参加扩大会议的绝大多数同志,都认识到客观存在的具体事实和中国革命战争的规律及红军的特点,会议经过讨论认为:"必须彻底纠正过去军事领导上所犯的错误,并改善军委领导方式"。为此,会议最后做出下列决定:

一、增选毛泽东为政治局常委。

二、指定张闻天起草决议,委托常委审查后,发到支部中去讨论。

三、常委中再进行适当的分工。

四、取消"三人团",仍由最高军事首长朱德、周恩来为军事指挥者,而周恩来是党内委托的对于指挥军事上下最后决心的负责者。

会议结束后,1月18日又立即召开中央政治局会议,会上中央政治局常委进行分工,决定"以泽东同志为恩来同志的军事指挥上的帮助者"。[18]

遵义会议是一次中共中央民主集中制的集中体现。会上,周恩来、朱德、博古进行了自我批评,体现了共产党人的宽阔胸襟。

非常难能可贵的是,博古作为当时的中共中央的最高领导人,主持了一个反对自己的会议,始终没有动用手里的权力压制打击报复其他人。

2月5日前后,中央政治局和中革军委在云贵川三省交界处的一个叫"鸡鸣三省"的地方再次召开中央常委分工会,决定以张闻天代替博古同志负总的责任。3月4日,在鸭溪,中革军委决定设前敌司令部,朱德为司令员,毛泽东为政治委员。3月11日左右,经毛泽东提议,成立了毛泽东、周恩来、王稼祥三人军事领导小组,全权指挥军事。

就这样,中国革命又一次回到了正确的航向上,笼罩在头上的乌云终被拨开,胜利的曙光开始照耀在长征的道路上!

1935年的遵义古城,春天来得格外的早。遵义会议指定张闻天起草的《中共中央关于反对敌人五次"围剿"的总结决议》(简称《遵义会议决议》),在2月8日经过政治局会议通过印发。《决议》对第五次反"围剿"失败和红军长征初期遭受严重损失的经验教训作了全面总结,这给长期以来处在思想迷茫中的广大红军指战员带来了像春天一样的希望和鼓舞。

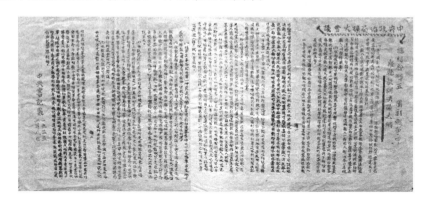

遵义会议决议大纲

遵义会议后,中央政治局派出毛泽东、张闻天、陈云等到军委纵队和各军团干部会议上传达会议决议。

红军总政治部在遵义杨柳街天主教堂召开了驻遵义的红军干部大会,毛泽东亲自传达了遵义会议精神,批评了"左"倾军事路线的错误,分析了当前的形势,提出了今后红军的战斗任务。听完传达,那些从秋收起义、井冈山斗争时期就跟着毛泽东的干部们热泪盈眶,感到"党和红军得救了"。

陈云后来被派往莫斯科,向共产国际报告了遵义会议,对"左"倾教条主义进行了清算,完成了军事路线的转变,撤换了"用铅笔画直线的指挥家"。

遵义会议后红军总政治部召开连以上干部会议的天主教堂

将毛泽东增选为中央政治局常委,实质上开始树立了毛泽东的领导权威。

《遵义会议决议》肯定了毛泽东提出的、经过实践检验且行之有效的、反映中国国内战争规律和特点的战略战术的基本原则,批判了背离中国国内战争规律和特点的经过实践检验是错误的军事路线,这对全党全军同志端正思想,加强全党全军同志的团结,打破敌人"围剿",起着重要的作用。因此,《遵义会议决议》是中国共产党历史上一个极其重要的文献,是一个具有伟大历史意义的决议。

遵义会议的光芒,照亮了中国革命前进的方向,它是中国共产党历史上第一次独立自主地运用马克思主义的基本原理,解决中国革命和革命战争的重大问题的重要会议。这也是中国共产党在政治上成熟的标志。因此,这次会议的意义是非常重大的。中共十一届六中全会通过的《关于建国以来党的若干历史问题的决议》中,是这样评价遵义会议的:"1935 年 1 月党中央政治局在长征途中举行的遵义会议,确立了毛泽东同志在红军和党中央的领导地位,使红军和党中央得以在极其危急的情况下保存下来,并且在这以后能够战胜张国焘的分裂主义,胜利地完成长征,打开中国革命的新局面。这在党的历史上是一个生死攸关的转折点。"

[1] 中国人民解放军历史资料丛书编审委员会:《红军长征·文献》,解放军出版社 1995 年版,第 165 页。

[2]《围追堵截红军长征亲历记——原国民党将领的回忆》(上册),中国文史出版社1992年版,第162页。

[3]陈云:《随军西行见闻录》,见《峥嵘岁月》,湖南人民出版社1987年版,第72页。

[4]中国人民解放军历史资料丛书编审委员会:《红军长征·文献》,解放军出版社1995年版,第171页。

[5]《围追堵截红军长征亲历记——原国民党将领的回忆》(上册),中国文史出版社1992年版,第53页。

[6][德]奥托·布劳恩:《中国纪事》,现代史料编刊社1980年版,第124页。

[7]《围追堵截红军长征亲历记——原国民党将领的回忆》(上册),中国文史出版社1992年版,第39页。

[8]《贵州旅粤同乡向粤桂求援感电》,见《共匪西窜记》,贵阳羽高书店1946年版,第259页。

[9]《围追堵截红军长征亲历记——原国民党将领的回忆》(上册),中国文史出版社1992年版,第11页。

[10]中国人民解放军历史资料丛书编审委员会:《红军长征·文献》,解放军出版社1995年版,第193页。

[11]中共中央党史资料征集委员会、中央档案馆:《遵义会议文献》,人民出版社1985年版,第34、66页。

[12]中共中央党史资料征集委员会、中央档案馆:《遵义会议文献》,人民出版社1985年版,第114页。

[13]《军委奖励乌江战斗中的英雄》,《红星报》1935年1月15日。

[14]《星火燎原》(7),解放军出版社1980年版,第4页。

[15]中共中央党史资料征集委员会、中央档案馆:《遵义会议文献》,人民出版社1985年版,第34页。

[16]中共中央党史资料征集委员会、中央档案馆:《遵义会议文献》,人民出版社1985年版,第84—85页。

[17]中国人民解放军历史资料丛书编审委员会:《红军长征·回忆史料》(1),解放军出版社1990年版,第236页。

[18]中共中央党史资料征集委员会、中央档案馆:《遵义会议文献》,人民出版社1985年版,第42页。

第六章
四渡赤水绝处逢生

一渡赤水，放弃北渡长江——功不可没的札西会议——二渡赤水，痛歼黔军——三渡赤水，令蒋介石再次上当——四渡赤水，令蒋介石手忙脚乱——南跨乌江，红军跳出包围圈

遵义会议后,中央红军面临的最大问题是,如何摆脱数十万敌军的围追堵截,胜利完成长征。

蒋介石从情报中得知遵义会议后毛泽东开始指挥红军,这引起了他很大注意。他一方面认为红军内部意见有分歧,幻想红军会不统一,会各据一方;另一方面觉得更应加紧围攻,不可轻敌。因此,加紧了战略部署。

当时蒋介石判断中央红军的行动方向可能有两个:一是北进四川同红四方面军会合,二是东出湘西同红二、红六军团会合。为了各个击破红军,他决定除了以湘鄂两省地方军各一部围攻红二、红六军团,以川陕两省地方军(以川军为主)对付红四方面军以外,还要集中其主力中央军,向进入贵州地区的中央红军实施进逼包围。

1月10日,蒋介石看到遵义、桐梓失守,急忙电令四川"剿共"总司令刘湘以主力部队推进川南,再挺进黔北堵截;令"追剿军"总司令何键以主力部队向黔东追剿;令广州陈济棠和桂林白崇禧,各以部队向黔桂边境推进;令薛岳第一兵团和黔军王家烈部立即向北追剿,企图围歼中央红军于乌江西北的川黔边境地区,并调上官云相部入川。1月19日,下达了"围剿计划",准备集中168个团的兵力(包括以后增加的7个团),约40万人,组成追剿部队、堵截部队和预备队,企图将中央红军束缚于乌江西北地区,等部署就绪后,围歼中央红军于乌江西北、川黔边境地区。

一渡赤水，放弃北渡长江

中央红军在遵义休整了 12 天后，即向西北方向前进。由于敌人已经调集重兵对遵义地区形成包围之势，在这种情况下，要在回旋余地甚小的黔北站稳脚跟，建立根据地，事实上已经办不到了。正是鉴于这种情况，中革军委果断决定，从遵义地区移师北上。根据军委部署，中央红军各军团于 1 月 19 日分别从驻地出发，向赤水一带前进。1 月 20 日，中革军委发布《关于渡江的作战计划》，决定从宜宾、泸州之间渡过长江和红四方面军会师，开创川西或川西北新的革命根据地。计划指出："我野战军目前基本方针，由黔北地域经过川南，渡江后转入新的地域，协同四方面军由四川西北方面实行总的反攻，而以二、六军团在川、黔、湘、鄂之交活动，来钳制四川东南会剿之敌，配合此次反攻，以粉碎敌人新的围攻，并争取四川赤化。"同时，此计划中指示红军"迅速转到赤水土城及其附近地域，渡过赤水"，"然后夺取渡口，迅速渡江"。

为了配合实现这一战略方针，中央就中央红军入川之事，向红四方面军发去了电报，要求红四方面军趁敌人尚未完全入川实施"围剿"以前，南下重庆方向活动，牵制四川东南方向的敌人，密切协同中央红军作战，策应中央红军入川。同时，要求红二、红六军团积极地向敌人展开攻势，尽量牵制川东敌军，威胁在长江上游的敌人，以配合中央红军渡江。

这时，四川刘湘成了堵截红军的主力。刘湘害怕中央红军直捣他的重庆巢穴，不惜血本同红军拼命。刘湘判断红军进攻方向是赤水、古蔺，取捷径北渡长江，到川北与红四方面军会合。他的堵截方针是：北守南攻，把战争推到省外，防止把四川造成第二个江西。因此，他调集了 12 个旅 36 个团在川南堵截红军，其中打头阵的是郭勋祺部队。

中央红军为了摆脱敌军的围攻，决定迅速北渡长江，向川西或川西北挺进。于是分三路纵队向赤水方向疾进，从松坎、桐梓、遵义，向习水、土城前进。预定夺取两地后，从泸州上游的纳溪、江安等地北渡长江。干部团一营作为军委纵队前卫，向距遵义 270 公里的土城搜索前进。

三路红军开始推进很顺利，26 日，红一军团击溃黔军教导师攻占土城，继而又占领赤水城东南的旺隆场、复兴场，但川军两个旅却抢先一步占领了赤水城，堵住了中央红军北上渡江的去路。同时，川军名将郭勋祺又率川军教导师第三旅和独立第四旅尾随攻击，已进至土城东北的青杠坡。

中央红军与敌人在赤水河一带形成了对峙。

赤水河发源于云南镇雄县东北,流经滇、川、黔三省交界地域,蜿蜒八百余里,穿行于群山峻岭之间,在四川合江处汇入长江。赤水河奔腾湍急,两岸路险难行。春初山洪暴发,河水夹着红色泥沙而下,江水呈浑红色,历时约半年之久,因此传说这是赤龙驾浪而下,古称赤虺(音毁)河。而"虺""水"读音相近,后来人们就称之为赤水河。明代诗人吴国伦有《赤虺河》一诗,对赤水河之险感叹道:

> 万里赤虺河,山深毒雾多。遥疑驱象马,直欲捣岷峨。
>
> 筏趁飞流下,樯穿怒石过。劝郎今莫渡,不止为风波。

赤水河又是一条美酒河,以茅台为首的一些著名的美酒,产地都分布在这条河的两岸。毛泽东带领中央红军,就在这条以盛产美酒著称的河流两岸,在敌人如林的围追堵截中,神出鬼没,穿插迂回,上演了一出最具传奇色彩的战略转移。

红军按入川的预定计划进抵赤水县属的土城地区后,红一军团沿赤水而下,进到陡召即分兵两路,红一军团主力为一路,顺河向旺隆坝、七里坎方向进军。红一师一个连的两个排,接受了侦察前路的任务,在排长马荣生的率领下,挑着铺草走在老百姓中间。当他们翻过七里坎,来到距离赤水城不远的黄陂洞附近时,突然,与由赤水向土城开来的敌人章安平旅的前卫尖兵意外相遇。敌人在盘问时,发现这些送铺草的老百姓当中有人是江西口音,顿时便起了疑心,怀疑是红军伪装的。在这种可能被敌人识破的情况下,为了不吃亏,红军的两个伪装排当机立断,抢先开火,将敌人的尖兵打倒。在后半里外跟进的红三团主力见计谋已被识破,立即向敌人猛冲过去。红军抢先占领黄陂洞后面一带的高地;敌人却配置了侧击火力,封锁了红军必经的一个袋形阵地。章安平亲自率领一个团的兵力增援黄陂洞,双方发生激战,并多次出现肉搏,战斗形成拉锯,双方伤亡很大。这种相持不下的形势对红军十分不利。

为了争取主力红军的机动,军团部决定布置一个加强班,要求他们扼险固守,掩护主力红军撤出战斗,待完成任务后,再跟主力转进。该班立即占据了有利地形,个个沉着冷静,静待来敌。敌军以一个团的兵力,采取集团冲锋的方式,向红军发动了进攻。加强班的战士们一次又一次将敌军压了下去,阵地前遍地都是敌军的尸体。当主力红军已顺利转移后,全班正准备撤出战斗的时候,退路却被敌人截断了。这些赤胆忠心的红军战士,英勇抗击着从四面围攻上来的敌人,但终因寡不敌众,全班战士壮烈牺牲。

在黄陂洞激战的同时,红一军团的第二师为另一路,进抵距赤水县城只有9公里的复兴场,与先期到达的川军达凤岗旅展开了激战,在战斗中红军的欧阳鑫团长不幸壮烈牺牲。他的牺牲激起了广大红军指战员的无比愤恨,他们化悲痛为力量,歼灭了大量敌军。川军在死伤数百人后,败退复兴场。随后第二师撤出战斗返回到丰溪口、猿猴(元厚)等处待命。

1月27日,红三军团到达赤水县土城镇附近的青杠坡,与从綦江向温水、良村尾追红军的川军郭勋祺部遭遇。

狭路相逢勇者胜!毛泽东、朱德、周恩来、刘伯承等察看地形后,决定利用青杠坡两侧山谷的有利地形,集中优势兵力,合围夹击歼灭尾追之敌。1月27日,毛泽东在位于土城以东4.5公里的白马山,一个被当地称作"大梗上"的地方,建立了指挥所。

为了打好这一仗,红三军团军团长彭德怀率部从土城东面的水狮坝进兵青杠坡,相继占领了青杠坡附近的险要山头——桐子嵩、楠木山、猴子垭、老鹰岩等处,与事先占据附近猫猫岩、凤凰山、青杠坡、寒棚坳等险要地势的敌人相对峙。军委又命令红五军团的一部分部队从漏风垭直插尖山,协同红三军团作战。

28日,东方破晓,战斗开始。红军对占据险要地势的敌人发起进攻,战斗十分激烈,不断发生白刃格斗。

按照以往的惯例,这类战斗通常只需几个小时。不料,整个战斗打得十分艰苦,军委领导觉察到对敌情判断有误,原来以为只有郭勋祺旅三个团,实际上是还有潘佐的第四旅三个团,共计六个团一万余人,另有两个旅在后面跟进,而川军的战斗力也比黔军强得多。而红二师早晨已沿着赤水河右岸北上,分散了兵力,没有形成打歼灭战的拳头。

青杠坡战斗最激烈的时刻,朱德和刘伯承到达前沿阵地指挥战斗,给苦战中的红军指战员以巨大的鼓舞,终于顶住了川军的一次次冲锋。[1]最后,毛泽东当机立断,飞调干部团、红五军团和刚从赤水前线返回的红一军团各一部投入战斗。

但这时又收到了林彪突进赤水受挫的消息。林彪的位置在青杠坡以北约40公里的地方。林彪攻打赤水失利的消息,很快就使毛泽东明白了这场歼灭"双枪"兵的速决战并非想象的那样容易。

陈赓

中央红军的处境极为困难,干部团就要在这关键时刻顶上去。陈赓受领任务后,命令特科营重机枪掩护,一营担任主攻。在一个小山洼里,陈赓向大家作战前动员。他指着不远处那硝烟四起的山头说:"你们都看到了,那就是青杠坡。目前形势严峻得很,刘湘增援部队正源源不断赶来,不赶快拿下青杠坡,我们就只能与敌人背水而战!现在,党中央和中革军委只有我们干部团这一张牌了。攻占青杠坡,势在必得。开始吧!"

一营立即如离弦之箭,向盘踞在山头上的川军发起仰攻。

干部团是长征出发前由红军大学、公略步兵学校、彭杨步兵学校和特科学校合并组成的,成员都是富有战斗经验的年轻连排干部,他们的战斗素质非常好,此刻在团长陈赓、政委宋任穷率领下,打得敌人溃不成军,狼狈地退了下去。毛泽东在山上用望远镜看到这场战斗,不由得连声赞道:"打得好,打得好!干部团立了功,陈赓可以当军长!"

干部团增援上去的时候,敌人已经占领了山顶有利地形。红军的迫击炮打了几炮,就没有炮弹了。干部团向敌人发起了冲锋,与敌人肉搏——拼刺刀。学员们打得很勇敢、很顽强,消灭了不少敌人,一直打到离川军郭勋祺的指挥部很近的地方。山头守敌已渐渐不支,突然川军又一股后续部队赶到,嗷嗷叫着对红军实施反冲锋。

干部团一营伤亡过大,寡不敌众,政委丁秋生只好组织部队撤退,营长李荣亲率三连一个排担任掩护。这个排最后撤下来时,只剩下十来个人了。此后,干部团二营、三营也相继投入战斗。打到黄昏时,奔袭赤水城的红一军团红二师也火速回援赶来参战,但青杠坡阵地狭小,大部队难以展开。

青杠坡战斗最激烈的时候,朱德决定亲自到前线,直接指挥作战。

朱德和刘伯承到达前沿阵地指挥战斗,干部团一营政委丁秋生报告说:"首长,有点不对啊,川军不像王家烈的大烟兵那么不经打。而且从火力强度看,敌人好像还越打越多,是不是他们增援部队上来了?"

朱德正用望远镜察看敌阵地,一位参谋送情报过来,说赤水城以南旺隆场的川军两个旅,已从西北方向我侧背攻击过来。朱德和刘伯承都觉得情况不妙,说这仗不能再打下去了。

这时,陈赓派干部团参谋长郭化若来到一营,郭化若告诉他们说:"根据今天抓到的俘虏交代,我们的对手是川军郭勋祺的两个旅,不是我们原先估计的四个团六千多人,而是六个团一万多人。加上廖泽又带一个旅增援上来,敌军在青杠坡共投入了三个旅九个团!"

青杠坡激战后,红军巩固了道路两侧阵地,敌人被迫退缩到平川地带防守。红军虽予敌以重大杀伤,但未能全歼该敌。毛泽东、周恩来等立即召开政治局几位主要领导同志开会。根据当前敌情看,原定由赤水北上,从泸州至宜宾间北渡长江的计划显然不行了。毛泽东果断提出:"为了打破敌人尾追计划,变被动为主动,不应与郭师继续恋战,作战部队与军委纵队应立即轻装,从土城渡过赤水西进。"

与会同志一致赞同毛泽东这一决策。为了迅速实现这一行动方针,会议进行了分工:朱德、刘伯承仍留在前线指挥,周恩来负责在第二天天亮以前,在赤水河上架好浮桥,陈云负责安置伤员和处理军委纵队的笨重物资。

1月29日凌晨3时,朱德下达了西渡赤水河的行动部署命令。根据军委部署,红军在土城浑溪口上下游用木船搭了两座浮桥,在猿猴场(今元厚)也用木船搭了一座浮桥。到了清晨,红军三路纵队分别从土城、猿猴场渡过赤水河。到傍晚,3万红军全部渡过赤水河并拆掉了浮桥。

红军西渡赤水后,迈着坚定的步伐,进入川南的古蔺县、叙永县一带。鉴于敌人已经加强了长江沿岸的防线,调集重兵分路向红军进逼,毛泽东和军委的同志们一致认为,目前强渡长江是不明智的,于是毅然决定暂缓渡江,改为在川、滇、黔边地区机动作战。

一渡赤水,是在土城战役失利的情况下实施的一个明智的战略转移。红军渡过赤水后,汹涌的赤水河阻挡了敌人的追击,敌人只能望河兴叹。

土城一战,红军损失很大,美国作家索尔兹伯里认为红军此战损失高达4000多人。这一仗,仅干部团伤亡就有100多人,光连长就牺牲了3个。张震当时在红四师十团任参谋,在仰攻风筝坝时,也受了伤,2002年他为当年牺牲的战友题写了"青杠坡红军烈士纪念碑"碑名。

如果没有土城战斗的失利,就不会有后来轰轰烈烈的四渡赤水战役。如果土城战斗胜利的话,红军可能就直接打过长江,直达四川与红四方面军会师了,

土城渡口

可能也就没有爬雪山的壮举发生了。有趣的是，说这话的是郭勋祺，而郭正因有了"打退了红军"的所谓"土城大捷"，才因此升迁为模范师师长。

2月7日，中革军委通知各团："根据目前情况，我野战军原定渡河计划已不可能实现，现党中央及军委决定，我野战军应以川滇黔边境为发展地区，以战斗的胜利来开展局面，并争取由黔西向东的有利发展。"于是，红军由川南折向滇东北的扎西（今威信）集结。

功不可没的扎西会议

2月初，中央红军机动到了云南东部的扎西。

很少有史家注意到扎西这个并不起眼的地方，历史竟然赋予了它不少的责任。

红军到达扎西时，正值除夕，天上下着鹅毛大雪，红军在这里进行了短期的休整。

2月5日，军委纵队到达川滇黔边界一个叫"鸡鸣三省"的小村子。毛泽东同周恩来商谈变换中共中央领导的问题。随后，中央政治局常委内部分工，由张闻天接替博古负总的责任，博古改任总政治部代理主任。围绕这次领导人的更替，在"鸡鸣三省"村，周恩来同博古作了一次长谈。周恩来的谈话推心置腹，其大意是：

我们党必须找一个熟悉农村革命的人当统帅。我虽然长期做军事工作，但我有自知之明。你虽然有才华，但不懂军事，很难领兵打仗。你和我都是做具体业务的人，不合适做领袖，当统帅。毛泽东擅长农民运动，经过井冈山斗争，总结出打游击战、运动战的经验，很适合驾驭目前的战争，是一个很有智慧的帅才。宁都会议后，他离开了军队，但红一方面军不能没有他。从长征开始，我就在想办法让他尽快回到军事领导岗位。我深信，以他的才能，一定能率领红军走出困境。所以在遵义会议上我力主他进入政治局常委,参与军事领导。你的讲话不检讨军事路线错误,招致很多人不满,因为大家憋了一肚子话要说。对毛泽东,要看大处,希望你能抛弃前嫌,同心同德,一切为了打败蒋介石这个大局。

这一席话,使博古解开了思想疙瘩,服从了革命事业的需要,顺利地实现了史称的"博洛交权",张闻天成为党的一把手。

据博古警卫员陈彪回忆:遵义会议后,博古总是绷着脸,少言寡语。曾经有人来找博古,以同情的口吻说:"我看有人把你的错误看得太重了,权无论如何不该交……"博古没等他说完,就严肃地制止了他,说:"解除我总书记职务,不是哪一个人的意见,而是党中央的决定,我应该坚决服从和执行。"那人被博古说得哑口无言,悻悻而去。

2月7日,大河滩。中共中央政治局会议总结土城战役经验,讨论今后新的行动方针。毛泽东在总结土城战役时,认为这是一场"不合算"的仗,也算是一场败仗。这一仗没有打好,主要原因并非毛泽东指挥不当,而是由于情报的差错造成了毛泽东判断的失误。后来,毛泽东总结了土城之战的三条教训:一是敌情没有摸准;二是对刘湘"模范师"的战斗力估计不足;三是分散了兵力,不该让一军团北上。

利用扎西短暂的休整,红军将遵义会议精神贯彻到部队之中。

2月8日,中共中央书记处为贯彻遵义会议精神,发布由张闻天起草的《中央政治局扩大会议总结粉碎五次"围剿"战争中经验教训决议大纲》。中央政治局常委毛泽东、张闻天、陈云等陆续到军委纵队和各军团干部会议上传达决议。

陈云在《遵义政治局扩大会议提纲》中记载:"在出遵义出发到威信的行军中,常委分工上,决定以洛甫(张闻天)同志代替博古同志负总的责任。"

李维汉在回忆录中

扎西会议旧址

写道:

> 2月10日,在扎西召开干部会议(也叫作军事扩大会),由张闻天传达遵义会议的精神。我参加了这次会议。当时下着蒙蒙细雨,大家集合在露天广场的一棵大树下,聚精会神地听他传达。听完传达后,我才知道遵义会议揭发和批评了第五次反"围剿"和长征以来中央在军事领导上的单纯防御路线的错误,批评了博古为第五次反"围剿"失败进行辩解的错误,肯定了毛泽东的积极防御的军事路线,通过了关于反对敌人五次"围剿"的总结决议,毛泽东被选为政治局常委,确立了毛泽东在全党全军的领导地位。[2]

稍后,毛泽东出席红一军团直属队排以上干部会议,报告中央政治局扩大会议决议精神,他形象地说:第五次反"围剿"的单纯防御路线,短促突击,分兵把口,不让敌人进占苏区一寸土地等,都是错误的。"反攻"以来这个错误还在发展,变成退却逃跑,叫作"叫花子打狗——边打边跑",这也是错误的。

《红星》报对此次会议进行了这样的报道:"军委纵队党的干部会完全同意洛甫同志关于反对五次'围剿'总结的报告,一致拥护中央政治局的决议……"

2月9日,中央红军占领扎西镇。此时正值除夕,天上下着鹅毛大雪,红军在这里进行了短期的休整。在老街江西会馆,张闻天主持召开了中革军委负责人会议,讨论战略方针等问题。会上,毛泽东提出:要利用敌人主力和注意力都集中在川南一线、黔北比较空虚的时机,回师东进,再渡赤水,重占遵义。应利用敌人的错觉,寻找有利的战机,集中优势兵力,发扬我军运动战的特长,主动地消灭敌人。为此还提出队伍轻装,精简机构,充实连队等建议。

据《周恩来年谱》记载,这一天,周恩来出席洛甫主持的中共中央政治局会议,因川军12个旅沿长江布防,并入滇追击,滇军3个旅由镇雄向扎西急进,为迅速摆脱追兵的侧击,会议做出部队"缩编""回师东进""特别注意党的民族政策"等决定。

为适应运动战的需要,中革军委朱德、周恩来、王稼祥2月10日在扎西下达了缩编红军的命令,要求"一、三军团军团部应依颁发的新编制改编,其多余的人员尽量补充到战斗连队中去"。

除了军委干部团之外,全军缩编为16个团。在整编中,许多师团干部降职使用,但是他们都愉快地服从了决定。

在整编的同时,红军又广泛发动群众,深入开展"扩红运动"。先是在遵义地区,约有5000名工农子弟加入了红军;在扎西地区,又扩充了约3000名新战士。经过补充整顿,全军战斗力得到了提高。至今在扎西地区还传唱着一首歌谣:

> 二月里来到扎西,部队改编好整齐。
>
> 发展川南游击队,扩大红军三千几。

中央红军进入扎西地区集结后,蒋介石仍然判断红军有北渡长江或西渡金沙江的意向,于是一面加紧布防,一面调动主力向扎西分进合击。他于2月初重新调整了部署,将原"追剿军"第一兵团改为第一路军,以何键为总司令,以一部兵力控制乌江东岸沿河、印江等地区,防止中央红军东进,主力留在湘西"围剿"红二、红六军团;以薛岳兵团和滇黔两省军队组成第二路军,龙云为总司令,薛岳为前敌总指挥,辖吴奇伟部、周浑元部、滇军孙渡部、黔军王家烈部四个纵队,专门"追剿"中央红军。在"川南剿总"司令部总指挥潘文华部的协同下,企图对红军进行分进合击,围歼中央红军于叙永以西、长江以南、横江以东地区。

在中央红军进入川滇边区后,各地方军阀也是各怀鬼胎,何键见中央红军已远离湘境,不愿让湘军西进追击;王家烈则急于恢复其对贵州的统治,对追击红军也不想出力;而四川刘湘、云南龙云都害怕中央红军进入他们的地盘,因此加紧了对红军的防堵。

面对国民党重兵的合围,中革军委分析了面临的形势,认为敌人对红军的包围圈最薄弱的部分是黔北的贵州军阀王家烈部。因此,军委决定利用敌人判断红军仍将北渡长江的错觉,出其不意,挥师东进,乘虚再返贵州。

2月10日,朱德总司令发出《我军由扎西向雪山关进军的指示》:"我野战军应迅速脱离川敌与滇敌之侧击,决于明十一日起转移到雪山关及其以西地域,争取渡河先机,并准备以薛岳兵团及黔敌为主要作战目标。"

二渡赤水,痛歼黔军

2月11日,中央红军出敌不意,回师东进,从敌人的空隙间穿插出来,将10倍于己的敌人抛在长江北岸和乌江西岸,争取到了作战的主动权。此时,奉命赶到扎西地域"会剿"红军的各路敌军,仍然不明就里,继续向扎西合围。川军潘文华和滇军孙渡两部至14日和16日才侦察到红军已回师川南古蔺,但是等他们重新部署向东追击时,已经是望尘莫及了。

2月15日20时,中革军委下达了二渡赤水河的命令。这时,中央红军许多指战员对放弃北渡长江、改向黔北进军不理解,在思想上产生了许多疑虑。为了使全军指战员明确在滇、黔、川边战斗的目的和任务,增强战斗信心,党中央和中革军委于16日在白沙发布了《告全体红色指战员书》,指出:"决定在云、贵、川三省地区中建立根据地。""全体红色战士打大胜仗,消灭大量的敌人,缴他们的枪支子弹武装我们自己,并武装云贵川数千万工农劳苦群众,是我们目前最中心任务。""为了有把握的求得胜利,我们必须寻求有利的时机与地区去消灭敌人,在不利的条件下,我们应该拒绝那种冒险的没有胜利把握的战斗。因此红军必须经常地转移作战地区,有时向东,有时向西,有时走大路,有时走小路,有时走老路,有时走新路,而唯一的目的是为了在有利条件下,求得作战的胜利。"[3]为使红四方面军和二、六军团知道中央红军正在云贵川边创造新苏区,并相互呼应,军委也分别电告了他们。

中央红军在白沙地域进行短暂休整后,立即向赤水河推进。2月18日,左纵队红一军团二师进抵太平渡,立即控制了渡口及河面船只,并以一个团迅速渡过赤水河,占领东岸贵州一侧渡口附近的高地。工兵部队随即于太平渡、九溪口两个渡口架设浮桥。

右纵队红三军团的前卫十三团,在彭雪枫团长率领下,于2月18日晚进抵太平渡上游的二郎滩。红军战士锐不可当,打响了二郎滩背水之战。黔军被打得人仰马翻,全线崩溃,红军乘胜发起追击,将黔军全部赶回麻坪大山。晚上,红军争取时间连夜于二郎滩渡口架设浮桥,后续部队迅速渡河。二郎滩背水一仗,为红军二渡赤水创造了有利的条件,揭开了大战娄山关的序幕。

由于红军出敌不意地脱离滇境东进,行动神速,而滇军又与川军发生了矛盾,无法前进,因此,川军潘文华、滇军孙渡与红军竟拉开了近四天的路程。2月18日,军委命令各野战军主力迅速东渡赤水河。

2月19日至21日,中央红军遵照中革军委的命令,由太平渡、二郎滩等渡口东渡赤水河(即二渡赤水),再次进入了黔北。

接着,以红一、红五、红九军团及军委纵队为左纵队,红三军团为右纵队,向敌人兵力比较空虚的桐梓地区急进。同时,以红五军团的一个团向温水开进,以吸引和迷惑追敌。24日,红一军团第一团突然进攻桐梓县城,黔军弃城而逃,援军退守娄山关。

红军按照战略部署,很快进逼娄山关。红军二渡赤水,主要也是为了重创黔军,打乱蒋介石的部署,振我军威,进而给红军创造休整条件,再待机破敌。只有拿下娄山关、占领遵义,才能达到上述目的。军委认为必须集中优势兵力才能夺取娄山关,于是决定以红一、红三军团作为主攻力量;红五、红九军团作为钳制力量;军委纵队为总预备队,以期一举夺下娄山关。

红军二渡赤水的太平渡

红一、红三军团分作两个梯队,统归彭德怀、杨尚昆指挥。三军团的十三团主攻娄山关,该团的前身是邓小平、张云逸领导的左右江起义形成的红七军,是一个能攻善守、战功赫赫的团。上级把主攻任务交给了他们,全团将士个个摩拳擦掌,向娄山关疾驰而去。

2月25日,开始攻关。红十三团首先在红花园向敌发起进攻,当即将敌击溃。溃敌逃上娄山关口,与关口守敌企图凭险顽抗。红军奋勇直追,红一、红三军团交替进攻,不给敌人以喘息之机。双方激战一昼夜,战斗异常激烈。

娄山关左翼有一座点金山,此山高过关口,由于地势险要,敌人守备力量薄弱。夺山即可夺关,于是红军准备夺取点金山制高点。占领点金山的艰巨任务落在了十三团一营指战员的肩上,在向导带领下,战士们从后山攀着葛藤,踩着岩缝,冒着粉身碎骨的危险,悄悄地爬上了点金山,一战便拿下了这个制高点。敌人见点金山失守,组织疯狂反扑,黔军冒着密集的火力冲向点金山,红军战士坚守阵地,顽强作战,打退了黔军一次又一次进攻。

在战斗中,一个战士发现有一个敌军官在用马刀、皮鞭督战,便马上报告了团长。团长彭雪枫立即组织了几个神枪手,共同瞄准敌军官射击,敌军官被击中,敌军阵脚大乱。主攻娄山关的红军与点金山上的红军乘势发起反攻,夹击敌人。敌人兵败如山倒,抱头鼠窜。

娄山关这座雄关,终于插上了鲜艳的红旗!

为了夺回失去的主阵地,黔军多次组织反扑,均被红军击退。接着,红军一、三军团在彭德怀、杨尚昆的统一指挥下,以一部分兵力从正面钳制敌人,集中主力分别从两翼向敌人后方的黑神庙、板桥迂回,在红军南北夹击之下,残敌成了瓮中之鳖，被红军一举消灭。26日，红军大获全胜。

娄山关战斗给黔军以致命打击，敌伤亡600余。胜利的喜悦激动着每个红军指战员的心，毛泽东望着黄昏夕照中的娄山关，即兴写下了慷慨激越的词篇《忆秦娥·娄山关》：

> 西风烈，长空雁叫霜晨月。霜晨月，马蹄声碎，喇叭声咽。　　雄关漫道真如铁，而今迈步从头越。从头越，苍山如海，残阳如血。

从娄山关退下来的黔军残兵败将，带着惨败的消息拼命南逃，吓坏了还在董公寺挖壕据守的黔军士兵，他们也立即跟着向南逃窜。红军一鼓作气，以雷霆万钧之势从娄山关上压了下来，攻到遵义市北郊，并立即向龟缩在遵义城的黔军发动猛攻。黔军抵挡不住，部分退守老城。王家烈本人慌忙率领黔军第一、第六团弃城向南溃逃。红军攻占新城后，又迅速向逃到老城固守的黔军第一、第八团残敌展开了进攻。

在向老城敌人进攻时，红三军团参谋长邓萍来到前沿观察敌情。这时，敌人的一颗流弹飞来，击中了他的头部，邓萍因此而壮烈牺牲。邓萍是黄埔军校早期的学生，参加过平江起义，英勇善战，是红军中优秀的指挥员。他的牺牲，使大家非常悲痛。在"为邓萍同志报仇"的口号声中，战士们把仇恨凝聚在刺刀尖上，向遵义老城发起了猛烈攻击。守敌遭到重大伤亡后，趁夜逃出了城外。2月28日凌晨，红军再次攻占了遵义，并控制了城南的红花岗、老鸦山一线高地。

由于国民党中央军欲借刀杀人，让红军与黔军进行厮杀，自己坐收渔翁之利。因此薛岳所率领的中央军不但不与黔军保持密切联系，而且还对王家烈的求援迟迟不理，这引起了地方军阀的强烈不满。为了堵塞粤桂川军阀之口，蒋介石不得不电令薛岳"务督各部向匪猛击"。28日，蒋介石嫡系吴奇伟率五十九师和九十三师，从贵阳向遵义扑来。在红花岗、老鸦山一带，红军与敌人展开了激战。战斗非常激烈，有的阵地是失而复得。终于，在红军猛烈的攻击面前，吴奇伟的这两个师中央军被打得连招架之力也没有了。吴奇伟率部率先逃过乌江，立即砍断浮桥，尚未过江的1000余人和大批辎重物资被丢在了北岸，都被红军俘获了。

中央红军在5日之内，连下桐梓、娄山关、遵义，歼灭和击溃敌人两个师又8个团，毙伤敌2400余人，俘敌3000余人。这是中央红军长征以来最大的一次胜利，大大提高了红军的士气。连蒋介石也承认，这是"国军追击以来的奇耻大辱"。蒋介石本想借刀杀人,结果却搬起石头砸了自己的脚。

在敌人重兵包围下,中央红军二渡赤水,回师黔北,出敌不意,利用敌人内部不统一和黔军的弱点,以神速的行动打了敌人一个措手不及,打乱了蒋介石的部署,赢得了短期的主动。这次胜利证明了毛泽东军事战略方针的正确,说明红军要击破敌人的围追堵截,必须实行灵活机动的战略战术,调动敌人,集中优势兵力歼敌,才能变被动为主动。

红军野战军总司令部关于遵义战役战绩的通报

三渡赤水,令蒋介石再次上当

红军二渡赤水回师遵义,打得敌军损兵折将,元气大伤。蒋介石为此气得暴跳如雷,夜不能寐,昼不思食。为了挽回败局,蒋介石于3月初,带着陈诚飞到重庆。本来蒋准备拿薛岳、吴奇伟等问罪,但是由于陈诚在一旁百般为他们开脱,蒋介石再仔细想想,如果拿他们开刀,难免军心不稳,这才只好作罢。他还亲笔写信,派飞机空投给吴奇伟,要他"誓雪遵义之耻"!并说:"对飘忽无定的红军作战,定要极其慎重。"

对于红军再入黔北的意图,蒋介石捉摸不定。他于3月3日"手谕"各军,判断红军"必向东图,与萧贺联合"。过了两天,他又认为红军的行动方向有二:"甲、放弃遵义向西窜,达其原来目的。乙、先求与我周纵队决战,然后再向南对贵阳压迫。"

蒋介石再次调兵遣将,准备采取第五次"围剿"中央苏区的老办法,用堡垒主义与重兵进攻相结合的战法,妄图压迫红军于遵义、鸭溪地区围而歼之。蒋军大修碉堡,遭殃的只能是老百姓,无数民房被拆,无数耕地被毁,拉壮丁,派款项,弄得民不聊生。在蒋介石得知各线碉堡均已基本筑成后,就暗暗高兴,自以为红军再也逃不出他的手掌心了。

为了加强红军的作战指挥,3月4日,军委发布了《关于设前敌司令部并以朱德为司令员毛泽东为政治委员的命令》。这样,毛泽东自1932年宁都会议上被"左"倾领导者排挤出红军领导岗位后,再次获得了在红军中的具体领导职务,这就保证了毛泽东的指挥才能得到更好的发挥。

3月5日,军委得知敌人准备会攻遵义,川军郭勋祺部准备由桐梓向遵义东南地区进攻;周浑元部准备从枫香坝、长干山、鸭溪向遵义及其西南地区进攻;吴奇伟等部将于8日前封锁乌江。为此,中革军委决定红九军团继续在桐梓、遵义地区吸引川敌向东而钳制之,主力红军一、三、五军团及干部团集中于鸭溪及其附近地域,趁吴奇伟纵队新败逃向乌江以南之机,寻机歼灭周浑元纵队,力争再打一个胜仗,并对行军进行了部署。

当晚,前敌司令部下达了《鸭溪作战命令》,指出要尽快砍掉薛岳左臂——周浑元纵队。但当时周浑元心有余悸,怕被红军歼灭,处处避战,红军一时未能实现战略意图。红军主动寻战,蒋介石却误认为这是"红军大的方针未定,不知下一步怎么办的表现",竟向各部队下达命令,以碉堡作掩护"会剿"红军。蒋介石命令:"匪主力似仍在遵义西南鸭溪、白腊坎、枫香坝一带","是匪尚欲盘踞遵义西南地区,或不与我决战。刻正我聚歼该敌良机。我军吴、周、孙、郭各纵队应对此匪分进合击,务将该匪聚歼于遵义西南地区"。由此可见,蒋介石已由"南守北攻"改为"分进合击"。红军决定将计就计,吸引更多敌人来到鸭溪地区,为打乱蒋军部署、尽快甩掉敌人创造条件。因此,红军暂时按兵不动,静观态势。

在蒋介石的严命催逼下,3月11日,川军潘文华部三个旅进占遵义;周浑元纵队主力集结于鲁班场地区;吴奇伟纵队一部北渡乌江,向鸭溪、遵义推进。

根据当时情况,毛泽东和朱德商量后决定,中央红军仍以黔北为主要活动地区,控制赤水河上游,以消灭薛岳所部和王家烈残军为主要作战目标。根据这一决定,红军于3月中旬开始集中主力,对鲁班场的周浑元纵队发起进攻。由于在数量上敌人占着优势,且以碉堡作掩护,红九军团初战不利,军委立即命令红五军团投入战斗。此时敌援军第十三师正向鲁班场开来,吴奇伟也率纵队增援,川军郭勋祺部正由东南的两河口向坛厂、鲁班场转进,企图夹击红军,形势对红军不利。

这时,就是否攻打薛岳部固守打鼓新场的一个师的问题,中革军委进行了讨论。与会多数人主张打,而毛泽东正确分析了敌情后,坚决主张不能打。毛泽东当晚提着马灯,找了周恩来,首先说服了他,暂时停发战斗命令。第二天开会时,他又说服了大多数同志。为此,毛泽东提出,今后不能再像过去那样由那么多人指挥,否则会贻误战机。经毛泽东、张闻天等提议,特在中央成立了由毛泽东、周恩来、王稼祥三人组成的新"三人团",即三人军事指挥小组,负责全权指挥军事。

中央红军于15日攻打鲁班场失利后,为了避免被动,毛泽东决定放弃对鲁班场的进攻,转兵西进,以调动敌人,寻求新的战机。

3月16日,红军不战而占领了仁怀县城和茅台镇。就在这一天,中革军委又下达了三渡赤水河的命令。茅台的赤水河上,红军工兵架起了三座浮桥,红军第三次渡过了赤水河,再次向四川南部的古蔺、叙永方向前进。

红军过茅台,留下了许多动人的故事。茅台镇以茅台酒而著称,茅台酒也与红军结下

红军三渡赤水的茅台镇渡口

了不解之缘。来到这个位于美酒河畔的小村镇,红军战士们开始痛饮茅台酒,并用茅台酒擦脚,解乏疗伤。在许多老红军的回忆录里,都提到了这令人难忘的茅台酒。聂荣臻在回忆录里这样记载:"在茅台休息的时候,为了欣赏一下举世闻名的茅台酒,我和罗瑞卿同志叫警卫员去买些来尝一尝。酒刚买来,敌机就来轰炸。于是,我们又赶紧转移。"[4]

杨成武将军回忆:"奉命转移到茅台镇,著名的茅台酒就产在这里。土豪家里坛坛罐罐都盛满茅台酒。我们把从土豪家里没收来的财物、粮食和茅台酒,除部队留了一些外,全部分给了群众。这时候,我们指战员里会喝酒的,都过足了瘾,不会喝的,也都装上一壶,留下来洗脚活血,舒舒筋骨。"[5]

当时,国民党在报刊上发表文章,污蔑红军在茅台的酿酒池中洗脚。时任国民参议员的黄炎培,听说了这件事,挥笔写下了一首《茅台酒》,嘲笑国民党反动派的拙劣谎言:

宣传有客过茅台,酿酒池中洗脚来。

是真是假吾不管,天寒且饮三两杯。

3月18日，在红军渡河时，蒋介石派出大批飞机狂轰滥炸。军委纵队刚从茅台过赤水河，便遇上敌机轰炸，红军警卫营的防空排奋起反击，击落了一架敌机。但是，西岸山坡上几处民房被炸起火。毛泽东、周恩来等看到这种情况，急忙率领警卫员奋勇救火，很快将火扑灭。就这样，白军纵火，红军救火的事迹，在赤水河一带广为流传。到19日，红军攻占了镇龙山，击溃了川军一个团的拦阻，进到了大村、铁厂、两河口地区，摆脱了敌人。

中央红军三渡赤水进行转移，迅速脱离了险境，避免了背水一战以保安全；同时也迷惑了敌人，从而调动了敌军。这样，红军又一次地化被动为主动。

四渡赤水，令蒋介石手忙脚乱

红军神出鬼没，三渡赤水进入川南，使蒋介石再次上当。他一时摸不清红军的战略意图，大伤脑筋，大动肝火，总想把红军一口吃掉，可是非但没有吃着，反而把自己拖得筋疲力尽。见到红军重入川南，认为红军又将"渡江入川"，于是蒋介石重新部署兵力，迅速制定了围歼红军于古蔺地区的军事计划。他急调薛岳和四川、贵州等省的军阀部队，在川、黔、滇边境大修碉堡工事，构筑封锁线，布置包围圈。蒋介石下令川军在赤水河西严加防堵，一部川军向仁怀、古蔺追击；周浑元、吴奇伟纵队向川南一带跟追，滇军孙渡部在毕节附近堵截，黔军王家烈、侯汉佑等部在黔西、大定和赤水、土城一带防守，湘军李抱冰部由石阡向遵义推进，企图达到在长江以南消灭红军的目的。蒋介石声称"剿匪成功，在此一举"[6]，若再不歼灭红军，"何颜再立于斯世"。[7]

为了迷惑敌人，进入川南的红军派出一个分队伪装成主力，大张旗鼓地向古蔺、叙永方向急进，做出欲渡长江的姿态。这使蒋军得出了"红军企图北渡长江，赤化四川"的结论。蒋介石最怕红军渡长江，连忙调动各路大军火速奔集川南与红军决战。

蒋介石调动大军向赤水河两岸、赤水河以西扑来，正中了毛泽东的调虎离山之计。军委在部署三渡赤水的同时，就进行了四渡回师的准备工作。侦察兵报告太平渡和二郎滩二渡时所架的浮桥仍在，军委决定在这两个渡口及其之间再次渡河。在蒋介石拟定的包围圈还未形成之际，朱德于3月20日15时电令一军团派先头部队控制太平渡和林滩。要求"立即派出两个先头团，每人沿途砍带可架桥竹子一根，并带全部工兵连夜兼程赶到，并急袭太平渡、林滩两点，抢船各架桥两座，由师长、政委分往亲自指挥。太平渡之桥限明21日

12 时架成,林滩限 15 时架成,其先头两个团主力应过河控制太平渡、林滩渡河点,向二郎滩、土城严密警戒";"一军团另留一个团在镇龙山,今日向古蔺游击惑敌"。

3 月 20 日 17 时,中央红军野战军司令部下达了四渡赤水河的行动命令。就在同一天,中共中央和红军总政治部致电各军团首长"我再西进不利,决东渡",并指示:"这是野战军此后行动发展的严重紧急关头。各野战军首长要坚决与迅速组织渡河,必须做到限时渡毕。"指示强调:"一、派高级首长亲自鼓励与指挥架桥,打破任何困难,使桥迅速完成。二、组织渡河,使部队免除紊乱拥挤与落伍,有秩序限时迅速渡毕。渡河延缓或阻碍渡河的困难不能克服,都会给野战军最大危险。这次东渡,事前不得下达,以保秘密。"

中央红军按上述部署于 3 月 21 日至 22 日分别从二郎滩、九溪口、太平渡再次东渡赤水河,离开川南,重入黔北。由于一军团工兵于太平渡下游一华里的老鸹沱架设一座浮桥,一军团分别由此浮桥和太平渡渡口浮桥渡赤水河,未去林滩渡河。

红军四渡赤水的渡口之一——二郎滩

红军行动迅速,将川、滇、黔三省军阀部队和国民党中央军周浑元、吴奇伟部全部甩在了赤水河西岸及其以西地域。蒋介石在川南的部队扑了个空,辛辛苦苦建起来的碉堡也成了一堆废物。望着被丢在身后的敌人封锁线,红军战士们笑道:"你们去好好封锁吧,我们走了!"

蒋介石获悉红军再渡赤水的消息,急得如热锅上的蚂蚁,他认为红军过长江不成又将返回攻占遵义,便紧急部署:"令上官总指挥部,即在现驻遵、桐、松坎各地,就地严阵固守,郭师长勋祺部正在跟踪追击中。五十三师自 21 日以来,陆续到达遵义,已令到后即先行集结遵义,协助四十七师防堵。周、吴两纵队应星夜集结仁怀、茅台、坛厂一带,但沿赤水河一带河防,王司令官家烈所部尚未到达接防以前,对各渡口仍应酌留约一连防守为要。周纵队着尽先头之二团或三团,兼程分往鸭溪、白腊坎、枫香坝各地固守。"[8]

3月24日,蒋介石携宋美龄及顾问端纳和陈城、顾祝同等人,由重庆飞抵贵阳,亲自督战,"部署一切,统一指挥"。此时的蒋介石已经气急败坏,他一下飞机就督促薛岳尽量把他的嫡系部队向川南紧缩,加紧完成遵义与鸭溪间、遵义与刀靶水间,及茅台、中枢、坛厂、长干山、枫香坝、白腊坎、鸭溪的所谓"遵仁防线"。蒋介石就是企图运用堡垒战术,步步为营,逐步缩小包围圈,迫使红军于遵义地区决一死战。

毛泽东等领导人已识破了蒋介石的企图,就在这一天,军委致电各军团:"敌人企图连接遵仁封锁线,阻我在其以北地区。我野战军以遭遇敌人姿势赶快通过遵仁之线,向南寻求新的机动。"要求九军团进到楠木坝,向仁怀县侦察警戒,并散布红军主力将攻取仁怀县城的谣言以迷惑敌人。三军团进到平家寨;一军团进到两河口地域并进占花苗田,向枫香坝、鸭溪线警戒;五军团进到水淹荡。

3月25日,军委致电各军团,明确目前的作战方针是集结主力迅速占领坛厂一线,钳制周、吴两敌,以便突破包围继续前进,消灭王家烈部,扩大机动地区,向西南行动,并于周、吴两敌向我追击截击时,能于运动中消灭其一部或大部,以转变战局。

3月26日,中央红军进至遵义、仁怀大道北侧干溪、马鬃岭地区。

3月27日,根据敌情变化,军委做出新的部署:"我原定从长干山、枫香坝之间突围已不可能,改从鸭溪、白腊坎向西南转移。"为了隐蔽向南发展的意图,中央决定以红九军团暂留马鬃岭地区,伪装成主力向长干山、枫香坝佯攻,吸引敌人北向,钳制周浑元、吴奇伟纵队,以配合主力行动,主力则继续向南疾进。

3月28日,中央红军从鸭溪、白腊坎之间,突破敌人几个师的防堵线,冒着急风暴雨直捣乌江北岸。

中央红军这一行动又是出奇制胜。自3月23日起,薛岳就一直没有接到战报,对前线情况也摸不着头脑。29日前,薛岳就开始接到报告,说红军不再西进,其一部已回头向东。但薛岳愚蠢而自大,自以为遵义以西的封锁线已经完成,红军的这一行动不足为虑。到了30日,薛岳突然接到周浑元急电,说他们的纵队于长干山、枫香坝、鲁班场封锁线内的倒流水地区被红军强袭,激战之后,红军已南移,好像要渡乌江。薛岳原以为红军会仍然向东,没有想到红军会向南,这使他大为恐慌。他赶紧请示蒋介石,蒋急忙命令他火速调兵增强乌江南岸防守。但由于主力部队都在前线各处追堵,乌江南岸无兵可调,虽令北岸之兵火速南下,但已是远水解不了近渴。

南跨乌江,红军跳出包围圈

乌江,对于中央红军来说已不陌生,中央红军南进的战略行动成功与否,决定于是否能够再次跨越这道"天险"。

红军南渡乌江的先遣部队是红一军团前卫一师三团,他们的任务是选择敌人江防薄弱处实行强渡。强渡之后,再肃清其他渡口的敌人,支援主力过江。3月29日,这支先头部队到达乌江边梯子岩渡口。这里两岸悬崖峭壁,江中礁石林立,水流湍急。对岸石壁上的栈道像铁链一样从悬岩挂到河边,令人望而胆寒。

这时敌军已有一个营在对岸防守。30日,红三团用毛竹扎成竹筏,准备偷渡或强渡。第一连是抢渡先头连,先派了一个排试行偷渡。这个排的战士坐上竹筏向对岸驶去,南岸山顶上的敌人疯狂地向竹筏射击。竹筏在惊涛骇浪中旋转着顺流而下,没法把握方向,在巨浪的冲击下,忽而下沉,忽而漂起,漂了半个多钟头,不但没有漂到对岸,反而三颠两簸,又漂回到北岸来了。竹筏漂不到对岸,主要原因是乌江常刮溯江风,这种风顺江而上被南岸高山悬崖所阻,即折回北岸,所以竹筏即便划到江心也还会被刮回来。

面对这种情况,干部们认为,只能准备夜战。但是天黑以后,天气突变,霎时狂风大作,雷雨交加。夜,黑得伸手不见五指,只听见江水不停的咆哮声。这样的坏天气,虽然给红军渡江增加了一些困难,可它对敌人也起着一定的麻痹作用。愚蠢的敌人估计,红军根本没法在这样的夜晚渡江。晚上10点左右,白天渡江未成功的先遣排,在暴风雨的掩护下,由连长朱日亮带着他们把竹筏拖到预定登岸点的上游,然后斜着顺流放下去,利用水的力量,一下冲到江心。竹筏在漩涡里不停地打转转,经过勇士们的奋力拼搏,好不容易划到了对岸。由于夜太暗,敌人并未发现他们,但北岸的红军也无法用火力支援他们,只能靠他们孤胆作战。勇士们上岸后,静静地隐蔽在江边的岩石下,朱连长派出三名战士摸黑侦察白天老百姓提供的攀岩小道。后来,他们终于找到那条石壁岩缝上的小径,三个战士抓着石壁上的野藤攀缘而上,顺着小路悄悄地摸到了吊桥边,几个手榴弹同时扔了过去。在岩洞中的敌人有的被炸死,有的鬼哭狼嚎似的喊着"红军来了",没命似的沿着通向山顶的小道往山上跑。敌人遇到突然打击,又弄不清红军到底有多少人过了江，见山头堡垒已失，便慌作一团。红军于拂晓时分，实行突然袭击，当即消灭敌人一个连，接着全营的敌人就一起垮了下去。接着，红军工兵连连夜架起了浮桥。

3月31日，军委发出迅速渡过乌江的命令。一军团在大塘，三军团在江口，军委纵队和五军团在梯子岩先后顺利过江。

被誉为"战略轻骑"的红九军团在军团长罗炳辉的带领下，在乌江北岸伪装主力活动，取得了预期的效果，牵制了大量敌军。九军团虽然与敌兵力对比悬殊，但是他们灵活机动，或摆空城计，或集中优势兵力打击弱敌，克服了重重困难，保证了主力红军的胜利转移。任务完成后，3月30日军委令他们迅速南移，尾随主力过江。九军团接令后，即在枫香坝、白腊坎一带，迅速收拢部队，向乌江渡口星夜兼程疾进。但在此时，敌人遵仁防线上的部队已经开始向南移动。为避免与敌遭遇，九军团只好走崎岖的山路。等他们赶到沙土附近，准备南渡乌江时，已超过军委规定的到达时间6个小时，江边的守桥部队已把浮桥拆除，敌人也已控制了渡口，部队无法过江。这样，九军团便脱离主力单独活动，直到5月渡过金沙江才与主力会合。

至此，中央红军南跨乌江，把近50万的"追剿"军甩在了赤水河以西、乌江以北，乌江天险变成了敌军的行动障碍，实现了四渡赤水的战略目的。蒋介石被红军的行动搞得手忙脚乱，他"合围"消灭红军的精心筹划成了泡影。

四渡赤水之战，是中央红军在川滇黔边地区进行的一次出色的运动战。在这次作战中，毛泽东、朱德、周恩来等中革军委领导，充分利用敌人的矛盾，根据情况的不断变化，灵活机动地变换作战方向，指挥红军纵横驰骋于川滇黔边界地区，巧妙地穿插于敌人重兵集团之间，调动和迷惑敌人，牢牢地掌握住战场的主动权，从而取得了战略转移中具有决定意义的胜利。这是红军战史上以少胜多、变被动为主动的光辉范例。

在毛泽东、中革军委的指挥下，红军真如歌谣里唱的那样：

铁腿踏破万里云，脚踩黔军牵川军。

能打善走是红军，拖垮累死中央军。

毛泽东曾经先后同陈毅元帅、英国蒙哥马利元帅说过，四渡赤水是他一生中的"得意之笔"，是他军事指挥艺术的经典之作。

刘伯承在回忆这一段情况时总结说：

　　遵义会议以后，我军一反以前的情况，好像忽然获得了新的生命，迂回曲折，穿插于敌人之间，以为我向东却又向西，以为我渡江北上却又远途回击，处处主动，生龙活虎，左右敌人。我军一动，敌又须重摆阵势，因而我军得以从容休息，发动群众，扩大红军。待敌部署就绪，我却又打到别处去了。弄得敌人扑朔迷离，处处挨打，疲于奔命。这些情况和"左"倾路线统治时期相对照，全军指战员更深刻地认识到：毛主席的正确的路线，和高度发展了的马克思主义的军事艺术，是使我军立于不败之地的唯一保证。[9]

聂荣臻在其回忆录中则是这样评论的：

　　这个阶段，我们都是声东击西，大踏步地机动作战，不断地调动敌人。这样打法，部队自然要多走一点路，疲劳一点，可是敌人却对我们捉摸不透，便于我们隐蔽企图，使我军由被动变为主动。以后陈毅同志对我说过，毛主席说四渡赤水是他一生中的"得意之笔"。我也深感毛泽东同志在军事指挥艺术上运用之妙，他确实才思过人，值得我们很好学习。[10]

为什么红军在几十万国民党军的围追堵截之中，仍能取得四渡赤水战役的胜利呢？除去毛泽东、朱德、周恩来等中革军委领导的集体智慧之外，其实还有多种因素：

一、红九军团战略奇兵，掩护主力北进。

红军从遵义、仁怀大道南侧南下。军委命令红九军团暂留乌江北岸，在狗坝西马鬃岭地区"伪装主力活动"，"钳制周、吴纵队，以配合主力作战"。此后，红九军团经川、云、贵三省单独行军，军委通过电台指挥红九军团。周恩来特别指示电台注意收听红九军团电台呼号，要优先接话。

罗炳辉、何长工指挥红九军团，孤军长征，伪装成主力部队，同追剿的国民党军"捉迷藏"，吸引国民党军主力注意，以掩护主力红军的战略转移。红军主力越过金沙江后，红九军团也靠"马克思显灵"，成功地跳出国民党军的围追堵截。后来周恩来在天全表扬九军团：

　　你们九军团单独行军这么长，在后面掩护中央，掩护主力顺利北上，不但没有受挫折，还扩充了队伍，增加了钱粮。中央正缺马匹、钱粮时，你们就送来了，真是雪里送炭，你们干得好，有功劳。要继续保持和发扬艰苦奋斗的革命精神。

二、红四方面军嘉陵江战役拖住川军后腿。

鲜为人知的是，红四方面军在 1935 年春发起了大规模的江河攻坚作战——嘉陵江战役，出奇制胜，强渡嘉陵江，攻克 9 座县城，消灭川军 12 个团，夺占剑门关，吸引了川军 10 多万部队，策应了中央红军的四渡赤水。嘉陵江战役后，红四方面军为迎接中央红军到四川，离开川陕根据地，开始走上了长征路。

三、红二、红六军团湘西攻势拖住援黔的湘军。

红二、红六军团贯彻遵义会议精神，成功发起攻势防御行动，给陈耀汉第五十八师师部和一七四旅（欠一个团）以歼灭性的打击。以少胜多，打得干净漂亮。歼灭湘敌一个师部、两个旅大部，俘敌 2000 余人，缴枪 2000 余支，还缴获了 2 门日本造的山炮。16 日，红军乘胜收复桑植城。敌五十八师的覆灭，震撼了敌人，各路"围剿"之敌纷纷后撤。

此番攻势，策应了中央红军的长征，调动湘军 10 多万军队，对中央红军四渡赤水、巧渡金沙，粉碎蒋介石歼灭中央红军于长江以南的阴谋起到了重大的战略牵制作用。

何键在对蒋介石的报告中就抱怨："数月以来，军队一再往返奔驰于黔东北间，而迄未实行调回。因此贺萧两匪，遂得苟延残喘。"

四、彭德怀向毛泽东八次建言。

一渡赤水前，由于情报不准等原因，中央红军在土城战役中遭受失利。此后，中革军委注重发挥军事民主，吸收朱德、周恩来、彭德怀、林彪等人意见，在四渡赤水整个过程中，仅彭德怀就前后八次提出军事建议，其中五次被采纳。特别是四渡赤水后，彭德怀适时建议南渡乌江；渡过乌江后，又建议西渡北盘江入滇。这些建议被吸收采纳，对毛泽东和中革军委的正确决策产生了直接的影响。这也说明四渡赤水战役的胜利，是贯彻民主集中制的胜利。

五、红军破译了国民党军的电报。

中央红军军委二局和红四方面军都破译了国民党军电台密码。中央红军善于对付国民党中央军的电报，而红四方面军善于破译川滇黔三省西南军阀的电报。

据长征中做电台侦听工作的钟夫翔回忆："搞侦听的有好几个台，每台都抓住敌人一两个军，什么时候都听着它。那时敌人通报用密码，通话用明码，有时加点英文。他们在通话中什么都谈，部队行动到什么地方，都互相告诉。这样，我们起码可以知道敌人的动向和驻地。另外,当时敌人使用的密码也比较简单,很容易破译。"由于军委二局破译工作到位,中央红军对战场形势变化可谓了如指掌,国民党军无密可保,红军可以方便地避实击虚。

中央红军的情报,则由二局的曾希圣、曹祥仁、邹毕兆等破译高手保障,对蒋介石中央军的密码则烂熟于心。

中央红军四渡赤水南下时,中央军周浑元、吴奇伟两纵队主力跟追而下,如果不能引开这两部敌军,中央红军将被迫在乌江北岸背水与敌决战,而中央红军则经不起这种不利的决战。就在这千钧一发之际,二局局长曾希圣建议,利用我掌握之中央军密码和熟悉敌之电文格式,伪装成贵阳督战的蒋介石语气,电令周浑元、吴奇伟改变南下追击路线。此计果然奏效,让中央红军争取到一天渡江时间,这样不仅顺利地南渡乌江,而且把周浑元、吴奇伟纵队主力甩在乌江北岸。

对情报的重要作用,长征中掌管红军情报工作的参谋长刘伯承有一个非常生动的比喻:"玻璃杯里押宝,看得一清二楚。"

红四方面军电台台长宋侃夫回忆:长征结束后,毛泽东在延安对他讲,你们红四方面军电台的同志辛苦了,有功劳呀!在我们困难的时候,特别是长征在贵州期间,是你们提供情报,使我们比较顺利地克服了困难。

时任红四方面军的主要军事领导人徐向前曾这样评价过:《长征组歌》中不是有这么一句吗,"毛主席用兵真如神"!不错,毛主席用兵确有过人之处,但他的"神"也是以情报做基础的。红军之所以敢于在云贵川湘几个老军阀的防区内穿插往返,如鱼得水,就是因为我们在龙云、王家烈、刘湘、何键的内部安插了我们的人,并且我们破获了他们的密码。因此,我们掌握了战争的主动权。

[1]《朱德传》,中央文献出版社 2000 年版,第 337—338 页。

[2] 李维汉:《回忆与研究》(上),中共党史资料出版社 1986 年版,第 353 页。

[3] 中国人民解放军历史资料丛书编审委员会:《红军长征·文献》(上册),解放军出版社 1995 年版,第 262 页。

[4]《聂荣臻回忆录》(上册),解放军出版社 1984 年版,第 254 页。

[5] 杨成武:《忆长征》,解放军文艺出版社 1982 年版,第 95—96 页。

[6] 中国人民解放军历史资料丛书编审委员会:《红军长征·参考资料》,解放军出版社1992年版,第376页。

[7] 中国人民解放军历史资料丛书编审委员会:《红军长征·参考资料》,解放军出版社1992年版,第360页。

[8] 中国人民解放军历史资料丛书编审委员会:《红军长征·参考资料》,解放军出版社1992年版,第380页。

[9] 中国人民解放军历史资料丛书编审委员会:《红军长征·回忆史料》(1),解放军出版社1992年版,第9页。又见刘伯承:《回顾长征》,人民出版社1985年版,第2页。

[10]《聂荣臻回忆录》上册,解放军出版社1984年版,第255页。

第七章
为何朱毛没有成为
第二个石达开

中央红军主力顺利渡过乌江,为实现西进云南,北渡金沙江,进入四川的战略计划,创造了极为有利的条件。但要实现这个战略计划,当前的主要障碍是据守在云南、贵州边境一带的云南军阀部队。所以毛泽东提出:"只要把滇军调出来,就是胜利。"怎样调出滇兵,毛泽东又技高一筹,牵住了蒋介石的牛鼻子。

调出滇兵

为了隐蔽这一战略意图,毛泽东再次采用了声东击西、迷惑敌人的阵势:以一支部队作为疑兵,快速向东部的瓮安、黄平进发,佯作东进湖南的姿态,主力部队则经息烽、扎佑南下,在扎佑东南的羊场、白果坪一带稍作休整后直趋西南方向的贵阳。

4月1日,滇军孙渡给蒋介石发去了电报:"匪大部已过乌江,大有袭击贵阳之势。乃由黔西鸭池河经镇西卫开赴清镇、贵阳一带待命。"蒋介石于4月2日召集陈诚、薛岳等高级军官商讨,他们对红军的行动做出两种猜测:认为一是乘虚袭击贵阳;一是仍图东进与湘西红军会合。两者之中以后者可能性大,但两者都威胁到贵阳。所以,应以确保贵阳为急。但是,此刻驻防贵阳的只有郭思演第九十二师所辖的四个团兵力,多用于守外围;包括宪兵在内,可用于守城的部队不足两个团。蒋介石的嫡系部队唐云山、韩汉英这两个师在遵义被红军打得不可收拾,一时很难归还建制。他绞尽脑汁也想不出应调哪股嫡系部队来守贵阳。最后，蒋介石只好决定，一面急调部队保贵阳，一面对追堵红军作出部署：调黔西陈金城团星夜兼程赶到贵阳警卫；调滇军主力、驻大定的孙渡纵队东进贵阳待命；命湖南何键督师围攻红二、红六军团；命刘建绪、徐源泉等在东西防堵；命桂军廖磊部在南面防堵；命一、二、四、七纵队指挥官吴奇伟、周浑元、王家烈、李抱冰所属的各部衔尾急追；命空军跟踪侦察、轰炸、协同作战。同时，命贵阳的宪兵及警察加紧戒备，清查户口，检查城厢工事，加修碉堡。

据当时担任蒋介石侍从室主任的晏道刚回忆，从得知红军渡过乌江之日起，蒋介石就撇开了薛岳的贵州绥署和前敌指挥部，开始亲自以电话调动部队。他实际上成了战场指挥官，而薛岳成了侍从参谋，成了一个高级传令官。蒋介石情绪不好，有时面红耳赤骂个不停，有时把电话摔在地板上，捶胸顿足。有一次，薛岳三天没有搞到空中侦察情报，被蒋介石臭骂了一顿。每一支军队的调动，薛岳如果不请示蒋介石，是不敢做主的。

4月2日，军委命令野战军分成左中右三个纵队经过息烽向东前进，为实现这一目的，一军团受命围攻息烽县城。当时，驻守息烽的国民党中央军吴奇伟部，主力已调黔北布防，留守县城的只有一个团的兵力。红一师和二师分别在息烽县城外围的底寨和阳朗坝与敌激战，敌人被击溃后退守县城。红军主力乘机于下午全部通过息烽、扎佐间的川黔大道，进至扎佐以东地区。

红军攻下距贵阳只有70公里的息烽县城后，步步逼近贵阳，前锋部队一度打到贵阳近郊。这时，贵阳城里已是风声鹤唳，山雨欲来风满楼，贵阳近郊乡镇的一些土豪、恶霸一窝蜂似的争相向贵阳逃命。贵阳城内的富户官僚们更是惶惶不可终日。国民党当局连连要求外国公使人员和外国传教士速速离开贵阳去安顺，城内实施戒严，"入夜街中行人，一律禁绝"。

在当时能调的各路援军中，只有滇军孙渡部离贵阳最近。但以龙云为首的滇军，一向与蒋介石貌合神离，不是蒋介石能随便调动的。为了保险起见，蒋介石亲自给滇军孙渡部一连下了三道"兼程猛进……万勿延误"的十万火急的电令。

孙渡接到蒋介石电令的同时，也接到了龙云命令他返守安顺的电令。孙渡权衡轻重，深知蒋介石的权势不是龙云可匹敌的，不听从蒋介石的命令，自己生命、前程都将不保，还是遵蒋之命为佳，于是他率部很快赶到贵阳。在孙渡风尘仆仆赶来晋谒时，蒋介石第一句话就说："龙司令有电给你吗？"孙渡早有准备地回答道："只奉钧座示。"蒋介石听了很满意，把孙渡大大地夸奖了一番。特别褒奖"勤王之师"的及时到达,称赞该纵队"乃革命军人的模范,动作迅速,作战**勇敢**",并犒赏孙渡二万元,所部旅长每人一万元。接着,蒋介石为了拉拢龙云,在召见孙渡后又特别嘉奖龙云,电文说:"三纵之忠勇,乃贵总司令平时训练之功劳。"

正当各路敌军纷纷前往贵阳"救驾"之际,毛泽东为了进一步造成敌人的错觉,指挥红军"决以遭遇敌人佯攻贵阳、龙里姿势,从贵阳、龙里中间向南急进,以便迅速占领定番(今惠水)"。

4月8日,红军左路纵队一军团派出一个团到新巴清水江上架浮桥,假装要向东去瓮安、黄平,进取湘西的样子,主力经高坪、二元桥、平地堡、邵关田跨越龙筑公路到王关,并派一部分部队去佯攻龙里,牵制已赶到龙里堵截的滇军,掩护主力南移。右路纵队三军团,从牛场坝,翻太子山,经大谷龙、猫场、喜鹊寨,直奔贵阳东面险关倪儿关,堵击孙渡纵队,掩护军委纵队通过龙筑公路。中路纵队五军团和军委纵队从洗马河向南,经罗宝、喇旁、高堡,由凉水井通过龙筑公路到王关。

蒋军当然都是一步步按照红军的设计来行动的。空军给蒋介石送来新的情报:红军在离贵阳三四十里外向西转向西南急进。这时,蒋介石才算松了一口气,初步解除警报。接着,孙渡按蒋介石的命令,立即派部队向龙里开进,向东追剿红军,他自己由于还要参加一些应酬,因此在贵阳稍停了两天。然后,孙渡向薛岳要了汽车,追赶部队。4月9日,红军在黄平方向虚晃一枪后,分兵数路,折而向贵阳的东南方急进。先头部队很快就进到了龙里县属的谷脚、观音山一带。谷脚在贵阳东面,离贵阳约30华里。红军刚到谷脚,正碰上孙渡一行也乘车赶到,红军立即抢先向敌人开火。孙渡坐在车里,突然听到枪声,车上一个警卫被击中丧命。他定神一看,发现左后侧的山冈上,集结着百十人的队伍,多穿着国民党中央军的服装,正向汽车开火射击。孙渡惊慌地命令司机,快速冲出射程。汽车开出不到两里路,孙渡又见迎面来了几个"农民"。等汽车一接近,"农民"们忽然掏出手枪向汽车开火,专打汽车轮胎。孙渡这才意识到是碰上了红军,吓得伏在车里,一面命令随从卫士还击,一面催司机开车狂奔。孙渡的汽车被打得弹洞累累,终于逃到了滇军一个小部队的驻地。这次遭遇战,孙渡侥幸免于一死,他的四个警卫却一死三伤。孙渡为了逃命,急忙换上士兵衣服,夹杂在滇军队伍中,向龙里方向窜逃。滇军其余两个旅,被突然南下的几路红军纵队截为数段,打得四处逃散。

关于滇军在谷脚遭到红军袭击的事,当时传说纷纭,有人说孙渡被红军打死了,也有人说打孙渡的不是红军而是中央军。孙渡此时也将目击的情况电告了龙云,龙云闻讯非常气愤,加之原来蒋介石调滇军到贵阳,事前未曾与他商量,一直耿耿于怀;这次滇军失利和孙渡险些丧命,龙云更认为是蒋介石有意布下的圈套,很想借题发挥。红军用疑兵之计,不仅取得了可观的战果,而且也加深了国民党中央军和滇军之间的裂痕。

"只要能将滇军调出来,就是胜利。"这是毛泽东的作战意图。红军威逼贵阳之举,使蒋介石十分惶恐,他速将滇军的主力东调。敌人完全按照毛泽东的指挥行动,为红军西进云南让出了大道。当蒋介石中计,滇军主力大部被抽调,各路敌军纷纷向贵阳以东开进时,中央红军主力却突然从清水江地区扭头向南,兵力分左、右两个纵队,突破敌人防线,越过湘黔公路,以每天行军60公里的速度,向敌人兵力空虚的云南急进。

兵临昆明

中央红军停止南进,对部队行进序列作了调整后,向云南进军。由于敌军都被抛在后面,所以红军一路进展顺利。

蒋介石发现红军西进云南后,又慌忙调整部署,令周浑元、吴奇伟两纵队和第五十三师掉头西进,沿黔滇公路在红军右侧追击;令孙渡纵队从后尾追红军。但是,敌军由于往返奔波,已疲惫不堪,减员很大,士气更加低落,所以行动十分缓慢。

军委电令红三军团主力赴青岩,向桂花岩监视贵阳方向的敌人,一军团出戴家庄,控制清镇、广顺大道,进占高坡、定番,五军团随三军团后进驻青岩。

这时,被滞留在乌江以北的红九军团,根据中革军委的指示,以积极的行动牵制敌人,曾于4月4日在打鼓新场以东的老木孔击溃黔军七个团的进攻,随后又经茅坝、瓢儿井和大定(今大方)以南,进到黔西的水城地区,同红军主力南北呼应,协同作战。

4月11日,红三军团和五军团占领广顺县城。一军团经定番、七里冲向长寨(今长顺)前进,于下午占领长寨县城。

4月12日,中革军委决定部署主力转移到长寨以西,打击滇军。

针对当时敌情,彭德怀、杨尚昆对红军目前的行动向军委建议:野战军应迅速渡过北盘江,"接取平彝(今富源)、盘县,求得在滇黔边与孙(渡)战","因我向滇，将改推进为急进，使我军更有回旋机会。平彝、盘县为黔滇咽喉，四向均可出击，使敌封锁困难"。"（蒋介石）企图迫我南走桂境，利用追剿机会，解决西南。我军渡过北盘江后，其企图即失败"。"我军往西，甚至入滇，只要给滇敌一个较大的打击，使我机动区域更大，则更能多得时间和空间，争取群众，巩固和扩大红军，开展在黔边的局面"。这个建议，对于中央红军跳出敌人重兵包围，迅速渡过北盘江入滇争取最大机动，实现北渡金沙江的战略意图有着十分重要的意义，军委采纳了这个建议。

紧接着，野战军司令部发出命令，对红军渡过北盘江的行动进行了部署：

"滇敌集结一路向广顺推进并靠拢周吴两敌，使我不便回击。蒋敌则似疑我将由安顺、镇宁之间前进，但如探知我将渡北盘江，则吴纵队温旅必由关岭铁索桥渡河控制兴仁。""我军决迅速渡北盘江，先机进占兴仁、安龙地区，以利机动。""三、五两军团为右纵队，由彭杨指挥，其任务在争取先机出白层附近渡河进占兴仁。""一军团及军委纵队为左纵队，其任务在罗炎附近渡河经册亨进占安龙。""各军团应派政治人员随架桥队工作，防土匪袭扰，对空隐蔽，争取弱小民众，扩大红军，由地方工作团分配粮食，特别要按期渡河，以便对追敌机动。"

按照部署，中央红军迅速开始行动。4月14日，左纵队先遣红二团，由营盘出发，于下午攻克紫云县城。左纵队进至紫云与望谟交界的翁道地域，右纵队进入紫云县羊场地域。4月15日，右纵队先遣团进抵北盘江畔的坝草渡口，左纵队先遣团进抵北盘江畔的白层、者坪渡口。红三军团占领关岭县城。到16日夜幕降临的时候，全军已进抵北盘江畔。军委电令先遣团工兵连迅速完成在北盘江上架桥的任务。

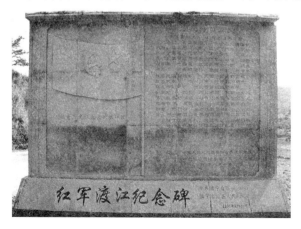

坝草渡口红军渡江纪念碑

三军团的红十一团担任先遣任务，他们首先来到下游的坝草地区，涉水渡到对岸，把前来抢占渡口的敌人打得落荒而逃。接着，红十一团又准备控制下游的白层渡口。白层是北盘江上重要的渡口之一，是贞丰、兴仁的门户。当时有敌军的一个营驻扎在这里。红十一团占领白层渡口的东岸后,正在筹划渡河事宜,只见对岸放过来一只小船。原来敌军营长慑于红军威力,派人过来进行谈判。红军毫不隐讳地说:"我们只要过河,其他什么都不要。"经过短暂的洽商,慑于红军的声威,敌营长答应开船为红军摆渡,但条件是要假打一下,以掩人耳目,他们才好向上级交代。红军同意了这个办法,于是双方朝天各放了一排枪。就这样,红三军团、红五军团、军委纵队未损一兵一卒就从白层渡过了北盘江。

与此同时,红一军团经者坪渡过了北盘江。

接着,军委发出了《我军渡过盘江行军路线的部署》,对下一步行动进行了安排:"我军渡过盘江有首先向孙敌部队或云南来敌作战的任务。""三军团缺十一团经者坪、牛场、白泥田、龙断坳向兴仁以北之安姑、排杉、马乃营地段前进并控制安姑西进道路,其十一团到关岭之铁索桥南后应为三军团后卫团跟进。五军团经白层、贞丰、狗场、龙场、巴林向兴仁前进。一军团主力(缺二师一

白层渡口遗址

个团)经罗炎以北之者坪、贞丰、四门洞、马路河、屯脚向兴仁、文邦地段前进,二师之一个团带电台及地方工作团经罗炎、册亨向安龙、兴义前进。军委前梯队改经白层随五军团后前进,后梯队则随二师一个团向安龙、兴义前进。我军除二师一个团外,应于21日晚以前到达安姑、兴仁、文邦地段集结,三军团之先头团则应于19日赶到安姑。"

红军胜利地渡过了北盘江后,接着连占兴仁、安龙、兴义等县城,如入无人之境。

这时,蒋介石才如梦初醒,惊呼又上当了。中央红军占领兴仁、兴义地区后,蒋介石判断红军主力必由平彝北进会合红九军团,然后再向西渡金沙江或向北经毕节入川。于是决定集中第二路"追剿"军主力围歼红军于宣威、威宁之间地区,4月23日和26日,蒋介石连电龙云、薛岳,令第一、第二、第四等纵队和第五十三师经平彝向宣威、威宁转进堵剿,第三纵队尾追红军,川军一个师集中

毕节机动。同时,还派出飞机参加"追剿"行动。即使蒋介石进行如此布置,也是为时已晚,一般敌军已落后于红军之后数日行程了。敌人无比沮丧,连连哀叹道:"共军转个弯,我们腿跑断。"

红军进入云南以后,以秋风扫落叶之势日行百里,所向披靡,连克沾益、马龙、寻甸、嵩明等城,先头部队直抵离昆明仅60余里地的地方。

在这一期间,滇军主力孙渡纵队及蒋介石的各路大军在蒋的督令下,拼命死追。孙渡部的安恩溥旅、中央军周浑元纵队一部已于23日迫抵云贵交界的黄泥河与红军接触。蒋介石企图借"追剿"红军的机会,让中央军进入云南,从而达到控制云南的目的。而云南军阀龙云怕自己成为王家烈第二,为保持其地位,对中央军入滇存有戒心。因此,蒋、龙之间存在着一定的矛盾,军事行动上不能保持一致,客观上也为红军提供了便利。

这时,通向金沙江的障碍已基本排除,红军迅速通过云南的条件已渐趋成熟。但是,如果红军这时直趋金沙江,势必会把进军的意图暴露给敌人。为了迷惑敌人,红军仍分兵向昆明推进,给敌人造成错觉。

中央红军大踏步地向云南推进,摆出要攻昆明的势势——制造攻城云梯,大呼"活捉龙云"的口号,使得龙云十分恐慌。此时,滇军主力孙渡纵队远在贵州,唯一留在云南境内的滇军刘正富旅又奉命调离黄泥河去向贵州的兴仁方面防堵,云南境内十分空虚,昆明几乎是一座空城。龙云心惊胆战,唯恐红军抄了他的老巢昆明,一面向蒋介石呼救求援,一面又急忙调动各地民团增援昆明。

红军兵临昆明,昆明顿时陷入恐慌混乱之中。曾在美国驻昆明领事馆当办事员的谢伟思回忆说,当年红军渡过赤水河向昆明迈进时,昆明曾经陷入一片恐慌之中,他被指定负责通知居住昆明的侨民女眷撤离昆明,坐火车躲避到越南去。后来才知道是一场虚惊。这是他与红军没有见面的第一次交道。抗日战争开始,他曾随美军观察组到延安,对红军改编的八路军发生了兴趣,因此他被调回国,后被罢了官,但他却逐渐发展成为一个对华友好人士。

由于红军各路大军连日向滇中疾进,迫使滇敌主力不敢离开昆明,而后面追敌又无法赶上。这一情况说明,敌人已无力阻止红军渡江。加之金沙江两岸空虚,军委于是抓住这样的时机,果断地决定各路大军即向金沙江推进,准备抢渡金沙江。就这样,在昆明城内一片混乱的时候,红军却掉头折向西北,直指金沙江边。

奔袭皎平渡

金沙江乃长江上游，发源于青海，在西康（今属四川）、云南境内段被称为金沙江。金沙江穿行在四川、云南边界的深山峡谷之中，江面较宽，水流急湍，因其水急浪大，所以不能通航船。除了几个渡口之外，两岸皆为悬崖绝壁，所有渡口的形势都非常险要。在整个红军长征途中，它是一道极重要的关卡，渡过了金沙江，红一、红四方面军就会合在望，否则胜败难料。抢渡金沙江的战略意义是十分重大的。

敌人屡次部署的兵力，都为红军的运动战所粉碎，陷在贵州的滇军主力，一时难以回援，龙云手里兵力空虚，湘军则徘徊观望不愿向云南进击，川军也陈兵川南，而尾追红军的国民党中央军已被红军甩在相距几天的行程之外。更重要的是蒋介石惊魂未定，尚捉摸不透红军的战略意图，因而不敢轻举妄动。这对红军十分有利。

4 月 29 日，中革军委在云南寻甸鲁口哨所，给各军团发出了《关于野战军速渡金沙江转入川西建立苏区的指示》，指出：

> 甲、由于两月来的机动，我野战军已取得西向的有利条件，一般追敌已在我侧后，但敌已集中七十团以上兵力向我追击，在现在地区我已不便进行较大的作战机动；另方面金沙江两岸空虚，中央过去决定野战军转入川西，创立苏维埃根据地的根本方针，现在已有实现的可能了。

> 乙、因此政治局决定我野战军应利用目前有利时机，争取迅速渡过金沙江，转入川西消灭敌人，建立起苏区根据地。[1]

中革军委对渡金沙江作了周密部署，把红军主力分为三路去抢占金沙江渡口：红一军团为左翼，经禄劝、武定、元谋去占元谋以北的龙街渡；红三军团为右翼，经寻甸去占北边的洪门渡；中央机关、军委干部团和红五军团为中路，经团街去占据龙街渡与洪门渡之间的皎平渡，其中红五军团执行殿后掩护任务。

蒋介石乘飞机来到昆明，此时他才意识到，"红军必渡金沙江无疑"。4 月 28 日，蒋介石火速电示龙云："凡金沙江上游自巧家渡至元谋一段之船舶及一切可渡河之材料，可否严令该段之各军民长官，与地方区、保长等全部移至绥江以下叙州附近集中管理。"电文口气貌似商量，实为硬性命令。龙云接到命令后，赶紧电告金沙江南北两岸下属部队，责令他们毁船封江，"防止共军北渡"。龙云电称："据飞机侦察，据称匪先头已到易隆（今寻甸县境），似其欲窜元

（谋）、武（定），以期渡江，甚觉明显，此间亦拟压迫至江边而聚歼之。所有沿江各渡船只，不问在川岸或滇岸……应一并先为注意藏匿，以免资敌抢渡，至后方大军，当跟踪后追。"敌人认定红军主力的渡河点，会是当时川滇两省的主要通道——元谋县的龙街渡口。

红一军团接受夺取龙街渡口的任务后，立即以红四团为前卫迅速前进。为了迅速通过禄劝、武定、元谋三座县城，杨成武政委和王开湘团长决定智取。他们从两个营中各抽一个连与团侦察连一起穿上缴获的国民党军服，团长王开湘带一路奔武定，政委杨成武带一路袭禄劝，得手后合袭元谋。杨成武政委带侦察连先向禄劝前进。这一地区的人从未见过中央军，当杨成武带着部队来到禄劝时，禄劝县县长不辨真假，将红军迎接进城里，热情招待。杨成武当即要禄劝县县长以电话通知武定县县长："我们的部队马上就去！""请开门迎接！"有了这个电话，王开湘带领的部队受到了更加热烈的欢迎。元谋县也接到了这样的电话通知，因此当杨成武带队到达时，元谋的大小官员和民团连夜进行了欢迎。就这样，红四团在一天之内，采取了化装奇袭的手段，不费一枪一弹就取得了三座县城，缴获了大批武器和物资，直趋金沙江畔。

敌人认定红军必将由龙街渡口抢渡金沙江，于是调集重兵，去追击向龙街渡进军的红一军团。但是红军主力却不从龙街渡过江。当红一军团吸引了大批敌人向元谋方向进军的时候，红军三路入滇大军却分别向不太引人注目的洪门渡和皎平渡前进。

朱德于5月2日对渡江作了如下的部署：

甲、据调查，会理只刘文辉部三百余人。昆明通会理道路除走元谋、龙街大道渡江外，另有两条经商路：一经腮坝、猴街、卡子塘、马鹿塘、大松树到洪门口渡江（腮坝到洪门口约二百九十里）；一条经小仓、龙海塘、石板河、绞西到皎平渡江。洪门口、皎平渡有渡船各二，每船可容二十余人，或马六七匹。河窄处十余丈，流急；宽处三十余丈，流缓，有架桥可能，两岸山陡无竹，但南岸有木头可作木排。万一架桥不成，可漕渡。洪门口下游之白滩、小保及左上游纳平、鲁车，均有渡船。

乙、我第一军团决经武定、元谋由龙街渡江，并引敌向西；军委纵队以刘参谋长率干部团一个营及工兵营二十九分队，赶于四号上午到皎平渡架桥，并侦察其上游各渡河点。

丙、我十三团应经老务营江边渡普渡河（派工兵先行架桥）转入通马鹿塘道上,亦限四号上午赶到洪门口架桥,侦察其下游各渡河点,并与刘参谋长密切取联络,每日至少两次电告架桥情形。

丁、三军团主力随十三团后前进,其后卫团在可郎之敌向第五军团尾追时,加紧左侧后警戒。

戊、三军团全部应于大松树以前带足三天米粮。

向洪门渡前进的红三军团,在军团长彭德怀指挥下,在洪门渡搭起了一座浮桥,红十三团先在此渡江,后江水骤涨,浮桥被冲毁,这支部队便转向皎平渡渡过金沙江。

与此同时,红五军团和中革军委纵队急趋皎平渡。能否抢占皎平渡口,是红军能否顺利渡过金沙江、由云南进入四川的关键。军委强调指出:"不惜一切代价,迅速占领渡口。"抢夺皎平渡的渡江作战由周恩来和刘伯承亲自部署,派出干部团袭击皎平渡口的敌人。刘伯承在接受朱德的命令后,立即来到干部团,和团长陈赓、政治委员宋任穷研究,挑选第二营组成先遣支队,由五连担任前卫连,去完成抢占皎平渡的任务。因陈赓负伤,确定宋任穷随第二营行动。

周恩来亲自到干部团二营了解部队的准备情况。宋任穷根据刘伯承的指示,对二营进行了深入的政治动员,说明能否抢占渡口关系到北进战略方针能否实现,关系到全军的前途和命运。

刘伯承令干部团二营前卫连都换上国民党军队的服装,向江边疾

金沙江皎平渡

进,若沿途遇到民团,一律不与其纠缠,只说:"共军要在这里过江,我们去执行任务,封锁渡口。"先遣队在向导指引下,冒着似火的骄阳,从小仓出发,经龙海塘、施各拉、石板河、脚纳等地,翻过高山,跨过急流,从敌人中间穿插过去,向皎平渡挺进。

干部团创造了两天连续急行军140公里无一人掉队的纪录,比军委规定的时间提前一天完成抢占金沙江渡口的任务。干部团采取化装奇袭手段,去掉红

军的标志,伪装成国民党部队,头戴钢盔,上穿四兜上装,下着马裤,腰缠精致皮带,裹腿整齐。装备如此精良,滇军和黔军的机枪都没有干部团这么多,所以,红军的敌人毫不怀疑地把他们当成了中央军。

干部团先遣营走得更快,一天就走了 160 多华里,飞快地赶到金沙江畔的皎平渡口。

当部队来到离江边 30 多里的老杉树时,已是第二天下午。国民党禄劝县的一个区公所的文书正奉命去金沙江边传达龙云封渡烧船的命令。他问穿着国民党军服的红二营五连是哪个部队的,五连的战士回答:"我们是中央军,要赶到江边去封渡烧船。"区文书信以为真,立即取出龙云的命令。刘伯承看了龙云的命令以后问:"船烧了没有?"区文书怕受责备,忙解释说:"刚接到公文,才去传达。"刘伯承说:"很好,由我们来办吧。"接着又问了河宽、流速、水深、守渡口的兵力等情况。一一问明之后,才厉声告诉他:"我们是红军,你带我们去找船,如果船发生问题,唯你是问。"区文书吓得目瞪口呆,只好乖乖在前面带路,宋任穷派一个侦察组跟着他。

红军干部团二营五连到达皎平渡口时,天已漆黑。川军驻会理的川康边防军副司令兼第一旅旅长刘元塘,虽怕红军渡江,但认为皎平渡不是主要渡口,红军不会从此过渡,所以防守不太严密,岸边的民团只有 30 多个人,另有一个管收税的厘金卡子。民团为防万一,已把全部渡船控制在北岸,并不时派人划船过江探听消息。有一只送探子过江探听情况的船和船夫还等在江边,探子不知跑到哪里去了。红军侦察组走到江边时,船夫以为是探子回来了,懒洋洋地问道:"回来了吗?"一个侦察员随机应变地回答:"回来了。"就这样,船和船夫都被红军控制起来了。这时,南岸渡口的贫苦船民张朝寿等人,又主动协助红军从水里捞起了一只敌人凿沉在深水中的渡船,略加修补后,勉强可以使用。

红军安慰了吓得发抖的船夫,并向他宣传了红军的政策。船夫把自己知道的江对岸有关敌军的情况,一一告诉了红军。红军得知厘金卡子上只有保安团的 30 名团丁驻守,在厘金卡子右边不远处住着最近才调来的一个川军连队,还了解到敌人的活动规律、岗哨的具体位置、大路小路的走向等等。船夫还告诉红军说:敌人认为这里是一个小渡口,只重视锁船封江,戒备十分松懈。

红军根据敌情,决定奇袭。红五连连长肖应棠令三排在江边作掩护,他率领一、二排战士分头悄悄地上了两只船,乘着夜色,破浪向江北进发。船靠岸后,由两个战士首先登上石阶码头,敌哨兵误认他们是从南岸返回的探子,还来不及弄清情况,就被俘虏了。接着,红军按照事先掌握的情况,由第一排往左打民团,由第二排往右打厘金卡子。

一排到达民团门口时,哨兵喊道:"谁?"俘虏按照红军的吩咐回答说:"自己人!"那个哨兵还没来得及说什么,红军战士就猛冲上去捏住了他的喉咙。然后,全排人冲进了院子,分头踢开了几个房门,端着枪向里面大声喊道:"缴枪不杀!"只见各屋都烟雾腾腾,敌兵正躺在屋里过大烟瘾呢。听到喊声,敌兵都傻头傻脑地愣住了,接着惶惑地说:"我们今天才到,是不是误会了?"红军战士说:"放心吧,误会不了,我们是红军,正是找你们来的!"敌人面面相觑,乖乖地当了俘虏。只有敌连长等几个人在另一个房间,见势不妙,打了几枪就逃走了。就这样,一排以迅猛机智的动作,很快消灭了敌人一个连。

二排是冒充纳税人混进厘金卡子的。厘金卡子的头目人称林师爷。护送红军过江的船民张朝寿假作上税的人向厘金卡子喊道:"林师爷,请你起来一下,我们是赶猪卖的,来给你上税。"林师爷正躺在被窝里睡觉,没好气地答道:"天还不亮,夜里不办公事!"张朝寿说:"我们忙着赶路,还要去买猪料,你不收就算了,等把猪赶到昆明卖了再来上税。"林师爷担心就要到手的钱飞了,赶忙起来点灯开门。大门一开,一个红军战士立即扭住林师爷的肩膀,另一个战士用手枪顶住林师爷的脑袋说:"我们是红军,快把枪交出来!"林师爷吓得哆哆嗦嗦,交出了枪,其余的敌人接着也都投降了。厘金卡子内的5000余银圆被红军没收。

至此,金沙江皎平渡口的南北两岸,都顺利地被红军控制。干部团的同志,不折一人一马,不费一枪一弹,以夺取皎平渡口的光辉胜利,向五一国际劳动节献了一份厚礼。皎平渡口燃起了堆堆篝火,是船标,也是胜利的信号。

干部团向中革军委发电报报告,"找了六只木船,保证每天能渡一万红军。"后来又找到一只小船,七只小船就这样承载着中国革命的希望,奔忙于金沙江两岸。

七只小船过大军

当刘伯承获知前卫连已经控制了皎平渡的消息后,十分高兴。他感慨地赞叹:"同志们今天走的这个路程是160里。这样难走的山路,又是黑夜,人一天怎么能走这样的160里? 可是我们走到了,不仅走到了,还过了一条江,打了一个胜仗,消灭了敌人! 你说说,我们靠的是什么?"干部团政委宋任穷回答:"主要靠同志们高度的政治觉悟,靠毛主席的正确路线,靠人民群众帮助。"[2]

5月3日,干部团抢占金沙江渡口皎平渡。4日周恩来过江,和毛泽东、朱德、刘伯承一起指挥一、三、五军团于9日全部渡过金沙江。

为了保证中央红军主力从皎平渡过江,刘伯承令先遣部队继续前进,为后边的大部队过江担任警戒。他命令干部团沿北岸向渡口两侧派出部队,以保障渡口两侧的安全;指示红五连迅速向通往会理的山道上挺进,防止会理敌人向渡口进行反扑。干部团不顾极度的疲劳,由陈赓率两个营为先导,宋任穷率一个营跟进,连夜出发,向通安州强行军。当前卫到达离皎平渡北岸有20里的狮子山时,从通安开到皎平渡来加强金沙江防务的敌人一个营,已抢先占领了狮子山隘口。隘口只有一条盘旋在悬崖峭壁上的羊肠小道,一些路段仅容一人通过。刘元瑭的小股部队据险不断从山上往路上射击,还推大石头往下砸。干部团官兵拼死血战,个个奋勇当先,经过一个多小时的激烈战斗,终于打垮了敌人,夺取了隘口。接着,先遣部队又在通安以北的一把伞梁子,与闻讯江边失守、从会理连夜赶来的川康边防军第一旅刘元瑭部两个营遭遇。红军以牺牲四人、伤八人的代价,消灭了数百敌人。红军乘胜占领了通安州,保证了渡口的安全。

刘元瑭遭此失败,急得大哭,收容残部逃回会理。中革军委通令嘉奖,干部团声名大振。刘元瑭既怕蒋介石问罪,又怕被红军消灭,只好在会理死守,四处呼救,争取援军。当刘元瑭四处呼救的时候,钩心斗角的国民党军队却只顾各自保存实力。"剿匪第二路军总司令"龙云公开不准中央军开进昆明。5月6日,当龙云获悉"江日(即三日)午后八时有匪一部在中武山渡口(即皎平渡口)偷渡后",却躲在后面,不敢堵截渡江红军。

刘伯承过江后,察看了渡口,渡口水深流急,无法架桥。刘伯承设立了渡河司令部,制定了《渡河守则》。开始仅有两只船,在急流中往返一次需40分钟,每昼夜只能渡过1200人左右。如果照此速度,全军要一个月左右才能渡完。后来在船民张朝寿等人的帮助下,又找到了四只大船,并联络了川滇两岸35名船工,大大加快了渡江进度。后来,红军又找到一只打鱼船,这样就有七只船渡江了。

陈云被任命为渡河指挥部政治委员,负责在南岸指挥部队上船。后来他在《随军西行见闻录》中写道:

　　赤军渡河时,不能架浮桥,只在交西渡(原文如此)渡口及其附近上下渡口搜集六只船,大者可渡三十人,小者可渡十一人。而且船已破烂,常有水自船底流入。渡河速度因水流太急,故每小时只能来往三四次。而赤军全部人马,几乎都从此渡河。

赤军之所以能如此从容渡江,最大原因,是由于南京军、滇军中了它的声东击西、调虎离山之计,故有充裕之时间渡过全部人马……但另一原因,则因赤军之渡河技术,有极好的组织。

在紧张渡江的六昼夜里,红军首长亲自和船工一起开会。每天中午饭后,都有红军向船工宣传革命道理。考虑到船夫昼夜辛苦,体力消耗大,红军虽然当时给养困难,但还是杀猪宰羊,每天给他们吃六顿饭,优待船工。有一顿饭,船工们议论饭中有沙子,指挥部听到反映后,立即派人重新筛米,重新做饭给船工吃。与此形成鲜明对比的是,红军指挥渡江的人员,每餐只以青豆为菜。红军还给每个船工每天发五块大洋的工资,这个钱数对于那些穷苦的船夫来说,是以前想都不敢想的。对于这一切,船工们深受感动,个个都不怕辛苦,愿为红军出力。临时船长张朝寿带领35名船工,分成两班,不分白天黑夜,人歇船不歇,为红军渡江立下了历史功勋。七只小船就这样承载着中国革命的希望,奔忙于金沙江两岸,将一船又一船的红军送过了江。

红军渡江时,组织安排精细,纪律严明,秩序井然。在部队还没到江边时,渡河司令部就沿途张贴关于渡江纪律的通告。各部队到达江边后,即依先后次序渡江。渡江时,每只船和每批过江的战士都编了号,按号入座。等候过江的部队都隐蔽在江边大山中,按指定时间到达江边,按次序上船,没有人抢先,没有人掉队。所有的驴马,都拿掉鞍子,由饲养员牵着随船浮水过江。因此,虽然人数多,船只少,却保证了渡江安全,井然有序,快而不乱,不失一人一马。到了夜晚,两岸燃起照明的火把,江中火光摇曳移动,景象非常壮观。

毛泽东、周恩来、朱德、刘伯承等过江后,便组织指挥红军部队分批过江。皎平渡的北岸,是座石山,在石壁上开凿了一排石洞,是过往行人避风雨的地方。这些洞高数米,俯视金沙江,洞内光线暗淡,非常潮湿。此时,洞里挂起马灯,搭起临时铺桌,毛泽东、周恩来、朱德和渡江指挥部就住在这些石洞内,昼夜不停地工作着,制定着渡江的计划,关注着每支部队和每个战士的安危。

中路红军在皎平渡顺利渡江时,中革军委得知另外两路红军渡江皆遇到困难,所以,军委向他们分别发出电报,令他们赶到皎平渡渡江。

当时,红三军团在金沙江南岸的洪门渡,因江宽水急,附近村庄又少,浮桥无法架成,朱德立即指示红三军团转赴皎平渡过江,他电告红三军团:"必须六

位于皎平渡北岸的中央红军过金沙江的中革军委指挥所

号拂晓前开始赶到河边渡河，限六号夜渡完。"朱德并电告红一军团："我一军团务必不顾疲劳，于七号兼程赶到皎平渡，八号黄昏前渡江完毕，否则有被隔断的危险。"

当红三军团第十一团从皎平渡到达北岸后，周恩来立即指示红十一团政治委员张爱萍，火速赶到龙街渡口北岸，阻击南岸从元谋方向北追的敌人，以保障后续部队顺利过江。另外还交给他们一个任务，要他们注意联络南岸的红一军团，转达中革军委要他们赶赴皎平渡过江的指示。因为军委自发令让红一军团由元谋、龙街之线返回皎平渡渡江后，一军团在艰难的夜行军中与军委失去了电报联系，军委现在不知他们在什么位置，也不知他们是否在按军委命令迅速向皎平渡进发。

张爱萍接令后，带领红十一团连夜西行，走到下半夜，他们望见对岸出现了一长串火把，犹如一条火龙顺江而来。他们判断这是一军团的队伍，立即跑到江边欢呼起来。但是，江水声音太大，声音传不到对岸。他们又集合起几个司号员，一同吹起联络号，对岸的火把突然熄灭了。他们分析，一定是对岸的人误会了。经司号员再三吹起三军团的号牌子，对岸才以号声回答是一军团的部队。他们又用集体喊话的办法，把军委的命令传过去。对岸的火把又亮了起来，急速向东而去。红十一团转告了中革军委的指示后，继续沿江西进，到达龙街渡北岸，立即构筑工事，阻击妄图过江的敌人，以便红军主力部队在皎平渡陆续渡江。

红一军团接到中革军委的通知后，以一天走120里的急行军向皎平渡口赶去，由于是夜里行军，路上大石头林立，河流极多，石头又非常滑，所以路难走至极。但是，一军团克服了重重困难，在军委要求的时间之前到达了皎平渡。当他们到达时，担任掩护任务的五军团正在岸边等他们，其他的部队都已经过江了。一军团也用那七只小船，顺利地渡过了江。毛泽东在渡口北岸的一个崖洞里见到他们时说："你们过来了，我就放心了！"[3]

正当红军渡江之际，国民党中央军的敢死队——万耀煌的第十三师，也向皎平渡口追来。担任后卫阻击任务的红五军团,在金沙江南岸禄劝县的石板河,给了敌人一个迎头痛击。敌人挨揍后,再也不敢轻举妄动,便在石板河附近筑垒固守,同红五军团对峙着。当时,云南军阀龙云却急电薛岳,要中央军等加紧进攻,电称:"查匪既确已分头偷渡;退回环州之匪,必死力掩护其主力渡江,我军应向环州石板河一带之匪,竭力压迫,乘其半渡而夹击之,此千载一时之机会,望各部努力追剿。"[4]但薛岳等置之不理。原来,蒋介石在贵阳召开过会议,研究红军近来的作战特点,认为红军的战术已有变化,于是规定了"长追稳打"的战术方针,要前线部队切莫孤军冒进,以免被歼;据说这是蒋介石从"四渡赤水"战役失败中得来的主要经验。如今敌十三师见离后面的主力太远,畏缩不前,所以在石板河附近的团街固守起来。

5月9日,红五军团历时9天,经过浴血苦战,节节抗击,顶住了几十倍于己的敌人的进攻,完成了掩护主力红军过江的任务后,便迅速撤离,渡江北上。

这样,军委纵队和一、三、五军团,经七天七夜,全部安全地渡过了金沙江。当敌人赶到江边时,红军已经远走高飞、不见踪影了。红军已如金沙江水一样浩浩荡荡地奔腾而去,汹涌的江水反而成了"追剿军"的障碍,敌人望江兴叹,无可奈何!

在此期间,原来留在乌江以北的红九军团,在红军主力将渡金沙江时,也辗转进入了云南。他们完成了牵制任务后,也由水城地区西进,攻占了宣威、会泽(今东川),并由会泽以西的树节、盐井坪地区渡过了金沙江。

后来,黄镇等创作了《一只破草鞋》的活报剧,剧中满怀激情地歌颂了中央红军抢渡金沙江的胜利,同时辛辣地讽刺了国民党军一个劲儿地吹嘘着他们如何围剿、堵截中央红军,如何取得巨大的胜利,实际上他们什么也没有得着,等他们追到江边,红军早已远走高飞,留给国民党追兵的只是一只红军丢弃的破草鞋……

红军渡过了金沙江,蒋介石气得暴跳如雷,其下属更是心惊胆战。龙云生怕自己步王家烈的后尘,一面抱怨四川军阀等部队不能密切配合,一面于5月9日电告蒋介石说:"匪已渡江无疑,闻讯五中如焚。……实职之调度无方,各部队追剿不力,尚何能尤人,唯有请钧座将职严行议处,以谢党国。"[5]龙云例未议处,替罪羊是四川军阀刘元瑭的部下,敌江防大队长汪保澄,他以金沙江天堑失守之罪,被国民党成都行营部军法处逮捕入狱。

巧渡金沙江的胜利,使中央红军摆脱了几十万敌军的围追堵截,彻底打破了蒋介石妄图歼灭红军于川、黔、滇的计划,赢得了战略转移中的主动权。就连"左"倾冒险主义的支持者李德也不得不承认:"渡过金沙江以后,在战略上形成了一种新的比较有利的局势。"[6]当薛岳的"追剿军"从余庆、石阡赶到金沙江边时,已经是红军全部过江7天以后的5月16日了。

长征的前进方向,从最初的到湘西,在黎平会议调整为川黔边,继而在遵义会议又变为川西北或川西,四渡赤水战役后,终于明确地变为向川西北进军。这是中国共产党人经过一番苦斗与艰难的摸索之后找出的路,是"北上抗日"的通衢之路。

此后的长征路,便由一场失败后的大溃退,逐渐变成了走向胜利的大进军。

红九军团过凉山

金沙江,江宽水急,蜿蜒穿行在横断山脉的深山峡谷之间。这里是川滇的交界处,过了江便是四川;这里又是彝汉民族聚居的分界线,过了金沙江,便是大小凉山的彝民居住区。红军的开路先锋行走到风景如画的彝族地区时,开始并未意识到危险正向他们逼近。

红军刚过金沙江时,彝民便向行进的红军突然射去冷箭,表示极大的不欢迎,乃至敌视。这是老电影《金沙江畔》中的一个片断,这个片断正是红军刚进入彝族走廊时的真实写照。

据赵镕《长征日记》记载红九军团刚过金沙江的境遇:"我军至此时,民团还鸣枪示威,不听我喊话宣传,我军接近城墙时,他们用强弓硬弩、滚木垒石相迎。我攻城士兵被开水烫、硬弓射,伤30多人,我九团一副政指彭寿生被滚木滚石伤了腰,被垒石砸伤了腿。"

赵镕《长征日记》记载红九军团争取彝族人支持的做法,也颇具传奇色彩。

红九军团侦察连路经大桥松林时,遇到打猎归来的三个彝民,见其衣着装束超群华丽,于是将他们带回军团部。经通司(翻译)传话,方知他们是当地一个彝族头人的叔叔、兄长和妹妹。

红军向他们说明民族平等,反对汉族欺压少数民族,打倒军阀,打倒刘文辉,为少数民族解除压迫等主张,之后赠给他们每人色布两匹,步枪一支,子弹20发,并将他们随身携带的皮酒囊灌满酒。罗军团长、何政委、黄主任等首长同他们亲切交谈,说明我军此行只是借路通过,他们表示回去告诉头人,给红军让路。

他们见罗军团长身材魁梧,想试试枪法是否比得上他们。于是,拿着自己的猎枪往门外走去,见到一百多米处的山坡上有一只羊,那年纪稍长一点的,便对准那羊打了一枪,羊应声倒地,他面带得意之色要罗军团长也打一枪。罗军团一面跷起大拇指称赞其枪法好,一面将警卫员身背的驳壳枪取出,时值一只飞鸟横空而过,罗军团长一举手,"叭"的一声,枪响鸟落。"红军卡沙沙!红军瓦瓦古!"(彝语:谢谢红军!红军万岁!)他们对红军更加敬仰。黄昏时,那年长的带着侄女回去,主动留下年轻的小伙为红军带路。

于是红九军团顺利地通过了240里地的小凉山。然而,相对于后卫的红九军团,中央红军主力通过大凉山的彝族走廊时,却没那么容易。

会理风波

红军胜利渡过金沙江后,面临着攻击死守会理的刘元瑭部队、扼阻企图渡江追击的国民党中央军、打击西昌派来援助的敌军部队等一系列的任务。根据中革军委命令,红三军团任前卫,赶往会理一带阻击可能来犯的敌人,干部团也奉命随三军团一起行动。

会理位于四川省西南部,是川康边区人口较稠密、物产较丰富的一个县,是中央红军北渡金沙江后经过的第一个县。刘元瑭残旅在这里防守,为了防止红军攻城,刘元瑭把城外农民的粮食统统搜缴,运进城内,还用浸透煤油的棉花团作引火物,烧尽城外民房,以扫清射界,给会理百姓造成了极大的痛苦。

5月8日,红三军团到达了会理城郊,迅速夺取了城东的东山寺和城西南的西来寺等制高点,包围了会理城。9日,干部团也到达会理城郊,与红三军团一起围攻会理。红三军团的部署是:以红十团担任围城任务;红十一团攻打东城门;红十二团攻打西城门。战斗中曾几度进行爆破作业,实行强攻。战斗十分激烈,刘元瑭的面部都被打伤了,但其十分狡猾,派工兵在城墙下挖沟灌水,浸湿土壤,导致红军爆破困难,强攻没有成功。

针对当时敌情,再考虑到红军要争取先机,渡过大渡河,围攻会理只是为了削弱北面敌人的防御力量,掩护红军主力休整和顺利北上,掩护中央政治局扩大会议的顺利召开,因此,在5月12日,中革军委对红军行动作了如下部署:

甲、我军渡过金沙江,取得了战略上胜利和进入川西的有利条件。现追敌正企图渡江跟追,但架桥不易,至少需四五天。西昌来援之敌前进甚缓并企图从两翼迂回,同时爆炸会(理)城亦须十四号始能完成坑道作业。

乙、因此我野战军以扼阻追敌打击援敌并爆炸会(理)城之目的和部署,决在会理及其附近停留五天(十五号止),争取在长期行军后的必要休息与补充。如情况变化,当缩短此停留时间继续北进。

　　丙、依上述决定我军团应以备战姿势进行部队中尤其新战士的战术教育、队列整理,开干部及连队会议,传达战斗任务,检阅工作,加紧扩红筹款及地方工作等。但牵制部队,须加强沿江警戒,攻城部队须加强坑道作业与收买硝药,其他军团,则须以消灭援敌为一切部署中心,不得丝毫懈怠,以实现全部战斗胜利,以便继续夺取西昌而北上。

三军团和干部团围攻会理期间,一军团也来到了会理,略作休整后就先行北上了,五军团仍然担任后卫任务,阻击尾追的敌人,掩护红军主力在会理休整。

　　中央红军到了会理县城附近,赢得了长期行军后的必要休息和补充的时间。按照中革军委决定,以红三军团与干部团围攻会理,其余部队在会理地区进行短期休整。在会理一周的休整时间里,部队改善了物质生活,开展了文娱活动,大力进行群众工作,建立了通安贫农团、彰冠贫农团、南阁贫农团、会理城郊革命委员会等革命组织,并领导这些组织开展各项革命活动。广大群众从亲身体验中,认识到红军是自己的队伍,许多青壮年积极参加红军,红军扩大了5000名新战士,使中央红军经过长途转战到达会理后,确保了持续的战斗力。

　　遵义会议之后,在毛泽东为首的三人军事小组的领导下,中央红军四渡赤水河,巧渡金沙江,取得了伟大胜利。但是,由于这些战役是运动战,实行的是大规模的迂回机动,难免有时要多走一些路,也不可能保证每战必胜,如土城战斗、鲁班场战斗就没有打好,部队的人员损失也不小。这就引起了一些指战员的不满,即便原来拥护毛泽东的红军将领如林彪,就对在川、黔、滇地区实行灵活机动的战略战术不理解,埋怨尽是在"走弓背路",认为这样会"造成疲劳""拖垮部队",提出要"走捷径",走"弓弦"等等。

　　红军到达会理休整时,林彪又给彭德怀打电话,说:"现在的领导不成了,你出来指挥吧。再这样下去,就要失败,我们服从你领导,你下命令,我们跟你走。"他的话被彭德怀回绝了。林彪打电话时,聂荣臻、左权、罗瑞卿等都在旁边,当时,聂荣臻严肃地批评林彪说:"你是什么地位?你怎么可以指定总司令,撤换统帅?我们的军队是党的军队,不是个人的军队……"聂荣臻警告林彪说:"如果你擅自下令部队行动,我也可以以政治委员的名义下令给部队不执行。"林彪拒绝了聂荣臻的批评和警告,又马上给中央写信,提出要朱、毛下台,主要是要毛泽东下台。信写完后,他要聂荣臻在信上签名,当即遭到严词拒绝。聂荣臻严正指出:"革命到了这样紧急关头,你不要毛主席领导,谁来领导?你刚参加了遵义会议,你现在又来反对遵义会议。你这个态度是不对的。……过去在中央根据地,在毛主席领导下,敌人几次'围剿'都粉碎了,打了很多胜仗。你过去保存了一个小本子又一个小本子,总是一说就把本上的统计数字翻出来,说你缴的枪最多了。现在,你应该相信毛主席,只有毛主席领导才能挽救危局。"

从当时的情况来看,党中央非常有必要召开一次会议,统一对遵义会议以来实行新的战略方针的认识,以便团结一致,战胜强敌,同时,也需要进一步确定新的行动方针。

5月12日,在会理东北郊的铁厂,中共中央召开了政治局扩大会议(即会理会议),毛泽东、张闻天、周恩来、朱德、王稼祥、博古、陈云、凯丰、彭德怀、聂荣臻、杨尚昆、林彪等参加了会议。这次会议,对林彪的错误进行了严肃的批评,并讨论了渡江后的行动计划,决定继续北上,抢渡大渡河,会合红四方面军,创建根据地等重要行动方针。

会理会议遗址

会理会议主要研究确定了中央红军下一步的行动方针。会上,毛泽东指出,红军抢渡金沙江成功是战略上的一个决定性胜利,证明遵义会议以后党中央实行的战略方针是正确的。他建议迅速北进,与红四方面军会合。会议一致同意毛泽东的意见,决定立即北上,向四川的西北部前进,与红四方面军会合,建立川、陕、甘边苏区。刘伯承具有战略远见,在川军中有很高声望,对四川的地理民情非常熟悉。因此,会议决定组织先遣队,由刘伯承任先遣队司令员,担负为全军开路的重任。

会理会议,确定了今后的战斗任务,维护了毛泽东在全党和全军的领导地位,维护了党和红军的团结,巩固了遵义会议的胜利成果,统一了前进的步伐,保证了红军继续胜利地前进。

彝海结盟

渡过金沙江后，摆在红军面前的任务还是十分艰巨的。尾追的国民党军队已经到了金沙江一线，前头截击的国民党军队，则正在向大渡河急进。从敌情来看，红军必须抢时间、争速度，赶在敌人的增援部队之前，先期赶到大渡河边。否则，后果将不堪设想。鉴于红军在会理的休整任务已经完成，中革军委便于14日晚做出从15日起开始撤出会理、向西昌前进的行动部署。

当红军大部队还在会理休整时，先遣队就已经向德昌前进了。当红军从会理地区兼程北上时，驻防西昌地区的敌二十四军部队分别集中在会理、德昌、西昌三点，摆出一字长蛇阵。这些敌军按蒋介石令统一归刘元璋统领，受薛岳指挥，准备逐次阻击红军，迟滞、削弱红军，以配合敌追击主力消灭红军。

红军从会理北上的第一站即是德昌，刘元璋部派第十六旅旅长许剑霜率领的一个团又一个营在这里阻截红军。许剑霜原是刘伯承1926年在顺（庆）泸（州）起义时手下的一个团长，因起义失败来投靠在熊克武讲武堂时的同学刘元璋，但常受到刘氏家族的刘元瑭、刘元琮的排挤。当红军队伍开到德昌之前，刘伯承就派人送一封信给许，信中说，红军要北上抗日；没有争城夺地的意思，希望他不要阻止红军北进。许剑霜接信后，一来一直佩服这位老上级，二来也为自己的切身利益着想，便将此信转交刘元璋，并主张接受信中意见。刘元璋本有保存实力的意图，但又不便明说，便嘱咐许相机处理。于是在红军抵达时，许剑霜和红军刚一接触就撤退下来，连夜退至西昌。红军在这一站便顺利通过。

红军先头部队在德昌稍事休息后，就兵分两路继续北进，直指西昌。西昌城是刘元璋部的最后防线。在红军到达西昌之前，刘元璋对防守西昌作了周密准备：第一步，在城外围"土城"做工事，凭工事据守；第二步，退到安宁河做工事，凭河据守；第三步，烧光城外西街（西昌最繁华的商业街，靠城墙下边，约一里长）的房子，以扫清射界并防红军利用民房作掩护接近城墙。刘元璋原主张等红军接近时再烧，以便嫁祸于红军。然而其弟刘元瑭主张非先烧不可。为了逃避罪责，刘元璋要了一个诡计，他以征求民意为名召集地方士绅开会，暗中主使商会会长何汉湘上书，请求烧掉西街房屋以保西昌。于是，当红军行至距西昌30里的崩土坎时，刘元瑭即下令将西街房屋泼上煤油，放火烧毁。同时又把接近西街蜿蜒到西北角的鱼市街一并烧掉。烧的这两条街，共约三里长。顷刻之间，这两条繁华的街道化为灰烬。

　　然而,刘元璋没有料到,中央红军到达西昌城郊时,聂荣臻等便向军委建议不攻西昌城。军委接受了这一建议,决定绕过西昌城垣而过。红军根本没到西昌城下,仅向西昌方面派出一小部行军警戒部队,大队则由西昌西南方向15里处分路,越过西昌城取捷径直插西昌以北的小庙,过礼州去泸沽。红军一兵一卒都未到西昌,而西昌的两条繁华街道被烧光,这使刘元璋、刘元瑭十分尴尬。他们原先怕红军来攻,现在又怨恨红军不来攻,使自己对上对下都无法交代。而红军到西昌后,却给受灾的百姓银圆,以示爱护百姓之意,所以,当地百姓对"共匪"印象很好,对国民党军却恨得咬牙切齿。

　　5月19日,中革军委为了迅速北进,在决定绕过西昌的同时,命令"第一军团主力应向泸沽方向前进五六十里,其先头团应由二师派出。并带工兵及电台,限二十号赶到泸沽,军委立派刘参谋长赶往为先遣司令,罗瑞卿为政委(后因罗瑞卿患病,由聂荣臻代理政委),指挥该团进行战略侦察,并为渡河先遣队。"

　　从泸沽到大渡河有两条路可走:一是从泸沽越小相岭,经越西到大树堡,从这里渡大渡河到对岸的富林,这是通往雅安、成都的大道。敌人怕红军攻打成都,沿途重要地点皆有敌军扼守,杨森的大渡河守备指挥部即设于富林。另一条路是崎岖难走的山路,从泸沽到冕宁,再通过冕宁西北的彝族聚居区,到大渡河边的安顺场。因为这条路非常难走,敌

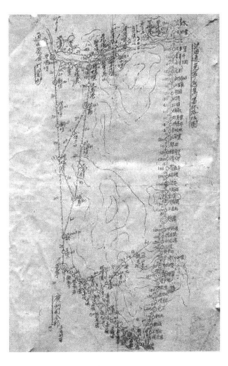

红军从泸沽通往大渡河的行军老地图

人估计红军不敢走此路,因而疏于防范。大渡河上游方向的安顺场和泸定桥,敌人的防堵力量也比较薄弱。

　　一个偶然的事情,改变了红军的行进路线。红军先遣队遇到了几名前来迎接的热心的年轻人,他们是西昌地区的地下党李祥云、吴绍龙、陈野苹等。他们汇报了当地的民族矛盾等情况后,刘伯承改变了原来的思路,上报中革军委建议改变原来避开彝族走廊经越西直奔大树堡的计划,决定在泸沽兵分两路。主

力部队在中革军委率领下就是要走彝族走廊,只派出红五团在左权、刘亚楼指挥下,伪装成大部队,前往大树堡吸引川军的主力。这就是红军军史上著名的"泸沽分兵"。

无疑,这是进入大渡河地区后红军下的一着避实击虚、进退豁如的"双保险"的妙棋。红军主力部队走敌人预料红军不敢走的小路,通过彝族区,直插安顺场,出其不意,攻其不备,在敌人的薄弱环节突破。红五团则声东击西,经越西向大树堡前进,摆出欲由此渡河将袭成都的架势,以迷惑、牵制敌人,掩护红军主力的行动。

金沙江与大渡河之间的大小凉山地区,东起雅砻江,西至雷(波)马(边)屏(山),是我国最大的彝族聚居区。红军经过的安宁河大道两旁皆为高山峻岭,西为大凉山,东为雅砻江流域高山,皆为彝族聚居区。汉人则居于安宁河谷大道上。冕宁、越西一带是彝汉杂居区,而越西西山和冕宁西北山区是彝族聚居地。当时的彝民,还处在奴隶制社会阶段,其内部分为黑彝和白彝,黑彝为奴隶主,白彝为奴隶。彝民当时的社会组织为家支,他们分为若干个家支,每个家支都有自己比较固定的聚居区,有一个或数个头人。彝民性情强悍,各个家支之间经常因各种矛盾而发生冤家械斗。如遇外部侵袭,各家支又往往联合对外。长期以来,历代汉族统治者都实行大汉族主义政策,把彝族视为"蛮夷",对其进行压迫、奴役,如遇反抗,则进行武力征剿;平时则分化其内部,以达到"以彝制彝"的目的。这样,就形成了彝族人民对汉人的猜忌和敌视,他们特别反对"官兵"入境。彝族的反抗精神极强,各家支都有自己的武装,有相当数量的快枪和土枪。彝民的枪法也很准,并且身体灵活,登山涉险,如履平地。政府军通过彝区时,必须大队人马才行,否则必被缴械。

显然,红军要通过彝民区,存在着严重的困难。因为彝民对红军不了解,长期的彝汉对立使他们对汉族军队充满仇恨,他们可能把红军当作敌人。要消除他们的对立情绪,使他们能很快地了解红军,绝非一件易事。但是,由于彝族同胞深受反动军队之害,如果红军能依靠党的民族政策,做好说服争取工作,也是可以团结他们共同对敌的。从这方面说,红军过彝区也存在着有利的条件。

奔安顺场的红军主力这一路,由总参谋长刘伯承、红一军团政委聂荣臻率一师一团和工兵连以及萧华带的一个工作队,携带电台先出发,作为先遣队进行战略侦察,为主力红军开路。

为了顺利通过彝民区,刘伯承等先调查了解了彝民的风俗习惯,在部队中进行了党的民族政策教育。5月21日，红军占领了冕宁，释放了被关在监狱里的彝族首领。这些彝民首领是反动政府作为"人质"关在狱里的。原来，这是当地反动政府统治少数民族的一种手段，如果彝民不服统治，就杀掉这些被关在狱里的首领。刘伯承、聂荣臻请这些彝民头头喝了酒，虽未能消除他们对红军的疑虑，但气氛却缓和多了。

接着，先遣队开始进入大凉山彝民区，进入彝民区不远，就见在山上山下，有成百上千的彝民手持土枪、长矛、棍棒，在呐喊着、跳跃着，出没于山林之中，企图阻止红军前进，红军不得不缩短各部之间的行军距离，以防受到突然袭击。部队在高度戒备状态中继续前进。

进到彝民区内30多里的谷麻子附近时，前面有许多人拦住了去路，红军不能再继续前进了。彝民们喧嚷着，不知说些什么。但是看得出，如要再强行前进，势必会爆发冲突。这时，后卫又传来消息说，跟在主力后面约百米远的工兵连，因为未带武器，被彝民把他们携带的架桥器材和其他用具一抢而光。然而，彝民并不伤害人，工兵连只好循原路退回出发地。红军先遣队停下了，这时，彝民便密密麻麻地围上来。红军要通司（翻译）大声向彝民们说明红军同国民党中央军的不同，红军不是来抢劫、杀害彝民的，只是借道北上。但是，彝民们仍然挥舞武器，不肯放行。

正在混乱之际，前面山谷入口的地方，扬起一阵烟尘，几个人骑着骡马急驰而来，为首的一匹黑骡子上，是一个高大的彝人，大约50岁，脸色微褐，身披麻布。他的到来，使彝民们安静了一些。通司认出此人便是此地彝民首领小叶丹的四叔。当时红军已经了解到这片彝区的两个较大的家支——"沽基家支"和"罗洪家支"正在械斗，小叶丹便是"沽基"家的首领。"沽基"家想与红军结盟，借红军的力量打败"罗洪"。红军当然不会介入他们的争斗，但为了能顺利地通过彝区，红军还是设法争取并帮助他们化解内部矛盾。

红军走在前部的工作队负责人立即通过通司与小叶丹的四叔对话，向他说明红军与国民党军队不同，是替受压迫的人打天下的，此来并不打扰彝胞，只是借路北上。并根据彝人重义气的特点，告诉他，红军刘司令亲率大批人马路过此地，愿与彝民首领结为兄弟。小叶丹的四叔听说红军的刘司令愿与彝民首领结为兄弟，非常高兴，于是欣然同意。当时，为了表示信用，红军工作队把一支手枪和几支步枪赠送给小叶丹的四叔。小叶丹的四叔也把他骑的黑骡子送给了红军。

中国彝民红军沽鸡支队

谈判就这样顺利成功了，工作队的负责人把这个消息报告给刘伯承、聂荣臻，他们喜出望外。刘伯承立即上马，去担任拜盟的主角。小叶丹这时也前来迎接，他非常高大，十分英俊。当工作队负责人萧华把刘伯承介绍给小叶丹叔侄之后，小叶丹便摘下头上的帕子，跪下致敬。刘伯承下马扶起小叶丹，诚恳地向他重申红军的诚意。接着，结盟仪式在横断山脉一个山谷间附近的一个海子边上举行，成就了彝海结盟一段后世传颂的佳话。

结盟仪式结束后，小叶丹表示愿意护送红军过彝区。但因此时已是下午，考虑到当天红军走不出彝区，刘伯承、聂荣臻便决定红军先退回到彝汉交界地宿营，小叶丹叔侄也被请到红军营地。因为知道彝人非常喜爱喝酒，所以红军工作人员就把村里所有的酒都买来，让大家尽情痛饮，结果酒量很大的客人也喝得酩酊大醉。在宾主尽欢中，刘伯承还把一面写着"中国夷（彝）民红军沽鸡（基）支队"的红旗赠给小叶丹，任命小叶丹为这个支队的队长，并把自己随身携带的手枪送给他。

第二天，在小叶丹及其四叔的亲自护送下，红军经过七天七夜，全部通过了被视为畏途的彝族区。这为红军争取时间，先机到达大渡河边创造了极为有利的条件。

蒋介石要让朱毛做"第二个石达开"

国民党军的情报显示，红军从彝族走廊通过，前方就是大渡河时，蒋介石十分高兴，国共两军的领袖此时都不由自主地会联想到72年前在此地覆没的石达开的太平天国部队。

太平天国青年将领石达开，在"天京事变"后，因受天王洪秀全猜疑，愤而出走。他率领的太平军，正是在大渡河边陷入清军和当地土司武装的包围之中，最后全军覆没于紫打地，在大渡河边留下了惨烈悲壮的一幕。

红军前面是天险大渡河，后面是国民党几十万追兵，与当年石达开遭遇的险境何其相似。"国民政府军事委员会委员长南昌行营"秘书长杨永泰为消灭红军给蒋介石献了许多"锦囊妙计"，其中最使蒋介石感兴趣的，是杨永泰提出的朱毛红军会成为"石达开第二"。杨永泰解释，朱毛红军与石达开部队有几个相同之处：其一，西进路线大体一致。石达开离开广西，经湖南和湘鄂川黔交界之地，先后在川东涪州(今涪陵)和川南叙永、兴文、古宋、庆符等地准备渡过长江，在渡江计划落空以后，石达开率本军退入川滇黔边地区，计划由米粮坝(今巧家)渡过金沙江进入四川。为了这一计划得以实现，石达开派部下李福猷率领三万人马大张旗鼓去贵州，攻川东，迷惑清军。清军果然上当，石达开顺利渡过金沙江，自披沙(今四川宁南)、普格而上，直趋宁远府(今西昌)。到了宁远城下，石达开也是"绕宁远府而过"。其二，杨永泰认为石达开与朱毛红军西进入川的年辰属相季节也相同。石达开入川西，是清同治二年，为癸亥年，属猪；朱毛红军入川西是乙亥年，也属猪，而且均在5月江河涨水季节，欲渡大渡河十分困难。其三，杨永泰认为石达开与朱毛红军入川西的兵力相同，均为三四万"疲惫之师"，而清军与"蒋委员长的追剿部队"的数字也大体相同。所以，杨永泰认为朱毛红军必定重蹈石达开覆辙，朱毛也会成为"石达开第二"。

最后，根据他的顾问、高参的意见，蒋介石叫嚣要"让朱毛做第二个石达开"。为了实现他的图谋，蒋介石乘飞机到昆明，住在五华山龙云布置的房子里，一住就是20多天，主要是策划其南追北堵的大渡河会战，调动总兵力10余万人，图谋"封锁朱毛于金沙江以北，大渡河以南，雅砻江以东地区，根本消灭"。

当时，尾追堵击中央红军的国民党入川部队，有薛岳指挥的第一纵队3个师；第二纵队3个师；滇军第二旅、五旅；第三纵队第七旅，另一个预备旅；第五纵队李抱冰的第五十三师；二十四军一三六师，共10个师另4个旅，近10万兵力。

蒋介石的战术方针是：据险扼守，迎头拦阻，分兵设伏，在隘路之内节节腰击。

蒋介石为此再度乞灵于他的"乌龟壳"战术，令各部队分别在雅砻江、大渡河、金沙江沿线赶筑碉堡，形成一道严密的封锁线，防堵红军"北窜"或向南和西南后撤。蒋介石发出了一道道电令，紧急调兵遣将：

他令薛岳转告前线各军要稳扎稳打，每到一地先做工事(主要是修碉堡)才能入营。

他急电四川各路军阀，令其"严防"中央红军与红四方面军"合股之计划"。

他电令薛岳部的周浑元、吴奇伟等纵队速渡金沙江紧追红军。

他令刘文辉于一个月之内完成大渡河沿岸碉堡之修筑，以其主力布防大渡河北岸，严加封锁。

这时，川军的邓锡侯、孙震、王缵绪、唐式遵、李家钰等部，均被红四方面军吸引于涪江上游地区。因此，蒋介石又电令担任成都城防、装备精良的二十一军王泽浚旅，防守大渡河下游富林镇以东一线。

蒋介石又令5月10日才到宜宾驻防的杨森为大渡河的守备指挥，限其10日之内率部从川南赶赴大渡河下游布防，与王泽浚旅衔接，并指定杨森、刘文辉到汉源指挥。

蒋介石曾电勉大渡河南北各军，大意是：大渡河乃太平天国石达开大军覆灭之地，现在共军入此彝汉杂处、一线中通、江河阻隔、地形险峻、给养困难的绝地，必步石达开的覆辙，希各军师长鼓励所部建立殊勋。

为了激励各路军队为其卖命，蒋介石不惜重赏。早在红军围攻会理的时候，蒋介石就曾下令提升固守会理的刘元瑭为中将旅长，犒赏一万元，交飞机投送。当红军在5月16日左右达到了围困会理守敌、取得休整的目的后继续北进时，蒋介石认为红军攻不下会理才离去，因此大为高兴，对刘元瑭大为夸奖，还命令侍从室发出一电令，通告川、黔、滇各军"嘉奖川军刘元瑭守会理之功"。

参加大渡河会战的国民党10余万兵力，5月中旬以后都开始按计划行动。蒋介石曾两次由昆明乘飞机到西昌等前线上空，利用通信袋向各部队指挥官投下"手令"，指示机宜，以表示他亲临前线督战，和官兵同甘共苦，借以激励士气。

蒋介石软硬兼施，生怕地方军阀不听招呼，在犒赏的同时，也给各路军阀发出了威胁。他专门急电刘文辉："大渡河天险，共军断难飞渡，薛岳总指挥率领十万大军跟追于后，望兄督励所部，严密防守，务将共军彻底消灭于大渡河以南。如所部官兵敢有玩忽职守，致使河防失守者，定以军法从事。"虽然有言在先，蒋介石还是对刘文辉不放心，又出一计。他派康泽的武装特务中央别动队第一支队第一大队，由大队长马维骥率领来到雅安，随即以一部进驻汉源，对刘文辉的部队进行监视。这一队人马，好比是悬在刘文辉头顶上的一把"尚方宝剑"，迫其为蒋卖命。

刘文辉及其部属因红军压境和蒋介石的威胁，心情十分紧张，意识到这次战争的胜负，关系到自己部队的存亡。他们知道，红军的力量虽不算强大，但扫平自己这点部队却游刃有余。万一红军突破大渡河，他们只有死路一条。但是,如果向蒋介石求援,他们又是引狼入室。蒋介石和刘湘早就想插足川康边区,如果不硬着头皮顶住,蒋介石和刘湘借口援应,把大军开来,这点栖身之地也会保不住。薛岳所部在红军后面紧追入康,也不只是为了跟追红军,还有顺便吃掉地方部队的意图。

刘文辉及其部属进退维谷,想来想去,无可奈何,最后只好还是把希望寄托在蒋介石身上。他们打算着,只有在堵截红军上出点力,对蒋介石才多少有点讨价还价的资本。他们认为,红军转战万里,兵力疲惫,前有险情、后有追兵,川康地区地形复杂,彝情特殊,走大渡河是石达开覆军老路,对红军非常不利,很难长久坚持下去。虽然他们打不赢红军,但也只有硬着头皮顶住,据险扼守。唯一的希望是薛岳追军早到,让石达开覆军历史重演,自己才能平平安安地把这次灾难度过去。二十四军参谋长张伯言曾向刘文辉献策,最好采取“两打”的办法,即一打红军——协同薛岳追军消灭红军于大渡河以南;二打蒋介石——乘机向蒋介石要枪要弹,来装备自己,刘文辉采纳了这个建议。

就这样,刘文辉等怀着鬼胎,决定固守金沙江、大渡河待援,力求保存实力,保存地盘。刘文辉随即令二十四军的第四、第五两个旅新编为第五师,由师长陈光藻率领开赴大渡河布防,其中第五旅守富林到安顺场一带,第四旅守得妥至泸定桥一带。原驻康定的余松琳旅进驻瓦斯沟。军部和五师师部先后进驻汉源县城(今清溪)。

5月13日,二十四军第五旅旅长杨学瑞率领全旅经荥经出发到富林,沿大渡河北岸布防:第七团团长余味儒率部守大冲至安顺场之间,团部驻安靖坝,韩槐阶营守安顺场渡口的北岸,第二十八团团长唐灼元率部守富林至大冲之间,第二十一团团长肖绍成率部到石棉挖角坝守安顺场以上,与守泸定的第四旅相接。奉调的二十一军第二师王泽浚旅在5月21日赶到大渡河边的富林镇。5月23日,杨学瑞把富林的防务交给王泽浚,率旅部和预备队进驻大冲,24日中午进驻八牌。杨学瑞的部队进驻后,为了消除障碍,竟在八牌对岸纳耳坝纵火焚烧民房,一时火光四起,哭声震天,惨不忍睹。

蒋介石梦想利用天险大渡河的地理形势,使消灭红军的大会战能很快成功。因此,对调动参战的各路人马,日催数次,急如星火。

十七勇士强渡大渡河

中央红军通过大凉山彝族区后,继续向大渡河挺进。红军先遣队经过一天一夜的冒雨急行军,于5月24日逼近了大渡河边的安顺场。

聂荣臻在回忆录中说:"求得顺利通过彝族区的目的,在于早日出敌不意地占领安顺场渡口,使红军能从安顺场渡过河去。"

石棉县安顺场。站在当年的红军渡口往河对面一看,给人感觉强渡大渡河真是不可思议的事!对岸紧靠着连绵的大山,山势陡峭,防守一方在地形上占尽优势,居高临下地俯瞰着两岸河滩,渡口和江面均处于防守有效射击范围内。

中央红军总政治部干部莫休在日记中写道:"放舟随漩流直下,十余船夫篙橹齐施,精神都紧张到极高度,顺流斜下,对岸又均石壁,靠时一不慎,舟触石礁即粉碎,放来此岸亦如此。当船至漩流中心及将到达石岸时最危险,见之心悸。"

安顺场全貌

安顺场,原名紫打地,紧濒大渡河南岸,是大渡河中游河床急转的地方,居于南北对峙的高山脚下的河谷地带,两边都是几十里的高山陡壁,渡口就在这样的深沟里。就在这里,叱咤风云十余载的太平天国翼王石达开北渡未成,全军覆没。在这里,他发出了"大江横我前,临流竭能渡"的叹息。如今,红军也来到了这昔日的紫打地,今日的安顺场,红军也是面临着前有汹涌的大渡河,后有凶猛的追兵的危险状况。而同石达开相比,红军面临的形势更加严峻,这时,大渡河已经进入了洪水期,河宽100多米,水深流急,更加难以跨越。

红军先遣队发扬了不怕疲劳、连续作战的顽强作风,日夜兼程,一昼夜走了140多里,到达离安顺场不远的马鞍山后,才进行了短暂的休息。刚上山顶,就听见一片隆隆的吼声,那就是有名的大渡河。站在山腰往下望去,透过朦朦胧胧的云雾,可以看得见山脚下稀疏的灯光,那就是要夺取的渡口安顺场。战士们经过急行军后非常疲劳,一停下来倒头就睡着了。这时,团长杨得志却不休息,急忙去找人了解情况。

安顺场及其沿河一带,敌人已经作了防范,蒋介石曾经对沿河的驻军下达了命令:一、搜集南岸沿河船只,以及可作渡河的材料全运到北岸;二、搜集南岸民间粮食运送北岸,实行坚壁清野;三、清扫射界,如南岸居民房屋可资共军利用掩护其接近河岸者,悉加焚毁。

遵照蒋介石的命令,担任从安顺场北岸到下游大冲这段河防任务的国民党第二十四军第五旅第七团,对这一带进行了坚壁清野。驻守安顺场北岸的是该团韩槐皆营。韩槐皆是四川名山县百丈场的哥老会首领,他的这个营是袍哥队伍。在红军到来之前,这个营奉命收缴了南岸渡河船只和渡河材料,并准备把安顺场的所有房屋全部烧毁,使红军没有掩护和住宿的地方。但是,当韩槐皆将最后一批物资运过河,在安顺场遍街堆满柴草准备烧街时,安顺场的恶霸地主、国民党第二十四军彝务总指挥部的营长赖执中,坚决不同意在红军未到之前就烧街,因为安顺场大部分房屋都是属于他家的。他认为红军到大渡河有两条路:一条是西越线,红军从西昌经越西到富林;另一条是西冕线,红军从西昌经冕宁到安顺场。万一红军走西越线而不走西冕线,岂不是庸人自扰,一旦贸然烧街,他的一大笔财产就会白白付之一炬,因此便同正欲烧街的韩槐皆吵了起来。最后他们商定,暂不烧街,静观事态的变化,只要红军一逼近就放火烧屋。赖执中一方面想保护他家的财产,一方面也怕红军真的来这里。因此,他把自己带的兵在安顺场进行了一番布置,日夜进行巡逻,还把他带的那只小船系在南岸,准备红军一来就用这只小船逃往北岸。没想到,就是这只他准备用来逃命的船,却帮了红军的大忙。

先遣队刚刚把情况搞清楚,指挥部就来了命令:连夜偷袭安顺场,夺取船只,强渡过河。刘伯承和聂荣臻强调指出:"这次渡河,关系着数万红军的性命! 一定要战胜一切困难,完成任务,为全军打开一条胜利的道路。"看完命令,大家心潮澎湃,深感肩头责任之重大。黎林政委神情坚定地说:"我们不是石达开,我们是共产党领导的工农红军! 在我们的面前,没

红军强渡大渡河指挥楼

有战胜不了的敌人,没有突破不了的天险。我们一定要在大渡河上,为中国革命史写下光辉的一页。"他的话,说出了红一团所有指战员的心声,使大家充满了必胜的信心。

接着,他们进行了具体的作战部署,最后决定:杨得志带领第一营先夺取安顺场,然后进行强渡;黎林带领第二营到安顺场渡口的下游进行佯攻,以吸引对岸敌人的注意。第三营担任后卫,留在原地掩护指挥机关。分工后各营立即行动。

根据分工,战士们继续摸黑前进。一营战士下了山坡,沿着山脚下的鹅卵石小路,分几路跑步前进,到了场头的东南面,那里有个碉堡,里面无声无息。红军绕过碉堡,一直插向街心。

"哪一部分的?"红军的尖刀排与敌人巡逻兵接上了火。"我们是红军!缴枪不杀!"红军战士们扑向敌人;敌人慌忙开枪,红军的枪声也从四面一齐响起,很快就将敌人消灭。赖执中没有想到红军会来得这么快,街上的枪声把他从梦中惊醒时,红军已到了他的住宅门口,守门的卫兵有的被打死,有的逃跑了。他慌忙翻墙逃走,翻墙时把脚跌伤,被勤务兵刘正清背着逃跑了。

惊闻红军到来的消息,川军慌忙点着一部分民房后,撒腿就逃。红军一面派人追敌,一面投入救火。随后,红军给房屋被烧毁的人家发银元予以救助。

红一营的第一连与第三连,继续肃清残敌,负责街上及其附近的警戒,第二连负责寻找船只。营长孙继先嘱咐二连连长熊尚林和指导员黄守义:"只要船在这边,敌人把它塞在老虎嘴里,我们也要把它拉出来;敌人把它藏在龙王殿里,我们也要把它打捞上来。现在最要紧的是抓紧时间,不要让敌人乘船逃跑了。"二连战士沿着河滩搜索,他们在一条小河岔口附近,发现水面上有个黑点在移动,隐隐约约地听到划水声。原来是赖执中派守小船的那一班人见势不妙,正乘船向对岸逃跑,离岸还不远。指导员黄守义命令战士们:"马上把船夺过来!"河边水浅,战士们跳到水里,奋不顾身地向船冲去。机枪手对空射击,威胁敌人返航。敌人怕死,乖乖地把船划了回来,企图逃跑的敌人全部被俘。

有了船,红军积极准备强渡,攻占北岸渡口。但是,就地立即起渡却不可能,因为北岸是峭壁,有敌人把守,加之水流湍急,波涛翻滚,河里还有大大小小的暗礁。据当地群众说,要想渡过河去,须得在白天由熟知水性的船夫驾驶。一只船要有八个船工,两人一前一后撑船,六人在岸上拉纤,将船由南渡口,沿河向上游拉行一里多路,再顺流划到对岸渡口,船靠岸时要特别小心,稍一不慎,触上礁石,船就碰烂。返回南岸时,同样要把船沿北岸向上游拉一里多,再顺流划过来,这样往返一次需要一个小时左右。这时,天漆黑,红军又仅有这一只船,它关系着全军的成败,万一冒险起渡遭到损失,其后果不堪设想。于是,刘伯承命令部队抓紧时间休息,次日一早起渡。

5月24日晚,先遣司令部紧张地为第二天强渡做准备工作。派宣传员去附近村子里,通过宣传动员找船工帮助摆渡。

第二天,当安顺场老百姓得知白军放火、红军救火后,立即转变了态度,群情激愤,表示愿意帮助红军。不到一个小时,就有20多名船工自告奋勇,愿在枪弹下抢渡。其中,就找到了练就一身绝技的船老大帅士高等人。显然,过大渡河的关键是要有掌握高超划船技术,充分了解水文,熟谙暗礁、漩涡的船工。要想渡过涛声如雷、浪高水急、漩涡密布,每秒1.8米以上流速的大渡河,只有当地熟悉河道的船工才能摆渡成功。

由于安顺场渡口的河面有300多米宽,水流急,漩涡多,既不能泅渡,也无法架桥,唯一可用的就只有夺来的那只木船。但用这只船渡河也有很大困难,因为敌人在对岸渡口驻有一个营,在岸边峭壁几十米高处修筑有工事,俯视着整个河面。离北岸渡口下游不远的安靖坝,还有敌团部在那里,如果双方接上火,他们即可火速调兵增援。面临这种形势,红军强渡将是一次严峻的考验。先遣队的首长们充分地估计到强渡可能遇到的情况,经过反复研究,制定出一个周密而切实可行的具体方案:强渡,必须组织一支极其精悍的奋勇队,乘坐那只小船穿过激流,冲上岸去夺取敌人的工事;同时,还必须在南岸组织强大的火力支援,掩护奋勇队的行动,严密封锁河对岸安靖坝余味儒团主力向北岸渡口增援。

25日清晨,团长杨得志把挑选强渡人员的任务交给一营营长孙继先。组织奋勇队的消息在各连队传开了,战士们一下子围住了孙继先,争先恐后地报名,孙继先再怎么解释也不行。杨得志回忆了当时的动人情景:"营长问我怎么办?我又是高兴又是焦急,高兴的是我们的战士个个勇敢,焦急的是这样下去会拖延时间。因此我决定集中一个单位去。"[7]孙继先就从二连报名的战士中选出十七名勇士。这些勇士每人携带一把大刀,一支冲锋枪,一支手枪,五六个手榴弹,由连长熊尚林担任队长。

当日上午9时,部队整装集合,萧华作了战斗动员,刘伯承、聂荣臻亲临前线指挥,红一团团长杨得志、一营营长孙继先也站在队列前,队伍中呈现出一片激动人心的场面。

"战斗开始!"杨得志一声令下。熊尚林等十七位勇士分两批冲锋:首批由熊尚林连长率八名战士上了船,由当地船工帅士高等八人摆渡,在嘹亮的军号声和口号声中,劈波斩浪,飞箭似的向河心驶去。几十挺重机枪一字排在河岸上,向对岸敌人扫射。军团炮兵营的三门八二迫击炮也昂首指向河北面的敌人。敌人也集中火力向小船射击,一发炮弹打在船边,掀起冲天水柱,浪花飞溅,船上人的衣服都打湿了。这时候,南岸司号员都惊呆了,情况非常危急,萧华挺起胸膛,亲自吹起军号。刘伯承立即命令炮兵开炮,两发炮弹命中敌人的碉堡。趁着敌人火力减弱,小船又向对岸冲去,驶过中流,战士们个个抱着奋勇杀敌的决心,准备着冲锋。船快拢岸时,据船工帅士高的回忆:"本来我们是想把船靠在对面尖石包(北岸渡口地名),好躲过敌人的火力,但水流很急,船刚一进去就挨着礁石,'砰'的一声,大家都以为船碰烂了,幸好没有碰烂,但已被冲到桃子湾了。这时,从船上跳下四个船工,拼命用背顶着船,另外四个在船上用力地撑,船才靠了岸。"

勇士们跳上岸,向山脚冲去。敌人慌了手脚,乱扔起手榴弹,有四名勇士受了伤。勇士们利用山崖死角为隐蔽,敌人无目的地打了一阵枪后,看着没有动静,以为勇士们都牺牲了,便停止了射击。这时勇士们趁机向敌人的河防工事冲去。敌兵慑于红军的英勇,加之南岸红军的机枪密集,便向山腰阵地退却。勇士们夺取了韩营山下河滩渡口工事,背水战斗,固守阵地,掩护后续部队继续渡河。

空船一返回南岸,孙继先就带着另外八个战士和两挺轻机枪、一挺重机枪,立即乘第二船过河。接着,杨得志带领第三船战士也过了河。渡船不停地往返南北两岸,赶渡援兵。红一营主力过河后,立即向山上的敌人发起进攻。因得到南岸强有力的火力支援,迫击炮弹击毙了涌出的敌人,红军战士冲入了山腰敌军阵地,大刀飞舞,杀声震天,吓得敌兵丢下阵地就跑。红军占了制高点,居高临下向东面余味儒团部猛冲,余团向富林方向溃逃。红军穷追不舍,击溃了沿河下游40里内的敌人,直到占领美罗场右侧的野猪岗山顶,达到掩护红军主力部队向泸定桥进军的目的,才停止了对敌人的追击。

红军追歼逃敌途中,在下游获得了另一只木船,在安靖坝河边又打捞起一只沉船。这样,第二天红军就有了三只船,船工也增加到50多个。为了使渡河能顺利进行,成立了指挥部,由船工刘学仲负责总指挥,干部团的政治科学员负责押船。把船工分为六个组,人停船不停,从早到晚轮班开船。渡口两岸各有一排红军战士专门负责拉船,北岸从桃子湾拉到尖石包,南岸从陈家湾拉到小河口。第三天一只船不慎开翻,只剩下两只船,使渡河的速度受到一些影响。当时,红军生活非常艰苦,但对船工却很照顾,为了便于船工吃饭和休息,特地在南岸河边搭了三个棚子。船工们支援红军强渡也很努力,他们不顾疲劳,终日奋战,仅用了三天时间,就把一军团第一师和干部团送过了大渡河。

十七勇士强渡大渡河,他们以自己英雄无畏的革命精神,在红军长征史上写下了光辉的一页。

十七勇士的名字是:

二连连长熊尚林,二排排长罗会明,三班班长刘长发、副班长张表克、战士张桂成、萧汉尧、王华亭、廖洪山、赖秋发、曾先吉,四班班长郭

安顺场十七勇士强渡大渡河的红军渡

世苍、副班长张成球、战士萧桂兰、朱祥云、谢良明、丁流民、陈万清。

飞夺泸定桥

离南桠河不远处的翼王亭,有一座石碑记载着翼王兵败大渡河的历史。5月26日中央红军到达石棉县时,毛泽东站在翼王亭的石碑旁感慨地说:"石达开如果是一个很有才干的战略家的话,既然渡不过大渡河,为什么不沿着左岸直上,进入西康?为什么不向下走,到大树堡拐回西昌坝子?或者再往下走,到大凉山以东的岷江沿岸去呢?那里的机动地区不是很大吗?"

石达开本是很能打仗的杰出将领,但到大渡河边却指挥僵硬。他没有赶紧去抢占铁索桥,渡过松林河,往西北上夺取泸定。也没有抓紧时间趁大渡河北岸没有清兵时,迅速渡河。打了半个月才开始向东突围,突围至利济堡时,仅剩6000多人。突围太晚!这一切的确令人匪夷所思!

在红一团取得强渡大渡河胜利的第二天,5月26日上午,毛泽东、朱德等中央领导来到了安顺场,他们听取了刘伯承等人的汇报,对如何使全军越过大渡河的问题进行了商讨。

大渡河两岸悬崖陡峭,地势险峻,由于这里水流太急,干部团的工兵专家何

漩涡试了多次,都无法成功地架桥,渡口又只有三只小船,往返一次需要将近一个钟头,要使几万人马全部摆渡过河,大约需要一个月。

雪上加霜的是,第二天上午,石清云撑的那只船,在河水冲击下撞在搭浮桥的钢丝上挂翻了,红军牺牲了十多人,船工死了八人。只剩下两条船了。

而这时,敌人的尾追部队已向大渡河袭来,形势万分紧迫,如果中央红军不能迅速全部越过大渡河,就有被分割在大渡河两岸遭敌歼灭的危险。因此,毛泽东归纳大家的意见,果断决定夺取泸定桥,后续部队从泸定桥过河。毛泽东指出,这是一个战略性措施,只有夺取泸定桥,我军大部队才能迅速渡过大渡河,避免石达开的命运,才能转到川西会合四方面军。大家都同意这个意见。于是,中央红军立即按照这个计划开始了新的行动。

中革军委要求:东岸的部队在两天半之内赶到,西岸的部队三天赶到。这是一场对于渡河成败起决定作用的战斗。两路队伍准备妥当后立即出发,他们夹江溯流而上,互相间不断喊话、打手势,情绪高昂。

红军在战术上有这样一个"双保险"的布置,泸定桥是必然能打下的。剩下的,只是时间问题了

红一师强渡大渡河成功后,刘文辉派第五旅增援了两个团,企图夺回阵地,将红军打回南岸。中革军委命令干部团赶快乘船过河增援,掩护红一师主力北进。干部团先派一营过河增援,一过江后就立即投入了战斗,从中午一直打到天黑。打了三个来回终于击退了敌人,部队在大渡河东岸牢牢地站稳了脚跟。这一仗打得十分激烈,一营营长李荣负了重伤,但第五旅敌军也未能占到丝毫便宜,反遭红军反扑,第五旅唐团第五连连长受伤,全连溃退下来,引起全线动摇,两翼纷纷后退,第五旅余、唐两团后撤至八排、三梭阿既设碉堡线上,才算稳住了阵脚。

干部团在安顺场坚守了两天,警戒渡口安全,等到5月29日主力红军抢占泸定桥成功,全军过了大渡河之后,30日黄昏干部团才撤离安顺场的大渡河渡口,向天全、芦山方向前进,追赶主力部队。

泸定桥在安顺场北面320里处。安顺场附近一段是大渡河流向的一个转折点,从泸定桥至安顺场段的大渡河是从北向南流,而安顺场以下则逐渐变为从西向东流。毛泽东做出如下部署:一师和军委干部团由刘伯承、聂荣臻率领,从安顺场渡河以后沿河东岸赶向泸定桥;由林彪率二师、一军团军团部和五军团,从大渡河西岸赶向泸定桥。

东岸红军部队溯江而上，发挥了出奇制胜的作用，对此，时任红十三团政委的张爱萍点评道：由于自安顺场渡河的我军右纵队沿大渡河东岸溯江而上，使我军不仅可以从东西两岸夹击泸定桥，更重要的是，使敌人错误地以为自安顺场渡河的为我军主力，并要夺取雅安，直接威胁成都。因而，敌人不得不将原守泸定铁索桥的主力东调雅安、成都之线增防。这就大大地有利于我左纵队先遣团——红一军团第二师四团，从大渡河西岸抢夺泸定桥。

西岸队伍的先头团是二师四团，为了在3天内走完全程329里的路程，到达目的地，他们以最快的速度行军。但是路太难走了，大部分是蜿蜒曲折、忽起忽伏的单边羊肠小路，左边是高入云霄刀劈一样的峭壁，山腰是终年不化的积雪，银光耀眼，寒气袭人；右边是深达数丈、波涛汹涌的大渡河，稍不小心就有掉下去的危险。途中，遇见敌人还要进行战斗。有时，河对岸的敌军向红军射击，为了避免无谓的伤亡，红军只得绕路爬山，花费了不少时间。就这样，第一天走到半夜才休息，走了80里。

第二天，四团比原来命令规定的时间提前一小时吃饭，天色未明就上路了。刚走几里路，军团部通讯员飞马送来了一份紧急命令：

"王、杨（王开湘、杨成武）：军委来电，限左路军于明天夺取泸定桥。你们要用最高度的行军力和坚决机动的手段，去完成这一光荣伟大的任务。你们要在此次战斗中突破过去夺取道州和五团夺取鸭溪一天跑一百六十里的记录。你们是火线上的英雄，红军中的模范，相信你们一定能够完成此一任务。我们准备着庆祝你们的胜利！"[8]

团长王开湘、政委杨成武看了一下地图，离泸定桥还有240里。也就是说，他们必须在一天一夜之内走完这240里路，两天的指标要在一天之内完成，而且途中还不知要发生几场战斗，也不知会遇到何种困难。谁也没有料到任务会变得这样紧急，这是一个十分艰巨的任务，但是，这也是一个必须坚决执行、保证完成的任务，不容许有一点迟疑。这就要求红四团要和时间赛跑！要和敌人争分夺秒！

"走完二百四，赶到泸定桥"顿时成了全团将士响亮的口号和坚定的信念。全团的行军又开始了加速度，大家脚下生风，健步如飞，人人都把伤痛、疲劳、饥饿甩到一边，心中只想着两个字：快走！在这急行军中，时间逼得四团不可能停下来开会，所以，甚至连队的党支部委员会和党小组会也是"飞行会议"，一边行军，一边讨论怎样完成党交给的任务。

途中,他们在一个叫猛虎岗的地方遇到了敌人据守的隘口。这是一座险恶的高山,右旁大渡河,左面是更高的山峰,中间只有一条羊肠小道,是从安顺场到泸定桥的咽喉。这时,大雾迷蒙,五步以外什么也看不见。四团利用浓雾掩护摸到敌人跟前,给敌以突然袭击。敌人在突然打击之下纷纷溃逃,四团向溃敌猛追,一气追到30里外。在那里,他们又突袭了守敌,并获胜利。可是,一条河流横在他们面前,桥被敌人炸掉了。于是,他们不得不全力以赴地赶架桥梁,结果耗去了珍贵的两个小时。又经过持续的急行军,到傍晚7时,他们还距泸定桥110里。

夜幕降临,天黑得对面不见人。这时仿佛老天又在考验红军,电闪雷鸣,下起了瓢泼大雨。部队已经一天没吃饭了,经过一整天极为紧张的行军、作战,此时,饥饿、疲劳、困倦一齐向大家袭来。但是,形势不允许大家有一丝一毫的懈怠,他们在泥水中艰难地前进。走不动的人,做一个拐杖拄着走或者互相拉着走。来不及生火做饭,就吃生米,渴了就喝雨水。全团上下一心,一定要克服困难,按时赶到泸定桥!

在河东岸,敌人的一股援军也在飞快地向泸定桥行进,两支军队如同在隔河赛跑,敌人没有发现红军。红军虽作了迎战的准备,但决定不到万不得已时不开枪。四团的将士们下了决心,一定要走到敌人的前面去。但是,路太滑,天太黑了,虽然尽最大的努力,也仍然无法走得更快。当先遣队到达杵泥一带时,对岸出现了一串火光,原来是敌人燃起了火把。如果四团还继续摸黑前进的话,必然处在行军劣势中,就很难走得比敌人更快。

在这种情况下,杨成武和王开湘做出了一个大胆的决定,他们商量了一下,决定也点上火把,如果对岸敌人问话,就用白天所歼灭敌人的番号回答。虽然有些冒险,但事到如今,也只好冒这个险了。他们随即命令部队将附近老乡家的竹篱笆全部买来,做成火把,每人绑一个火把,一班点一个,不许浪费,争取每小时走10里以上。又令司号员先熟悉敌人的联络号音及信号,凡不清楚的地方,就去问俘虏,以备与敌人"联络"。因对岸之敌是川军,所以他们又选出四川籍的战士和刚捉来的俘虏来预备和敌人"对话"。为了加快行军速度,他们把所有的牲口、行李、重武器一律留下,由一个排专门负责带着在后面走。虽然杨成武腿上的伤口还没有全好,但是他坚持不肯骑马,还要跟大家比赛,看谁先走到泸定桥边。

准备妥当之后,红军战士就点起了火把前进。走了一会儿,从对岸传过来号音,同时也传来了"啥子部队"的问话声。红军司号员按敌人的号谱吹响了答语,川籍战士和俘虏也按事先的准备作了回答。敌人信以为真。于是,敌我双方就点着火把隔河并行。愚蠢的敌人万想不到,大摇大摆地跟他们并肩行军的,就是他们日夜想要消灭的红军。

夜更深了,雨也越下越大。夜里 12 点的时候,对岸的火把不见了,原来敌人宿营休息了。红军战士见此高兴极了,纷纷议论着要抓紧好机会啊!因此,一个个拼命地向前赶路,打着火把走得更快了。

在这暴风雨中急行军的情况下,有的战士困得实在不行了,竟边走边打瞌睡,走着走着忽然停了,直到后边的人推他一把,才惊醒过来,急忙跑步跟上。因为是在河边走,为了防止打瞌睡掉到河里,大家解下绑带连起来,互相拉着前进。

红四团不愧是英雄的团,经过整夜的急行军,在第二天早晨 6 点多钟,终于到达了泸定桥的西岸,并占领了全部沿岸阵地。他们创下了一昼夜行军 240 里的记录,是真正的飞毛腿!

泸定桥所处的地形实在险要。河的西岸是雪峰高耸的贡嘎山,东岸是岩壁陡峭的二郎山,大渡河在两山夹峙中奔腾流过。凭高下望,只见褐红色的流水像瀑布一样从上游山峡间倾泻下来,冲击着河底参差的恶石,溅起丈多高的白色浪花。流水声震耳欲聋,在这样的河里,就是一条鱼,也休想停留片刻。

泸定桥是川康交通要道,是 1706 年修成的。康熙皇帝因军事需要和藏汉贸易方便下令修建此桥,桥建成后,康熙为之御笔题名"泸定桥"。泸定桥由 13 根铁索构成,悬于河上二三十米的高空中,约有 30 多米长,近 3 米宽。每根铁索都有碗口粗,9 根作为桥面,4 根作为桥栏。铁索由铁环扣成,每个铁环都有 30 多公分长。桥面原铺有桥板,但现在桥板大部分都被敌人拿掉了,只剩下铁索在晃荡,望之令人生畏。铁索的两端分别固定在两根铁桩上,铁桩上刻有"康熙四十四年岁次乙酉九月造……"的字样。在桥头的一块石碑上,镌刻着这样两句诗:"泸定桥边万重山,高峰入云千里长。"仿佛在诉说着这无比险要的地势。

泸定桥东端就是泸定城,这座城一半在东山上,一半贴着大渡河岸。对岸的守敌是刘文辉部第四旅的两个营,他们是在昨天半夜与今天天明分两批到达的,仅比红军早到数小时。桥的两端筑有桥楼,东岸的桥楼,已被敌人用沙袋垒成桥头堡,那个桥头堡连着泸定城。山坡上,敌人也修有严密的工事。敌人凭借这样的天险,认为红军插翅也难飞越,狂妄地向红军大声喊叫:"你们飞过来吧! 我们缴枪啦!"

从大渡河西岸俯瞰泸定桥

杨成武、王开湘侦察地形后,即到西桥头附近的沙坝村教堂内召开全团干部会议,研究战斗方案,决定组成夺桥突击队。他们的部署是:用两个主力营组成严密的火力网掩护,防止两侧增援之敌,其余约分为三个梯队,正面突击,选出 22 名突击队员作为先锋。正开会之时,一枚国民党军的迫击炮弹炸中教堂屋顶,但这不仅没有引起大家的恐慌,反而引发了大家的斗志。大家纷纷请战,报名参加突击队。最后,他们从踊跃报名的战士中选出了 22 位突击队员,由二连连长廖大珠任突击队长。

下午 4 时整,总攻开始。团长王开湘和政委杨成武,亲自站在桥头指挥战斗。全团数十名司号员一齐吹响了冲锋号,四团的所有武器一齐向对岸开火,枪弹如疾风骤雨般扫向敌方,喊杀之声震天动地。22 名突击队员手持冲锋枪,背插马刀,腰挂 10 余颗手榴弹,冒着敌人的枪弹,扶着桥栏,踩着摇晃不止的铁索,向对岸前进。紧跟在突击队后面的是由三连长王友才率领的第一梯队,他们背着枪,腋下夹着木板,一手抓着铁索,边爬边铺桥板。霎时,大渡河上,军号声、枪炮声、呐喊声、波涛声汇成一片,震天动地。

当红军开始攻击时,敌人本想组织火力拦阻,但是在红军强大火力的压制下,在突击队员英勇无畏气概的震慑下,他们丧失了抵抗的勇气,纷纷从工事里钻出来,掉头就跑。红军突击队前进的速度越来越快,眼看就要到对岸桥头了。突然,西城门烧起了大火,烈焰熊熊,原来守敌想用火来挡住红军。但是,冲到火前的突击队员仅是愣了一下,就在廖大珠的带领下,奋不顾身地冲入火海,冲向了敌人。紧接着,三连的战士边铺桥板,边向桥头冲去,紧跟在突击队之后的部队也陆续登岸投入战斗。不到两个小时,战斗结束,红军占领了泸定城。守敌被歼一部,其余纷纷向城北逃窜。红军突击队员伤亡三人。

经过两小时激战,黄昏时分,红四团攻占了泸定城。

晚9时,林彪致电中革军委:"我四团于今晨6时赶到泸定桥,于17时攻占泸定桥,敌向天全退去。余另告。"

这次战斗"红军只伤亡三人"!

在大渡河东岸,右路军在刘伯承、聂荣臻率领下,奔袭泸定桥。邓华等率一师二团为左纵队先头团,沿河岸溯流向泸定桥前进。

当日,红军在险要的挖脚坝,与川军刘文辉部第五旅第二十团遭遇,敌军凭险据隘,节节抵抗,邓华指挥红二团,不顾一切向前冲,经过几个小时的战斗,粉碎了敌人的节节抵抗,溃敌向荥经方向逃去。当晚,红二团在瓦坝宿营。第二天早饭后,部队继续向泸定桥前进,翻了一座60里路的大山,在德绥消灭敌人百余人。接着又冒雨前进,经过100多里的急行军,击溃残敌,进入宿营地。

红军时期的邓华

为阻挡红军前进的步伐,刘文辉急令第四旅在飞越岭、海子山、冷碛等处堵截红军,以李全山第三十八团主力守泸定桥;杨开诚第十一团守海子山、冷碛一带;以谢洪康第十团在飞越岭作总预备队,旅部位于飞越岭下的龙八埠。

29日拂晓,红二团一路攻击前进,行至铁丝沟时,与刘文辉的第四旅遭遇。铁丝沟左边是波涛汹涌的大渡河,右边是峭壁千仞的高山,敌人一个多旅的兵力已占领了铁丝沟最高的山头及其隘口,凭借天险顽强固守。

刘伯承令萧华率二团第一、第三营从正面攻击,令邓华率第二营由山腰绕至敌人侧翼,两面同时冲击,将敌人击退,占领了隘口,再追击前进。此时,前面是高山，背后是大河，敌人兵力、地形都占优势，只有拼命向前，才是出路。

经过激烈战斗，二营占领了最高山头，二团的主力也夺取了敌人的全部阵地，阻断敌人对泸定桥的增援。

下午四五点钟，当红四团在西岸强攻泸定桥的战斗刚刚打响时，红二团在东岸到达离泸定县城南面50里的龙八埠，同刘文辉第四旅旅部和该旅第十、第十一团展开了激战。十团团长谢洪康见红军攻势猛烈，自己用手枪向左臂打了一枪，扮作伤员逃走。旅长袁国瑞急令十一团和十团残部顽抗，后见兵员伤亡过半、阵线再也稳不住时，才下令向汉源城撤退。红军翻过飞越岭追到泥头，即停止前进。红军占领飞越岭后，掩护主力部队由泸定桥向天全方向前进。

时任红二团政委的邓华回忆："于是敌人全部退向龙八埠，我们取得了夺取泸定桥有决定意义的胜利。我们除一部占领龙八埠向敌警戒之外，其余主力则继续向泸定桥前进。"

晚10时左右，沿河东岸走的红一师经过多次战斗也赶到了泸定桥。这时，泸定桥已落入红军之手。当强夺泸定桥的战斗刚刚打响时，他们恰好到达离泸定县城南面50里的龙八步、冷碛一带，正同防守在这里的敌第四旅旅部和该旅第十一团展开了激战。

红四团向泸定桥发起总攻后，此处守敌第三十八团团长李全山眼看情况危急，打电话向旅长袁国瑞请示该怎么办。袁国瑞的旅部正受到红军右纵队的攻击，自身难保，情况混乱不堪，因而只得草草回答："我们这里也很紧张！"随即撂下了电话。李全山从电话里听到枪炮声和"旅长，快点，快点"的惊惶叫喊，想到自己绝对不可能得到增援，顷刻间就有腹背受敌、全部完蛋的危险，于是不敢恋战，慌忙率领残余部队逃窜了。正是右路纵队对敌人的打击，有力地策应了红四团夺取泸定桥的胜利。

深夜12点，刘伯承、聂荣臻进了泸定城。他们在杨成武、王开湘的陪同下走到泸定桥上视察。杨成武提着马灯，陪着两位首长从桥东走到桥西。他们不时地停下脚步，或眺望群山，或俯视流水，并仔细地看过铁索、铁环。

当从桥西折回走到桥中央时，刘伯承站住了，重重地在桥板上跺了三脚，感慨万千地说道："泸定桥，泸定桥，我们为你花了多少精力，费了多少心血！现在我们胜利了！我们胜利了！"[9]

打下泸定桥的第二天，中央首长率大队红军来到了泸定桥。毛泽东先在河西岸天主堂外面的大树下停留了两小时，聂荣臻、罗荣桓、左权、罗瑞卿等在这里汇报了强夺泸定桥战斗的情况。毛泽东对红四团等给予了热烈的赞扬,他说:"我们英勇的红四团和红一师的同志们,已经完成了一项光荣伟大的任务,夺下了泸定桥,为红军渡过大渡河开辟了道路。"又说:"我们的红军真是无坚不摧,所向披靡,有这样的红军战士,我们还有什么克服不了的困难。"[10]

第四天,中央红军的大部队从泸定桥上渡过了大渡河。

红军飞夺泸定桥的成功,使国民党精心部署的大渡河防御彻底失败。蒋介石十分恼火,认为刘文辉对构筑金沙江、大渡河沿岸碉堡封锁线"一味敷衍,实未遵办",至令红军自由渡过,特通令对刘文辉"记大过一次,戴罪立功"。并要求对其所部"各负责长官查明严处"。

中革军委为了表彰飞夺泸定桥的红四团,除了颁发一面奖旗以外,还给 22 个首先过桥的突击队员以及团长、政委发了奖,奖给每人一套列宁服、一支钢笔、一个日记本、一个搪瓷碗、一双筷子,这些东西虽然看起来不多,在当时却是最高的奖赏了。

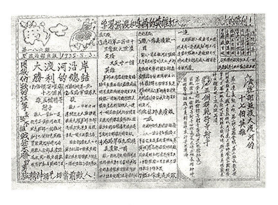

大渡河岸的总结

泸定桥,已经成为中国革命史上的一个传奇。"安顺急抢渡,大渡勇夺桥,两军夹江上,泸定见分晓。"这是 1979 年,年近八旬的聂荣臻元帅为大渡河纪念馆挥毫写下的诗句。1980 年,杨成武也为泸定县纪念馆赋诗一首:"无边风雨夜,天堑大渡横。火把照征途,飞兵夺泸定。"这两首诗都形象地概括了红军飞夺泸定桥、强渡大渡河的光辉形象,红军过了大渡河,又一次冲破了敌人的阻拦和自然险阻,把在后面追击的国民党中央军甩得更远了,蒋介石想让红军重演石达开悲剧的梦想,又像肥皂泡一样破灭了。

大渡河之战胜利了,13 根铁索链托起了共和国的未来。泸定桥见证了改变中国命运的一次激战,大渡河边红军再次绝处逢生,而且胜利得那么潇洒自如。

---

[1] 中国人民解放军历史资料丛书编审委员会:《红军长征·文献》,解放军出版社 1995 年

版,第321页。

[2] 宋任穷:《巧渡金沙留青史》,见《我的长征——寻访健在老红军》,解放军文艺出版社 2005年版,第17页。

[3]《聂荣臻回忆录》上册,解放军出版社1983年版,第258页。

[4] 见《第二路军龙总司令云令薛岳庚午电》。

[5] 中国人民解放军历史资料丛书编审委员会:《红军长征·参考资料》,解放军出版社1992年版,第463页。

[6] [德]奥托·布劳恩:《中国纪事》,现代史料编刊社1980年版,第161页。

[7] 中国人民解放军历史资料丛书编审委员会:《红军长征·回忆史料》(1),解放军出版社1990年版,第424页。

[8] 加仑:《飞夺泸定桥》,见《中国工农红军第一方面军长征记》,人民出版社1955年版,第283页。

[9]《聂荣臻回忆录》上册,解放军出版社1983年版,第270页。

[10] 吴吉清:《在毛主席身边的日子里》,江西人民出版社1977年版,第240页、241页。

第八章
北上、南下风波

中央红军飞夺泸定桥,全部渡过天险大渡河后,中共中央于1935年5月31日在泸定县境内召开了政治局常委会议,参加会议的有毛泽东、朱德、周恩来、张闻天、王稼祥、陈云等人,讨论红军渡过大渡河以后的形势和任务。最后决定了两件事:一是中央红军向北走雪山草地一线,避开人烟稠密地区;二是派中央政治局委员、中央白区工作部部长陈云去上海恢复白区党组织。在这次会议上,邓小平调任红一军团政治部宣传部部长,原共青团中央局宣传部部长刘英接替邓小平任中央秘书长。泸定会议以后不久,陈云离开长征队伍,由当地的地下党组织派人护送,经成都、重庆转赴上海。

蒋介石"南追北堵"的大渡河会战计划遭到了惨败后,他跑到成都,亲自坐镇指挥。他电令薛岳、孙震、邓锡侯、刘文辉、杨森各部要对红军实施合围。6月5日,他给川军高级将领们还开了一次会,进行了训话。为了给川军将领们打气,蒋介石先声称,川军的精神面貌不错,就是经验不足,因此"使得土匪得以任意流窜,苟延其残余生命"。蒋介石还大谈"剿匪"的要领,抛出他关于"剿匪"的八点经验,如"流寇穷追,踞匪紧围","攻心为上,攻城次之","用土匪的战术来剿匪"等等。蒋介石还进行了新的部署,妄图将中央红军围困在雅安地区,将红四方面军阻击在川西北。

为了再一次打破蒋介石的计划,与红四方面军早日会合,中革军委也研究了中央红军下一步的行动方案。在6月2日,中革军委决定,不与敌人纠缠,绕

道雅安,兵分三路迅速夺取天全、芦山,实现同红四方面军的会合。具体部署
是:以红一军团(欠第五团)及红五军团为右纵队,归林彪、聂荣臻指挥,取道胡
庄街、石坪、小河子及其以西平行路,向芦山前进;红三军团、军委纵队及红五团
为中央纵队,以战备姿态取道化林坪、大桥头、水子地向天全前进;红九军团为
左纵队,由泸定直向天全前进。

征服"神山"

现在,摆在中央红军面前的是难以想象的恶劣的自然环境。蒋介石声称:
"(中央红军)现在进入雪岭不毛之地,村落稀少之区,自然一切要比我们更感困
难。所以我们只要认真做到这样'坚固壁垒,使不可攻;肃清原野,使无可掠'的
工作,土匪就可以不剿而灭。"确实,这一带的川西高原,不仅地势高,一般都在
海拔3000米以上,而且有荫翳蔽日的原始森林和高耸入云的雪山——岷山山
脉和邛崃山脉中的一些高山,都是著名的大雪山。

中央红军首先要经过荥经。荥经是一个古老的县城,地理位置非常险要,
驻荥经的敌军是杨森部杨汉忠旅、罗润德旅等。杨森是一个老牌军阀,当然是
把手上的这些军队看作为自己的老本。过去在川北,他是红四方面军的手下败
将,吃过大亏。他怕陷入蒋介石、刘湘借刀杀人的圈套,一旦被红军打垮,拼光
了家底,落得自己彻底垮台。为了给自己留条后路,他想了一个办法:与红军总
司令朱德拉关系。朱德过去与杨森在滇军里有旧交,北伐战争时期,朱又当过
杨森二十军的党(国民党左派)代表。杨森觉得可以利用这个关系,与红军达成
协议,让红军过境,互不侵犯,以保存自己的实力。于是亲自授意他的侄子杨汉
忠出面与朱德联系。杨汉忠根据杨森的密嘱,派亲信给朱德总司令送去信函和
部队的联络信号、番号等,要求与红军在途中互不侵犯。

朱德接信后,根据党对敌军的策略原则,决定抓住这一可利用的机会,为红军
北上争取时间,创造有利条件。他给杨汉忠写了复信:

汉忠师长吾侄勋鉴:

来函悉,吾侄深知兔死狗烹,鸟尽弓藏,殊堪嘉许,已按来意饬敝部先
头部队与贵军切取联系。

专复并颂勋绥!

朱德顿首

这样,当中央红军从清溪北进路过荥经县黄土坡时,杨森立刻电令杨汉忠

部朝天放枪,掩人耳目,给红军让路。因此,中央红军过荥经县境时,沿途基本无战斗,顺利通过了杨森的防线,继续向天全前进。在去天全的途中,红军首先爬过了二郎山附近一座叫甘竹的高山。这座山尽是原始森林,树林茂密,暗无天日,地面上是一层厚厚的腐枝败叶,林中藤缠树绕,根本无路可走,有些地方还需要砍树开路。再加上下着暴雨,脚下泥泞难行,部队行动非常困难。因此,聂荣臻称这一段路是"长征中最艰难的行军之一"。

红军进入天全时的战局形势是:前面有杨森部第四混成旅和刘湘部王泽浚旅,在天全河北岸的天全、始阳、芦山一带阻击,挡住红军前进道路;后面有薛岳率领的周浑元、吴奇伟、李抱冰及二十四军的刘元璋、杨学端部追抵冕宁、安顺场一线,敌军拥有比较好的架桥技术和收集渡河船只的便利条件,离红军只有几天路程。红九军团担任后卫守的泸定桥也快要受到东西两岸敌人溯江而上的夹击,有保不住的危险,形势十分紧迫。

因此,6月6日,中革军委命令红一军团以破釜沉舟的决心迅速夺取天全、芦山。接令后,红一军团立即向北急进,并以红四团进击天全,以红一团抢占芦山。同时,中革军委电令红九军团除留部分兵力坚守泸定桥外,以主力迅速急进攻打天全。

当时,红九军团军团长罗炳辉正值重病在身,但仍坚持指挥这次战斗,并写诗一首,以表决心:"辉病沉重旦夕间,中央陷危在天全。一息尚存赶营救,赤诚气勇破强敌。"就这样,罗炳辉被人抬着,与参谋长郭天民率领部队于7日晚赶到天全,出其不意向守敌侧背袭击。敌人遭到南北两岸夹攻,于8日拂晓溃逃了。

当时,天全城内受了国民党欺骗宣传的群众,纷纷逃往芦山城。红军战士们就化装成老百姓,杂入其中混进了芦山城。当天晚上,隐藏在城内的红军,从城西北角向敌团部及第一营发起突然猛攻。顿时,枪声和"缴枪不杀"的喊声,惊醒了守敌。守敌长官王泽浚仓皇弃城退上芦山岗二线工事,龟缩在里面。直到红军撤离,向灵关开进,城内居民大声高叫"红军走完了","红军走完了",王泽浚探知属实,才敢派队伍入城。

为了牵制敌人、掩护红军主力,中革军委命令红九军团在夺取芦山城后,从芦山东北向大邑、邛崃方向东进,以迷惑敌人。6月9日,红九军团根据军委命令,从芦山东进,下午抵达双和场地区。6月10日下午,进至邛崃县的双柳坪,在这里击溃了反动民团数百人的扰乱。6月11日,到达大川场,这是一个有上千户人家的较大市镇。红九军团的东进果然调动了敌人，川敌的三个团从大邑、邛崃奔大川场而来，潘文华也率军向红九军团活动的方向前进。

天全和芦山只不过是两座小县城，但是，红军到了这里，却感觉像到了天堂一样。在这里，战士们进行了短暂的休整，吃到了好久没有见到的各种蔬菜和从四川平原运来的东西。大家精神饱满，驱除了多日以来连续作战、行军的疲劳。在这里，中革军委又发出指示，要全军迅速北进，与红四方面军会合。而实现这一目标的关键环节是翻越夹金山去夺取懋功（今小金）。中革军委把这一任务交给了红一军团，红一军团则以二师师长陈光率四团为先遣队，让他们携电台先走，限6月12日前赶到懋功，由二师政委刘亚楼率五团跟进，军团部及一师等紧跟其后。

红四团向宝兴方向开进。中央军委为达到一、四方面军会合的战略任务指示

当时，国民党宝兴县县长和民团听说红军即将到来，早已闻风而逃。红四团随即进占宝兴，并从宝兴开往大硗碛，作翻越夹金山的准备。

夹金山又名甲金山，当地的藏民称它为"甲几"，夹金就是"甲几"的译音，它的藏语原意是说山很高、很陡的意思。夹金山属于邛崃山脉，横亘于宝兴县与懋功县之间。夹金山主峰4600多米，终年积雪，山上通行地段海拔多在4000米左右，处于雪线之上。这里空气稀薄，没有道路，没有人烟，气候变幻无常，时阴时晴，时雨时雪，时而大雾迷漫，时而狂风大作，可以说是飞鸟难展翅，走兽无踪影。以往，有不少行人在山路途中丧生，路边常见累累白骨。中央红军的大多数战士是南方人，从未经历过这样的气候，也从未见过雪山，再加上当时他们从云南过来时正值夏天，普遍衣着单薄，长途转战体力消耗极大，要翻越这座"神仙山"，无疑面临着难以想象的困难。但是，英勇的红军战士下定决心，一定要翻越这座雪山，实现与红四方面军会合的目标。

给全军开辟道路、首先翻越夹金山的还是红四团。这支先遣队在6月11日下午就在两个向导带领下，又继续前进，经头道桥、凉水井、扎角坝，临近天黑到了夹金山脚下的菩生岗。为了取得爬雪山的知识，红四团组织了几个工作组，深入当地居民中取经。翻过雪山的当地老乡反复告诚他们：早、晚时段都切莫过山，因为这时山上大雪纷飞，寒气逼人，山风四起，很是危险。要通过雪山的话，必须在上午 9 时以后、下午 3 时之前，而且要多穿衣服，带上烈酒、辣椒，好御寒壮气；还得带根拐棍，借力爬山。

红四团一面把这些情况向上级报告，一面积极做准备工作。村里的居民既少又穷，烈酒、辣椒都无法买到，只好让大家想方设法克服困难，每人备足两至三天的干粮，再准备上一根木棍。没有御寒的衣服可买，指战员们也只能身着单衣去翻大雪山了。

1935 年 6 月 12 日，红四团作为翻越雪山的先遣团，在嘹亮的集合号声中，穿着单衣，拿着木棍，高喊着"征服夹金山，创造行军奇迹"的口号，浩浩荡荡地向着夹金山前进。红军战士们沿着崎岖狭窄的山路，迎着袭人的寒风，穿过迷漫的晨雾，经筲箕窝、五倒拐向夹金山顶爬去。红四团二营为前卫营，六连为前卫连，前卫六连的同志，利用刺刀、铁铲在雪上挖着踏脚孔，后面的同志沿着前面闯出来的蜿蜒曲折的小路往上爬。部队在天亮时到了筲箕窝，爬上山顶时已是中午。这天中午天气晴朗，但山上仍有很厚的积雪，稍不小心，一失脚就会滚下山崖，掉进大雪塘或冰窖里丧生。据说红军长征时在夹金山上变成"肉包子"的人不少，意思就是如果有人不幸跌倒、顺着雪坡翻滚，全身都粘上一层很厚的雪，像个雪球，人体包在雪球中间就成了"肉包子"。

队伍越拉越长，仰面看，头顶上有人；低眼望，脚底下也有人。红旗灼燃似火，雪映战旗，色彩分外鲜艳。战马喷着雾气，衔尾相随。宣传队站在队伍旁宣传鼓动，喊声、歌声、说话声、马嘶声，前呼后应，震荡着白雪皑皑的山谷，发出一阵又一阵欢快的回声。

雪山是这样的奇险，举目四望，左面是松软的雪岩，右边是陡立的雪壁，中间是漫漫积雪，险峻情景，使人触目惊心。

天空的太阳虽然还是张笑脸，但是，在这座茫茫的雪山面前，已经失去了它的威力。明晃晃的阳光把白雪照得格外晶莹透亮，雪的反光刺得人们睁不开眼。越往上走，路就越窄，坡就越陡，雪也越来越深。山上的空气比山下更加稀薄，气温低得让人的手脚都冻麻木了。红军战士们的呼吸困难，行动费劲，大家努力地往上攀登，每走一步，都要花很大力气。但是每一个人都奋勇攀登，谁也没有叫苦，谁也没有叫累，有时不小心滑倒了，旁边的同志立即把他扶起。有的不慎掉到几米深的雪窝里，不等他喊，就有成群的人递去木棍、绑腿，拽的拽，拉的拉。被救的人爬上来拍去身上的雪，又继续前进。

在雪山上，讲话很费劲，但是筋疲力尽的政治工作人员仍然坚持进行宣传鼓动，实在呼吸困难，就用手势来鼓动大家继续前进。

看着战士们尽管使尽全身力气，但行军速度还是越来越缓慢，在行进约10公里的时候，杨成武政委与王开湘团长商量了一下，决定给大家进行一下鼓动，也提醒大家不要忘了雪山上无处不在的危险。杨成武踏上一块高坡，大声地说："同志们，老乡都说雪山是'神仙山'，鸟飞不过，人烟绝迹，只有神仙能过。如今我们上来了，岂不成了神仙！"

路越来越陡，小道几乎笔立起来了。弯弯曲曲的山路，虽然经过前卫的一番修补，但是骡马行走还是十分困难。这时，偏偏寒风又大声吼叫起来。这风一刮，乌云蔽天，顷刻间阳光就不见了。那山峰上的千年积雪，瞬息变作腐朽疏松的土墙，一堆堆、一块块往下倾斜、倒塌。雪流翻卷，一泻千丈。它撞到坚硬的冰山上，又溅起无数冰团、雪屑，犹如银蛇狂舞、玉粉飞扬，凛冽的大风夹卷着它直打在红军战士们的脸上、手上，就像刀割似的。他们只能用手捂住脸，忍着痛，冒着暴风雪跟跟跄跄地行进，透气都十分困难。

天气实在是太冷了，大家把所有能披的东西都披在身上御寒挡风，也还是觉得冷。越往上爬，空气越稀薄，呼吸越困难。有的同志头晕目眩，一步一停，一步一喘。大家互相搀扶着，几乎都是拼着全身力气，在同残酷无情的大自然奋力搏斗。

终于，战士们征服了困难，攀登到了山顶。虽然大家为此饱尝了难以言喻的艰辛，但是在征服这座高山后，战士们还是为能够战胜这大自然的险恶挑战而无比自豪。在山顶上，大家举目四望，只见千里冰雪，银峰环立，除了山峰上有几根孤零零的电线杆和少数民族用石头固定的旗杆之外，到处都是一片琼玉世界。俯视山下的队伍，像一条灰色长龙，蜿蜒而上，把这个琼玉世界划成两半。杨成武触景生情，诗兴大发，当即赋诗一首：

　　　　天空鸟飞绝，群山兽迹灭。

　　　　红军英雄汉，飞步碎冰雪！

全团人马安全地翻过了山顶。这时，团长清点了一下人数，没有一个掉队的。

6月14日，毛泽东、朱德等率中央红军主力，沿着红四团开辟的道路，开始翻越夹金山。与前卫团相比，中央红军主力部队过雪山面临着更大的困难。因为主力部队有伤病员、年老体弱人员、妇女等，身体素质相比较而言更弱。再加上辎重物资需要运送，更增加了主力红军过雪山的难度。

董必武后来回忆：

> 天刚蒙蒙亮，我们就出发了。简直没有路……我们就对准峰顶附近那个缺口，笔直地向上爬。浓雾环绕，大风凛冽，刚到半山，就下起雨来了。我们越爬越高，又撞上了让人担惊害怕的冰雹。空气越来越稀薄，呼吸越发困难。讲话是完全不可能的事，冷得人这呼气都冻了冰，手和嘴唇凉得发紫。有些人和牲口一步没走稳，就掉在冰河中，从此诀别。那些坐下来休息喘喘气的，就在原地冻僵……

在翻越雪山时，红三军团通讯班班长邱荣辉走到半山腰时，两眼一黑倒了下去，彭德怀虽然也是面色苍白，但是却喘着气大声叫他骑着骡子走。这个疲劳得奄奄一息的战士死活不肯骑上驮着文件的军团长的骡子，彭德怀急忙叫饲养员把骡子牵过来，叫邱荣辉抓住骡子的尾巴。邱荣辉就紧紧抓住骡子尾巴过了雪山。

红军领袖和各级干部，身先士卒，与战士们同甘共苦。毛泽东等中央负责人和普通战士一样身着单衣，将坐骑让给伤病员，手拄木棍艰难地行走。

周恩来当时身体虽然很不好，但他在最艰苦时总是走在队伍前头，用自己的模范作用来带动大家。他有一副担架，却让给了受伤的机要参谋。

朱德对战士们的关怀也无微不至。他也把马让给了伤病员，当大家都精疲力竭地躺下休息时，他却照往常一样，四处巡查。

干部团工兵连副连长黄朝天，在会理围城战斗中负伤，骑马快接近山顶时，遇到了一阵狂风，马被刮倒在地，他被甩进了一个雪坑，昏迷过去。战士们向他口里灌烧酒，然后抬着他艰难地前进。在最难走的路段，宋任穷政委和警卫员把担架抢了过来，艰难地一步一步地向山顶挪去，战士们几次要把宋政委换下来，他总是不让。

伍修权回忆：

> 警卫员同我相依为命，用数步子的办法来鼓励自己。开始说走一百步就休息，走一步数一步，走到整整一百步，就停下来喘几口气，接着再数着走一百步。以后，一百步也坚持不下去了，改成走五十步休息一次，后又改为三十步休息一次，再也不能减少了，走不动也得走，否则就只有永远躺在

这里。

杨定华在《雪山草地行军记》中也记述：

> 吃辣椒水的办法，结果只对身体强健的人起了作用，对身体弱的人则不生效力。这些体力弱的人竟有些冷得牙齿啪啪地响，有如机关枪发射的声音，甚至脸上也改变成黝黑的颜色……

> "强帮弱，大帮小，走不动的扶着走，扶不起的抬着走"，"不落一人，不掉一马"，红军战士呼喊着这样的口号向雪山前进。

> 有人掉雪窝里了。别人就把手里的木根、绑腿带子递过去，把他拉上来，继续攀登；

> 有人走不动了，战友便过来扶他走，背他走；

> 有人饿昏了，战友便把自己仅有的半块干粮饼子给了他……

在翻雪山的整个过程中，红军指战员们发扬了团结友爱、互帮互助的精神，使寒冷的雪山上呈现出一幕幕温馨的场景。

在饥饿、寒冷的情况下，如果能吃上几口干粮补充一点热量，就能活下来。但是，爬雪山时许多人在生死关头首先想到的却是别人。有一位当年在收容队的同志回忆，当时他负责帮助掉队的人员过山时，看到山顶上掉队的同志很多，倒下的人很多，有的很快就失去了宝贵的生命。有的起来倒下，倒下又挣扎着起来。收容队的人员都赶忙把没舍得吃的一点点干粮掏出来，送给倒在自己身旁的同志。可他们接过干粮，只咬一口，又递给了旁边的另一个同志。一块银圆大的干粮，传了几个人才吃完。

神圣的雪山见证了红军队伍战友之间神圣的友情，正是红军队伍内部这种团结友爱的战友情，帮助这支队伍战胜一切艰难险阻，越过神仙才能逾越的夹金山。对于红军过雪山时所表现出来的团结互助的精神，聂荣臻在回忆录中感慨地说："就整个来说，我们全靠万众一心，群策群力，互相帮助，发扬了阶级友爱，胜利地越过了夹金山。我也和大家一起，因为想到我们盼望已久的四方面军的战友就在山脚下，自己也说不清当时从哪里来的那一股体力，硬坚持着越过了雪山。"[1]

到了山顶后，下山则相对容易得多，一些胆子大的战士干脆坐下来，像滑滑梯一样溜下去。

1935 年 6 月 18 日，中央红军胜利地征服了"神仙山"——夹金山。

达维喜相逢

6月12日,先遣的红四团官兵下山时,已不像上山时那样吃力,战士们的歌声此起彼伏,荡漾在重重的山谷里,好像是专门唱给夹金山听的。

越往山下走,越感到气温骤增,像是从冬天忽然闯入了春天。再看周围的景色,也像有了春意,两边石壁上,不但不见厚厚的白雪,竟有青苔、小草和绿葱葱的青松。草不高,只一二寸长,还有几株不知名的淡黄色的野花在启瓣绽放,迎风摇曳,散逸着幽微的香气。在这千年冰封的雪山上,有这样的绿色世界,不能不说是个奇迹。

下至半山,在路边的山坡上,有三五成群的牦牛在悠然戏逐,这是红军战士们在夹金山上第一次看见动物。这时,山脚下突然响起一阵枪声,战士们一个个警惕地注视着前方,握紧手中武器,准备向前冲杀。

前卫营营长曾庆林向王团长、杨政委报告说:他们刚到达山下,就发现前面有情况。因风太大,互相问话也听不清,至今谁也搞不清对方是干什么的。他已指挥二营展开战斗队形,让六连掩护,四连准备出击。

王开湘、杨成武一边听营长的报告,一边拿起望远镜看去,只见山下不远处是一个村庄。在村子周围的树林中,影影绰绰地有不少人来回走动,他们身上背着枪,头上戴着军帽,显然是部队,但这到底是什么队伍呢? 王开湘、杨成武立即派出三个侦察员去探明情况,并试着叫司号员用号音同他们联络,又叫人大声向他们喊话。但从对方号音中也判断不出是敌是友,喊话又因距离太远,对方也听不见。红四团决定做好战斗准备继续前进。忽然,山风送来一阵很微弱的声音,后来,这声音越来越大了,仿佛听见"我们是红军"! 但是,红四团是前卫团,再往前,就没有自己的队伍了,怎么会有红军? 难道,他们就是红四方面军?

关于红四方面军,当时杨成武等人只知道他们在岷江边的理番、茂县一带活动,还不知道他们这么快就到了夹金山北麓。

这时,一个侦察员飞奔而来,边跑边喊:

"红四方面军的同志来了!"

与此同时,山下传来了清晰的"我们是四方面军"的喊声。

顿时,整个山谷响起了一片欢呼,震得山谷抖动。红四团指战员们蜂拥而下,同红四方面军的同志紧紧握手,互致问候,热泪夺眶而出! 就这样,红四团与红四方面军先头部队第八十团实现了会师!

此情此景,怎能不让红四团的官兵们激动万分!从江西中央苏区跨过雩都河那天后的 200 多天里,一万多里的征途上,遇到的都是敌人的紧紧追击、重重堵截和想象不到的层层困难,从来没有看到兄弟部队的战友。在湘江之滨,大家虽然那样热切地盼望与红二、红六军团会合,但却未能实现。此刻,突然与红四方面军会合,怎能不让人激动!怎能不欢喜若狂!真是翻越夹金山,意外遇亲人!

红四团的同志们欢呼着涌进了山下的村庄——懋功的达维村,红四方面军的同志忙着把自己住的房子腾给红四团的战友住。晚上,一、四方面军的先头部队在达维村的广场上召开了会师联欢晚会。熊熊的火焰映红了天空,战士们的脸上闪烁着欢乐的光辉。

红四团与红八十团会合的喜讯迅速向红一、红四方面军传去。当天,红四团向中革军委报告,他们已经翻过了夹金山,到达了达维,与红四方面军先头团会合。

中革军委接电后,立即发出"万万火急"的喜电,把红四团与红八十团在达维会合的消息告诉

达维会师桥

红九军团,并命令红九军团停止东进,立即北上,随红五军团之后(尚在宝兴县北部)跟进,在达维与红二十五师会合联欢。

红军中的另一支部队——红一军团一师,由师长李聚奎、政委黄甦、政治部主任谭政率领,沿着宝兴西河经五龙、陇东、中岗、土巴沟,于 6 月 18 日翻越夹金山直抵懋功城,与红四方面军会师。

中央红军主力翻过雪山后,在山下受到了红四方面军欢迎队伍的热情接待。前来欢迎的红四方面军队伍,除了八十八师以外,还有二十五师,统一由三十军的政委李先念带队。李先念当时驻在懋功,中央领导于 6 月 18 日也到了懋功。

懋功路口,跨越沃日河上古老的猛固桥头,白塔旁,6月18日,红三十军在这里迎来中共中央和中央红军主力。两支队伍欢聚在一起。毛泽东、周恩来、朱德、张闻天等领导人,离开达维50多里后,走上"猛固桥",向懋功城进发。

懋功会师桥

6月18日,红军总司令部和总政治部联合发出《关于一、四方面军会合后部队休整的规定》。《规定》要求各部队在休整期间,要"以团为单位召开同乐会",与红四方面军部队进行广泛的联欢和学习活动;"以团为单位集中各连战士送四方面军的礼物",相互帮助,克服困难。

当晚,毛泽东等和中央红军的几位领导人,在天主教堂的东厢房里,亲切会见了红三十军军长李先念。李先念回忆说:

> 我第一次见到这么多中央领导同志,心情特别激动,也有一点拘谨。毛泽东同志充分肯定了四方面军的战绩,给四方面军很高评价,并代表党中央和一方面军全体同志,对四方面军全体指战员表示亲切地关怀和慰问。毛主席说,过去两支红军独立作战,现在会合了。这样,我们的力量更大了。[2]

懋功会师,两军欢庆,红四方面军为远道的战友准备了宝贵的粮食、衣物,而中央红军也尽力筹措,向红四方面军的战友送出自己心爱的礼物。红九军团林伟在长征日记中这样写道:

> 这是历史的伟大的见面。两军长途行军,万里征战,现在在川西北海拔3000公尺著名

懋功会议的天主教教堂

的邓睐山脉伟大的(地)会合了。每一个人的情感都甚为激动。上级机关号召大家准备好见面礼物。许多同志都在互相拟议着。有的准备把中华苏维埃共和国临时中央政府一九三二年发行的公债券,有的把印有列宁像的一元货币,有的把自四五次反敌人围剿战争中,每日在战场上所记述的"阵中日记"等宝贵的纪念品赠给英勇奋战、百战百胜的红四方面军的同志们。每次行军劳累,但仍不疲倦地谈论着会合的问题。

中央红军总政治部于 6 月 15 日在《红星》报上,以《伟大的会合》为题发表了社论,祝贺两军的胜利会师,并高度评价说,一、四方面军会合"是历史上空前伟大的事件,是决定中国苏维埃运动今后发展的事件"。这一伟大会合的成功,是红军第五次反"围剿"以来最伟大的胜利。

特别值得一提的是,红九军团为了确保中央红军主力翻过夹金山,实现这一伟大的胜利,在宝兴、灵官一带进行了艰苦的阻击战。他们抵挡住了近四万川军的进攻,严防死守了一个星期。没有红九军团的这一突出贡献,中央红军主力是不能顺利实现翻越夹金山与红四方面军会师这一战略目标的。

"神仙山"被征服了! 红军两大主力会合了! 这一胜利,粉碎了蒋介石分割、围歼红军的阴谋,极大地鼓舞了广大红军指战员的斗志,壮大了红军的力量,开创了革命的新局面。

两河口的初次较量

两大主力方面军会师后,红军将何去何从? 中央的意图是:"占领陕甘川三省,建立三省苏维埃政权。"张国焘则提出组织远征军,西进青海、新疆等地,或者全部南下川康边界。

驻在茂县的张国焘得到红一、红四方面军胜利会师的报告后,即致电朱德、周恩来、毛泽东,通报了当面敌情,并主动表示:"目前西征军须稍为休息,可立将我军(指红四方面军)包抄打主要方向,南大(打)薛岳、刘湘,或北打胡宗南。"[3]

为统一两军思想,中共中央电邀红四方面军领导人张国焘来懋功商谈这一系列事关全局的重大战略计划。会议地点在两河口。

两河口,位于懋功县境内,处于小金川发源地的支流中间和横贯绵亘的虹桥山脉脚下。从西北的梦笔山和东北的邛崃山流过来两条溪流——梦笔河和虹桥沟在此汇合,故取名为"两河口"。它似乎正象征着中央红军和红四方面军

两河口会议旧址

两军的会师。尽管已是盛夏，但河里的流水是由山上积雪融化而成的，凉爽宜人。

26日上午9时，中央政治局在两河口召开扩大会议，着重讨论两军会师后的战略方针问题。

会议首先由周恩来代表中共中央和中革军委做报告。他回顾了中央红军撤离中央苏区后战略方针的几次变化。随后，他分析了两军会合后的形势，着重就今后的战略方针、战略行动和战争指挥等问题进行了阐述。关于战争指挥问题，周恩来强调了三条最高原则：一是应集中统一，指挥权要集中于中革军委；二是为使作战更有力量，须组织为左、中、右三个纵队；三是加强政治工作。

张国焘发言中，表示反对北上建立川陕甘根据地的战略方针。理由是北有雪山、草地，气候严寒，行动不利，部队长途行军会有大的减员。更重要的是北边有胡宗南部20余团兵力，如打不下胡敌，即便到了甘南也站不住脚。他认为，康西有800万人口，如能以松潘、理番、懋功、西康为后方发展根据地，消灭胡敌当更有把握。

张国焘认为今后的行动可有三个计划：一是以现在所占领的地区为起点，向川北、甘南至汉中一带发展后方，可命名为"川甘康计划"；二是转移到陕甘北部行动，夺取宁夏并将其作为后方，以外蒙为靠背，即"北进计划"；三是转移到兰州以西的河西走廊地带，以新疆为后方，这就是"西进计划"。张国焘阐述了这三个计划的利弊，倾向于执行第一个计划。

中央政治局决定一、四方面军会合后的战略方针

两河口会议虽然只开了半天,但这是两大主力红军会师后的第一次重要会议。会议正确分析了两军会师后所面临的形势和川陕甘、川康边的实际情况,确定了两军共同北上、在川陕甘创建根据地的战略方针,为红军的行动指明了前进的方向。当时,无论从国际、国内形势来看,还是从当时的敌情来看,中央决定北上的战略方针是顺应时代潮流的。

中央的北上战略方针,充分考虑了当面敌情,顺应了国际、国内形势,利于革命力量的未来发展需要,是切实可行的、正确的战略方针。红一、红四方面军会师后,存在着许多把中国革命大本营放在川陕甘地区的有利因素。

中共中央和中革军委原计划是要在川西北地区建立新的根据地,但在两军会师后发现,川西北地区地广人稀,山高地瘠,贫穷落后,给养困难,又是少数民族聚居区。红军在这里建立根据地,既没有有利的地形,也没有适当的群众条件,且远离广大的中原地区,不利于在全国范围内扩大中国共产党的影响。中共中央和中革军委审时度势,决定放弃遵义会议制定的关于在川西北建立根据地的计划,集中力量向东、向北发展,在川陕甘建立根据地,无疑是明智之举。

沙窝里的斗争

7月16日,陈昌浩在张国焘的策动下致电中革军委,除向中革军委报告毛儿盖的战况外,主要讲他非常希望指挥统一,以振全军官兵士气,提高军队的纪律和党的纪律,并坚决反对"右"倾和肃反,企图给人留下"这是红四方面军全体官兵的意见"的印象。仅隔两天之后,陈昌浩竟然径直向张国焘、徐向前发电并转朱德,建议张国焘任中革军委主席。

直到此时,张国焘的野心才完全暴露出来。面对张国焘咄咄逼人的夺权气势,党中央及中革军委为了顾全大局,为了团结张国焘,对此做了灵活、慎重的考虑。毛泽东和张闻天反复商量,由周恩来高风亮节让出红军总政委的位置。[4]

为了统一部队的指挥,加强两军的团结,胜利完成北上的任务,7月18日,中共中央政治局常委会在芦花(今黑水县城)召开了扩大会议,主要讨论组织问题。会议由张闻天主持,他首先提出关于人事安排的建议:"军委设总司令,国焘同志担任总政治委员,军委的总负责者。军委下设小军委(军委常委),过去是四人,现增为五人,陈昌浩同志参加进来,主要负责还是国焘同志。恩来同志调到中央常委工作,但国焘同志尚未熟习前,恩来暂帮助之。这是军委的分工。"在讨论中,张国焘强调要提拔新干部,还提出要向中央委员会增补成员。毛泽东说:"提拔干部是需要的,但不需要这么多人集中在中央,下面也需要人。"张国焘只得暂时作罢。张闻天最后作结论说,大家意见一致,很好,现在主要任务是集中力量打好这次战役;并宣布决定:张国焘为红军总政委,朱德仍任总司令,陈昌浩为中革军委常务委员,博古为红军总政治部主任。[5]

同日,中革军委向各军团首长发出通知:

一、四方面军会合后,一切军队均由中国工农红军总司令、总政委直接统率指挥。仍以中革军委主席朱德同志兼总司令,并任张国焘同志任总政治委员。[6]

7月21日,中革军委决定组织前敌总指挥部,徐向前兼总指挥,陈昌浩兼政治委员,叶剑英任参谋长。同时决定,中央红军之一、三、五、九军团,依次改为一、三、五、三十二军;红四方面军之四、九、三十、三十一、三十三军的番号不变。还决定,两大主力红军指战员要相互交流,以促进两军的团结和部队的建设。

这时敌情又发生了新的变化,国民党军各路部队大军压境,陕西、甘肃的国民党军及东北军也在调集中,准备阻击红军北进。[7]由于这些新变化,中革军委在6月29日制定的《松潘战役计划》已经不能按原定计划实现。7月19日,中革军委又制定了《松潘战役第二步计划》,对原定松潘战役纲领做了补充。

8月4日至6日,经过无数艰苦磨难的中共中央领导人,为了中国革命的胜利前途,就在毛儿盖十八寨之一的沙窝这个小寨子里,再次同张国焘的错误路线进行了斗争。会议排除了张国焘的影响,基本通过了决议案。《关于一、四方面军会合后的政治形势与任务的决议》共分七个部分。《决议》重申两河口会议创造川陕甘苏区根据地的精神,指出,一、四方面军兄弟般的团结,是完成创造川陕甘苏区、建立中华苏维埃共和国的历史任务的必要条件,一切有意无意地破坏一、四方面军团结一致的倾向,都是对于红军有害,对于敌人有利的。

为了顾全大局,也为了尽一切可能与张国焘搞好团结,中央在组织问题上还是做出了一些让步,决定增补陈昌浩、周纯全两人为政治局委员。这样一来,中央政治局正式委员由原来的8人增加到了10人。

沙窝会议于8月6日还决定成立由周恩来担任司令员兼政委的红一方面军司令部,由陈昌浩任总政治部主任,周纯全任副主任。这样,中央红军再次改称为"红一方面军"。

定计毛儿盖

为了实现《夏洮战役计划》，沙窝会议之后，左路军各部开始以卓克基为中心集结，右路军各部开始以毛儿盖为中心集结。

8月10日，前敌总指挥部徐向前总指挥、陈昌浩总政委发布了《右路军行动计划》，决定右路军分三个梯队，采取阶梯队形，交互掩护，蝉联北进，并以红三十军第二六五团、第二六四团为先遣兵团经墨洼过草地向班佑侦察前进，占领班佑、撒路、包座地域，以其主力控制固守，掩护

前敌总指挥部旧址（九九密电事件时所在地）

右路军主力北上；以一部兵力向松潘之敌佯攻，以吸引胡宗南部大部于松潘城附近；岷江两岸的牵制部队殿后，逐段掩护，适时向主力靠拢，衔接前进。

8月11日，红一方面军司令部司令员兼政委周恩来也就北上准备工作向各部队发电报，指示红一、红三军，依据总司令部《夏洮战役计划》，红一方面军主力将出右路，应准备在7到10天内经班佑前进。同时，要求各军加紧对骑兵战斗及平原战斗的教育；努力筹粮，反对浪费，改善给养，每人带足15天粮食；收集土布、羊毛，每人有皮衣，每连有帐篷。[8]

前敌总指挥部徐向前、陈昌浩将右路军的行动计划于8月13日电告了张国焘。

张国焘同意北上，要求左路军部队做好北上的一切准备。8月15日，当朱德、刘伯承从毛儿盖回到卓克基以后，左路军先头部队开始出发北上，执行夏洮战役计划。

同日，朱德、张国焘给徐向前、陈昌浩回电并请他们转朱瑞、林彪、聂荣臻、彭德怀、杨尚昆，其电文大意为：一纵队现在已经陆续北进，19日可进攻阿坝，然后继续向夏河前进，并以一部分兵力出班佑方面与右路军联络；右路军及三纵队应迅速由徐向前、陈昌浩部署，马上蝉联北进，经班佑向洮河左岸出动；除对松潘、黄胜关之敌警戒外，红三军在北进时，应令红二十九团在后面游击掩护，

然后接管红二六九团防务并在其防务地东部活动。最后,他们还就红三军的北进道路及其选择等问题与徐向前、陈昌浩进行了沟通,请他们酌情而定。

北上雕塑(卓克基长征纪念馆)　　　　　　　　《夏洮战役计划》

就在左路军出发的当天,尚在沙窝的中共中央领导人对左、右两路军行动计划进行分析以后,根据客观实际,决定改变原《夏洮战役计划》中关于左路军主力经阿坝北上东出的决定。于是,中共中央致电张国焘:"不论从敌情、地形、气候、粮食任何方面计算,均须即时以主力从班佑向夏河急进。左路军及一方面军全部,应即日开始出动,万不宜再事迁延,致误大计。""目前洮、夏敌各尚薄,迟则堡垒线成,攻取困难。""班佑以北,粮、房不缺,因此一、四两方面军主力,均宜走右路。左路阿坝,只出支队,掩护后方前进。"[9]

中央来电击中了张国焘的要害,他本想瞒天过海,等到阿坝以后再明目张胆地执行其"西进"计划,没承想连阿坝也去不成了。张国焘却并不甘心,他没有收回成命,仍指挥左路军先头纵队向阿坝前进,坚持西出阿坝。

18日,陈昌浩、徐向前就右路军出动情况及对左路军行动意见致电朱德、张国焘,建议以主力向洮县、岷县一带发展进攻,左路军大部不应深入阿坝,应迅速向右路军靠紧,速齐头并进,以免兵力分散。

红军总司令部于19日凌晨2时回电:"一纵主力与右路齐头靠紧前进,为战胜敌人的先决条件。""须知右路对松潘,对夏、洮都须单独作战,最大限度集结主力,当高于一切。""阿坝仍须取得,一是财粮策源,必要时可助右路,二是可多劈北进路,三是后方根据。"[10]

同日,红军总司令部关于左路军出查理寺、班佑问题再次致电徐向前、陈昌浩,决定于21日以二十五、九十三两师攻打阿坝。原因是右路军与左路军联络困难,若左路军不向阿坝攻击,将无粮食并受到许多股藏兵骑兵的扰害。

由此可以看出,张国焘在找种种理由与借口,拒不执行中央北上的战略方针,也不执行中央关于左、右两路军经班佑向夏河进击的指示,执意派部队攻打阿坝。

为克服张国焘的阻挠,实现北上抗日的战略方针,中央政治局于 8 月 20 日在毛儿盖再次召开扩大会议,详细分析了敌我双方的情况,对中央政治局两河口会议的决定又作了具体的补充。由于没有了张国焘的阻挠,大家很快就当前红军急待解决的重大问题达成了一致意见。毛泽东十分高兴,还特意表扬了陈昌浩。最后,会议决定由毛泽东起草一个决议,以补充 6 月 28 日中央政治局两河口会议通过的《关于一、四方面军会合后战略方针的决定》。同一天,中央政治局通过了由毛泽东起草的《关于目前战略方针之补充决定》,详细分析了开辟甘陕根据地的益处。

毛儿盖会议是两河口会议的继续和深入。这次会议,改变了《夏洮战役计划》的具体部署,变右路军为北进主力,对提高红军广大指战员对北上路线的认识,克服张国焘的阻挠,确保北上抗日战略方针的实现,起了一定的作用。

一、四方面军携手过草地

由于张国焘的阻挠,使红军停留在懋功、卓克基、毛儿盖地区达两个月之久。毛儿盖会议之后,中央北上的战略方针才得以开始付诸行动,右路军迈上了征服大草地的艰难路程。

蒋介石曾判断红军可能东出四川,也可能向西北行动。如出西北,他认为红军是不可能走松潘西北草地的,突围路线一条是从毛儿盖、松潘经腊子口出甘南,一条是从理番出平武、青川、碧口沿阴平故道再出文县、武都。蒋介石命令薛岳部于 8 月上旬推进到文县、武都、平武、青川一线,与胡宗南部联防,防堵红军北上与当时正在甘陕边活动的红二十五军会合。又决定胡宗南部归薛岳指挥,集中在松潘、樟腊营、黄胜关、包座一带,堵截红军北上。蒋介石又调集川军主力,封锁岷江,妄图困死红军。"松潘草地乃北面天然地障,飞渡不易,因此北堵南追,集中主力封锁,红军插翅难逃。"[11]薛岳也曾说过红军要想"通过软沙没人之草地,势有不能"。因此,毛泽东决定横跨草地,北出甘南,实在是大大出乎了他们的意料!当然,这一决定,也着实是一着险棋!

若尔盖大草原,位于川西北青藏高原与四川盆地的连接地段,历史上一直为松潘所辖,所以也叫松潘草地,面积约 1.52 万平方公里,海拔在 3000—4000 米以上。那一望无际的草原远远望去,像一片灰绿色的海洋,草原上不见山丘,不见林木,没有任何人居住,也没有任何道路,东西南北,茫茫无际。有两条河流由南至北纵贯其间,这就是白河(即噶曲河)和黑河(即墨曲河),河道弯弯曲曲,支流纵横。由于水流迟缓,排水不良,积水而成的泥潭星罗棋布,形成了大片的沼泽。多年的水草,长得盘根错节,结络而成片片草甸覆盖于沼泽面上,草甸下面积水瘀黑,腐草堆积,泥泞不堪,浅处齐膝,深处没顶。人畜在草地上行走,须脚踏草丛根部,沿草甸跳跃前进。不然的话,就会陷入泥潭。无论是人还是牲畜一旦陷入其中,越挣扎则会陷得越深,如无人救助,将很难自拔,直至污浊的泥水淹过头顶,被草地吞噬为止。这里虽是水草地,但由于水流不畅,水质相当恶劣。恶臭的沼泽水无法饮用,稍有外伤的人和牲畜,伤口被水浸过后就会红肿溃烂,很难医治。在河间地带,时有相对高度在百米以下的浅丘隆起,其形态多为缓坡平岗。每年5—9月是草地的雨季,占年降水量的90%,大量的降雨,使本来就泥泞的沼泽地更加显得"千疮百孔"。草地气候也非常恶劣,年平均气温在摄氏零度以下,雨雪风雹来去无常,时而晴空万里,烈日炎炎;时而阴霾蔽日,电闪雷鸣。自然条件的恶劣,使得草地广阔的区域渺无人烟。自古以来,除了极少数藏民在这一带放牧出没外,绝少行人。

茫茫的大草地,隐藏着多少不为人觉察的危险,直到当时为止,中国历史学家和地理学家也尚未勘察过这个地方,探险家们也没有涉足这里,更没有一支军队从这里走过。

为了实现中央提出的北上战略方针,红军义无反顾地踏上了这块充满神秘和死亡的水草地。辽阔的草原,起伏的山丘,湛蓝的天空,交织成一幅壮丽而神奇的画卷。行进的队伍,逶迤蛇行,忽隐忽现,如同漂泊在浩渺无边的绿色海洋之中。这片草地的昼夜温差很大,红军正是在雨季末期进入水草地的,这无疑更增加了行军的难度。

8月份,在内地是炎热的夏天,可在川西北,进入草地就过冬天。红军开始跨入这死一般寂静的大草地,在草地的边缘时,还可以看到一些稀疏的树木、山坡和牦牛走过的足迹,再往草地深处走去,只见草连天,天连草,浩瀚的草海上没有一丝人烟,甚至也不见鸟兽,不闻虫鸣,原始的寂静笼罩着一切。

为了胜利穿过这块危机四伏的"魔毯",毛泽东等领导人亲自抓右路军草地行军中的重大问题。为了克服草地行军的困难和危险,前敌指挥部多次召开会议,研究草地行军问题。为了查明与找到过草地的捷径,叶剑英在程世才军长的帮助下找到了一位姓李的向导。通过了解和侦察,叶剑英立刻从红三十军回到前敌总指挥部汇报情况，并提出愿率领一部分兵力先行开路。毛泽东听取叶剑英的汇报后，马上召集会议，进一步研究右路军北上的具体路线，最后确定了右路军经草地到班佑，然后走拉卜楞的行军路线。并决定叶剑英率领两个团与杨成武所率领的红四团一并先行开路。为了使先遣团能顺利为红军开辟出一条通道，毛泽东向草地先遣团——第一军第四团政委杨成武交代任务。

长征时期的叶剑英

　　8 月 17 日清晨，杨成武带着骑兵侦察排，从驻地波罗子附近，飞奔党中央的驻地毛儿盖。此时毛泽东和周恩来同住在一个普通藏民的房子里，按照当地藏民的习惯，房子的底层养牲口，楼上住人，毛泽东和周恩来分住在北屋和西屋，保卫局局长邓发住在中间的屋子里。

　　见到了毛泽东，杨成武激动地受领了先遣任务。毛泽东一手指着地图，向杨成武郑重地指出："要知道草地是阴雾腾腾、水草丛生、方向莫辨的一片泽国，你们必须从茫茫的草地上走出一条北上的行军路线来。"毛泽东说，只有穿过草地北上，红军才能获得生机。接着，毛泽东又详细地分析了过草地可能遭到的困难，并询问了部队的思想情况和过草地的物资准备情况，嘱咐杨成武要尽量想办法多准备些粮食和衣服，减少草地行军的困难。他又强调说："克服困难最根本的办法，是把可能碰到的一切困难向同志们讲清楚，把中央为什么决定要过草地北上抗日的道理向同志们讲清楚，只要同志们明确了这些，我相信没有什么困难能挡得住红军指战员的。"

　　杨成武向毛泽东报告了部队的情况，并说找到了一个熟悉地形的 60 多岁藏族通司，准备以八个同志用担架抬他带路。毛泽东非常高兴，同时也指出："一个向导解决不了大部队行军的问题，你们必须多做一些'由此前进'并附有箭头的路标，每逢岔路，插上一个，要插得牢靠些，好让后面的部队跟着路标，顺利前进。"

　　杨成武接着来到徐向前那里，汇报了情况，接受了具体指示。随后，杨成武迅速返回部队，认真传达了指示精神，积极做好过草地的各项准备工作。

　　首先是进行物资准备。中央当时的要求是每人带足 15 天的粮食，收集土布、羊毛等，做到每人有皮衣、每连有帐篷。但是，筹备这些物资的工作遇到了巨大的困难。在这人烟稀少、农作物产量不高的高寒山区,到哪里去买这些东西呢?而且红军在这里已经住了一个多月,已消耗了大量的物资,能够筹到的就更有限了。当时的战士们,能够买到一张羊皮捆在身上防寒就是最大的幸福了。

由于这一带地广人稀,物产不丰,等到筹粮工作结束时,也无法达到每人带15斤粮的要求。最多的能带8到10斤,一般的只带5到6斤,有的仅有2到3斤。

在进行物资准备的同时,进行了北上打骑兵的军事训练。各部队按照这个指示,开展了打骑兵的训练,叶剑英副参谋长还深入到部队中去,亲自讲解步兵与骑兵作战的战术原则,通过训练,各部队都掌握了一定的打骑兵的战术。

进行物资准备和军事准备后,红军还进行了精神准备。8月20日,红一方面军发布了《北进前的政治工作保障计划》。

经过一段时间的紧张工作,这些物资、军事、精神准备工作告一段落,由于条件所限,红军过草地的物资还是不够充分。但是,充满了革命乐观主义的红军战士们,丝毫没有因为物资不充分而动摇过草地的决心。在中央的带领下,红军战士们义无反顾地向大草地进军了,一场史无前例、悲壮英勇的草地之行就要开始了。

8月18日,右路军先头部队——三十军三团在叶剑英的率领下向班佑进发,左翼的红一军也以红四团为先头,于21日由毛儿盖出发,先后踏上了征服泽国草地的艰难历程。右路军其他各部,在先头部队之后也相继进入草地。

右路军过草地的行军序列分为左、右两翼:左翼前锋为林彪的红一军,仍以红四团为先遣团;继后是中革军委纵队、红军大学等。右翼为徐向前、陈昌浩率领的红三十军和红四军。彭德怀率红三军为总后卫,走左翼行军路线。这是一个一、四方面军携手并进的编队。中共中央主要领导博古、王稼祥、周恩来、毛泽东等都在右路军中右翼行军。

8月22日,徐向前、陈昌浩离开毛儿盖,随三十军进入若尔盖大草原的边缘地带,开始了穿越草地的艰苦行军。在党中央、中革军委的率领下,红军战士们满怀信心,再一次准备迎接挑战,穿过这块危险的魔毯!

这是军事史上罕见的艰苦行军,是人类同自然界的殊死搏斗。在红军战士的行军途中,处处潜伏着夺去生命的危机。

饥饿、寒冷、缺氧、沼泽,随时威胁着年轻的红军战士鲜活的生命。

红军战士们必须在茫茫的草地中闯出一条生路来,而这条路却是这样的难以寻找。对刚刚踏上这块土地的红色指战员来说,8月这繁花似锦的草地是那样的美丽。但是,在那鲜花之下却隐藏着大自然残酷的袭击和死神的威胁。这里根本无路可循,部队只有在藏族向导的指引下,踏着掩盖千年沼泽的草甸缓缓而行。茫茫草地中,所谓的"路"踩上去软绵绵的,像荡秋千一样晃来晃去,红军战士们只有从一个草甸跨到另一个草甸跳跃前进,或者拄着棍子探探深浅,几个人搀扶着走。这样,一天下来,精疲力竭。

过草地有三怕:一怕陷入泥沼。如果稍不留神,就可能没踩到草甸而陷进泥沼。泥沼一般很深,如果拼命往上挣扎,就会越陷越深,来不及抢救就会被污泥所吞噬。往往是一个红军战士陷进去后,另一个战士伸手去拉,用力过猛也会被带着陷进去。如果骡马陷了进去,大家就只能眼睁睁地看着它们被泥沼所吞噬。那魔窟似的泥沼,随时随地准备吞噬饥寒、疲惫的人马!二怕下雨。部队进入草地后,几乎无日不雨。雨水淋透了战士们单薄的衣衫,也淹没了部队前进的路线。有些地段,连续几十里水深没膝,使向导难以寻找过去游牧留下的痕迹,有的战士也因此偏离了行军路线,陷入淤泥而为沼泽所噬。三怕渡河。草地的河流虽然不多,水面不宽,但水流湍急,河底又高低不平,水冷刺骨。战士们稍有不慎,就有被水冲到河里的危险。冲倒后,即使被抢救上岸,也很少有人能够生存下来。因为河水把衣服泡湿后,无衣服可换,别人也无衣服可借或赠送,寒冷难忍,更无力走路,便牺牲在草地上。所以尽管过河时实行了各种措施,但每过一条河,总有几个人不幸牺牲。

饥饿,是草地行军中的又一大危机。由于下雨,找不到或只能找到很少的树枝和干草,无法煮饭。战士们准备的青稞炒面,没有水,干吃很难受,而且被雨水淋过的青稞粉变成疙瘩,更加难吃。战士们口渴难耐,但是草地中的积水,由于陈年衰草腐蚀其中,都是有毒之水,闻到就使人恶心,伤口感染上了这种水,即刻就红肿溃烂。如果不慎摔跤,掉进毒水中的干粮也就不能吃了,立刻面临绝粮的危机。有的战士不堪忍受口渴之苦,喝下有毒的水后,付出了宝贵的生命。行程未及一半,一些单位即告断炊,草地荒无人烟,根本谈不上沿途补充粮食。因此,当身上的干粮吃完以后,大家就都不得不去寻找野菜吃,有人吃了有毒的野菜,浑身浮肿,躺在草地上再也起不来了。为此,卫生部门挑选了几十种可吃的野菜,如水芹菜、马齿菜、茴茴菜等,供部队寻找食用。但是,部队人多,有时这些野菜也找不到。所以,有的红军战士饿得难忍时,就像牛羊一样,拔青草、摘树叶和挖草根当作干粮边走边吃。吃下后恶心、呕吐,或肚子膨胀发病,痛得打滚是常事,而第二天还得照样拔来煮着吃。只要是能吃的东西,甚至是身上的皮带、皮鞋、皮毛坎肩,还有马鞍子,都拿来煮着吃。有的战士饿得实在没办法,就将前面部队人员或马匹拉下的粪便中还未消化的麦粒一粒粒挑出来,洗了再用茶缸煮着吃。虽然各部队都想方设法地解决饥饿问题,但仍有许多人因饥饿而倒了下去,未能走出草地。

草地上寒冷的气候,也是威胁红军战士生命的一大因素。草地天气,一日三变,温差极大。草地的8月虽然是最暖和的季节,白天最高温度可达摄氏30度,但是昼夜的温差仍在25摄氏度以上,夜间的温度会降至零摄氏度左右。正如当地人所说的,草地似乎没有夏天,只有延长了的冬天。红军战士们过草地前,经过十几个月的转战,大多衣衫单薄。在过草地之前准备的棉衣、皮衣根本就不够几万人穿。为了抵御严寒,战士们只好找各种兽皮如羊皮、牛皮、狗皮等披在身上,还有人把毯子裹在身上,穿得五花八门。在雨中,有戴各式各样草帽、斗笠的,有打伞的,有顶油布的,有的同志没有军帽,也没有雨伞,甚至有的人只能打着赤脚,任凭日晒雨淋。太冷了,战士们喝点酒、吃点辣椒驱寒,但酒和辣椒也都不够用,两三天之后就没有了。到了晚上宿营时,地是湿的,柴草是湿的,身上也是湿的。既没有遮盖物可用来躲避风雪的袭击,也没有干柴可供烤火。战士们只能拣块比较干的地方,或者拣些草叶子垫在湿地上,几个人背靠着背坐着睡觉,互相用体温来取暖。正如有的战士所说:"我们唯一能够借以取暖的,只有同志的背脊。"红军战士衣单体弱,疲病交加,饥寒交迫,可能就会在睡梦中死去。有时黑夜过去,第二天早上起来,就会发现有些战士的身体已经完全冰冷僵硬,就这样长眠不醒了。特别是快走过草地的最后两天,像这样静静长眠在草地中的,多达几十人。

红军指战员们在这样危险莫测的路上行走,还必须时时准备迎击那些在草地里出没无常的敌人骑兵,这更增加了行军的困难。杨成武在回忆录里就谈到,有一天宿营,天快亮时,前方突然传来了枪声,前卫营的侦察员跑来报告,说发现国民党反动派和藏族上层反动武装骑兵来骚扰。原来,松潘的国民党发现红军往草地进发,就唆使他们来袭击。但是,红军战士们已经学会了怎样打骑兵的战术,他们利用有利地形,很快就击退了敌人骑兵的袭击。

茫茫的草地啊,望不到尽头。这一段行军,可以说是红军长征途中最为艰苦的一段路途,人类生存所需要的"衣食住行"在这里全都得不到保障。但是,红军战士们没有退缩,毫无畏惧地向着草地的茫茫深处走去!

先遣团的同志们肩负的责任是非常重大的,他们必须为后续部队开辟出一条前行的通道。四团的红军战士们在天阴雾浓、不辨东南西北的草地上,只能跟着通司的担架,依着向导指出的草根密集的地方,一个跟着一个艰难地前进。每走一段,他们都要留下路标,指示后续部队由此向前。

越往草地中心部,困难越是严重。连日来风雨、泥泞、寒冷的折磨和饥饿的煎熬,使战士们的身体明显衰弱下去了,战士们的脸色苍白、蜡黄,身上的衣服破了,有的只剩下筋筋条条,有的感到两腿酸软无力,举不起步来。当他们熬过一个夜晚,离开宿营地继续前进时,有的同志就长眠在他们共同躺过的宿营地。

在艰苦卓绝的草地行军中,从领袖到普通战士,从老战士到红小鬼,从男同志到女同志,他们所有人都没有被困难所吓倒,他们的革命精神经历了草地的磨炼而更加昂扬!他们每一个人都是英雄,他们的革命乐观主义情怀给后人留下了一笔宝贵的精神财富!

"患难见真情",在草地行军这段异常艰难的日子里,红军指战员的阶级友爱和革命情谊,成为了他们能够克服困难、走出草地的重要原因。越是困难,大家团结得越紧密。

在草地上,可以随处见到这样的情景:身体较强的战士扶着身体较弱的走,指挥员将自己的坐骑让给了伤病员,有粮的把粮食分给了缺粮的同志。谁要说了一声脚痛,马上就会有人把身上的衣服扯下一条来,给他包脚。有谁走不动了,战友们绝不会让他倒下,而是会把他背在背上继续前进。有的人不小心掉进了沼泽里,不相识的同志会毅然踏进泥潭中将他拉了出来,而这位救人的同志却有可能因呛了有毒的水,或因粮食被浸湿等原因而献出生命。

为了使战友们有一口开水喝,炊事班的战士们比别人更加辛苦。到了宿营地,别人可以休息了,他们却要想尽一切办法点火烧水煮食物。沉重的行军锅由炊事班长的背上转到了战士的背上,又由这个战士转给了那个战士。最后,这个炊事班仅剩下一个战士走出了草地,他的背上,依然背着这口凝聚着生命情谊的行军锅。

看护队的同志们负责照顾伤病员。在过草地时,他们表示:"宁可自己多吃苦、多受累,绝不让一个伤病员掉队。"行军途中,他们不顾辛劳,精心照顾伤病员。在粮食紧缺时,他们将所剩不多的粮食让给伤病员吃,自己却饿着肚子。

到了宿营地,他们先给伤病员看病、换药,看伤病员们休息了自己才去休息。就这样,他们的身体也越来越虚弱,无情的草地夺去了一些伤病员的生命,也使一些看护队员永远地倒下了。

草地是无情的,而人却是有情的。正是依靠这样的情谊,红军指战员们手牵着手,心连着心,穿越了从来大军不能过的草地。

红四团作为先遣团,他们没有辜负党中央的期望,他们团结一心,依靠着集体的力量,终于从茫茫的草地上踏出了一条前进的道路。草地行军的第六天,红四团的同志们终于看到了远处雄伟的岷山山脉。走过一个山口,远远地看到前面升起的炊烟,发现了矮房子。通司从担架上高兴得跳了下来,兴奋地说:"班佑,班佑到了!"战士们也高兴地大喊:"我们终于胜利了!"他们欢呼着,如潮水般向班佑涌去。

右路军其他部队,也沿着红四团开辟出来的道路,陆续过了草地。各部队出发时间和行军的速度不同,因此,各部队过草地的时间也不同,一般为6天,少数的是5天或7天。

红一团在一天拂晓,部队正要出发时,胡发坚参谋长赶过来向杨得志报告,昨晚一营有一个班全部牺牲了。这个班的战士背靠背坐在草地上露营,今天部队起来准备开饭时,连长见他们没有来,扯着嗓子喊,他们也不答应。走过去一看,原来他们一个个像睡熟了似的,停止了呼吸。什么原因导致他们全部牺牲?是饥饿?是寒冷?还是瘴气中毒?现在还是搞不清楚。杨得志听到了这个消息,如遭雷击一般,停了一会儿才说:"每个同志的坟前能做上个标记吗?最好把他们的姓名、籍贯和所在单位都写上。""他们的军帽都放上了。战士们还采了些野花,至于其他的标记……"胡发坚说到这里停住了。"这样吧,"杨得志悲伤地说,"在他们的拐棍上刻上名字,立在墓前。走,我们一起去做这件事。"

红三十军二六九团担负着阻挡追击之敌和收容全军掉队人员的殿后重任,走进草地后不到三天就迷路了,同主力部队失掉了联系。饥饿是最大的问题,粮食吃完后,有的人因误食"山萝卜"中了毒,精神错乱。闹到天明,中毒轻的同志呕吐、头晕、头痛、四肢无力,中毒重的同志竟被失去了宝贵的生命。面对饥饿、疲劳、寒冷、泥潭、伤病员不断增加的危机,团里提出口号:"不丢一个人,不丢一支枪和一粒子弹。"

班佑村的红军过草地雕塑"胜利曙光"

　　一天，他们正在途中休息，突然发现左前方来了一支队伍，不知是敌是友，等到队伍越来越近时，才看清原来是上级派来救援的部队。"全团得救了！"后卫部队官兵顿时欢呼雀跃起来，与迎接他们的红军战友拥抱在一起。

　　在中央纵队做后卫工作的李维汉，见到行军路上战士牺牲很多，牺牲了就扒些泥盖起来，做个坟堆以作纪念。一次，他看见一条毯子盖着几个战士，怕他们掉队，就赶快下马，揭开毯子想喊他们起来一起走，仔细一看，四个同志已停止了呼吸。还有一次，他看见前面有一位战士，身子左右摇晃倒在水里，就赶快过去扶他，可是那个战士已经牺牲了。许许多多的红军战士为了革命事业就是这样斗争到最后一口气的！

　　在红十三团担任政委的张爱萍目睹过草地的艰难行军，写下了一首诗《过草地》：

绿原无垠漫风烟，蓬蒿没膝步泥潭。

野菜水煮果腹暖，干草火烧驱夜寒。

随意坐地堪露宿，卧看行云逐浪翻。

帐月席茵刀枪枕，谈笑低吟道明天。

　　8月底，右路军终于胜利通过了被称为绝境的大草地，红一军、红四方面军的三十军、四军、红军大学、中革军委纵队等主力红军已经全部走出草地。徐向前、陈昌浩率领部队进入了半农半牧的巴西、班佑和阿西地区。毛泽东和中央领导机关住在巴西，徐向前、陈昌浩、叶剑英及前敌指挥部住在阿西，两地相距较近,联系起来非常方便。这里有房、有粮、有水,对于刚刚走出草地的红军来说,无异于天堂。

横跨草地,是中外军事史上的一大奇迹。草地行军遇到的困难是难以想象的,几乎超越了人体所能承受的生存极限。在极端艰难困苦面前,红军指战员始终保持着高昂的激情,将困难和艰险甩在身后,前仆后继,勇往直前。他们依靠的是团结互助的高尚情操,依靠的是坚韧不拔的钢铁意念,依靠的是乐观进取的革命精神,依靠的是对理想信念的执着追求。他们以自己的鲜血和生命,在万古荒原上奏响了团结奋斗、人定胜天的壮丽凯歌,谱写了一曲曲不怕困难、视死如归的慷慨壮歌,在中国革命史上乃至世界军事史上写下了不朽的篇章。

右路军的一、四方面军的部队,以坚韧的毅力,经过5—7天的行军,历尽艰辛终于穿过"死海",奇迹般地保存下来。一过草地时,到底牺牲了多少红军?由于长征中战事连绵,并没有一个完整的数字。红四方面军红三十军原有2万余人,除调给红一方面军1600余人,加上草地的严重消耗,只剩下1.3万余人,因而取消了第九十师的番号,只保留八十八和八十九两师的建制。据红一方面军红一军的统计,牺牲在草地里的就有100多人。在全军担负后卫的红三军,又找到并掩埋了前面牺牲的战友400多具尸体。由于条件所限,还有一些牺牲的战士的尸体没有找到。这些年轻的生命,就这样消失在茫茫的草地中。

到达班佑地区后,班佑村——"草地第一村",已是草地的边缘了。红军将士当年在一片柳树林风餐露宿。在阴雨连绵、遍布沼泽的草地上,这片小树林也许算得上红军的一片难得的客栈了。

班佑村纪念红军长征的《七根火柴》雕塑

柳树林流传下来的"七根火柴"故事,正是红军过草地的经典写照。一名掉队的红军战士卢进勇,从柳林中钻出来,遇上了一位生命垂危的战友,他把党证里的七根宝贵的火柴交给战友,请他转交党费后,便安然逝去。七根火柴带来的光明,照亮了草地的前路,温暖了艰苦行军中的将士。

包座战斗

到达班佑村的红军先头部队小分队,在通往巴西区的山谷口,与国民党军的一部分警戒部队接火。这一小股国民党兵且战且退,无意间将红军引向巴西农区。这个山口便是阿俄垭口。历史将铭记这一天——8月24日,红军追着敌军过了山口后,仿佛到了另一个世外桃源,放眼河谷,尽是郁郁葱葱的农田,山清水秀,空气中也不再缺氧。红军搜索部队这才蓦然省悟,原来红军已完全走出了草地,走到了青藏高原的边缘,前方便是通往甘南的门户——巴西河谷。

盛产粮食的巴西河谷

阿俄垭口战斗不仅打通了红军北上通道,而且对于极度缺粮的红军将士来说,翻过阿俄垭口,通往巴西盛产粮食的农区通道,还意味着越过了一道生死线。全军将士不禁为之振奋。

右路军在中革军委和前敌指挥部的率领下,战胜了水草地的千难万险,但接着又面临着新的威胁。草地的边缘,有一个敌人重兵把守的障碍,拦住了红军的去路,那就是国民党军胡宗南部队扼守的包座。

包座,在藏语里的意思是"枪筒",因其地形而得名。它位于松潘以北(今属若尔盖县)之包座河畔,有上、下包座之分,包座河由南向北纵贯其间,水流湍急,两岸山高坡陡,多为森林覆盖。包座地势十分险要,扼守松(潘)甘(南)故道要冲,是通往甘南的必经之地。

松甘故道是胡宗南纵队的主要粮道,胡宗南在求吉寺设有兵站,负责积存和转运来自甘肃的军粮。为保其粮道,更为了防止红军北进甘南,在红军抵达毛儿盖之前,胡宗南就已经开始在包座一带布防。

红军突然穿过茫茫草地北上,大出敌人的意料。胡宗南在24日接到情报,得知红军走出草地、已到班佑的消息后,大感惶恐,急忙向在峨眉山的蒋介石急电报告,并命令其在漳腊的伍诚仁四十九师向包座星夜疾进,企图会同已控制包座地区的国民党守军一个团,在上下包座至阿西茸一线堵截红军。8月27

求吉钦多——阿西河与包座河的交汇处,红军一、二、四方面军先后从这里出川北上陕甘

日,伍诚仁率部向包座出发,企图抢在红军之前,在包座河一带堵击红军北上。

这时,抢在胡宗南增援部队到来之前,攻占包座,打开北上甘南的通路,便成为摆在右路军面前的紧急任务。如果丧失战机,右路军就有被迫退回草地的危险。党中央决心拿下包座这个敌我必争之地,围歼包座守敌,北出甘南。红四方面军总指挥徐向前、政委陈昌浩因一军在长征中减员多,三军尚未完全走出草地,便向党中央和毛泽东建议,攻打包座的任务,由四方面军的三十军和四军一部承担,中央批准了这一建议。

三十军军长程世才和政委李先念决定由八十八师担任打援主力,八十九师全力攻取包座。

骄狂的敌人摸不清红军的情况,中了红军诱敌深入之计。程世才、李先念命令二六四团加强对大戒寺守敌的围攻,不久,又获得了敌人重要的情报:大戒寺守敌团长急呼四十九师迅速来援,他说有"大批共军正在猛攻包座",他已"很难支持";胡宗南严令四十九师必须于当晚进驻包座。

下午3点多钟,敌四十九师全部进入红军的预设战场。隐蔽在山上的红军主力,随着冲锋号声,一齐向敌人出击。

一时间,枪声、喊杀声、炮弹和手榴弹的爆炸声响成一片,十几里地的战场成了一片火海。整师敌人便被红军裁为三截。战斗激烈地进行了七八个小时,红军终于把敌人一段段地"啃"掉了。敌师长伍诚仁胳膊被打断,成为红军的俘虏。

围歼敌四十九师的战斗即将结束时,程世才、李先念命令留作预备队的二六九团主力回返大戒寺,协同二六四团迅速消灭包座守敌,胜利地占领了包座。

为策应包座主战场,红四军军长许世友派第十师向求吉寺之敌发动了进攻。

国民党胡宗南部在松潘通往甘肃的咽喉要道求吉的给嘎山上修筑了环形

工事,地堡、暗堡连环相接,山顶环形工事中一条暗道直通山下的求吉寺大经堂。1935 年 8 月 23 日,敌康庄率补充旅二团进驻求吉寺院,囤积了大批粮食、物资据守。的确是易守难攻。

红十师在师长王友均率领下,以迅敏的动作抵近求吉寺。求吉寺院墙异常坚固厚实,国民党军火力也不弱。红军先以勇猛果敢的行动,将敌人设在求吉寺附近的几个据点摧毁,消灭了外围守敌,但在进攻求吉寺时,遇到了敌军的顽强抵抗。

8 月 29 日黄昏,红军向求吉寺发起了总攻。国民党军在寺后山上筑了坚固工事,控制着制高点,向下凶狠射击,还不断组织敢死队拼命反扑,想把突进寺内的红军挤出寺外。

红军战士们前仆后继,伤亡不小,几次进攻均未奏效。经过草地恶劣环境煎熬的红军指战员虽然个个面黄肌瘦,但一听到冲锋号声,就像变成了小老虎一样,呐喊着奋勇冲锋。在战斗中,师长王友均身先士卒,为了掩护部队攻击,亲自端起机枪,架在警卫员肩膀上,向敌人

包座战斗之求吉寺战斗遗址

猛烈扫射,掩护部队攻击。经过数小时激战,到月上树梢的时候,敌人终于抵挡不住红军凌厉的攻势,两三百个敌人已成了红军的刀下鬼,残敌向西北方向逃窜,求吉寺恢复了原有的宁静。

求吉寺之战共消灭了敌人一个多营的兵力,但红军伤亡也很大,红四军第十师师长王友均不幸中弹牺牲,牺牲时年仅 24 岁。王友均是全军著名的"夜摸将军",他所带领的部队,善长夜袭,屡建战功。

王友均师长牺牲后安葬在山上。新中国成立后,为 1950 年解放若尔盖牺牲的解放军建烈士陵园时,也把王友均师长的墓迁了进去。

徐向前听到王友均牺牲的消息后,为失去这样一员虎将而悲痛不已,后来三过草地后经过这里,特地再去墓前看望,向他和牺牲的将士献上一束野花。

四方面军攻克了包座,彻底扫清了红军北上的障碍,打开了向甘南进军的

门户,粉碎了敌人阻止红军北进的企图,为实现党中央的北上战略方针创造了十分有利的条件。

秘密准备北上

包座战斗之后,红军北上的道路被打通了。然而,谁也不曾料到,一场新的危机正向红军逼来。

右路军在党中央的直接领导下,一面休整,一面等待左路军向班佑地区集中,共同北上。但是,左路军张国焘那里却不见动静。直到 8 月 30 日,张国焘才发出了左路军向班佑集中与右路军靠拢的命令。命令要求左路军第二梯队到达班佑的时间,却是迟至 9 月 16 日。同时令川康省委以阿坝为中心,计划三十一军政治部亦开至阿坝,"使阿坝成为苏区一部"[12]。

嘎曲河畔,牛羊成群,宁静的河水映照着远山,蜿蜒流过。这条位于四川省阿坝州若尔盖县唐克乡索藏村的河流,长征途中却成了一个影响两军共同北上的麻烦之地。

嘎曲河,藏语的意思是"白河",这是九曲黄河第一湾的最大支流之一。

就在左路军第一纵队刚刚进入草地后的第三天,张国焘又变卦了。原来,张国焘率领的第一纵队在前进途中,被一条南北流向的嘎曲河挡住了。这条河本来很浅,由于下了一场暴雨正在涨水,一时显得水势滔滔,就立即被张国焘用来作为拒绝继续穿过草地到班佑会合的借口。

9 月 2 日,张国焘致电徐向前、陈昌浩,称"嘎曲河水涨大,不易消退,侦察上下三十里,均无徒涉点,架桥材料困难,各部粮食只有四天"。

朱德总司令派警卫员潘开文骑马到了河中心,用棍子试了试河水深度,发现水并不深,最深的地方才到马肚子。正当部队准备下水时,张国焘却吼叫:"谁也不准过!"然后,他对朱德说:"河水分明在上涨,我不能拿几万人的生命当儿戏!"

后来徐向前对此评价说:

> 他的"理由",并不能成立,一是所谓葛曲河涨水,无法徒涉和架桥。其实,四方面军有支一百多人的造船队,就在左路军,就地取材,营造简便渡河工具,不成问题。二是所谓粮食缺乏。其实,阿坝那带,粮米较毛儿盖地区要多,张国焘以前来电也说过。……更何况我们还要派部队带粮去接应他们呢?所以,张国焘这是找借口,与中央的北进方针相抗衡。

以此为借口，张国焘强令已到达噶曲河畔的左路军第一纵队调头返回阿坝，急电命令正要北上的倪志亮、周纯全率领的第二纵队就地巩固阵地，备粮待命。

看来，张国焘已是铁了心不听党中央号令非要南下了，但朱德和刘伯承坚持左路军应向右路军靠拢，共同北上。一向以宽宏大量著称的朱德与张国焘发生了激烈的争吵，张国焘煽动黄超等人给朱德施加压力，但朱德却不为所动，坚定地说："我是一个共产党员，要服从中央，不能同意南下。"[13]

这时，右路军徐向前、陈昌浩已令红一军一师为先头部队，向俄界地区探路开进。敌文县、武都、西固、岷州线兵力不多，筑碉未成，难以阻我突击。中央一方面希望早日北进，一方面也在考虑如何使张国焘转弯，因为这是关系全局、关系左路军命运的问题。为此，那几天陈昌浩着急得几乎天天往中央驻地跑，希望能找出妥善办法来解决这个问题。

9月3日，张国焘致电徐向前、陈昌浩，并转中共中央，反对北上方针。电报说：左路军"决于明晨分三天全部赶回阿坝"；"再北进，不但时机已失，恐亦多阻碍"；"右路军即乘胜回击松潘敌，左路军备粮后亦向松潘进，进机迫切，须即决即行"。

5日，张国焘命令左路军部队停止北上，就地筹粮待命。

徐向前、陈昌浩本来赞同中央北上方针，主张左路军向右路军靠近，此前他俩曾向张国焘苦口婆心地劝谏：

"弟意右路军单独行动不能彻底灭已备之敌，必须左路马上向右路靠近，或速走班佑，以便两路集中向夏、洮、岷进。"

"主力合而后分，兵家大忌，前途所关，盼立决立示，迟疑则误尽中国革命大事。"

张国焘除了对左路军发号施令进行南下部署外，还致电陈昌浩，令其率右路军南下。

徐向前、陈昌浩向张国焘发电报表示："我们意以不分散主力为原则，左路速来北进为上策，右路南去南进为下策。"

怎奈张国焘听不进劝告，相反，他还在9月8日给徐、陈的电报中明确指示南下："一、三军暂停留向罗达进，右路即准备南下，立即设法解决南下的具体问题。右路皮衣已备否？即复。"

面对张国焘的南下电令，徐向前不愿看到自己参加创立的红四方面军分裂。后来他回忆:"四方面军是我眼看着从小到大发展起来的,大家操了不少心,流了不少血汗,才形成这么支队伍,真不容易啊! 分成两半,各走一方,无论从理智上或感情上说,我都难以接受。这也许是我的弱点所在吧!"徐、陈在矛盾的煎熬之中,最终选择了南下。这个错误的选择,使他俩抱憾终身,成了一生永远无法释怀的痛。

中共中央在随后发给张国焘、陈昌浩、徐向前的电文中,有三封电文一再就"南下"问题给四方面军做工作。一封是 9 月 9 日发给张国焘并转徐向前、陈昌浩的电文,电文严肃指明:"陈谈右路军南下电令,中央认为完全不适宜的。"[14]另一封是 9 月 10 日只发给张国焘的电文,再次强调"阅致徐、陈调右路军南下电令,中央认为完全不适宜的"。[15],再有一封是 9 月 10 日发给陈昌浩、徐向前的指令电,内容中明确提出:"八日朱、张电令你们南下,显系违背中央累次之决定及电文,中央已另电朱、张取消该电"。[16]

陈昌浩看了张国焘 9 日给中央"七人电报"的复电后,久久沉默不语,半晌才对徐向前说:"我们只有南下了! 你认为怎样?"徐向前思想上的天平正在不停地晃动着,内心忍受着痛苦的煎熬。一边是军委主席和副主席的命令,又是自己的老领导;一边是党中央,让他左右为难。但最后,他还是选择了南下的道路。

陈昌浩见徐向前也同意南下,便与叶剑英一起立即策马驰向阿西,他要把张国焘的来电亲自交给毛泽东和党中央,看中央领导人阅电文后能否争取共同行动。

当陈昌浩把电报交给张闻天时,毛泽东已走过去读起来,一切都明白了。毛泽东单刀直入地问:"昌浩同志,你认为怎样?"

"我还是原来的意见,两路红军集中北上为上策,若争取不成,只有南下了。"博古一听就火了:"是服从党中央还是服从枪杆子? 红军不是军阀队伍,你们还要不要党的领导?"

陈昌浩立即反驳:"我是向来拥护北上方针的。"

张国焘不仅不听从中央的耐心说服,拒绝执行中央的北上方针,还一再电令徐向前、陈昌浩率右路军南下,并有以武力裹胁中央南下的企图。危急关头,叶剑英立了一大功。他自己回忆道:

　　　　九号那天,前敌总指挥部开会,新任总政治部主任陈昌浩讲话。他正讲得兴高采烈的时候,译电员进来,把一份电报交给了我,是张国焘发来的,语气很强硬。我觉得这是大事情,应该马上报告毛主席。我心里很着急,但表面上仍很沉着,把电报装进口袋里。过了一个时候悄悄出去,飞跑去找毛主席。他看完电报后很紧张,从口袋里拿出一根很短的铅笔和一张卷烟纸,迅速把电报内容记了下来,然后对我说:"你赶紧先回去,不要让他们发现你到这来了。"我赶忙跑回去,会还没有开完,陈昌浩还在讲话,我把电报交回给他,没有出娄子。那个时候,中央要赶快离开,否则会出危险。到哪里去呢? 离开四方面军到三军团去,依靠彭德怀。

毛主席提议上三军团开政治局会议,他们临走的时候,张闻天和秦邦宪找到我,对我说:"老叶,你要走啊,这里危险。"我知道有危险。但是我想,军委直属队还在这里,我一走,整个直属队就带不出来了,我要等直属队走后才能走。我对他们说:"我不能走,你们先走吧。如果我一走,恐怕大家都走不了啦。我以后会来的。"

究竟怎样带直属队走? 我一时没有想好。忽然,我想起了张国焘要南下的电文,决定利用他要南下的电报做文章。

我先和徐向前讲:"总指挥,总政委来电要南下,我们应该积极准备。首先是粮食准备。先发个通知给各个直属队让他们自己找地方打粮食去。限十天之内把粮食准备好。"他说:"好!"得到他的同意后,我写了个通知,准备发给各个伙食单位。通知上说,今天晚上两点钟出发自己找地方去打粮。通知写好以后给陈昌浩看,他认为很对嘛,应该先准备粮食。接着,我就找直属队负责人开会。参加(会议)的有李维汉、杨尚昆、李克农、萧向荣等,七八个人。我讲了这个事情。我说中央已经走了,今天晚上两点我们也走。大家对表。早一分钟晚一分钟都不行,整整两点动身。我要求大家严格保密,同时要按规定时间行动。

会后,我回到喇嘛庙。我和徐、陈住在一个屋子里,一个人住一个角落。中间还有一盏马灯,我们是亮着马灯睡觉的。

那天晚上我怎么睡得着呢,睡过了两点就完了。我九点钟上的床,心里老在想着时间,十点、十一点、十二点、一点,我躺在床上不敢睡着,大约一点四十五分就起来了。我预先曾派了一个小参谋叫吕继熙(即吕黎平),把甘肃全图拿来。我把它藏在我床底下的藤箱子里。我起来后,把大衣一穿,从床底下把地图拿出来就往外走。

我先到萧向荣那里,他也刚起来。我告诉他赶紧把地图藏起来,并说,这张地图你可千万要保管好,不要丢了,这可是要命的东西。当时,全军只有一份甘肃地图。我交地图给他的时候,离两点还有五分钟。我一摸身上手枪忘记带了,要回去拿,萧向荣说:"你不要回去,回去危险"我说:"不要紧的,我是公开出来的。出来检查去打粮的队伍。"

我回去拿了手枪,又轻轻推了睡在门口的"死卵"(警卫员范希贤),他没有醒来,我怕惊动旁人就走了。我装作巡视部队出发的样子,因为这是参谋长应该做的工作,不会引起怀疑。[17]

毛泽东得知张国焘密电的内容后,立即与张闻天、博古等紧急磋商,大家一致认为,张国焘既然已经背着党中央,下达那个命令,要右路军南下,再继续说服等待张国焘率领部队北上,不仅没有可能,而且会招致不堪设想的严重后果。在这关系到中国革命前途和党与红军命运的严峻时刻,为了执行党的北上抗日决议,避免红军内部可能发生的武装冲突,中央决定率一、三军迅速离开巴西。

但是,毛泽东在如此重大关头,还想最后对四方面军的干部做一下争取工作。当晚,毛泽东到徐向前的住处,站在院子里问:"向前同志,你的意见怎么样?"徐向前回答说:"两军既然已经会合,就不宜再分开,四方面军如分成两半恐怕不好。"毛泽东听后,知道争取徐向前、陈昌浩共同北上已不可能,于是没有再说什么,只是劝徐向前早点休息,就告辞而归。接着,毛泽东、张闻天、博古三人赶到红三军驻地阿西,与在此养病的周恩来、王稼祥举行紧急会议,决定连夜率红三军和军委纵队先行北上。并通知在俄界的林彪、聂荣臻,行动方针有变,要红一军在原地待命。随后,进行了秘密准备。

直到 9 日 24 时,张国焘才以个人的名义电复徐向前、陈昌浩并转中央,明确表示反对北进,坚持南下。就在张国焘发出这封电报不久,9 月 10 日凌晨,中共中央率红三军和红军大学离开了巴西、阿西等地,向俄界进发。

党中央在离开巴西之前,考虑到叶剑英的安全,曾经通知他以到红三军参加直属队会议的名义,迅速离开前敌总指挥部。

在一个交叉路口,叶剑英碰到了张闻天、博古、彭德怀,他们着急地说:"老叶,你还不快走啊!"叶剑英说:"好,我就走。"叶剑英和军委纵队从潘州赶到阿西,见到了毛泽东、周恩来、王稼祥。毛泽东非常高兴地说:"哎呀!剑英同志,你出来了,好!好!现在情况紧急,我们不能在此停留,应立即向俄界前进,与一军团会合。"

叶剑英在反对张国焘的斗争中,及时地揭露了张国焘的阴谋,巧妙地率领军委纵队北上,使党中央和中央红军脱离了险境。毛泽东曾多次提到这件事。1937年3月,在延安党中央召开的政治局扩大会议上,毛泽东谈到长征中左路军和右路军问题时说道:"当时如果稍为不慎重,那么就会打起来的。"新中国成立以后,毛泽东仍念念不忘,多次提到此

巴西紧急会议旧址

事,并且赞扬叶剑英是"诸葛一生唯谨慎,吕端大事不糊涂"。有一次,他摸着自己的脑袋,对人风趣地说:"叶剑英同志在关键的时候是立了大功的。如果没有他,就没有这个了。他救了党,救了红军,救了我们这些人。"

红一方面军主力和党中央秘密北上,是为了防止被张国焘裹胁南下,甚至出现因路线分歧而发生红军打红军的悲剧。中央率红一方面军脱离险境后,却是正大光明地向张国焘和徐向前、陈昌浩分别致电,要求右路军的红四方面军部队以及左路军按照中央部署北上。10日,中共中央致电张国焘:"阅致徐、陈调右路军南下电令,中央认为完全不适宜的。中央现在恳切地指出,目前方针只有向北,才是出路。向南则敌情、地形、居民、给养都对我极端不利,将使红军陷于空前未有之困难环境。中央认为:北上方针绝对不应该改变,左路军应速即北上。在东出不利时,可以西渡黄河,占领甘、青、宁、新地区,再行向东发展。"[18]

分道扬镳

10日早晨,徐向前和陈昌浩得知中央率红一方面军部队单独北进的消息后,两人都大吃了一惊。

接着,前面的部队向他们打来电话,报告中央红军已经连夜出走,还放了警戒哨。何畏当时在红军大学,他跑来问:"是不是有命令叫走?"陈昌浩说:"我们没下命令,赶紧叫他们回来!"

徐向前坐在床板上发愣,半个钟头说不出话来。又有不明真相的下属打电话来请示:"中央红军走了,还对我们警戒,打不打?"陈昌浩拿着电话筒,问:"怎

么办？"徐向前坚决地说："哪有红军打红军的道理！叫他们听指挥，无论如何不能打！"陈昌浩表示完全同意这一意见，要求部队不得打红一方面军，避免了事态的进一步恶化。

幸亏有了徐向前"哪里有红军打红军的道理"这句话，避免了红军内部的一场内斗。这句话可谓字字千钧，如果在这关键时刻没有这句关键的话，其后果谁都难以预料。

红三军急速地往北开进，目标直指俄界。毛泽东、彭德怀和团长杨勇随十团走在最后。突然，后面传来了一阵急促的马蹄声，队伍立即激起一阵骚动，有人报告说："陈昌浩派人追来了！"彭德怀立即指挥警卫部队四处散开，进入有利地形，向人马来处警戒。彭德怀问毛泽东："如果他们扣留我们怎么办？"毛泽东豪爽地说："那就只好一起跟他们南进吧！他们总会要觉悟的。"

红军大学教育长、四方面军的副参谋长李特带着十几个骑兵赶来了。李特大喊："原来四方面军的同志，回头，停止前进！""不要跟机会主义者北上，南下吃米去！"李特也是到过苏联留学的，此时因刘伯承在左路军中，由李特代红军大学校长职位。李特一上来，便很激动地问："你们为什么'开小差'？"这时在场的共产国际军事顾问李德见李特佩带着手枪走近毛泽东，二话没说，双手抱住李特，把他拖到几十米外。李德身高2米，也带着武器，李特显然不是他的对手。毛泽东见状将李特让到旁边的一座教堂里去，冷静地说："坐下来谈。"李特说："你们这是退却逃跑的机会主义。"毛泽东还是规劝他、开导他说："北上的方针是中央政治局决定的。"但是李特听不进去，一定要强拉原四方面军的红军跟他走。

最后毛泽东大度地说："你们实在要南下也可以，相信以后总有重新会合的机会。"

当时有的同志对李特的行为很生气。毛泽东还说："捆绑不成夫妻。他们要走，让他们走吧！以后他们自己会回来的。"在毛泽东的劝解下，气氛缓和下来了，由四方面军补入红三军的人，有不少被李特等人"动员"回去了。工兵科主任谭希林见状，严肃地对红大学员们说："大家不要惊慌，要沉住气，一切行动服从命令。从四方面军来的学员，要认真考虑考虑，有愿意跟他们走的，也听便！不过希望你们多想想，我们北上抗日是正确的。"工兵科四方面军的学员经过认真思考，决定还是跟着党中央北上。

李特带着警卫员默默地向毛泽东、彭德怀、杨勇等人注视了一会儿，最后扬了扬手，没有再说什么。双方就此分道扬镳。

当红一方面军走出 10 华里，翻过一个山包，上大路就是四方面军的驻地——那是北上的必经之地。那里有个崖口，山头上站着四方面军的哨兵，当红三军和党中央从沟里经过时，大家就十分担心真正打起来。如果双方一开枪的话，确实部队就打烂了，好在谁都没有动手。后来才知道，是徐向前发了话："哪有红军打红军的道理！"在剑拔弩张的时刻，这句话起了十分重要的作用！[19]

历史最终惊人地证实了毛泽东的预言，1936 年 10 月，红四方面军北上最终同红二方面军与红一方面军在甘肃会宁、静宁实现了大会师！距毛泽东所说过的话刚好一年零一个月。

中共中央脱离险境后，迅速率红三军等部向北急进。因为有叶剑英拿来的军用地图，他们可以走小路，抄近道，非常便捷。

10 日黄昏，中共中央到达拉界，中央政治局发出了在阿西临走前所拟的给徐向前、陈昌浩的指令电，指出 8 日张国焘以朱、张名义电令徐、陈南下，显系违背中央累次之决定及电文，中央已另电朱张取消该电。同时告知中央已令一方面军向罗达拉界前进，四、三十军归徐、陈指挥，应于日内尾一、三军之后前进，有策应一、三军的任务；以后右路军统归军委副主席周恩来指挥。最后，中央特别指出："本指令，因张总政治委员不能实行政治委员之责任，违背中央战略方针，中央为贯彻自己之决定，特直接指令前敌指挥员及其政委并责成实现之。"[20]

就这样，经过浴血奋战、长途跋涉，会合还不到三个月的中国工农红军两大主力，经过最初的热烈欢聚，到战略方向的反复争论，最后终因张国焘军阀主义作风和野心暴涨，一再违抗党中央北上方针，强令大军南下而分道扬镳了。

---

[1]《聂荣臻回忆录》上册，解放军出版社 1983 年版，第 276—277 页。

[2] 李先念：《红军团结胜利的篇章——忆懋功会师》，《中国工农红军第四方面军战史资料选编》（长征时期），解放军出版社 1992 年版，第 190 页。

[3] 中国工农红军第四方面军战史编辑委员会：《中国工农红军第四方面军战史资料选编》（长征时期），解放军出版社 1992 年版，第 50 页。

[4]《在历史的激流中——刘英回忆录》，中共党史出版社 1992 年版，第 79 页。

[5] 程中原:《张闻天传》,当代中国出版社 1993 年版,第 241 页。

[6] 中国人民解放军历史资料丛书编审委员会:《红军长征·文献》,解放军出版社 1995 年版,第 585 页。

[7] 中国人民解放军历史资料丛书编审委员会:《红军长征·文献》,解放军出版社 1995 年版,第 588 页。

[8] 中国人民解放军历史资料丛书编审委员会:《红军长征·文献》,解放军出版社 1995 年版,第 624 页。

[9] 中国人民解放军历史资料丛书编审委员会:《红军长征·文献》,解放军出版社 1995 年版,第 626 页。

[10] 中国人民解放军历史资料丛书编审委员会:《红军长征·文献》,解放军出版社 1995 年版,第 631 页。

[11] 晏道刚:《蒋介石追堵长征红军的部署及失败》,《文史资料选辑》第 62 辑,中华书局 1979 年版,第 33 页。

[12] 中国人民解放军历史资料丛书编审委员会:《红军长征·文献》,解放军出版社 1995 年版,第 649—650 页。

[13] 金冲及:《朱德传》,中央文献出版社 2000 年版,第 446—447 页。

[14] 中国人民解放军历史资料丛书编审委员会:《红军长征·文献》,解放军出版社 1995 年版,第 672 页。

[15] 中国人民解放军历史资料丛书编审委员会:《红军长征·文献》,解放军出版社 1995 年版,第 676 页。

[16] 中国人民解放军历史资料丛书编审委员会:《红军长征·文献》,解放军出版社 1995 年版,第 677 页。

[17] 《叶剑英传》编写组:《叶剑英传》,当代中国出版社 1995 年版,第 187—190 页。

[18] 《中共中央关于北上方针绝对不应改变,左路军应速即北上再致张国焘电》,见《红军长征·文献》,解放军出版社 1995 年版,第 676 页。

[19] 《杨尚昆回忆录》,中央文献出版社 2001 年版,第 145 页—146 页。

[20] 中国人民解放军历史资料丛书编审委员会:《红军长征·文献》,解放军出版社 1995 年版,第 677 页。

第九章
陕甘支队挺进陕北

俄界会议——腊子口一开，全盘棋走活——《大公报》送来陕北红军消息——哈达铺休整——红三军团为何消失？——榜罗镇会议决定到陕北安家

9 月 11 日,中共中央率红三军、军委纵队一部、红军大学一部,继续向俄界进发,并于当天晚上陆续到达甘南的俄界,与先期到达的红一军会合,开始在党中央的正确领导下共同执行北上战略任务。

俄界会议

为了揭露和批判张国焘的分裂主义,确定今后的行动方针,中共中央于 9 月 11 日晚至 12 日,在俄界召开了政治局扩大会议。出席会议的有张闻天、博古、毛泽东、王稼祥、凯丰、刘少奇、邓发。还有蔡树藩、叶剑英、林伯渠、杨尚昆、李维汉、李德,一军团的林彪、聂荣臻、朱瑞、罗瑞卿,三军团的彭德怀、李富春、袁国平、张纯清等,共 21 人。

这次会议对张国焘的"右"倾分裂主义进行了点名批判,毛泽东做了关于与四方面军领导者的争论及今后战略方针的报告。报告主要讲了以下几个问题:

一、关于红军今后向北行动的问题。毛泽东说,我们坚持北上方针,但张国焘却反对,坚持机会主义方针。一、四方面军会合后,张国焘起初是按兵不动。7 月中旬,党中央指示红军集中,结果由于张国焘从中阻挠而未能实现。张国焘到芦花时,中央政治局决定他任红军总政委,他才调动红四方面军北上,但未到毛儿盖又动摇了。到了阿坝后便不愿北上,而要右路军南下。这时,中央政治局的几个同志在周恩来处开了一个非正式会议,决定给张国焘发电报,要他北上。张国焘公然抗拒中央的决定，拒不执行北上的方针，这是不对的。毛泽东强调说，张国焘坚持南下是没有出路的，因为南面地形不好，又是少数民族地区，给养无法解决，红军作战只有减员，没有补充来源，战略退路也没有，如果不迅速北上，部队会大部被消灭。很明显，中央不能把一、三军带去走这条绝路。

二、关于在何处建立根据地的问题。毛泽东说，不管张国焘等人如何阻挠破坏，中央坚持过去的方针——继续向北的基本方针。红军总的行动方针是北进，但考虑到目前党中央是率领一、三军单独北进，力量是削弱了，从当前的敌我形势出发，行动方针应该有所变化，首先打到甘东北或陕北，以

俄界会议所在地：甘肃省迭部县达拉乡俄界村

游击战争来打通国际联系，靠近苏联，在陕甘广大地区求得发展。毛泽东分析了陕甘一带的地势、居民和敌我双方的情况，认为只要我们团结一致，又有正确的领导，依靠游击战争，是可以战胜敌人达到目的的。

三、关于张国焘错误的性质和处理办法问题。毛泽东指出张国焘在通（江）南（江）巴（中）苏区时已经犯了部分的严重错误；在粉碎四川敌人的六路围攻，退出通南巴苏区后，便形成一条错误路线。当一、四方面军会合后，中央曾想了许多办法来纠正张国焘的军阀主义倾向，但没有结果。张国焘的错误发展下去，可能成为军阀主义，或者反对中央，叛变革命。同张国焘的斗争，是两条路线的斗争，应采取党内斗争的方法处理。最后做组织结论是必要的，但现在还不要做，因为这关系到团结和争取整个四方面军的干部，也关系到一方面军在他那里的很多干部的安全。你开除他的党籍，他还是统率几万军队，还蒙

俄界会议旧址

蔽着几万军队，以后就不好见面了。我们要尽可能地做工作，争取他们北上。

毛泽东报告后，会议进行了认真的讨论。大家一致同意毛泽东的报告，严厉谴责张国焘分裂党和红军、抗拒中央决定的严重错误，同意暂不给张国焘做组织结论，并要求在一、三军中加强教育解释工作。

会议还根据毛泽东所作报告和结论的精神，做出了《关于张国焘同志的错误的决定》。决定深刻揭露了张国焘的错误及其历史根源，指出四方面军的领导者与中央绝大多数同志的争论，其实质是由于对目前政治形势与敌我力量对比估计上有着原则的分歧。张国焘夸大敌人的力量，轻视自己的力量，以致丧失了在抗日前线的中国西北部创造新苏区的信心，主张以向中国西南部的边陲地区(川康藏边)退却的方针，代替向中国西北部前进、建立模范抗日苏维埃根据地的布尔什维克方针。决定还指出，张国焘存在着严重的军阀主义倾向，不相信共产党领导是使红军成为不能战胜的铁的红军的主要条件，他组织反党小团体同中央进行公开的斗争，对党中央采取了绝对不可容许的态度。决定号召红四方面军中全体忠于党的同志团结在党中央的周围，同张国焘的错误倾向做斗争，以巩固共产党和红军的统一。

中共中央政治局的俄界会议是反对张国焘分裂主义斗争中的一次重要会议，会议系统地揭发批判了张国焘的错误和罪行，及时地调整了战略行动方针，对于保证长征的全部胜利和最后战胜张国焘的分裂主义，起了重要的作用。

腊子口一开，全盘棋走活

俄界会议后，先行北上的红一方面军主力部队，沿白龙江，经麻牙寺，向岷

腊子口天险

县方向挺进。在经过令人惊心动魄、头晕目眩的白龙江栈道之后，又一道天险——腊子口横亘在红军将士的眼前。

腊子口，这个位于甘肃迭部东北的险要隘口，是川西北通往甘南的天然屏障。这一带，周围都是重峦叠嶂，莽莽森林。从北面的达拉梁到南面的白龙江，有一条30多公里长的

峡谷,叫腊子沟,沟底流着腊子河,是白龙江的主源,水深三丈,水流湍急,激荡而成漩涡。河的右岸是绝壁,左岸有一条蜿蜒崖边的曲折小路,通往岷县城。而腊子沟两边,自南向北扑面压来的群山,到腊子口时仿佛将要合拢的样子,着实吓人。一座由两根树干打进峭壁架成的一米多宽的小木桥横跨在两山之间。要过腊子口,只能是通过这座木桥。当地民谚云:

人过洮岷山,像过鬼门关;走过腊子口,像过老虎口。

红军飞夺泸定桥、强渡大渡河使得蒋介石感到震惊和意外,因此,他加强了对腊子口的防备。防守腊子口的是盘踞在临观、岷县一带的国民党地方军阀鲁大昌的新编第十四师,约有一万多人。在红军到来之前,他已接到甘肃绥靖公署主任朱绍良的电报:"据空军侦察报告,红军先头部队已由松潘以北毛尔盖进入草地,有经甘南藏区向洮(临潭县)岷(岷县)北上企图。除夏河、洮岷地区部队严密警戒外,由贵师速调集兵力进驻腊子口附近构筑工事固守,并相机截击。另派唐淮源第十二师前来岷县支援。"[1]接电之后,鲁大昌对红军动向作如下判断:

一、经草地入青海转向河西,与新疆联络;

二、经草地进入西固、武都,据守阶(武都,古称阶州)、成(县)山区休整后,向汉南或陇南发展;

三、红军因无粮弹,可能被藏民歼灭。[2]

随后,鲁大昌部在腊子口层层构筑工事,重重防守阻挡,并囤积了大批粮食弹药,要与红军决一死战,阻断红军北上之途。腊子口山后,鲁大昌纵深配置了四个团兵力,岷县城里的国民党部队还可随时增援腊子口守军。

腊子口一役对于中央红军来说至关重要。从当时敌情看,左边有敌杨土司的两万多骑兵,右边有敌胡宗南的主力部队,红军要迅速实现北上抗日的目的,只有通过腊子口这一条路。而且腊子口一战发生在党内出现严重分裂的紧要关头,能否拿下来,事关毛泽东、周恩来、王稼祥等中央领导和红军的安危存亡。可以说夺取腊子口,是突破敌人封锁、进入甘南的关键性一仗。虽然它与长征中的无数战役相比,不能算是大仗恶仗,但却是一场险仗。

因此,党中央、毛泽东对这场战斗极为重视。毛泽东亲自随红一军前进,直接指挥战斗。在黑朵寺,他和林彪、聂荣臻等研究部署了夺取天险腊子口的作战方案。他还说:"腊子口是通往甘南的咽喉,要是拿不下来,我们就得重回草地去!"

林彪也深知此役的重要性,于是就将这个任务交给了在乌江、大渡河等战斗中屡建奇功的红四团。

9月15日,红一军指挥部发出了攻打腊子口的命令:"军团首长命令即速继续北进,着第二师第四团为先头团,具体向甘肃之南的岷州前进,三日之内夺取天险腊子口,并扫除前进途中拦阻之敌人!"[3]

第二天,毛泽东与红一军军长林彪、政治委员聂荣臻又联名致电彭德怀:"顷据二师报告,腊子口之敌约一营踞守未退,该处是隘路,非消灭该敌不能前进。"[4]

黑夜,暗无星光;天气,变化无常;山路,崎岖难行;身后,敌军尾随。

但这些都阻挡不了战士们前进的步伐。红军先遣团的战士们,边走边打,马不停蹄,日夜兼程,一天半急行军200华里,终于在次日下午5时左右,全部到达腊子口。

当团指挥部到达腊子口时,前卫第一营已经在一小时前向敌人发起了攻击。但此时由于是白天,加上周围都是石山,部队无法隐蔽企图,被敌人的机枪火力和那冰雹般飞下的手榴弹挡住,部队基本没有进展。

见此情景,杨成武和王开湘立即组织全团营、连干部察看地形。通过反复观察,综合敌人已暴露的火力点,杨成武和王开湘他们发现了敌人在防御上的两个漏洞:一是悬崖上的碉堡没有顶盖,如果居高临下,就比较容易攻破;二是敌人的兵力均集中于正面,两侧设防薄弱,山顶未见敌人踪迹,高80多米的峭壁上也没有设防,如果能迂回到敌军后侧,爬上高山,从上向下以手榴弹攻击敌人堡垒,配合正面进攻,腊子口这个"老虎口"就能够轻松拿下。但悬崖峭壁有七八十公尺高,几乎成八九十度的仰角,石壁既陡又直,恐怕连猴子也难爬上去,更不要说人了。

俗话说:"三个臭皮匠,顶个诸葛亮。"杨成武和王开湘带着一帮营、连长下到连队,召集连队的士兵开个如何打下腊子口的献计献策大会。

大伙想了一个又一个的方案,有的说,"我建议从桥下的横木悄悄攀越过去!"有的说,"我建议派一队人马绕到敌人背后的山顶。"最后,团首长决定集中大家的意见,兵分两路,一路从正面夺桥,另一路则迂回到敌人背后,爬上最陡峭的悬崖,占领制高点。然后,两路人马来个两面夹击,给敌人一个出其不意的打击。这个方案看来最可行也最有效,但谁能爬上那座敌人都不设防的"陡壁"呢?气氛渐渐冷淡下来,很多人都是沉默不语,一言不发。

"这有啥子难的呕?"突然,在角落里一直未开口讲话的一个小战士来了个"毛遂自荐"。大家怀疑着,将目光投向了他。只见这是一个十六七岁的孩子,中等身材,眉棱、颅骨很高,虽有些瘦,但身体结实,脸上稍带黑色,一双炯炯有神的大眼睛,显得信心百倍——原来是"云贵川"。

这个小战士是个苗族小伙,从小生活在山区,入伍前经常爬陡壁采药材、打柴火和摘野果,所以练就了一身翻山越岭、爬树攀藤的好本领。红军到达苗寨时,他参了军,由于他的家乡在云贵川的交界处,而且他说话的口音兼带三省特点,所以同志们给他起了个外号叫"云贵川"。

这边"云贵川"接着说:"我不是吹牛!爬这个悬崖,只要用一根长竿子,竿头上绑一个结实的钩子,用它钩住悬崖上的树根、崖缝、石嘴,一段一段地往上爬,就能爬到山顶上去。"

这样能行吗?大家尽管还是怀疑,但又找不到更好的办法。于是,团首长商量了一下,也只好把宝押在这个"云贵川"身上,先做一次大胆的试验。

关键在此一举了!

决心已下,试验马上开始。腊子河水流湍急,无法徒涉。战士们就用一匹高头大马把"云贵川"送过河,王开湘、杨成武等在河这边的树林里看着"云贵川"攀壁。幸运的是,这里虽离敌人很近,但由于一块山角向外凸出来,是视界的死角,敌人看不见。尽管比较安全,可"试验"能否成功?大家的心里还是捏着一把汗。

只见"云贵川"赤着脚,腰里缠着一条用战士们的绑腿接成的长绳,手拿长竿,用竿头的铁钩搭住一根粗树根,拉了拉,一看很牢固,就两手使劲地握住竿子,一把一把地往上爬,两脚用脚趾抠住石缝、石板,"噌噌噌"地到了竿头的顶点。他像猴子似的伏在那里歇了一下,然后又向上寻找可以搭钩的地方……夕阳下,只见他比猿猴还要灵活,忽而停,忽而动,渐渐地,他的身影越来越小,终于看不见了。

等在河这边的王开湘、杨成武等人都仰头看着,屏住呼吸,一片寂静,生怕一声咳嗽也会惊动得"云贵川"掉下来。大家都在心里默祝他成功。

时间一分一秒过去,悬崖下人们紧揪的心也越跳越快。过了好一会儿,悬崖上终于出现了"云贵川"的身影,他又沿着原来路线返回来了。"开路先锋"的试验成功了!

王开湘、杨成武长长舒了口气,冲上去紧紧握住"云贵川"的手,连声说着:

"太感谢你了,同志!"

这声"感谢"非同一般。直到 47 年后,杨成武将军还不无激动地回忆道:

"这位苗族战士的一举一动都牵动着我们的心,真是一发系千钧哪,因为他一个人的成败关系着整个战斗的胜负啊!"[5]

试验成功之后,团首长当即将情况和偷袭计划向师、军首长报告。军长林彪、政委聂荣臻和师长陈光等来到了前沿指挥所。首长们询问了情况,又观察了一下地形、敌情,最后批准了他们的作战方案。聂荣臻说:"你们的决心是对的。正面冲锋道路狭窄,敌人已经组成严密的火力网,我们的兵力展不开,英雄无用武之地。所以迂回至敌人侧背来它个突袭,定可奏效。为了达到突袭效果,迂回的部队要大一些,军团的迫击炮也配属给你们,炮弹虽不多,但可以集中轰击隘口的碉堡和敌兵力集结点,用火力掩护你们行动。"

林彪的话简练些,就一句:"我相信红四团一定能够拿下腊子口!"

军师首长走后,红四团立即召开会议,研究具体作战方案。经过研究,迂回部队由侦察队、信号组以及一连、二连组成;正面强攻的任务由二营担任,六连是主攻连。

黄昏前,迂回部队已动员完毕,他们集中了全团所有的绑腿,拧成了几条长绳,作爬崖之用。勇士们一个个精神饱满,背挂冲锋枪,腰缠手榴弹,在王开湘团长的率领下,开始渡腊子河。

到了河边,一开始准备徒涉,但下去两个人还没走到河心,就被水冲走了,喝了几口水才被救上来。于是,部队只好集中十几匹骡马来回骑渡。人员多、时间紧,光靠骡马来回运送哪行啊?于是他们又想了个办法:砍倒沿河的两棵大树,让它倒向对岸,这等于一下子就添了两座独木桥。

就这样,太阳落山时分,几百人已经全部到达对岸了。面对着天险,还是苗族小战士"云贵川"捷足先登,一个人先爬到了山顶。然后他将随身带着的长绳,从上面放下来,后面的同志一个一个地顺着长绳爬上去。这时,天已经擦黑了,他们往上不停地爬着,渐渐地看不到人影了,只是偶尔传来小石子滚落下来的响声。

迂回部队上去了!而这时敌人正集中全副精力对付山口上准备夺桥的红军,又哪里会想到,红军会神不知、鬼不觉地从笔直陡峭的山崖下摸到他们的身后呢?

正当王开湘率领迂回部队渡河、攀崖时,杨成武跑到担任正面主攻任务的红六连去进行战斗动员。

六连的指战员在动员会上，像过去飞夺泸定桥一样，纷纷争当敢死队员，经过筛选，最后确定了 20 名，由连长杨信义和指导员胡炳云指挥，组成突击队。

杨成武说："你们六连从正面进行连续袭击，相机夺取峡谷上的小木桥，如果偷袭不成，也要达到疲劳敌人，消耗敌人弹药，牵制和迷惑敌人的目的，以便配合迂回部队的突然袭击。"

他停了一下，最后大声说："总之四句话：腊子奇无险，勇士猛攻关，打开北上路，不惜一恶战！"

乘着朦胧的夜色，20 名突击队员在杨信义、胡炳云的指挥下，以密集的火力作掩护，手持大刀和手榴弹，悄悄地向小木桥运动。

但敌人非常狡猾，当红军进行猛烈攻击时，他们隐蔽在工事里不还手，但等红军火力一停，突击队员开始向桥头冲锋时，他们就集中手榴弹、机枪向红军猛烈反击。由于敌人占据着有利地形，红军兵力无法展开，突击队的几次冲锋都没有成功，反而伤亡了十多个战士。

一排长见状怒火中烧，"再打！不让兔崽子抬头！"他又命令机枪手狠命地向敌人射击。一条条的火舌喷向敌人的工事，只见敌人工事的岩石上冒出无数的火星，战场上的火光映红了山口，照亮了半个天，激烈的枪声震得整个山口都在颤抖。

到了半夜，双方仍激战不息。这时，毛泽东和军团首长又一次派人来前沿了解情况，问突击部队现在在什么位置，有什么困难，要不要增援？

首长的关怀激发了部队的斗志，悬崖上战友的安危牵动着战士的心。

杨成武和担任正面进攻任务的连队干部，又一次分析了敌我双方的情况，是啊，已经打了大半夜了，再有三四个钟头天将破晓。鲁大昌拥兵五六个团在岷县县城，只隔着一座大山，总兵力比红四团多得多。若这样拖下去，他一旦倾巢增援，几个钟头就能赶到，那局面将更加严重。可是已经上山的那支迂回部队，仍没有消息，到底发生了什么情况也不清楚。不过可以肯定，王开湘他们一定也遇到了麻烦。但是眼下时间紧迫，任务逼人，不能再拖下去了。于是决定：重新组织火力和突击力量，再次向敌人发起更猛烈的进攻。

二班班长杨昌桂自告奋勇，率领全班战士连续五次进攻隘口，身负重伤后，他仍继续鼓励班上战友说："我负伤没关系，我们今晚一班人牺牲在这里都是光荣的。"[6]

可是接连攻了几次,还是接近不了桥头,部队伤亡较大。

杨成武眼看着战士们一个接一个的倒下,心想:整个六连全扑上去,恐怕都难以达到正面进攻的预期目的,倒不如暂停正面进攻,抽出少数人组成一个个小分队,进行"车轮战",不断地向敌人轮番进攻,来疲劳和消耗敌人,再伺机夺桥。于是杨成武告诉二营党总支书记罗华生,要他与六连的领导一起从党团员中选调人员,组成小分队进行牵制性进攻。其他同志抓紧时间吃饭,原地休息,等待迂回部队到达预定位置发出信号后,再一齐给敌人来一个总攻击。

已经接近深夜两点多,夜,很深了。炊事员用缴获来的面粉、猪肉做好饭菜送来了。热腾腾、香喷喷的饭菜,对于在长征路上饥一顿、饱一顿的战士来说,可谓诱人之极! 如果在平时,一定会吃个饱。可是此时此刻,此情此景,战士们心里沉甸甸的,谁也吃不下饭。见此情况,杨成武只好下命令:连长、指导员带头吃,不吃饭的战士不交给任务。这一招挺奏效,战士们才勉勉强强地吃了一些。

吃完了饭,全团战士撤到离前沿稍远的地方,靠着石崖一个个坐着,默不作声。四周除了黑茫茫的山峰可见外,什么都看不到。河水掀起的浪花偶尔撞击在岩石上,发出轻快的响声。听到小分队轮番向敌人射击的枪炮声,战士们又怎能睡得着呢?

前沿阵地上,小分队的牵制性进攻正在进行。他们一个个背插大刀,身挂手榴弹,有的还配一支短枪,趁着天黑,分作两路,一路顺着河岸崖壁前进,摸到桥下,攀着桥桩运动到对岸;另一路先潜入到桥下,待前一路打响,就翻上桥面,一齐开火,给敌人来个左右开弓,两面夹击。

不料摸到桥下的一路,有一个同志不小心掉到河里去了,被敌人发觉。敌人朝桥下开枪,乱打起来。连长杨信义趁此机会,带领部分战士冲到桥边,一批批手榴弹投了过去,炸得敌人乱了阵脚。桥下的同志也乘机翻上桥面,拔出大刀,与敌人展开肉搏。这时,又一支小分队扑了过去。接着,指导员胡炳云带着一个排也压过去了。

就要到 3 点了,和迂回部队约定的时间该到了,全团战士迅速集合,进入总攻位置。杨成武一边观察着小分队冲锋陷阵的情景,一边遥望河对岸山那边,非常着急:为什么信号弹还不升起来呢? 天快亮了,要是天明前,王开湘他们完不成任务,迂回不到敌人侧后,不能配合正面部队给敌人狠狠一击,那么不仅会暴露我们的战斗部署,而且六连突击队偷袭桥头的行动也将前功尽弃。

真是"万事俱备,只欠东风"了。

这一段时间太难熬了,怀表上的指针在大家焦急的期盼中终于走过了3点。几百只眼睛盯着天空,多么希望能出现信号弹的美丽身姿。可是,黑压压的天空中除了几颗星星外,什么都没有。

"等!"杨成武狠了狠心。

时钟一分一秒地运转。10分钟过去了,没有动静。20分钟过去了,还是没有动静。

怀表上的指针指向4点,就在全团战士万分焦虑和极度盼望之时,突然对岸高峰上面升起了一红一绿两颗信号弹。

啊,红色、绿色的光芒,透过拂晓的薄雾,照亮了桥这边每个红军战士的心。

负责瞭望的通信员迅速报告:"迂回部队胜利到达预定地点!"战士们顿时欢腾起来。

"发信号弹!"杨成武大声命令道。

"通、通、通!"代表总攻的三发红色信号弹射向了天空。

这三颗信号弹仿佛三颗红星,在黎明前的夜色中闪耀着光辉,与那一红一绿的信号弹交相辉映。

这时,山上山下都响起了嘹亮的冲锋号声。

只见六连的战士,抡起大刀,端起步枪,向敌人冲去。右面悬崖上的部队在王团长指挥下,看准下面没有顶盖的炮楼和敌人的阵地,扔下一个接一个的手榴弹,所有的轻机枪和冲锋枪也一齐开火。

晨曦中,总攻部队开始过河了。不料,炮楼里蹿出来不少敌人,红四团的轻、重机枪一齐转向这股敌人猛烈扫射。六连的指战员更是威风,一个个抡起雪亮的大刀冲向独木桥,向敌人左砍右杀,只见刀光闪闪,鲜血四溅,敌人横尸遍野。没有多久,战士们就抢占了小木桥,控制了隘口上的两座炮楼。

杨成武见初战获胜,便命令总攻部队兵分两路,沿着河的两岸向峡谷纵深扩大战果。

总攻开始后,经过两个小时的冲杀,红四团的指战员突破了敌人设在口子后面三角地带的防御工事,夺下了一群炮楼,占领了敌人的几个预备阵地和几个堆满枪支、弹药及军用物资的仓库。指战员们一边作战一边就地补充弹药,随后向守敌发起了更加猛烈的攻击。

敌人被我迂回部队截断,退至峡谷的第二道防线后,又集结兵力,负隅顽抗,企图等援兵到来之后一齐进行反扑。这时,杨成武命令五连配合崖顶上的一连、二连,连续不断地冲击敌人,终于把一股敌人压到一个悬崖绝壁下,缴了他们的枪。接着,杨成武集中其余所有的兵力,又向敌人的第二道防线发起攻击。在我炮火、机枪的猛烈射击下,经过二营近一小时的连续冲锋,敌人终于全部溃败了。

对此,时任国民党新编第十四师第一旅参谋长的张觉僧后来回忆道:

> 至5时许,红军果然又开始了攻击,一面仍用少数部队从正面猛攻;一面用较大兵力,潜从我部左翼的树林中攀登险峭的石山,以袭击我部侧背。我们发现情况后,虽知那边是断崖悬壁不可能绕过去,但侧背已受到极大威胁,军心动摇。天刚亮时,战斗越来越激烈,有一次,红军攻过桥来夺机枪,将一挺机枪架都扯坏了,终因人少,没有夺去。战斗至此,我部一个连长受伤,士兵受伤者亦有十余名。王世惠营长亲来旅部报告,如不及早退却,天大亮就撤不下来了。[7]

9月17日清晨,红军占领了敌人的第一、第二线阵地,胜利地夺取了腊子口要隘,并缴获粮食10万斤,盐2000斤,这对刚经过雪山草地行军、长期缺粮少盐的红军来说,是一个极宝贵的补充,简直就如同找到无价之宝,太让人高兴和振奋了!

《战士》报报道夺取腊子口的消息

天险腊子口终于被攻破了!毛泽东高兴极了,马上亲自到攻占腊子口的部队去看望指战员,并于当日7时向彭德怀等发出了告捷电:

> 腊子口已得手,你们本十七日立即照原计划前进。一个团在刀扎里,一个团至腊子口,其余在黑朵寺、康朵里。我们即向大草滩进。[8]

这一仗,毛泽东非常满意,一直到了陕北还经常念叨。有一天,在陕北的一次会议上,他在做报告的时候又问:"哪些是打腊子口的同志,站起来看看!"

英雄们满面红光地齐刷刷站起来,大家都报以热烈的掌声。

腊子口一战，使国民党反动派企图将红军困死于雪山草地的阴谋彻底被粉碎。它打开了红军北上抗日的大门，证明了党中央北上抗日的方针是完全正确的。红军也从此摆脱了恶劣的自然环境，开始了新的蓬勃发展的局面。正如聂荣臻在回忆录中所说：

> 腊子口一战，北上的通道打开了。如果腊子口打不开，我军往南不好回，往北又出不去，无论军事上政治上，都会处于进退失据的境地，现在好了，腊子口一打开，全盘棋都走活了。[9]

红二师政委萧华还写下了这样的诗篇：

> 峭峰插云一线天，陇蜀千嶂狭道连。
>
> 秋风夜雨腊河吼，关险防固敌凶顽。
>
> 绝壁巉岩挡不住，神兵飞下万重山。
>
> 横扫白军葬深谷，征师高歌进甘陕。[10]

《大公报》送来陕北红军消息

腊子口失守，敌人向岷州方向败退，红军乘胜追击。

出峡谷不远，便是大剌山。这里有一座十里高的山峰，敌残部企图凭借这岷州南面的最后一座屏障，以密集的炮火封锁道路，掩护其主力撤退。红军兵分两路，采取迂回运动，从大剌山的两侧插过去。慑于红军战士攻破腊子口的余威，敌人立即恐慌起来，再也顾不上什么主力不主力了，扭头就跑。

就这样，敌人一直跑到了大草滩。这里离腊子口已有90里路了，筋疲力尽的敌人以为天黑了，红军不可能追出这么远。这样一放松，倒在地上就再也不想起来了。哪知道，他们刚停下，红军就追了过来，经过一阵激烈的短兵相接，敌人大部被歼灭，红军占领了大草滩。

是夜，红军侦察连迅速插入岷州，占领了岷州城东关。甘肃之敌大为震动，以为红军马上要打岷州城了。吓得当时在甘肃首府兰州的官商显要，个个惊慌失措，纷纷收拾金银细软，准备带着姨太太往西安开溜了。但红军又出其不意，攻其不备，神不知鬼不觉地撤出岷州，挥师东进，以一部先机占领了哈达铺。

9月19日，聂荣臻和林彪随红二师部队进驻哈达铺。毛泽东、周恩来、张闻天等中央政治局常委随后跟进。

此时的毛泽东意识到，由于张国焘的分裂活动严重地削弱了北上红军的实力,中央红军现在难以在川陕甘建立革命根据地,迫切需要找一个可靠的落脚点。而从 1934 年 10 月中央红军撤离江西瑞金开始,在将近一年的时间里,始终没有一个明确具体的目的地。虽然,1935 年 6 月 26 日在四川懋功两河口召开的中央政治局扩大会议上,提出了"北上抗日"的基本纲领和"建立川陕革命根据地"的战略目标,9 月 12 日俄界会议又提出经过甘东北,以游击战争打通国际路线,取得苏联的帮助,在接近苏联的地区创造一个根据地,但都只是一个"大的方向",红军究竟落脚何处,最终目的地在哪里,党中央一直"心中无数"。因此,在攻克腊子口之后,毛泽东等人一直在为此事犯愁,到哈达铺后,红军又往哪里去呢?

就在这时,有人报告说,聂荣臻政委派骑兵通信员送报纸来了。

为什么会送报纸呢? 原来由于被蒋介石的围追堵截,长征途中的红军几乎与外界隔绝。为了获得更多的信息情报,毛泽东每到一处都要派人去搜集报纸。9 月 17 日红军攻下腊子口时,毛泽东亲自召见了红一军直属侦察连连长梁兴初(红军著名战将,后来在抗美援朝时担任三十八军即闻名全军的"万岁军"军长)、指导员曹德连,要他们前往哈达铺执行侦察敌情任务时,注意找些"精神食粮"——国民党的报纸杂志,只要是近期的都要。

第二天,梁兴初、曹德连率队化装成国民党中央军,大摇大摆地走进了哈达铺,受到哈达铺镇长、国民党党部书记长和保安队长的迎接。这时恰好一位国民党部队的少校副官带着几驮子书籍、报纸、衣物等许多东西,刚从兰州回来,路过哈达铺,也来拜会梁兴初等人。于是,侦察连不费一枪一弹就占领了哈达铺。随后,他们赶紧四处收集报纸杂志,在翻阅从那位被俘副官驮子上查获的

哈达铺邮局

报纸时,发现有一张《晋阳日报》上载:"陕北刘志丹'匪'部已占领六座县城,拥有正规军五万余人,游击队、赤卫军和少先队二十余万人,窥视晋西北,随时有东渡黄河的危险性。"还说刘志丹要与徐海东的部队会合,并附上了一张所谓"匪区"的陕北革命根据地略图。从中可以看出,刘志丹的部队不少,

根据地也不小,而且有一定的群众基础。这个消息太及时、太重要了! 梁兴初、曹德连马上派人将报纸送到尚在前往哈达铺途中的军首长手中。

聂荣臻看后十分重视,立即指示通信员十万火急地将报纸送给中央常委参阅。

报纸送到了,毛泽东看完后不禁喜笑颜开:"好了! 好了! 我们快到陕北根据地了!"

巧的是,中央红军主力进入哈达铺之后,机关的采买人员在大街上采购东西时,拣到了几张七八月份的《大公报》,进一步证实了这一消息的真实性。7月23日的《大公报》首先便引用了"山西王"阎锡山7月22日在绥靖公署及省府纪念周报告上的说法:"全陕北赤化人民七十余万,编为赤卫队者二十余万,赤军者二万。""阎长官称,全陕北二十三县几无一县不赤化,完全赤化者十余县,半赤化者八县。现在共产力量已有不用武力即能扩大区域之威势……"[11]

8月1日的《大公报》引用敌八十四师师长高桂滋的话,说得更加详细:

"盘踞陕北者为红军廿六军,其确实人数究有若干,现无从统计,但知其枪有万余。匪军军长刘志丹辖三师,为匪主力部队,其下尚有十四个游击支队。此外各种小组及赤卫队等则甚多。匪军现完全占领者有五县城,为延川、延长、保安、安塞、安定等。现在陕北状况,正与民国廿年之江西情形相仿佛。"

同时,这张报纸还披露了徐海东领导的红二十五军的消息:"徐海东于七月中旬率悍匪三千余众,由商县、镇安、柞水等县突围西出。是役,追击徐匪之警备第一旅唐嗣桐旅有两团覆灭,唐旅长被俘,终以身殉。其后匪部即过蓝田,出洛南山口,窜长安县

陕甘根据地红军一部

境之引驾回镇,另有一股由子午口窜出,两地距省城均四五十里之谱。"

依照这几张报纸的说法,整个陕北的形势可以同1931年的江西中央苏区相媲美! 红二十五军已在徐海东率领下从蓝田突围,北出终南山口,威逼西安,估计已与陕北之红二十六军取得了联系。此外,甘南的东部,尤其在毗邻陕西、宁夏边区的庆阳一带,也有红军游击队在活动。

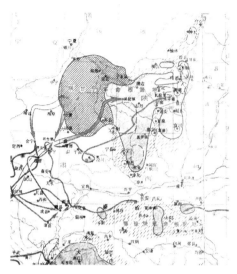

长征时期的陕甘宁根据地

看到这些消息,大家兴奋不已。过去只知有一个陕北根据地,却不知后来发展得如何,特别是蒋介石对各根据地发动"围剿"后怎么样? 由于长途跋涉,加上敌人严密封锁消息,那里的真实情况中央一无所知。现在突然获知他们竟在咫尺之间,怎么能不兴奋?

哈达铺获得的重要情报,为党中央把革命大本营的目标定在陕北根据地,提供了重要的依据。

当然,改变中央红军长征的落脚点,如此事关中国革命前途命运的大事,绝非偶然,不是看了一两张报纸那么简单。

总政治部的白军工作部部长贾拓夫为陕北神木人,是到瑞金出席全国第二届苏维埃代表大会的陕北苏区代表。长征开始后,就随中央红军一起转战。他一路上给毛泽东、张闻天等中央领导汇报了陕甘根据地的情况。毛泽东等人对陕甘已经有所了解,两河口会议中央之所以制定川陕甘计划,恐怕与此不无关系。

8月初中共中央在沙窝会议上,即提到"红二十五军、二十六军及二十九军在川陕甘三省的活跃,尤其是一、四方面军两大主力在川西北的会合,造成了中国苏维埃运动在西北开展极大胜利的前途。"

当时,将红二十七军误为"二十九军"。

接下来,在8月20日的毛儿盖会议上,中央政治局通过了由毛泽东起草的《关于目前战略方针之补充决定》,详细分析了开辟甘、陕根据地的益处,"在政治上,能够和红二十五、二十六军及通(江)、南(江)、巴(中)游击区取得配合、协同动作及汇合。"

9月17日,陕甘支队政治部在攻克腊子口的当天,发出了《坚决北进赤化川陕甘讨论大纲》。在谈到陕甘苏区时《大纲》指出:"陕甘有红二十五、二十六、二十九等军(应为二十七军) 和许多游击队,容易创造苏区。"

显然,毛泽东和其他中央领导人,对红军最后的落脚点到底往哪里去,已经早有思考,对陕甘红军和根据地的存在,已是早有耳闻,只是没有那么清晰。等打下哈达铺,又看到那些报纸后,便触发了到陕甘去的灵感。

中共中央随后在榜罗镇会议上,决定将长征的落脚地放在陕甘根据地。

哈达铺休整

由于红军出其不意,兵出神速,国民党的川军及中央军尽管迅速转移行军方向,但已追赶不及;同时,鲁大昌在腊子口被打得吓破了胆,惊魂未定,不敢轻举妄动。9 月 21 日,红军主力全部到达哈达铺进行休整。

哈达铺是甘肃省南部宕昌县的一个小镇,地处岷山东麓丘陵川坝之中,四面丘陵起伏,山势平缓,中间地形狭长,开阔平坦。镇中只有一条小街,两侧大都是青瓦房,街心有一座古老的戏楼和一座小关帝庙。镇上居民绝大部分是回族和汉族,他们讲的汉语不太好懂,但三个多月来红军一直在人烟稀少、语言不通的少数民族地区行进,能听到汉语,即使难懂也感到十分亲切了。

到达哈达铺时,由于长途急行军,干部和战士几乎都是骨瘦如柴。为了迅速恢复战士们的体力,红军来了个别致的命令:"全军上下,上到司令员、下到炊事员、挑夫,发大洋一块,以用来改善生活。"红军总政治部还特别提出口号:"大家要吃得好!"

这一块大洋可真不算少,哈达铺地处甘肃边缘地带,交通很不便利,物产运不到内陆地区,东西十分便宜,羊、鸡、鸭价格非常低廉。

领了大洋的战士们个个笑逐颜开,心里想着:100 斤的大肥猪才卖五块大洋,两块大洋就可买肥羊一只,一块大洋可买五只鸡。再加上鲁大昌部队逃跑时丢下的几百担大米、白面以及食盐,足够好好饱餐一阵了了。

此时,对于在雪山草地好几个月没有吃到盐和大米、白面的红军战士来说,就像过年一样。尤其是福建、江西等南方省籍的战士,个个喜形于色,看到大米更是特别亲切。

为了联络地方人民的感情,总政治部通令各个伙食单位请驻地周围的老百姓一起会餐。同时还颁发了《回民地区守则》,这个守则条目很多也很细,除了规定不得擅入清真寺,不得任意借用回民器皿、用具外,还规定不得在回民住家杀猪和吃猪肉。于是,各伙食单位都有一桌至两桌的"回民饭",以备请当地的回民来吃。每个伙食单位都请来一二十个老百姓,其中男女老幼都有,会餐的时候,大家你劝我让你,气氛十分融洽。

9月22日,在哈达铺关帝庙前的操场上,中央召开了红一、红三军团以上干部会议,毛泽东在会上做了报告,同时宣布:"我们就是要北上抗日。先要到陕北去,那里有刘志丹的红军。"

远眺哈达铺镇

经过休整的红军,热情愈加高涨,斗志更加昂扬。但正在甘肃等待红军的国民党中央军和东北军、西北军还有30多万人。朱绍良、毛炳文、王钧等部在甘肃;张学良的东北军、杨虎城的西北军在陕甘;在宁夏、青海、甘肃边境还有马步芳、马步青、马鸿逵、马鸿宾"四马"的骑兵和步兵。

蒋介石不顾民族危机,一直不肯接受中共中央于1933年1月17日提出的中国工农红军愿在三个条件下与国民党军队共同抗日的主张,醉心于打内战,妄图再次凭借优势兵力,消灭他们认为"经过长途跋涉疲惫不堪"的红军。所以,北上抗日的任务,还是十分艰巨的。

红三军团为何消失?

在俄界会议上,为了提高部队的机动性和战斗力,红三军军长彭德怀根据形势和战略方针的变化,提出了改变部队编制的建议:"团不设营,每团四个步兵连,一个重机枪班。团以上不设师,直属军,军改为纵队。上层机关尽量缩小,政治部不要超过60人,司令部缩小到130人。"

鉴于新的形势,中央采纳了彭德怀的建议,决定将北上红军整编为中国工农红军陕甘支队(即北上抗日先遣队)。这样既优化了部队的编制,利于组织指挥,又旗帜鲜明地展现出"北上抗日"的决心,红军的作战目标更加明确,有利于团结更多的力量。

红三军团是彭德怀一手创建的部队。根据1930年5月中旬和下旬中共中央先后在上海秘密召开的全国红军代表会议与全国苏维埃区域代表大会做出的"各地红军分别集中组建正规军团"的决定,1930年6月10日前后,中共红五军军委在湖北大冶果城山的刘仁八村召开会议,决定以红五军为基础,正式成立红三军团,彭德怀任总指挥,滕代远任政治委员,邓萍任参谋长,袁国平任政治部主任,下辖红五军、红八军两个军。1930 年 8 月 23 日,红三军团在湖南浏阳永和市同朱德、毛泽东率领的红一军团会师,组建成中国工农红军第一方面军。在毛泽东、彭德怀等人的领导下,红三军团获得了长足的发展,力量不断壮大,取得了一系列辉煌胜利。后来由于王明"左"倾错误影响,红三军团被迫离开中央苏区,开始了战略转移。

红军时期的彭德怀

彭德怀为什么会提出把自己辛辛苦苦带出来的部队整编掉呢? 在《彭德怀自述》中是这样记载的:"在哈达铺休息了四五天,从报纸上看到陕北有刘志丹苏区根据地,很高兴。从哈达铺到保安县,还有千余里,要经过六盘山山脉。那时干部和战士真是骨瘦如柴,每天行军,还少不了百八十里。沿途还必须战胜敌军阻击,尤其是敌骑袭击。为了充实战斗单位,准备继续战斗,部队需要缩编;为了保存干部,发展新区,也必须缩编——取消三军团,编入一军团。我这提议得到军委毛主席同意。"

9 月 22 日,在哈达铺关帝庙前的操场上,中央召开了红一、红三军团以上干部会议,毛泽东在会上做了报告,通报了 9 月 12 日中央政治局俄界会议的决定,宣布军委纵队和红一方面军主力正式整编为中国工农红军陕甘支队,任命彭德怀为司令员,毛泽东为政治委员,林彪为副司令员,叶剑英为参谋长,王稼祥为政治部主任,杨尚昆为政治部副主任。支队具体整编情况如下:

第一纵队以原一军团为基础,共编五个大队,把原三军团十三团编入第一纵队,司令员林彪,政治委员聂荣臻,参谋长左权,政治部主任朱瑞。

第二纵队以原三军团为基础,共编三个大队,彭德怀兼司令员(不久彭雪枫接任),政治委员李富春,副司令员刘亚楼,参谋长萧劲光,政治部主任罗瑞卿。

军委纵队编为第三纵队,司令员叶剑英,政治委员邓发,原三军团教导营编入第三纵队。

大队基本上是原来团的建制,取消了营级建制,每个大队辖五个步兵连,一个机关枪连,团的侦察排、工兵队和卫生队全部集中到纵队。全支队共 7000 余人。

命令宣布之后，彭德怀在离开红三军时召开了团以上干部会，在会上讲话很激动，讲着讲着眼泪就掉了下来。他首先说明了缩编和取消三军团番号的理由，接着谈了对这支部队的感情，不过他是以自我批评的方式说出来的。据王平上将回忆，彭德怀说："我的脾气不好，骂过许多人，请同志们批评和谅解。不过我过去对你们这些团以上干部要求很严格，有时甚至苛刻一点，这都是对你们的爱护；否则，有的同志可能活不到今天，这也可以说是'骂'出来的吧！"对于这支自己带起来的部队，彭德怀还是充满了信心，他说："红三军团从第一次反'围剿'时的几万人，至今天长征到甘南，只剩下两千多人，让错误路线快折腾光了。今天剩下的这点人，都是精华，是中国革命的骨干和希望。你们一定要再接再厉，争取全国革命的胜利。"

关于哈达铺整编，萧华将军后有诗赞道

> 红军越岷山，哈达大整编。
>
> 万里云和月，精兵存六千。
>
> 导师指陕北，军行道花妍。
>
> 革命靠路线，红星飞满天。[12]

榜罗镇会议决定到陕北安家

在哈达铺，部队一边休整，一边耐心等待张国焘率部队前来，但却令人很失望。当确知张国焘已率部队南下时，党中央立即决定，率领陕甘支队向陕北苏区迅速前进。

9月23日，陕甘支队遵照中共中央的指示，以一部兵力东进闾井镇，佯攻天水，以调动敌人向该地集中，主力乘机以一天120余里的速度急行军突然折向西北，摆脱敌重兵阻击，在鸳鸯镇和山丹镇之间渡过渭水，迈过了敌人的封锁线。

渭水封锁线是蒋介石于8月底筑成的。封锁线沿渭河沿岸，从和政、临洮、渭源、陇西、武山到天水一线。驻有国民党第三军王钧部、东北军于学忠部、甘肃的鲁大昌部，兵力大大超过红军。时任甘肃省主席、兰州绥靖公署主任的朱绍良声称：红军"行迹尤为飘忽，且声东击西，避实就虚，本为残部窜逃之惯例，更不足异，吾人明了敌情，对付自易"。

然而朱绍良自认为对付容易，其实他们是不易对付毛泽东的战略战术的。

毛泽东知道天水为甘肃东南重镇,西安屏障,敌人势所必夺。故采取佯攻天水、调动敌人之举。敌人果然中计,慌忙以重兵集结天水,同时在武山、漳县布防,阻我北上。

这时红军只有甘肃军用地图,没有陕西、宁夏军用地图,怎么办? 只有向群众作调查,以弄清地形,确定行军路线。毛泽东、彭德怀是随一纵队司令部前进的。毛泽东到达闾井镇后,亲自交代侦察科要在左边查清漳县、陇西敌情,右边查清礼县、天水敌情,主要是了解祁山、马坞间直通会宁、静宁沿途的驻防、道路、沟渠、河流等情况,每晚 12 时,将调查的路线图送给他和彭德怀,天天如此。侦察科同志每到一宿营地,就立即到毛泽东、彭德怀处接受调查路线和了解敌情的任务,然后按时完成任务。毛泽东就是依靠群众和广大指战员,指挥一个个胜仗的。

9 月 26 日,毛泽东随一纵队司令部渡过渭河。熟知历史的毛泽东对渭河早有所闻。渭河,这是古代传说中姜太公钓鱼的地方,姜太公垂钓渭滨,被周文王发现,请他出山,成为千古美谈。毛泽东和大家一样心情,都想看看这个历史上出名的地方。可令他们失望的是,渭河两岸什么风景名胜也没有,河面虽然较宽,但并不深,也没有大渡河那般汹涌湍急。失望归失望,但对于红军来说,水刚没大腿,过河方便了。于是,队伍分成多路纵队同时徒涉,很快就跨过姜太公钓鱼的地方。

由于红军出敌不意,又是急行军,有时一昼夜加半天,走了 170 里,中间只吃一顿饭。因此,到了渭河的鸳鸯镇宿营时,指战员们顾不上吃饭,倒地就睡。虽然部队连续行军,实在艰苦,但为突破渭水封锁线赢得了时间。

毛泽东运用"兵贵神速"的战术,依靠红军的双脚击败了蒋介石的"追堵"。

27 日,红军到达通渭县的榜罗镇。第二天,党中央在榜罗镇召开了政治局常委会议,讨论当前的形势和战略方针。毛泽东、张闻天、周恩来等都出席了这次会议。毛泽东在会上做了重要报告,他讲了这样几个问题:

一、日本侵略北方的严重性;

二、陕北根据地和红军状况;

三、北方可成为抗日新阵地的经济、政治条件;

四、要避免同国民党军作战,要迅速到达陕北集中;

五、严格整顿纪律,充分注意群众工作,解释我军北上抗日的意义,注意扩大新战士等。

会议根据当前的形势,根据长期在陕北工作过的贾拓夫提供的情况,决定放弃俄界会议确定的行动方针,率领陕甘支队迅速北上,同西北红军和红二十五军会合,在陕北保卫和扩大苏区,把党中央和陕甘支队的落脚点放在陕北。

榜罗镇会议上,党中央第一次明确以陕北苏区作为红军长征的落脚点和中国革命的大本营。这对于经过长途跋涉、历经千山万水的红军来说,就像天边的一颗明星,带来了希望,成为红军前进的伟大动力。

当红军到达吴起镇之后,毛泽东还谈起这次会议。他说:"俄界会议与张国焘决裂,那时的口号是打到陕北去,以游击战争与苏联发生联系。榜罗镇会议,改变了俄界会议的决定。因为那时得到了新的材料,陕北有这样大的苏区与红军,所以改变决定,在陕北保卫与扩大苏区。在俄界会议想在会合后,带到接近苏联的地区去。那时,保卫与扩大陕北苏区的观念是没有的,现在我们应批准榜罗镇会议的决定,以陕北苏区来领导全国革命。"

这是一个英明的决定,后来的历史证明了这一点。

在榜罗镇,陕甘支队开展了群众工作,检查了群众纪律,对全体指战员进一步进行了去陕北的政治动员。同时,部队还作了一定的物质准备。9月29日,按照既定方针,毛泽东、彭德怀率领部队离开榜罗镇,分三路向90里外的通渭城进发。广大红军将士信心百倍,斗志昂扬,决心闯过蒋介石设置的最后一个关口,即国民党军队在固原、平凉设下的一条封锁线。

胜利已经在望了!

通渭是甘肃的一个县,这个曾因"古通渭州"而得名的历史古镇,东邻静宁,西接陇西,北靠会宁,南通渭水,在北方,已算是一个比较大的城,但城里除了几家做小买卖的店铺之外,其余的都是一些农民,居民总数还不到2000人。城墙是用黄土堆成的,只有城墙里的几座城楼,才显出这是一个小城市。城里的建筑也都是黄土建成的,真可谓是"靠山吃山,靠水吃水",在黄土高原上取黄土,可是再方便不过了。

由于国民党把主力调集到西安到兰州的公路上防守,这里便显得不重要了。本来通渭城是由国民党军的一个团以及地方民团把守,准备堵截红军,但他们看见红军接连获胜,声势浩大,根本无法抵挡,稍一交锋,就仓皇弃城逃跑。因此红军没费多大力气就占领了此城。这也就成为陕甘支队进入甘肃后打下的第一座县城。

红军入城后,即打开县监狱,释放了被关押的群众,接着在大街小巷张贴布告和标语,向群众宣传红军的主张,要求群众安居乐业,支持红军北上抗日,不要听信谣言,自相惊扰。县城居民看到红军军纪严明,热爱群众,很快就打消了疑虑,城内秩序也恢复了正常。

在通渭,红军休息了三天。一方面有条件就休息,恢复红军战士的体力;另一方面,也为跨越西兰公路做准备。

在这几天时间里,部队抓紧军事动员,做准备工作,并举行了会餐活动以及联欢会。会场设在城外的河滩上,工兵营搭了一座临时戏台,会场中央竖起了一根几米高的旗杆,上面挂了一面大红旗,并由旗杆向四面八方拉出一些五颜六色的小旗子,飘扬在会场上空。各部队于傍晚前带着饭菜来到河滩,在戏台前集合。

全体唱《国际歌》后,叶剑英、邓发等讲话,主要讲北上抗日的意义、西北的形势和对骑兵作战的战术等问题。讲话之后,就宣布会餐。

大家回到各伙食单位的所在地,六人一堆,各种肉类都有,只是做法不一样。这样热闹的会餐,还是在会理过五一节举行过,大家愉快异常,各级指挥员都被邀到战士中间尝他们的好菜,忙得不可开交。

陕甘支队第十三大队大队长陈赓是湖南人,大家都请他吃辣子鸡,弄得他拿着筷子到处"游行",嘴里连声叫"好"。会餐后,开始娱乐晚会,表演了各种歌舞与魔术,掌声不绝。各单位直到晚10时才回到各自的宿营地休息。

9月30日下午,毛泽东在县政府大厅里主持召开了领导干部会议,再次作了关于目前形势和任务的报告,提出了部队进入陕甘苏区的注意事项。政治部也发出通知,要求各部队检查行军纪律,深入开展越过西兰大道、进军陕甘苏区的政治动员,并根据报纸上提供的情况,编写了《会合红二十五、二十六军,在陕北创立根据地讨论大纲》,绘制了《陕甘苏区略图》,发到各连队,作为进行动员的教材。

毛泽东自从榜罗镇会议确定落脚点后,心情非常舒畅,在这次会议上他即席朗诵了一首诗,也就是后来非常著名的七律——《长征》:

> 红军不怕远征难,万水千山只等闲。
>
> 五岭逶迤腾细浪,乌蒙磅礴走泥丸。
>
> 金沙水拍云崖暖,大渡桥横铁索寒。
>
> 更喜岷山千里雪,三军过后尽开颜。

一年来的万里征程,都溶进了这短短的几十个字里。这哪里是一首诗?分明是一幅气势磅礴、寓意深远、威武雄壮、豪气吞云的历史画卷!

---

[1]《围追堵截红军长征亲历记》(下册),中国文史出版社1991年版,第43页。

[2]《围追堵截红军长征亲历记》(下册),中国文史出版社1991年版,第43页。

[3]杨成武:《忆长征》,解放军文艺出版社1982年版,第197页。

[4]中国人民解放军历史资料丛书编审委员会:《红军长征·文献》,解放军出版社1995年版,第696页。

[5]杨成武:《忆长征》,解放军文艺出版社1982年版,第209页。

[6]见红一军团《战士》报,1935年9月20日。

[7]《围追堵截红军长征亲历记》(下册),中国文史出版社1991年版,第46页。

[8]中国人民解放军历史资料丛书编审委员会:《红军长征·文献》,解放军出版社1995年版,第697页。

[9]《聂荣臻回忆录》上册,解放军出版社1983年版,第281页。

[10]《萧华诗稿》,山东文艺出版社1986年版,第39页。

[11]中国人民解放军历史资料丛书编审委员会:《红军长征·文献》,解放军出版社1995年版,第701页。

[12]《萧华诗稿》,山东文艺出版社1986年版,第40页。

第十章
重建红一方面军

10月2日，红军陕甘支队迎着深秋的劲风，又踏上了前进的征途。4日晚，占领界石铺东西数十里的公路沿线后，以一纵队为右路，二、三两纵队为左路，两路平行向北推进。在越过平凉、固原间的公路时，两路又会合在一起，转而向东寻求小路上山，脱离平固公路地区。

这时，蒋介石获悉陕甘支队突破兰西公路，大为恼火。因为很明显，毛泽东将率领红军突破六盘山，直往北去。对自己苦心设计的圈套的落空，蒋很不甘心。因此，他急令毛炳文、马鸿宾部和东北军在隆德、平凉、固原一线严密堵截，紧追不舍，以削弱和歼灭红军。

青石嘴战斗

10月7日下午，红军战士在行军路上捉到了一名敌军便衣侦探。原来敌人的一个骑兵团正在前面驻扎，是东北军骑兵第七师的王牌部队——白凤翔的骑兵第十九团，有500多人马和军用物品，刚刚进驻村子。

得到这个消息，毛泽东立即召集一纵队首长林彪、聂荣臻、左权，一大队杨得志、萧华，四大队王开湘、杨成武，五大队张振山、赖传珠等一齐来到前沿观察。用望远镜一看，只见村子里农户的烟囱正在冒烟，敌人的战马都卸下鞍子，散在路边吃草。散乱的敌兵有的在铡草，有的在打水，有的三三两两地来回闲逛。显然，敌人正在生火做饭，还未发现红军已经来到了他们的身边。

毛泽东指着远方说："都看到了吧？隘口下边的村子叫青石嘴，那里刚驻扎了敌人东北军骑兵第七师的一个团，有几百匹马，别小看它，我们要消灭这股敌人，不然它会拦住我们的去路。"

他转过头对四大队的杨成武政委和王开湘队长说："这个任务就交给你们了。四大队是有名的英勇冲锋的红四团嘛，要发扬你们的特点，动作要快，要猛，要狠！"

林彪和聂荣臻也说："记住，一定要按主席交代的那样，要快，要猛，要狠，打散马群，聚歼敌兵，速战速决！"

一切布置妥当，部队便斗志昂扬地投入了战斗。四大队以飞快的速度，悄悄翻过隘口，正面接近隘口下的村庄。此时，一大队也以迅雷不及掩耳之势从北边迂回插到青石嘴后面，五大队也迂回到南边，截断平固公路，三面夹击，形成了一个钳形包围圈，敌人已成了瓮中之鳖。

一声令下，红军战士分路出击，一齐压向敌人。伴随着漫山遍野的喊杀声和枪炮声，一刹那就全部冲进了村子里。正在屋内吃午饭的敌人，做梦也未想到红军会杀来，这时想冲出去抵抗也来不及了。有的跑得快，骑上马向后山逃窜，也只会被迂回的部队打死，更多的人连拴马绳都还没来得及解，红军就冲到了眼前。敌人见走投无路，只好乖乖地投降了。

战斗不到一个小时就结束了。这场战斗，缴获了300余匹军马，10多辆马车的子弹和军衣。原来，这是"西北剿总"运来的物资，这里的敌人刚刚收到，没想到还未来得及享用，就全部"送给"红军了。更令战士们高兴的是，不但有了过冬的棉衣，还有补充的子弹。北上以来，部队消耗了不少子弹，没有补充。打腊子口消耗了三万多发子弹，而缴获的都是些坏枪和不能用的子弹，这次才补充了几万发能用的子弹。

缴获的军马，也是一笔非常重要的收获。毛泽东与一纵队首长商量后，决定利用缴获的战马，组建中央红军的第一支骑兵部队，把原来一纵队的侦察连改为骑兵侦察连。被红军俘虏的在敌骑兵团中钉马掌、修马鞍的士兵以及马医官、马术教官等，愿留下抗日的，都成了红军战士。

青石嘴一战，是中央红军进入陕北根据地前重要的一次战斗。此战不仅补充了红军的装备，而且积累了打骑兵的经验。

就在战斗结束后不久，红军第一纵队十三大队，在青石嘴附近被东北军大约两个团的骑兵截断去路。大队长陈赓、政委邓富连等为了减少部队的伤亡，决定给敌人以突然袭击,乘敌混乱之机突围出去。

下午 2 时,由参谋长彭雄率领的前卫连突然冲了上去。敌人发现他们人数不多,便编好队举着马刀冲了过来,战斗进行得非常激烈。直到下午 4 时许,第二、三、四连才冲出去。

这时,敌毛炳文部第三十七军的两个步兵团也追了上来,红军腹背受敌,情况十分危急,剩余部队如不能赶快突围出去,就有可能被敌人消灭或造成大量伤亡。于是,邓富连要二、三排迅速突围,自己率一排在后阻敌。战斗打到 6 点多钟,他才带着最后留下的一个班撤出阵地。这次战斗,十三大队有 30 多人伤亡,而敌人却有 200 多骑兵、步兵和 100 多匹战马被打死,因而受到了纵队的表扬。[1]

越过六盘山

在战斗胜利的鼓舞下,红军战士一鼓作气,迈开大步飞速前进,开始攀登六盘山。

六盘山,在甘肃、陕西和宁夏的交界地带。海拔 2928 米,由北向南逶迤 240 余公里,为陕北和陇中两高原界山,渭河和泾河分水岭。其主峰山路曲折险窄,盘旋六道才达峰顶,故名六盘山。这是甘肃有名的高山,它不同于一般的黄土秃山,而是长满了青草。

六盘山红军长征纪念碑

"翻过山,就到根据地了!"红军指战员们互相鼓舞着,朝山上登去。

很快,红旗便在山顶上飘扬了起来,迎着夕阳,是那么鲜艳。战士们激动地欢呼着、拥抱着,热泪盈眶。

毛泽东在一块僻静处眺望着远方。这时,山顶上红旗招展,战马嘶鸣,队队红军并肩而过,如滚滚洪流奔腾向前,势如破竹,锐不可当。此情此景,使毛泽东诗兴大发,吟出了一首豪气吞云的词篇《清平乐·六盘山》:

天高云淡,望断南飞雁。不到长城非好汉,屈指行程二万。　　六盘
山上高峰,红旗漫卷西风。今日长缨在手,何时缚住苍龙?

太阳快落山了,红军也该下山了。战士们来回摇摆着大旗,红旗随深秋
的劲风来回飞舞。长长的行军队伍,从远处看,好似一股铁流在涌动。正是
这股铁流,扼住了多少狂风恶浪,在风雨中几经沧桑,始终奋斗不息,永远
向前!

下了六盘山,红军与追击的敌军边走边打,终于到达了陕北革命根据地的
边缘地区——吴起镇。当带路的同志指着前面的一个村庄说那就是吴起镇时,
队伍中顿时沸腾起来。

六盘山下,毛泽东的警卫员陈昌奉忽然看到五个人骑着马朝他们奔驰而
来。远远看去,这五个人年纪不大,身强力壮,身挎驳壳枪,头缠白头巾。战马
飞奔到了面前,五个人翻身下马,开口便问:“毛主席在哪里?”

陈昌奉问他们是什么人,其中一个说:“老刘(指刘志丹)派我们来给毛主席
送一封信,他在哪?”陈昌奉把他们介绍给毛泽东,原来这五个人是刘志丹派来
欢迎中央红军的代表。

毛泽东高兴地会见了这五个人,然后走向一些正在休息的红军连队,大声
告诉大家:“同志们,二十五军和二十六军的代表来迎接我们了,我们即将进入
陕北苏区了!”毛泽东的话音刚落,部队立刻欢呼了起来。

“吴起镇到了!”“到家啦!”

指战员们欢叫着冲了上去。是啊,红军经过千山万水,经过一年的长途跋
涉,经过无数次残酷的战斗,忍受了物质生活上的困难,不少人流了血,许多战
友献出了宝贵的生命。现在终于到达了北上抗日的根据地——陕北的吴起镇,
战士们怎能不兴奋、不激动呢?

然而,刚过了两天,敌人的骑兵就又追了上来。

吴起镇战斗

自从过了哈达铺,红军为了保全和发展自己的有生力量,迅速地北上抗日,
一般不和敌人硬打,尤其是进入陕北以后,更是如此。除非敌人穷追、拦阻,惹
怒红军的时候,红军才给予还击,扫除前进道路上的障碍。

但是,进入陕北的黄土高原一带,马鸿逵、马鸿宾“二马”的骑兵一直尾追
红军。到了吴起镇,他们更加猖狂了。还有在腊子口交战的败军之将鲁大

昌,也忙起来了,妄图报复。蒋介石更是拍来密电,称:"朱毛赤匪长途引军,疲惫不堪,企图进入陕北会合刘志丹。命令小部骑兵前往堵截,相机包围,予以歼灭。"

经过甘南行军数百里到达陕北的红军部队,减员不少,给养困难,又初到天气寒冷的西北地区,急需休养调整。可眼下敌人已把红军逼到忍无可忍的地步。"是可忍,孰不可忍",中革军委决定,给敌人一次沉重的打击。

毛泽东当即电示彭德怀于20日来吴起镇商量行动方针,同时派一纵队政委聂荣臻去了解敌情。聂荣臻到阵地观察后向毛泽东汇报说:敌人骑兵只有几千人,可以诱使他们下马与我们打。他们一下马,既要招呼马匹,又要与我们打仗,战斗力就会下降。毛泽东听后,决定采用这种方法打击敌人。

20日,毛泽东主持召开了陕甘支队干部会。他说,让敌人的骑兵一直跟到陕北,对我们很不利,总是被动。一定要把这条"尾巴"斩断在根据地门外,不要把敌人带进根据地。要想办法打他一下,而且一定要打好这一仗,作为与陕北红军会师的见面礼。

吴起镇

吴起镇西面的头道川和二道川,地形险要,是歼灭敌人骑兵的理想阵地。21日清晨,太阳还未升到头顶,毛泽东就已率领部队进入了阵地,摆好了伏击圈,专等敌人的到来。

8点左右,前方的道路上伴着阵阵的尘土,出现了一队队人马,敌前锋十七团终于来了。显然,他们还未意识到自己已中了埋伏,一个个在马上耀武扬威,神气十足。

战士们伏在阵地上,眼睛紧盯着敌人的队伍,恨不得一下子扑过去,将敌人消灭干净。敌人离包围圈越来越近了,200米,100米,50米……

"啪!"山谷里响起一声清脆的枪声,总攻发起了。

一刹那,两边山沟里的轻、重机枪一齐吼叫起来,伴随着手榴弹的爆炸声,战士们的喊杀声,整个山谷像开了锅的水一样。这时,敌人才知道走进了红军的伏击圈,但为时已晚,受惊的马匹四处乱跑,根本不听指挥。前面的敌人掉头,撞到了后面敌人的身上,惊慌失措地互相谩骂着。从马背上掉下的敌人,像无头的苍蝇一样四处乱窜,哭爹喊娘。还有的敌人的一只脚还挂在马镫上,被马拖着跑,大叫"救命!"

彭总司令提枪勒马,跃上山头,"啪啪"打了两枪,高喊"冲啊"！健壮的英姿在朝阳下显得十分威武。战士们见此情景,奋勇争先,经过一阵猛冲猛打,敌人的一个骑兵团被迅速歼灭。

这时,在两侧山岭上响起了红军战士的喊话声:"我们是工农红军,你们不要为蒋介石卖命!""中国人不打中国人!"

敌团长马培清被红军的强大威力和政治攻势所震慑,与各营营长商议后,决定立即撤离战场。他对各营长说:"如上级追问,就说子弹用光了,谁也不准走漏半点风声。"

战斗结束了,高高兴兴的红军战士在忙着打扫战场。吴起镇战斗,击溃敌骑兵四个团,歼敌数百

吴起镇旧址

人,俘敌官兵200余人,缴获战马200匹。

毛泽东紧握着彭德怀的手说:"步兵打骑兵,只有我们红军才能创造出这样的奇迹啊!"随后,他诗情满怀,挥毫赋诗一首:

> 山高路远坑深,大军纵横驰奔。

> 谁敢横刀立马？唯我彭大将军。[2]

彭德怀看到毛泽东写给他的这首诗后,谦逊地将末句改为"唯我英勇红军",然后将诗送还了毛泽东。这表现了一个共产党人居功不自傲,为人民利益鞠躬尽瘁、不计私利的高尚品德,而这也可以说是对彭德怀一生最简洁生动的写照。[3]从此,红军吴起镇破敌、毛泽东诗赠彭德怀和彭德怀改诗退诗的事,就成为一段佳话,至今流传于世。

这一仗之后,敌人一时不敢前来进犯了,于是红军按计划在吴起镇休息了七天。在这七天之内,红军不仅完成了休息整理计划,并且攻破了为患保安县人民多年的千佛山反动寨堡。该堡内集中了全县最反动的地主豪绅,驻有数千匪化之反动民团,地方百姓被其掳掠劫夺和奸淫者不可胜数,人民视之为心腹之患。这次红军将其斩草除根,民团全部被红军缴械后遣散,反动土豪则将其罚款后驱逐出境。千佛山被攻破后,周围民众莫不表示欣幸,男女老幼送东西来慰劳红军者,络绎不绝,战士们大有应接不暇之势。

至此,中央红军主力已胜利完成了历时一年、纵横十一省、行程二万五千里的长征。

蒋介石在峨眉山上听说毛泽东率领红军主力到了陕北,心情忧郁地对左右说:"我六载含辛茹苦,未竟全功;天不亡毛,非人力之所及也。"

解救刘志丹

当红一方面军进行二万五千里长征时,有一支部队的行动被称作小长征,这就是徐海东的红二十五军从鄂豫皖到陕北的长征。

在红四方面军撤离鄂豫皖根据地一年多之后,红二十五军在程子华、徐海东率领下,经过两个月的艰苦转战,于1935年9月到达陕北延川县永坪镇。9月16日,刘志丹率领红二十六、红二十七军来到永坪镇和红二十五军会师。17日,在永坪镇召开了中共西北工作委员会与中共鄂豫陕省委联席会议,决定成立中共陕甘晋省委,由朱理治、郭洪涛任正副书记;改组西北军事委员会,聂洪钧任主席;组建红十五军团,徐海东为军团长,程子华为政治委员,刘志丹为副军团长兼参谋长,高岗为政治部主任。下辖七十五师、七十八师、八十一师,第七十五师由红二十五军编成,张绍东任师长,赵凌波任政治委员;第七十八师由红二十六军编成,杨森任师长,张明光任政治委员;第八十一师由红二十七军编成,贺晋年任师长,张达志任政治委员,全军团共7000余人。

永坪会师后,整编后的红十五军团先后取得了劳山、榆林桥战斗的胜利,敌人第三次"围剿"的部署被打乱了。陕北群众和红军战士无不打心眼里欢欣鼓舞,红军宣传队也唱起了《信天游》:

山丹丹花开红又红,红十五军团出了征;

徐海东、刘志丹指挥妙,劳山榆林打得好。

……

然而，革命的航船顺风时，船头也难免遇到恶浪，船底也难免碰到暗礁。正在红十五军团准备迎接新的战斗时，党内却发生了一件让人十分痛心的事。

本来，红二十五军当中就有一部分在鄂豫皖苏区追随张国焘搞"肃反"的人，他们认为革命力量与反革命力量相比已占了"绝对优势"，红军必须实行"全线出击"，"不让敌人蹂躏苏区一寸土地"，要攻打城市，反对所谓"取消主义"。到达陕甘苏区后，他们与陕甘根据地的"左"倾冒险主义领导者相结合，把张国焘等写的一本名叫《肃反》的小册子拿来照抄照搬，在这里继续推行"肃反"。他们在 9 月 21 日发出指示，决定成立政治保卫局，由当时的后方军事委员会主席戴季英兼任局长，颁布赤色戒严令，大批逮捕干部，其中的首要目标就是红十五军团副军团长兼参谋长、陕甘根据地和红军的主要创始人之一——刘志丹。

刘志丹，1903 年出生在陕西西北部群山环抱的保安县，原名刘景桂。1925 年参加中国共产党，1926 年进入黄埔军校第四期学习，毕业后参加北伐战争。1928 年 4 月参与领导渭南、华县起义，组建了西北工农革命军，任西北革命军事委员会主席。他还以渭南、华县为中心建立了苏维埃政权。起义失败后，刘志丹被派往陕北担任特委的军委书记，他一路走回陕北，几次遇险，但每每死里逃生。在刘志丹的精心策划下，1932 年 12 月红二十六军成立，1934 年红二十七军成立，以照金为中心的根据地和神府根据地、陕北根据地也相继被开辟出来。

刘志丹

特别在 1935 年更是辉煌，在刘志丹的统一指挥下，挫败了国民党军对陕甘的两次"围剿"，连续夺取延长、安定、保安等 6 城，使陕甘、陕北根据地连成一片，一共控制了陕甘边境 22 个县，还成立了陕甘苏维埃政府。在艰苦的斗争实践中，刘志丹把他的游击战术发挥得淋漓尽致，成为陕甘红军的灵魂人物。斯诺在《西行漫记》一书中用近 3000 字的篇幅描写了刘志丹的生平和功绩。可是，就是这样一位富有传奇色彩的人民领袖，没有被敌人的"围剿"打垮，却在党内"左"倾路线的错误领导下在劫难逃。

10 月 6 日，肃反的主持者无视刘志丹的一片忠心，把他关进了牢房，指责他借口"狡猾的手段骗取党对他的信任"，断定刘志丹是"为消灭红军而创造红军根据地的反革命"。接着,连他的妻子和女儿,也被打入了劳改队。还有陕甘宁边区县以上的领导干部和军队营以上的领导干部100多人,也先后被捕,被打成"右派""反革命",无情地被投进监狱。

军团长徐海东去找戴季英要人,并申辩说:"刘志丹是创建陕北根据地的英雄,而不是什么反革命,你们快把他放出来!"戴季英等人把刘志丹的罪行罗列了一大堆,而且给徐海东也扣上了一项"包庇反革命"的大帽子。

保卫局继续抓人,习仲勋、马明方、张秀山、刘景范、马文瑞等陕甘边区党、政、军领导干部先后被捕入狱。黑云笼罩着瓦窑堡上空。内遭错误路线的破坏,外受强大敌人的包围,本来形势大好的革命根据地,一下子陷入岌岌可危的严重局面。

"满天乌云风吹散,毛主席来了晴了天!"就在这千钧一发的时刻,中共中央、毛泽东率领红一方面军主力,越过草地,突破重重险关,到达了吴起镇。陕甘边特委龚逢春去迎接,向毛泽东汇报了陕甘边根据地红军胜利发展的情况,并提出了有人乱搞"肃反",把刘志丹和红二十六军一大批干部抓起来的问题。

毛泽东听到这一消息后,极其愤慨,当即指出:"停止逮捕,停止审查,停止杀人,一切听候中央来解决!"他说:"我们刚刚到陕北,仅了解到一些情况,但我看到人民群众的政治觉悟很高,懂得许多革命道理,陕北红军的战斗力强,苏维埃政权能巩固地坚持下来,我相信创造这块根据地的同志都是党的好干部,请大家放心,中央会处理好这个问题。"[4]

11月3日,毛泽东、周恩来等中央领导人到达下寺湾(一说象鼻子湾),听取了郭洪涛等人的汇报,并召开会议,分析了陕北根据地内外的政治形势和军事形势,研究了肃反问题。决定分两路行动:一路由洛甫、博古、刘少奇、李维汉、邓发、董必武等率中央机关从下寺湾直接去瓦窑堡,开始纠正错误肃反的工作。另一路由毛泽东、周恩来、彭德怀率红一方面军南下,迎战第三次"围剿"陕北苏区的敌人。同时,决定派王首道、刘向三和贾拓夫等先期到瓦窑堡去,接管中共陕甘晋省委保卫局的工作,先把事态控制下来,避免事态进一步恶化。会后,毛泽东还特意叮嘱王首道等说:"杀头不能像割韭菜那样,韭菜割了还可以长起来,人头落地就长不拢了。如果我们杀错了人,杀了革命的同志,那就是犯罪的行为。大家要切记这一点,要慎重处理。"[5]

王首道等到瓦窑堡后,按照毛泽东"要慎重处理"的方针,进行了认真地核实,发现政治保卫局所列举的刘志丹的"罪状"都不能成立。所谓刘志丹执行"富农路线",是指他在土改中,对地主不搞肉体消灭,给富农以生活出路;所谓"梢山主义",是指他坚持农村割据,开展游击战争,不攻打大城市;所谓"投降主义",是指他在统战工作中团结国民党中的爱国人士,等等。显然,这些"罪状"只能证明刘志丹坚持了正确路线。

为了彻底结束陕北根据地的错误"肃反",西北中央局指定组成在博古指导下审查错误肃反的"党务委员会",其成员为董必武(主任)、李维汉(中央组织部部长)、王首道(红军保卫局长)、张云逸(代表军委)、郭洪涛(陕甘晋省委副书记)。在做了大量调查取证工作之后,党务委员会决定给刘志丹等蒙冤的同志平反。

11月26日,中共中央组织局在瓦窑堡第二高小召开了平反会议,张闻天、博古、刘少奇等出席,董必武等党务委员会成员都参加了。王首道宣读了《西北中央局审查肃反工作的决定》,指出:"过去陕甘晋省委领导反右倾取消主义斗争与坚决肃清反革命右派的斗争,一般是必要的、正确的;但个别领导同志认为右派在边区南区和红二十六军中有很大的基础,夸大反革命的力量,在反革命面前表示恐慌。因此在肃反斗争中犯了小资产阶级的'极左主义'和'疯狂病'的严重错误",必须"立即改组过去的省保卫局,纠正肃反工作中的'极左主义'与'疯狂病'的错误。"[6]

会上,王首道代表五人党务委员会宣布刘志丹等无罪,立即释放,并分配工作。同时为了严明党纪,中共西北中央局委员会还做出了《关于戴继(季)英、聂鸿(洪)钧二同志在陕甘区域肃反工作中所犯错误处分的决议》,决议指出:"陕北肃反错误的主要责任,应当由当时主持全部肃反工作的戴季英(当时的保卫局长)及在前方主持肃反工作的聂洪钧(当时的军委主席)二同志负责之,戴季英同志在保卫工作上犯了许多严重错误,本应受到党的最严重处分,因顾及他长期参加国内战争,为党工作很久,特决议从轻给予他以最后警告,对聂洪钧同志给以严重警告。"[7]

12月8日,毛泽东、周恩来来到瓦窑堡后,立即派人去接刘志丹过来会面。刘志丹代表全体获释干部感谢党中央的英明处理,激动地说:"中央来了,今后的事情就好办了。"随后,他还向毛泽东和周恩来详细汇报了根据地的情况,表示要跟着毛主席、党中央将革命进行到底。

不久,党中央先后任命刘志丹为西北革命军事委员会副主席、中央所在地瓦窑堡警备司令、红军北路军总指挥、红二十八军军长。

红日驱散了迷雾，人们心头洒满了阳光。毛泽东和周恩来迅速处理陕北红十五军团"肃反"问题，深得人心，为红一方面军在陕北立足生根创造了良好的政治条件。

甘泉会师

毛泽东派出王首道先期到达瓦窑堡处理"肃反"问题之后，在吴起镇休整了一个星期的中央红军，于 10 月 30 日又踏上征程，继续向刘志丹、徐海东的红军队伍靠拢。为了与陕甘晋省委和红十五军团联系，中央派贾拓夫带一个连携电台先去联络，并发布了《告红二十五军和陕北红军全体指战员书》。而此刻，红十五军团主力于 11 月初南下清扫民团，军团长徐海东正在前线攻打张村驿。张村驿战斗之后，红十五军团返回富县以北地区。11 月 6 日，在甘泉县南的象鼻子湾（一说下寺湾），与陕甘支队胜利地会师了。

那天，虽然天降大雪，但每一个红军战士心里都是热乎乎的，就像亲人久别重逢，有说不完的话，诉不完的情。

毛泽东和徐海东也聊了很长时间。毛泽东先同徐海东谈了当前敌人动向和我们将采取的对策，然后又询问部队伤亡和伤员安置的情况，要徐好好组织部队休息，让战士们都洗洗脚。当毛泽东听到在鄂豫皖根据地搞的肃反中还有 300 多名"反革命嫌疑犯"没有作结论时说，这些同志都跟着长征一路过来，吃了许多苦，为什么还当作反革命？要立刻给他们摘掉嫌疑犯的帽子，党员恢复党籍，团员恢复团籍，干部要分配工作，还要徐海东亲自去解释，安慰他们。

对此，徐海东回忆道：

> 我按照毛主席的指示，向三百多个被冤枉的同志宣布了恢复他们的党团关系。三百多个同志全哭了，我也流了泪。从这件事，我又一次感受到，毛主席是最实事求是的。那些同志如果不是毛主席，不知还要被冤枉多久呢！[8]

党中央和中央红军的到来给红十五军团带来了革命的新气象，红十五军团也在物质上给了中央红军大力的支援。当时，中央红军刚到陕北，供给很困难。中央红军陕甘支队负责后勤工作的杨至诚来找徐海东，从衣兜里掏出一张纸条，对他说："军团长，毛主席要我给你送封信。"

徐海东展开一看,原来是毛泽东写给他的一张借条:

海东同志:

　　请你部借二千五百元给中央,以便解决中央红军吃饭穿衣的问题。

　　顺致

敬礼!

毛泽东

　　徐海东看着借条,心里十分不安。自从和中央红军会师后,他只注意到了毛泽东等中央领导同志衣服单薄,便做了一些棉衣、大衣送去,但没想到应该拨出一部分款子送去,如今让毛主席亲自写条子找他借钱,他感到很不好意思。

甘泉县道镇红十五军团司令部旧址

　　杨至诚见徐海东沉思不语,以为他有难处,便说:"军团长,你们转战一年多了,一定也很困难,要是不好办的话,我回去向毛主席报告……"

　　徐海东忙说:"你想到哪去了,我们有钱。"

　　说着,忙叫人把经理部长查国贞找来问:"现在我们手里还有多少钱?"

　　查答:"还有 7000 元。"

　　徐海东说:"中央红军刚到,困难比我们多,我们要勒紧腰带,多为中央红军解决困难。这 7000 元钱,留下 2000 元,5000 元交中央。"

　　查部长听说要他拿出 5000 块,呆呆地站着,一时说不出话来。长征一路,他每天扳着指头算计,恨不得把一块钱咬成碎片花。不管下边的同志怎么向他哇哇叫唤,也不管有人背后叫骂他是"守财奴",他总是硬着头皮,能不开销的,就是骂娘,也一个子儿不给。现在军团长一张口,就要送走 5000 元,真像要割他身上的肉。不过他毕竟是位老同志,很快就明白了:徐军团长这样做是对的。一个共产党员,一个红军干部不能只想着自己的小单位,要讲大局,顾大体,党中央和中央红军,经过二万五千里长征,眼下比红十五军团更需要补充衣物。

于是，查部长只说了一声："我这就去办。"便匆匆走出了窑洞。

随后，徐海东又让部队把缴获敌人的武器、弹药、药材、布匹等物资送给中央红军。当中央红军供给部的同志收到这笔钱和物资时，激动地说："这真是雪中送炭啊！"

后来，毛泽东谈起这件事，还说："那时候，多亏了徐海东那5000元钱哪！"

重建红一方面军

会师之后，为了统一陕北地区的行政工作和红军指挥，中共中央确定对外用中共西北局和中央政府办事处的名义，待打破"围剿"后再公开使用中共中央和中央政府名义；由毛泽东、周恩来、刘少奇、凯丰分别负责军事、组织、工会、少共工作，并决定任命王稼祥为总政治部主任，李维汉为中央组织部部长。同时，成立中国工农红军西北革命军事委员会，毛泽东为主席，周恩来、彭德怀为副主席，王稼祥、聂洪钧、林彪、徐海东、程子华、郭洪涛为委员；后来又增补了叶剑英、聂荣臻和刘志丹等同志。

西北革命军事委员会成立之后，即发布命令，恢复了中国工农红军第一方面军的番号，彭德怀任司令员，毛泽东任政治委员，叶剑英任参谋长，王稼祥任政治部主任，下辖红一军团和红十五军团。

其中，红一军团由红军陕甘支队第一纵队、第二纵队编成，林彪任军团长，聂荣臻任政治委员，左权任参谋长，朱瑞任政治部主任，下辖第二师、第四师和第一团、第十三团。

红十五军团基本上是由原徐海东、程子华率领的队伍和原陕甘红军改编而成的，由徐海东任军团长，程子华任政治委员，周士第任参谋长，郭述申任政治部主任，下辖第七十五师、第七十八师、第八十一师和一个骑兵团。此外，还有在陕南单独活动的陈先瑞师长和李隆员政委率领的第七十四师。这样，全军共有1.1万余人，红军在陕北的阵容大振。

为了加强红十五军团的各级领导，西北军委先后派周士第、王首道、冯文彬、张纯清、陈奇涵、宋时轮、黄镇、唐天际、杨奇清、毕士悌等军政领导干部到红十五军团工作。红十五军团领导对这些同志的到来表示热烈欢迎，除中央直接任命的以外，其他同志都安排在了各级领导工作岗位上，一视同仁，团结战斗，有力地加强了红十五军团的建设。因此，红一方面军番号再次恢复后，战斗力得到了大大的提高。

携手共打直罗镇

在毛泽东率中央红军与红十五军团会师之时,蒋介石发动的对陕北苏区的第三次"围剿"还在进行。蒋介石为了阻止红军在陕北立足,从1935年7月起,就调动了东北军、西北军和甘肃、宁夏等省的国民党军队共10万多人,发动此次"围剿",并且亲自挂帅任"西北剿匪"总司令部总司令,他颇为自信地说:"红军到陕北只剩涓涓细流,陕北的黄土地很快就会把他们蒸发干的。"

10月末,蒋介石命令东北军组织了五个师向陕北苏区进攻,企图将红军合围于葫芦河与洛河之间地区而消灭之。敌人的企图是:首先沟通沿甘泉、鄜县以西的葫芦河的东西封锁线,然后北援甘泉、延安,构成沿洛河的南北封锁线,以便将红军限在洛河、葫芦河西北地域,尔后采取南进北堵、主力逐渐向北进行"围剿"的方针。为此,敌人分两路进军:西路以董英斌的五十七军4个师(第一〇九师、第一一一师,第一〇六师、第一〇八师),10月28日由甘肃庆阳、合水,经太白镇沿葫芦河东进;东路以王以哲的六十七军的第一一七师由洛川进到鄜县策应。其先头两个师,一〇九师和一〇六师,11月初占领了太白镇以后又占领了黑水寺,有向直罗镇方向前进的意图。

面对严峻的形势,毛泽东、彭德怀敏锐地注意到直罗镇这个地方,迅速地形成了一个在此地打一个大的歼灭战的决心。采取的计划是:将敌放进直罗镇,趁敌立足未稳,集中红军兵力,采取侧击、包围、突然攻击等战法,歼灭突入之敌;得手后再歼灭敌后续部队。为保证在直罗镇歼敌,以第十五军团第八十一师的第二四一团继续围攻甘泉城,以调动敌人东进,以第二四三团在鄜县西羊泉镇,牵制鄜县、中部之敌西援。

敌西路第五十七军于11月1日占领陕甘边界上的太白镇后,即徘徊于太白镇、合水地区,构筑工事,搜集粮食;敌东路第一一七师11月6日进至鄜县。红一方面军也于10月30日向预定战场机动,到11月12日,红一军团进至直罗镇东北的九原、上高地、套通地区,红十五军团主力进至直罗镇东南张村驿、桃花岭地区。

双方各自调兵遣将,一场大战的序幕悄悄拉开了。

战役发起的前两天,毛泽东在下寺湾召开了团以上干部会议,确定了具体作战部署:兵分两路,在直罗镇附近隐蔽设伏。红一军团进入直罗镇以北的石咀、凤凰头地区集结,准备由北向南打;红十五军团在直罗镇东南的张村驿地区

直罗镇战役指挥所旧址

集结,准备由南向北打。另派一个连在直罗镇西不远的小山上,监视、引诱敌人,准备把敌人牵进直罗镇的红军伏击阵地。

11月20日,董英斌率西路军行至太白、合水地区后,即停下来构筑碉堡,东路军行至鄜县,也按兵不动,妄图通过阵地战来消灭红军。为了迷惑敌人,红军决定加紧围攻在甘泉的东北军六十七军一个团,六十七军军长王以哲忙向"西北剿总"告急,"西北剿总"参谋长晏道刚和参谋处长徐方没有通过张学良,竟下令第五十七军"全部东进,向红军进攻,解甘泉之围"。

董英斌接到命令后,即在太白镇召开了军事会议,研究解围部署。当时,国民党军队有两条路可以走。走南路,这一路比较安全,但要多走100公里路;走北路,要经过直罗镇,路虽近,但狭窄险峻,不好走,容易遭到红军截击。大多数国民党军的师长、参谋长主张走南路,但是一〇九师的师长牛元峰却拒绝别人的建议,狂妄地固执己见,坚持走北路。这正中毛泽东等人的下怀。

下午,敌一〇九师在师长牛元峰率领下,由六架飞机掩护,旁若无人地向直罗镇闯来。担任诱敌任务的红军一个连迎上前去,同敌人先头部队接触,边战边走,向敌人示弱,牵引着牛元峰部往直罗镇跑,战士们名之为"牵牛"。

果然,敌人见红军"节节败退",误认为红军抵挡不住,败阵而退,更加趾高气扬,一直追到直罗镇,并占领了直罗镇附近的高地。牛元峰放纵士兵在直罗镇内大肆劫掠群众的米、面、鸡、鸭、猪、羊等,大开宴席,庆祝"胜利";可他哪里想到,此时他的一〇九师已钻进了红军早已摆放好的口袋里了,他的末日已经来临了。

21日拂晓前,红一军团和红十五军团,按既定部署,迅速进入出击阵地,将直罗镇紧紧包围了起来。天刚亮,红军便发动了猛攻,直罗镇战役打响了。第一军团占领直罗镇正北和西北阵地,向南、东南攻击,并以第十团插至直罗镇以西,切断敌人的退路;第十五军团占领直罗镇西南、正南、东南阵地,向直罗镇攻击,并负责堵住敌人向东的去路,两个军团以迅雷不及掩耳之势,分两路向敌人猛冲。

敌人被红军突然猛烈的攻击吓破了胆，其防线顷刻间瓦解，军队乱作一团。这时的直罗镇，漫山遍野红旗飞舞，山谷中到处是枪声、喊杀声。

南北两路红军，以强大的攻势，很快占领了敌人据守的两侧高地。据守高地的敌六二六、六二七团的两个团长，一个绝望自杀，一个被击毙。红军乘胜进击。两路红军像两只铁拳，从南北高山上猛砸下去，敌六二五团等被红军压在两山之间的一条山沟里，像一群被赶的鸭子，南边枪一响，敌人仓皇地向北撤；北边枪一响，敌人又慌忙地向南逃。在红军强大攻势下，敌人土崩瓦解，纷纷缴枪投降。

枪声越来越近，红军的包围圈越来越小，逐渐向镇内逼近。牛元峰见势不妙，慌忙带领师部随从、马匹等，撤至镇东的一个破寨子里，企图固守待援。徐海东命令部队只围不攻，自己也就地找了个指挥位置，不时地拿望远镜看着寨子。已经从俘虏的嘴里得知，敌师长牛元峰确实蹲在这个小寨子里，徐海东拿定主意：等天黑了，非活捉这头"牛"不可。

此时，两边的山坡上、镇子里，战士们已经开始打扫战场，到处堆积着缴获的枪支弹药，到处聚集着俘虏兵。胜利的喜悦，洋溢在每个红军战士心里。经过两万五千里长征的战士，在讲述着爬雪山过草地的故事；来自鄂豫皖根据地的战士和陕北的战士，则倾吐着渴望会见老大哥的心情。欢乐和友情笼罩着战场。

一〇九师师长牛元峰蹲在寨子里，一个电报接一个电报要求董英斌解围。他哪里知道，董英斌派的一〇六师还没有到直罗镇，就被红军击溃了，并且在黑水寺被红军消灭了一个整团。牛元峰见待援无望，遂于半夜12时向西突围逃跑。徐海东急令七十五师师长和政委："你们快追！一定要把牛元峰给我抓住！"

夜黑风大，牛元峰率领残部没命地向西逃去。在过河时，为了过得快，都把棉裤脱了下来，扔在了河里，有的只穿着一条单裤，有的只穿着个裤衩。红军见敌人的狼狈样子，追得更起劲了，一气追了25里，追到直罗镇南的老牛湾，终于全歼了牛元峰残部一个多营。

在战斗进行中，时任红二十八军直属队特派员的詹大南边追边问抓到的俘虏，查问牛元峰的下落。在半途中，一个敌伤兵对他说："牛师长、参谋长与卫队一起，都在前面。"于是，他率领部队赶紧往前追去。在最后围歼敌人的地方，很快找到了被俘的敌参谋长。

詹大南见只有参谋长,没有牛元峰,就大声问道:"你们师长呢?"敌参谋长用手指向十几步远的山坡上的一具死尸,回答说:"那就是牛师长。"

詹大南不相信,敌参谋长拾起地上的一个红色长方形大本子对他说:"请你对照军官录上的照片。"詹大南拿起一看,里面少校以上军官都附有照片,第三页是少将师长牛元峰,占了半页。于是他走过去,使劲把尸体翻过来一看,面部和上身都是血。照片上的牛元峰穿着笔挺的将军服,威风凛凛,这怎能和眼前身穿破旧士兵服、血肉模糊的死尸一样呢?詹大南辨认不清楚,又连问其他几个战俘,都说他是师长。

詹大南搜了搜尸体的衣服,找到了一枚铜质狮钮的私章,在手掌上印了一下,发现是篆文,不认识。于是他让战士看守敌参谋长和那具尸首,带着军官录和印章回到文家庙,向徐海东军团长汇报。经过认定,私章是牛元峰的。徐海东高兴地说:"赶紧发电报报告中央!"

没错,尸首确实就是牛元峰的。原来,牛元峰跑到那个山坡时,实在跑不动了,而红军就跟在身后,一片"活捉牛元峰"的声音不时地响起。牛元峰停下脚步,看着身边的几个侍卫,眼里闪着绝望的残光,他从腰上把勃朗宁手枪拿出塞给副官,绝望地说:"此役是我的耻辱,与其回去被法办,还不如你把我打死,开枪!"副官接过手枪,照牛元峰右后脑打进一颗子弹,牛元峰当即一命归天。敌一〇九师至此全军覆灭。

战后,国民党反动派的"军师"们,煞有介事地搬出宿命论的调子,说什么牛元峰本姓"牛",又偏偏跑到了老牛湾,犯了姓,终于毙命,这是天意注定,劫数难逃也。

直罗镇战役,红一军团同红十五军团联手打下了直罗镇守敌,歼灭敌人一个师又一个团,共俘虏敌人5300多人,打死打伤敌人1000多人,缴获枪支3500多支,轻机枪170多挺,迫击炮8门,子弹228万发。

总结经验时,毛泽东说:"击溃战,对于雄厚之敌不是基本上决定胜负的东西。歼灭战,则对于任何敌人都立即起了重大的影响。对于人,伤其十指不如断其一指;对于敌,击溃其十个师不如歼灭其一个师。"[9]的确如此,一〇九师全师和一〇六师一个团的覆灭,彻底打击了敌人进攻陕北的部署。迫使敌一〇八、一一一师不得不退回了甘肃境内;东路侵入羊泉源的一一七师也退出鄜县。敌人对陕甘根据地的第三次"围剿"就这样被彻底粉碎了,陕北根据地出现了一个新的局面。

"直罗一仗开新面,西北奠基著史篇。"[10]

硝烟落去,部队移住到羊泉镇一带,并举行了祝捷大会。红一军团和十五军团,都相互派了参观访问团,进行参观和访问。张云逸、刘亚楼等带着一个剧团到红十五军团慰问演出;十五军团也派了许多同志到中央红军学习和参观。

11月30日,在东村召开的营以上干部大会上,毛泽东作了《直罗战役同目前的形势与任务》的

庆祝直罗镇战役胜利大会

报告。首先,他指出取得这次战役胜利的原因是:"一、两个军团的会合与团结(这是基本的)。二、战略与战役枢纽的抓住(葫芦河与直罗镇)。三、战斗准备的充足。四、群众与我们一致。"[11]

接着,又结合战役胜利详细地分析了国际形势与国内局势,说:"目前,日本帝国主义正进攻华北并吞全中国;国民党正在南京开卖国大会。我们的胜利,告诉日本帝国主义,我们不许你这个日本帝国主义灭亡我们的华北和全中国;我们的胜利也告诉国民党,我们不允许你们卖国。红军要同全国人民携手用我们的枪炮与热血,打倒日本帝国主义……"[12]

最后,他满怀深情地总结了直罗镇战役胜利的重大意义,指出:"长征一完结,新局面就开始。直罗镇一仗,中央红军同西北红军兄弟般的团结,粉碎了卖国贼蒋介石向陕甘边区的'围剿',给党中央把全国革命大本营放在西北的任务,举行了一个奠基礼!"[13]

---

[1] 邓飞:《青石嘴突围战》,见《红旗漫卷》,宁夏人民出版社1989年版,第63—67页。

[2] 中共中央文献研究室:《毛泽东年谱(1893—1949)》上卷,中央文献出版社1993年版,第481页。

[3] 参见《彭德怀传》编写组:《彭德怀传》,当代中国出版社1991年版,第144页。

[4] 《王首道回忆录》,解放军出版社1988年版,第166页。

〔5〕《王首道回忆录》,解放军出版社 1988 年版,第 167 页。

〔6〕《中共党史参考资料》第七册,中国人民解放军政治学院党史教研室编,第 229 页。

〔7〕李维汉:《回忆与研究》上册,中央党史资料出版社 1986 年版,第 372 页。

〔8〕徐海东:《生平自述》,三联书店 1982 年版,第 47—48 页。

〔9〕《毛泽东选集》第一卷,人民出版社 1951 年版,第 237 页。

〔10〕张池明:《红二十五军长征》,见《将帅长征诗抄》,国防大学出版社 1996 年版,第 63 页。

〔11〕毛泽东在红一方面军营一级以上干部大会上的报告记录,1935 年 11 月 30 日。

〔12〕徐海东:《生平自述》,三联书店 1982 年版,第 115 页。

〔13〕《毛泽东选集》第一卷,人民出版社 1991 年版,第 136 页。

第十一章
经营陕北根据地

红军向何处去——共产国际代表来到陕北——瓦窑堡会议

1935 年秋冬，就在中共中央长征到达陕北，红一方面军正在进行直罗镇战役时，中华民族的危机达到了空前深重的地步。这年五六月间，日本借口热河抗日救国军进入冀东"非武装区"活动，以及天津日租界两家汉奸报纸《国权报》《振报》社长被暗杀和日本特务在张北被扣押事件，蛮横地要求南京政府铲除华北抗日活动，撤退驻军及国民党军政机关。日本调动军队炫耀武力，叫嚣："若中国政府不加以注意改善，则日方将采取自卫行动。"

在日本的压力下，6 月 27 日，察哈尔省代主席、民政厅长秦德纯与日本关东军特务机关长土肥原贤二签订了《秦土协定》；7 月 9 日，国民党北平军分会代理委员长何应钦与日本华北驻屯军司令官梅津美治郎签订了《何梅协定》，全部接受日本的无理要求；河北省主席于学忠、察哈尔省主席宋哲元去职，撤退两省内的驻军和在北平的宪兵第三团，两省境内的国民党党部和秘密机关一概取消，解散抗日机关和团体，禁止一切抗日活动，成立察东非武装区，并"招聘"日本人为军事和政治顾问。

就这样，河北、察哈尔两省的大部分主权实际上已经奉送给日本侵略者了。然而日本侵略者心犹不甘，10 月，日本内阁通过"鼓励华北自主案"。随即日本华北驻屯军、日本特务、浪人大肆活动，掀起华北五省（河北、山西、山东、察哈尔、绥远）"联合自治"的恶浪，要将华北变成第二个"满洲国"。11 月，汉奸殷汝耕在日本侵略者的唆使和庇护下,在北平城东 40 里的通县组织了所谓的"冀东防共自治政府",冀东 22 县脱离中国政府的管辖。12 月,南京政府接受日本将华北政权"特殊化"的要求,在北平设立了"冀察政务委员会"。华北主权断送,中华民族面临着亡国灭种的严重危机,中华民族同日本侵略者之间的民族矛盾急剧上升。华北危机激起了全中国人民的同仇敌忾,而中国共产党"八一宣言"的发表,中央红军长征到达陕北的胜利,白区地下党组织的英勇斗争,都推动着全国抗日救亡运动不断走向新的高潮。1935 年 12 月 9 日,北平爆发了大规模的抗日救亡运动,矛头直指日本侵略者和蒋介石的不抵抗主义,其气势如波涛汹涌,迅速席卷全国,标志着中华民族的伟大觉醒!

而此时,蒋介石却置民族危亡于不顾,继续坚持其"攘外必先安内"的政策,调集重兵进行反共内战,疯狂镇压抗日救国运动,使民族危机更加严重。民族危机的加深和蒋介石的卖国内战政策,促使国内各阶级、阶层和政治团体的政治态度日益发生重大的变化。

红军向何处去

"北风卷地白草折,胡天八月即飞雪。"

11 月的塞北,与全国斗争形势一样,变得严峻与寒彻。朔风劲吹,寒叶飘零,尘沙四起,挑战着初至陕北又多是南方人且衣衫单薄的红军。但对于毛泽东、张闻天、周恩来等中央领导人来说,抵御寒冬并不是什么难以解决的问题,倒是新的政治形势、陕北的实际状况、中央探索革命新策略的内在愿望,在推动着他们思考起更加重大和紧迫的问题:工农红军究竟要向何处发展?

在这个问题上,当时的中共中央内部是有争论的,党和红军领导人围绕军事战略问题,特别是红一方面军的发展方向问题,曾提出各种不同的设想和意见。正如聂荣臻在其回忆录中所说的那样:

关于战略方针问题,在党内领导层中早就有所争论。争论的焦点归结起来讲,就是如何处理好巩固与发展的关系。有人讲,目前我们刚到陕北,刚站住脚,是巩固一段时间再往前发展呢,还是马上去发展呢? 毛泽东同志的意见是在发展中也可以巩固。至于向什么方向发展,瓦窑堡会议之前,许多同志提出过不同的建议。有的主张往西,向宁夏发展,有的主张往北,向内蒙古发展,以便背靠苏联,也有的要先往南,打击东北军、西北军的力量,以求巩固陕北根据地。[1]

对此,张闻天提出了第一种意见:立足陕北,向北发展,出兵绥远、内蒙古、察哈尔等地,向外蒙古靠拢,以便打通和苏联的联系,取得国际支援。

对于张的方案,毛泽东在12月1日的复电中称:

> 二十号及二十五号信均到。关于红军靠近外蒙的根本方针,我是完全同意的。因为这个方针是使中国革命战争,尤其不久就要到来的反日民族战争,取得更加有力量与更加迅速发展的正确方针。我不同意的是时间与经路问题。第一,红军目前必须增加一万人,在四个月内,我们必须依据陕北苏区,用空前努力达此目的。第二,最好是走山西与绥远的道路,这是用战争用发展用不使陕北苏区同我们脱离的方针与外蒙靠近。为完成上述两种任务,我想有六个月左右的时间就够了。所以我们应在明年夏天或秋天与外蒙靠近,目前应立即开始组织蒙民游击队。

一些领导人提出了第二种意见,即:确保陕北,向西扩张。即向敌人力量软弱的宁夏、甘肃等地区发展,以便建立一个资源较为丰富,地域更为广阔的革命根据地,并进一步向新疆扩展,在西北地区壮大革命力量,创立新的苏区。

尽管上述两种意见的方向不同,但都强调以巩固陕北根据地为中心任务。而红一军团军团长林彪却提出了与上述意见根本不同的主张:自己要求离开陕北,到陕南另谋出路。

于是,12月9日,他写了一封信给毛泽东,提出由他带领部队到陕南去打游击,并要求将红一军团的一些主要干部带去。信中说:"我对脱离现任职务改做游击战争已具不移之决心,一周来虽数次向军委请求,而卒未获准,致我非常不安。目前实为我脱离部队之唯一良机,故决不因任何障碍而改变决心。且准备于不得已时,宁可忍受处分。我很盼望你最后仍赞助我的建议,则不胜欣慰。"不仅如此,他还开列了一个长长的名单,要求将红一军团主要干部尽数调出,由他率领南下。

毛泽东接到林彪的信后,不禁为之一惊。张国焘南下的问题还没有解决,现在林彪又提出了一个南下的主张,这无疑给毛泽东和党中央平添了一个大难题。但毛泽东很快冷静下来,他的推断的确不无道理,张国焘是有阴谋的人,而林彪还只不过是一位刚刚脱掉稚气的青年人而已,形势好了就兴奋,形势不好就悲观。

于是,12月19日,他和张闻天经同周恩来、王稼祥商量,致电彭德怀并转林彪,给林彪以很高的评价,并充分肯定了他的功劳。电报说:"中央各同志均认为林彪同志是我们党内最好的、最优秀的高级干部之一,在过去以及最近两万五千里长征中对于中国革命、对于党是有着很大的劳绩的,是有着中国及国际的荣誉的。"电报同时又明确指出:"我们认为拿出他这样的干部离开主力红军去做游击战争是不能同意的。但他心中存在着问题,他来中央一个时期,使他的意见能够同中央各同志交换,对他的不安心的问题,并且使他对于政治问题能够更好研究一番。他的职务以左权同志暂时代理。"

12月21日,张闻天、毛泽东又在联名复电中对南下的主张作了坚决的否定。电文中说:

> 在日本进占华北的形势下,陕南游击战争不能把它提到比陕北等处的游击战争还更加重要的地位,实际上后者是更重要的。尤其不能把游击战争提到似乎比主力红军还更重要的地位(如提出红军主要干部去做游击战争),这样的提法是不妥当的。林在某些问题上的观点是同我们有些分歧的,中央认为有当面说明之必要。现在前方军事不紧张,因此仍望林来中央一行,并在此一个时期,这于林是有好处的。[2]

林彪接到电报后,为了坚持自己的观点,同时为中央指出的他的错误辩解,他于21日、23日复电说:"中央现尚未正式批准我改换工作的建议,则目前我无来中央之必要。"针对中央对他的批评,他颇不服气地说:"我从来没有说陕南比陕北的工作还更重要,游击战争比主力红军还更重要的话,我根本就没有这样错误的见解。"他表示:"只要是分配我作游击战争,不管陕南、陕北、山西、甘肃或其他省均可,兵力多少亦无大关系。"随后,他又不甘心,再次致电中央"我还在期待中央批准我打游击战争"。

不管怎么说,仗肯定是要打的,而且林彪确实是一员难得的虎将。既然林彪已经表示不一定非去陕南不可,中央同他的分歧就容易缩小甚至弥合。29日,中央电令林彪:"接电立动身来中央讨论你的工作问题,职交左权暂代。"1936年元旦,林彪从鄜县套通出发,来到当时中共中央所在地——瓦窑堡。

到中央后,毛泽东和他进行了面谈。按毛泽东的主张是东征,东面是黄河,过了黄河就是山西。陕北、山西只有一河之隔，前方后方的联系问题比较容易解决。林彪感到由毛泽东提出的向东发展的决定要胜过他提出的到陕南打游击的主张，于是他接受了中央的决定，并着手进行东征的准备。

批评了林彪的错误主张、综合分析大家的意见之后，毛泽东从当时中华民族危机日益加深、国内阶级关系发生深刻变化这一时局的基本特点出发，并结合西北和华北地区各方面的具体情况，提出了自己的观点：苏区发展的方向和红军主力的战略行动，不宜向南、向北或向西发展，而应该是东渡黄河、开辟吕梁山革命根据地，进一步向晋中、晋东南或晋西北发展，以便通过河北或察哈尔开赴抗日前线，从而把国内战争与民族战争结合起来，把反对日本帝国主义的斗争和反对国民党反动势力的斗争结合起来。

毛泽东东进的主张得到了大多数人的同意。但与之相反的是，共产国际派驻中国的军事顾问李德却担心红军东征抗日的军事行动，会引起国民党方面的强烈反对，将会"把国民党和他（蒋介石）本人排除在民族统一战线之外"。因此，在他写给中央的《对战略的意见书》中，提出了反对红军主力出征，死守陕甘苏区的主张。

共产国际代表来到陕北

就在中央和红军的领导人进行艰难探索和激烈争论的时刻，悄然间，一个影响历史发展进程的重大因素已经出现，这就是林育英的归国。他的到来，给当时初至陕北的中共中央的政治策略的迅速转变带来了极大的影响，极大地加速了中共中央抗日民族统一战线政策的形成进程。

林育英

林育英，生于1897年2月25日，又名林仲丹，与林育南、林育榕（即林彪）并称为中共党史上的"林氏三杰"。1921年7月，恽代英、林育南、李求实与林育英在浚新小学发起成立带有共产主义性质的组织"共存社"。不久恽代英让林育英去上海，熟悉工人阶级的情况。1922年2月，经林育南、恽代英介绍，林育英加入了中国共产党，从事职工运动，在两湖、上海和东北地区进行革命活动，多次入狱，坚强不屈。1924年5月初，中共中央为培养干部，决定将一批在斗争中表现突出的青年派到莫斯科共产主义劳动大学学习,林育英被选中赴苏。1925 年 7 月,林育英回国,化名林春山,参与领导了上海的工人运动。1933 年,他作为中国职工代表奔赴莫斯科,参加在那里举行的国际职工代表大会。会议之后,他就留在了莫斯科,担任全国职工会驻赤色职工国际的代表并成为中共驻共产国际的代表团成员。1935 年的六七月份,他参加了"八一宣言"的起草工作。7 月,林育英作为中共中央代表团成员,出席了共产国际第七次代表大会。大会尚未结束,为了把共产国际的七大精神和国际给中国共产党的指示迅速地传达回国内,共产国际和中共代表团决定派林育英归国,同时,他还肩负着重建久已中断的共产国际与中共中央电讯联系的使命。

中共临时中央和中央红军自长征开始,就一直被国民党数十万军队围追堵截,处境异常艰难。由于电台的毁坏,同外界基本断绝了联系,与共产国际和中共驻国际代表团的电讯也中断近一年之久。遵义会议之后,为了把会议决定的内容迅速地报告给共产国际,中共中央曾先后派出潘汉年、陈云赴上海转莫斯科,以期重建联系,共产国际也曾于1935 年初派出了阎红彦归国重建联系。可这些努力在林育英归国前都依然音信杳然。就连1935 年中共驻共产国际代表以中华苏维埃中央政府和中共中央名义发表的"八一宣言",身处陕北腹地的中央也无从知晓。因此,林育英归国也同样肩负着传达"八一宣言"的使命。

11 月 7 日的这天,在张闻天的窑洞中,张闻天、博古、李维汉、邓发等正在商讨着目前政治局势下的政治策略,陕甘苏区的地方行政工作等问题,也顺及商量着组织庆祝十月革命纪念节活动的事项。正商议时,一电报员送来了一份电报,是由定边拍来的。电报的大致内容是说,定边赤卫队抓到了一个形迹可疑的人,自称张浩,说是共产国际派来的,有重要事情要向中央传达,定边党组织请求中央指示。中共中央负责人张闻天接到了这封电报后,看了看,交给身边的博古,又与李维汉等人商量了一下,认为这个"张浩"很可能就是共产国际派回来的同志。因此,张闻天即派邓发代表党中央到定边去接张浩。邓发在定边与张浩见了面,并代表党中央欢迎他回到国内。在定边县赤卫队的护送下,林育英于11 月中旬到达中共中央所在地——瓦窑堡。

林育英向中央领导同志传达了共产国际七大关于建立反法西斯统一战线和人民阵线,不再将中间力量看作危险敌人等精神,以及由中共驻共产国际代表团起草，以中华苏维埃共和国中央政府、中共中央名义发表的《为抗日救国告全体同胞书》(即"八一宣言")的内容。

林育英带回共产国际的正确意见，对于党中央和毛泽东关于反对关门主义真是一场及时雨。毛泽东、张闻天等对林育英的到来真是喜出望外，张闻天畅快地说："张浩归国对我们的帮助很大，给我们打通了与共产国际的联系，帮我们了解了许多情况。"连日来，他和林育英经常在一起，就国际的指示、七大精神、"八一宣言"的内容，联系目前的政治形势，进行了长时间的详谈，几乎吃饭的时候都不离开。

为了迅速把林育英带来的新信息在党中央领导层传达开来，为制定新政策的会议作思想准备，张闻天在 11 月 20 日、25 日、26 日，连续致电前线指挥作战的毛泽东、周恩来，通告了林育英归国的情况，传达了他带来的国际指示精神以及"八一宣言"等核心内容；并征求他们对贯彻这些新原则、新精神的意见。与此同时，张闻天连续主持召开中央政治局会议，在党中央内部传达、讨论这些文件精神和"八一宣言"内容，并尽力把它溶于党的新政策的实践之中。

就中国共产党在面临着路线转折的关节点上这一意义来讲，林育英的归国，也可谓"及时雨"。它为中共中央带来了鼓舞人心的力量，带来了统一全党意志和行动的纽带及原则，也为新中央领导集体在党内的地位巩固带来了国际承认的合法性根据，这都对刚到陕北的中共中央大踏步地转变政治路线，制定新形势下符合实际情况的抗日民族统一战线策略，提供了指导性原则和理论的基本框架，自此中国革命的新局面才真正开始打开了。

林育英归国对党的政治实践带来的第一个影响，就是党的富农政策的转变。中共中央根据他传达的共产国际七大精神和"八一宣言"精神，准备调整富农政策。有的人担心，我们的政策改变了，富农会来个反攻。林育英在发言时针对这种担心，说："战略是不变的，但策略是随环境的变化而变化的。共产主义反对教条。在政治上，我们集中力量反对主要的敌人。而过去的策略是加多了敌人，所以我们要学习、要总结。苏区经济之发展，更可以影响白区群众。对富农斗争是应该的，但不能使他赔本，否则妨碍经济发展，使富农、资本家还能赚钱，强迫没收是不正确的，土地不能随便重分，这样影响到农村的生产。"（1935 年 12 月 6 日，中央政治局会议记录）

党中央基本采纳了林育英的意见，12 月 6 日制定了《党中央关于改变对富农策略的决定》,标志着中共中央在富农政策问题上的政治路线转变的完成。

这次会议基本上采纳了林育英的意见,形成了《关于改变对富农政策》的初步纲要,标志着中共中央在富农政策问题上的政治路线转变的完成。

林育英归国的第二个重大的历史作用,就是推动了中共中央抗日民族统一战线政策的形成。他带回的共产国际的指示,对"组织千千万万的民众,调动浩浩荡荡的革命军",反对日本帝国主义侵略的英明决策,起了积极的作用。共产国际的这一正确指示与毛泽东的关于建立反对日本帝国主义的民族统一战线的思想不谋而合。在 11 月 28 日,由张闻天主持,以毛泽东、朱德的名义发布了《中华苏维埃共和国中央政府、中国工农红军革命军事委员会抗日救国宣言》。这个宣言向全国郑重提出:

> 现在形势更加紧迫了。现在正是要求我们全国人民有力出力,有钱出钱,有枪出枪,有知识出知识,大家团结,大家奋斗,以誓死的决心以对付中国人民公敌的时候。因此,中华苏维埃共和国中央政府与中国工农红军革命军事委员会特向全国人民宣言,不论任何政治派别、任何武装队伍、任何社会团体、任何个人类别,只要他们愿意抗日反蒋者,我们不但愿意同他们订立抗日反蒋的作战协定,而且愿意更进一步的同他们组织抗日联军与国防政府。[3]

对于林育英的历史功绩,吴黎平曾评价道:"党中央和毛泽东同志关于建立反对日本帝国主义的民族统一战线的思想,是在长征途中逐步形成的。但是,许多集体问题是 1935 年 12 月瓦窑堡会议上解决的。张浩在这前后找到了党中央,带来了共产国际的正确意见,这对于毛泽东同志的英明决策在党中央的贯彻执行起了很好的作用。共产国际对中国革命做过好事也做过错事,在决定建立抗日民族统一战线问题上是做了件大好事。张浩不畏艰险,长途跋涉走到陕北,及时把共产国际的正确意见传达给中国共产党,是对中国革命的一个大贡献。"[4]

毛泽东对林育英的评价也非常高。1942 年,林育英在延安逝世后,毛泽东亲自为林育英题写了挽联"忠心为国,虽死犹荣",并亲自为之执绋抬棺。

瓦窑堡会议

中国共产党的正确主张得到了全国各界人士的拥护和支持,抗日反蒋浪潮在全国迅速掀起。12月9日,北平爱国学生在中共北平临时工作委员会的组织和领导下,冲破国民党的重重阻挠和镇压,举行了声势浩大的游行示威,高呼"反对华北自治运动""打倒日本帝国主义""停止内战,一致对外"等口号。这一英勇的抗日救国运动(史称"一二·九"运动),迅速地扩展到全国许多大中城市,得到广大爱国学生的积极响应和全国人民的支持。中华全国总工会发布了为援助北平学生运动告工友书;上海文化界280余人发表了救国运动宣言;上海还相继成立了以抗日救国为宗旨的各界救国会、妇女救国会等组织、团体,开展抗日救国活动;北平、天津等地爱国学生深入工厂、农村进行抗日救国宣传,有力地推动了广大城乡抗日救国运动的深入发展。

然而,就在全国抗日救国运动进入高潮之际,当时中国共产党内却严重地存在着关门主义倾向。一些人错误地认为,民族资产阶级是永世的反革命,不可能与工人、农民联合抗日;帝国主义和地主买办营垒是完全统一的,不可能分裂;统一战线的政策是"机会主义"的政策,等等。

在这种情况下,彻底克服党内的"关门主义"错误,对整个形势做出分析,制定适合新情况的完整的政治路线和战略方针,对于初到陕北的中央和红军来说,显得十分必要。

12月13日,毛泽东在指挥直罗镇战役后,从前线到达瓦窑堡,党中央两部分同志自11月4日在甘泉下寺湾分开后,又会合在了一起,召开中央政治局会议的条件成熟了。

瓦窑堡会议遗址

于是,中共中央于12月17日至25日,在陕北瓦窑堡召开了政治局扩大会议,即"瓦窑堡会议"。会议在张闻天住的窑洞里举行。出席和列席会议的有毛泽东、张闻天、周恩来、博古、邓发、刘少奇、凯丰,以及林育英、杨尚昆、郭洪涛、李维汉等。张闻天主持会议。虽然屋中的设备极为简陋,只有两张很旧的桌子,靠墙摆着张闻天的一张床,可是会议氛围是热烈的。

会议先由林育英就目前的政治形势和党的战略方针介绍了共产国际七大的精神,传达了共产国际的指示和"八一宣言"。然后,就政治和军事问题,与会同志进行了讨论。

讨论政治问题时,在民族资产阶级有没有可能抗日的问题上产生了争论。毛泽东指出:日本帝国主义进一步入侵华北,中华民族面临危亡之关头,不仅工人、农民和小资产阶级要求抗日,民族资产阶级也有参加抗日的可能,我们应当联合他们抗日。

博古对共产国际的意见和"八一宣言"已经了解,对于动员千千万万民众和调动浩浩荡荡革命队伍打垮日本帝国主义和汉奸卖国贼他是赞成的。但是他不了解中国阶级关系在新形势下的复杂微妙变化,在如何组织革命力量上,他的想法过于单纯且又脱离了中国的实际情况,他担心中国民族资产阶级是否可靠。但他从不隐瞒自己的观点,在瓦窑堡会议开始讨论时,就直率地摆出自己的看法。他认为民族资产阶级与大资产阶级属于一个阶级的范畴,他们剥削的本质是不会改变的,怎么能够从大资产阶级的营垒中分化出来呢?怎么能够参加统一战线呢?他为了阐明自己的观点,还引用了斯大林的话来做理论根据,说中间势力是最危险的,联合民族资产阶级抗日是背离马克思主义的。这说明他关于阶级关系的概念,有的地方仍然是书本抽象概念的简单移植。

对此,毛泽东在第二天的发言中指出:半殖民地中国的民族资产阶级不同于资本主义国家的资产阶级,它具有两重性,在亡国灭种关头有参加抗日的可能,甚至连大资产阶级营垒也有分化的可能;"福建事变"失策,就在于套用"中间势力是最危险的"这一理论。我们是根据马列主义基本原理和基本立场来分析中国问题、提出联合民族资产阶级抗日的。

统一了领导层的思想之后,会议全面分析了中国政治形势的发展和变化,着重批评了那种认为中国民族资产阶级不能同中国工人、农民、城市小资产阶级联合的"关门主义"倾向。确定了建立抗日民族统一战线的总政策,并相应地调整了党的各项具体政策。张闻天受中央政治局委托,起草了会议决议,即《中共中央关于目前政治形势与党的任务的决议》。

决议在分析了政治形势的基本特点和阶级关系的新变化后认为:日本帝国主义吞并东北四省之后,现在又吞并了整个华北,而且正准备吞并全中国,把全中国从各帝国主义的半殖民地,变为日本的殖民地。这是目前时局的最基本的特点。

决议还分析了民族革命战争的客观条件,提出:中国革命是处在有利的环境中,中国革命有着光明灿烂的前途。但是,中国革命的主要敌人是帝国主义,尤其是目前凶横直进的日本帝国主义,它是准备了决心和力量来对付中国革命的。在中国反革命集团方面,由于其统治力量之更加减弱,而不得不更加为虎作伥,投靠于万恶的日本帝国主义,向着革命的民众作绝望的进攻与决斗。加上中国革命发展的不平衡,就决定了中国革命的持久性和艰苦性。因此,要战胜强大的敌人,就必须组织千千万万民众,参加民族革命战争。

决议分析了新的民族革命高潮下阶级关系的新变化,指出:日本帝国主义吞并中国的行动,重新推醒了全中国人民,使其懂得了亡国灭种大祸临头的危险形势,掀起了新的民族革命高潮。在反革命营垒中是新的动摇分裂与冲突,一部分民族资产阶级,许多的乡村富农与小地主,以至一部分军阀,对于目前开始的新的民族运动,是有采取同情、中立以至参加的可能。民族革命战线是扩大了。

决议在分析了当前形势和阶级关系变化的基础上,规定了党的策略路线为:发动、团结与组织全中国全民族一切革命力量去反对当前主要的敌人——日本帝国主义及卖国贼头子蒋介石。不论什么人,什么派别,什么武装队伍,什么阶级,只要是反对帝国主义与卖国贼蒋介石的,都应该联合起来开展神圣的民族革命战争,驱逐日本帝国主义出中国,打倒日本帝国主义的走狗在中国的统治,取得中华民族的彻底解放,保持中国的独立与领土的完整。只有最广泛的反日民族统一路线(下层的与上层的),才能战胜日本帝国主义与其走狗蒋介石。

决议分析了各阶级状况,指出:"中国工人阶级与农民,依然是中国革命的基本动力,广大的小资产阶级群众,革命的知识分子,是民族革命最可靠的同盟者。工农小资产阶级的坚固联盟,是战胜日本帝国主义与汉奸卖国贼的基本力量。一部分民族资产阶级与军阀,不管他们怎样不同意土地革命与苏维埃制度,在他们对于反日反汉奸卖国贼的斗争采取同情,或善意中立,或直接参加之时,对于反日战线的开展都是有利的。"因此,"党应该采取各种适当的方法与方式,争取这些力量到反日战线中来。"对地主买办阶级营垒中的冲突和矛盾,"党亦应使用许多的手段使某些反革命力量暂时处于不积极的反对反日战线的地位。"总之,"我们的任务,是在不但团结一切可能的反日的基本力量,而且要团结一切可能的反日同盟者,是在使全国人民有力出力,有钱出钱,有枪出枪,有知识出知识,不使一个爱国的中国人,不参加到反日的战线上去。这就是党的最广泛的民族统一战线策略的总路线。"

会议在讨论制定统一战线的策略时,着重批评了党内长期存在的"左"倾关门主义倾向。为此,决议还明确指出:"为了更大胆地运用广泛的统一战线,以争取党的领导权,党必须同党内'左'的关门主义倾向做坚决的斗争,在目前形势下,关门主义是党内的主要危险。"决议还分析了关门主义的来源,指出它的产生主要的是由于不了解实际,不会把马克思主义运用到中国实际中来,而把马克思主义教条化的结果。号召全党投入到斗争中去,大胆运用广泛的统一战线。

为了使抗日民族统一战线得到更广大的与强有力的基础,决议决定将中华苏维埃工农共和国改为苏维埃人民共和国,与一切抗日的力量共同组成国防政府和抗日联军。中共中央号召全党克服关门主义,为坚决贯彻党的策略路线而斗争。"把统一战线用到全国去,把国防政府与抗日联军建立起来,把苏维埃人民共和国变成全民族的国家,把红军变成全民族的武装队伍,把党变成伟大的群众党,把土地革命与民族革命结合起来。把国内战争与民族战争结合起来。"[5]

同时,中共也相应地改变了它的许多政策:

一、改变对小资产阶级的政策。"一切革命的小资产阶级分子,苏维埃愿意给予选举权和被选举权"。保护小资本工商业,实行有利于一切小资产者的统一累进税;

二、优待一切同情反日反卖国贼的知识分子,"给予他们以工作,救济他们的失业,给予他们以发展文化、教育、艺术、科学及技术天才的机会","给予选举与被选举权";

三、优待一切愿意反日反卖国贼的白军官长(不分官级)、士兵,对愿在红军服务的,给予选举权与被选举权;对一切抗日反卖国贼的友军,给予尽可能的援助,直至协同作战;

四、改变对富农的政策。"富农的财产不没收,富农的土地,除封建剥削之部分外，不问自耕的与雇人耕的，均不没收"。在平分土地时"富农有与贫农中农分得同等土地之权"；

五、放宽对民族工商业资本家的政策。"保护一切对反日反卖国贼有利益的工商业"。"在双方有利的条件下，欢迎他们到苏维埃人民共和国领土内投资，开设工厂与商店，保护他们生命财产之安全，尽可能地减低税租条件，以发展中国的经济"；

六、保护华侨。对一切被日本帝国主义及其他帝国主义排斥驱逐的华侨同胞，"苏维埃给予托庇的权利，并欢迎华侨资本家来苏区发展工业"。

瓦窑堡会议旧址

会议还曾设想以国防政府和抗日联军作为民族统一战线最广泛与最高的形式。国防政府与抗日联军由共产党发起、组织和领导，以苏维埃人民政府和红军为基础和核心，以抗日救国十大纲领为其纲领。它的性质是各阶级联盟的统一战线的政权组织和领导机关。虽然由于种种原因，国防政府和抗日联军没有实现，但它对团结各党派、各阶层和个人参与统一战线，起了一定作用。

会议强调："伟大斗争时期，党的干部坚固的团结于党的领导机关的周围，是有决定意义的。"号召全党及其干部为坚决执行党的策略路线而斗争。

毛泽东对会议很满意，12月19日20时，他给当时正指挥围攻甘泉的彭德怀去电说："政治局会议开了三天，关于党的政治问题（形势及任务），讨论完了，真是一个很好的讨论，可惜你没有来参加。明后天讨论军事问题。"

当天24时，毛泽东余兴未了，又致电林彪、彭德怀、叶剑英、程子华，电文称："对战略方针的提议均收到，我完全同意兄等的意见。洛甫同志及中央各同志在大会上均无不同意见，政治局已开了三天会，很好的讨论了当前的形势力量与任务。后天讨论军事问题。详情后告。"[6]

12 月 23 日,会议继续进行,毛泽东作了关于军事战略问题的发言。他认为在日本帝国主义欲变中国为其殖民地的形势之下,在中国红军及其他革命武装力量的现状之下,党的军事策略即战略方针应有如下各项:

一、在以坚决的民族战争反抗日本帝国主义进攻中国的总任务之下,首先须在一切政治的军事的号召上与实际行动上,确定"把国内战争同民族战争结合起来"的方针。提出了一系列的口号:抗日联军,红军是中国人民抗日的先锋队,一切不愿当亡国奴的士兵及军队同红军联合起来打日本去,全国同胞武装起来反对日本帝国主义进攻中国,工农商学兵联合起来武装保卫中国,打倒帮助日本帝国主义打中国人的汉奸卖国贼,巩固抗日后方、扩大抗日根据地,民族革命战争万岁,等等。

二、正确地估计敌我力量。党在 1936 年军事部署方面的总方针,应该是"准备直接对日本作战的力量"。因此,1936 年主力红军作战的主要目标应该是汉奸卖国贼的军队,但在日本占领区域及自治区,应尽量组织、扩大及联合一切的抗日武装力量——抗日义勇军、抗日游击队等,同日本军队进行直接的有力的游击战争。同时还应估计到,在 1936 年下半年,第一方面军有可能和有必要同日本军队发生部分的战斗(晋绥察方面)。

三、猛烈扩大红军,1936 年全国主力红军应有 20 万人,第一方面军应有 5 万。

四、为坚决而有力地执行一、二、三项所述之方针(把国内战争同民族战争结合起来,准备对日作战力量,扩大红军),第一方面军行动部署之基础,应确定地放在"打通苏联"与"巩固扩大现有苏区"这两个任务之上,并把"打通苏联"作为中心任务,拿"巩固扩大现有苏区"同它密切地联系起来,具体步骤即把红军行动与苏区发展的主要方向放到东边的山西和北面的绥远等省去。

五、第一方面军以外之红军(二、六军团,四方面军),对于南京卖国贼军队之削弱与牵制,有极大的战略上的作用,其行动应适当地指导之。

六、游击战争对于战胜帝国主义以及汉奸卖国贼的任务,有很大的战略上的作用。

七、使白军士兵革命运动在民族战争旗帜之下,同抗日红军抗日游击队结合起来。

在作战基本原则上,毛泽东归纳了 10 条,包括:反对单纯防御,实行积极防御;在内线作战中,一般的是后发制人;在发展的形势中,要波浪式的发展,反对冒险主义;反对只"打"不"走"的拼命主义,应是又要打又要走,没有固定战线;要不断争取技术的提高;要反对不让寸土与敌人的办法,大踏步前进和后退;要集中兵力于一个方面;要有充分休息;要有充分的战斗准备;要在统一指挥下,依照情况分工指挥;要拿战略方针去指导战役战术方针等。

毛泽东提出:准备 6 个月后,打到山西去。击破阎锡山的主力,消灭其一部;开辟山西西部(靠黄河一带)5 县以上地区,使之成为初期的苏区;扩大红军 2 万人,山西 1.3 万人、陕西 7000 人。创立占领区域的游击队到 1000 人。根据日军对绥远进攻的情形适时地由山西转向绥远。用小的游击战争与日军周旋,总的方针是与苏联取得联系。号召全党要学习军事,一切服从战争。

张闻天、周恩来等都赞赏毛泽东的这个报告,并且作了补充。周恩来说:"同意毛泽东报告,我有些补充与意见。第一,红军扩大战争胜利,在绥远西部可用支队去活动、缩短打通国际期间,两问题相互提出,互相联系。第二,游击战争的几项原则是对的,陕北陕西的军队发展应像牛一样包围城市及交通要道。游击队要成为发展土地革命及反对帝国主义的宣传者、组织者,也是发展白区最主要的办法。吸收学生和白军到游击战争中。指挥原则,在防御上应站在主动地位,不是被动地位,要诱敌深入,集中主力于一个主要方向,这个问题在遵义会议已解决。"

李德担心红军到绥远靠近苏联,会给日本进攻苏联以借口。林育英针对李德的顾虑,发言说:"泽东同志将九年来国内战争经验总结起来,是很有价值的……我们靠近苏联并不是日本可以当作借口,问题是力量问题,日本进攻苏联随时都可以找到借口。东进可以揭破敌人的欺骗宣传,我们也应估计到突变到来。我们另与苏联联系。现在应集中人力、物力为红军胜利而斗争,大家要服从这个利益。东进时防止南边敌人进攻。"[7]

最后,会议由毛泽东作结论:从现在起 40 天工作,准备东征。两个任务,巩固发展苏区占百分之九十,打通苏联占百分之十。中国革命是大事。

周恩来主张增加"主动"两字。毛泽东表示了同意,他说:"我意见(原文如此)加进去,一切为着主动。先发制人,以退为进,缩紧阵地,诱敌深入,内容一样。打仗是大量消灭敌人,保存自己到最小损失。在战役中要争取先机。我们就是到绥远,日寇也无奈我们。我们还大胆一点。"[8]

会议当天通过了以毛泽东发言为基础而起草的《中央关于军事战略问题的决议》。决议指出:在日本帝国主义变中国为其殖民地的形势下,党的总任务是"以坚决的民族战争,反抗日本帝国主义进攻中国"。党的战略方针是"把国内战争同民族战争结合起来","准备直接对日作战的力量","猛烈扩大红军"。作战指挥的基本原则是:战略防御时,要执行积极防御,执行后发制人;战略进攻时,既要反对机会主义的估计不足,努力为扩大战果而奋斗,又要反对冒险主义,要适可而止,波浪式的发展,有阵地有后方的发展。运动战是基本原则,主力红军大踏步进退是不可避免的需要的。主攻方向放在东面的山西和北面的绥远,先渡过黄河东征山西,再视情况北进。[9]

决议还对红军第二、第六军团和第四方面军,以及各地游击战争的战略作用作了充分估计;要求长江南北原有苏区的游击战争恢复到发展的形势;在日本占领区、"自治"区应扩大与联合一切抗日武装力量,发动和开展游击战争;规定"一切游击队以民族战争的面目出现","土地革命在民族战争的口号与策略之下执行"。决议对于在民族革命战争的旗帜下,开展白军士兵革命运动,开展蒙、回两个少数民族的武装斗争,执行"抗日联军"的策略问题,都做了具体规定;并总结九年来指导革命战争的经验,系统地阐述了"作战指挥上的基本原则"。

瓦窑堡会议是中国共产党在中华民族生死存亡关头召开的一次极为重要的会议。会议的决议和毛泽东的报告,运用马克思主义阶级分析的方法,精辟地、科学地分析了中国的政治形势,抓住了时局发展的基本特点,批评了党内的主要危险——关门主义,适时地制定了抗日民族统一战线的一系列问题,确定了抗日民族统一战线的总政策和军事战略,确定了全党全军进入新阶段的基本战略方针。决议为红军规定了战略任务,指明了前进方向,对陕甘革命根据地的巩固与发展产生了重要的影响,对促进二、四方面军北上与红军长征的胜利完成,有着重要的意义。从此,中国共产党摆脱了困境,迎来了全国规模的抗战,中国革命也开始由国内革命战争向抗日民族革命战争转变。

---

[1]《聂荣臻回忆录》上册,解放军出版社1983年版,第305页。

[2] 参见《纵横》2005年第三期,第22页。

［3］《红军长征档案史料选编》,学习出版社 1996 年版,第 394—395 页。

［4］《张浩纪念集》,上海人民出版社 1985 年版,第 21—22 页。

［5］中国人民解放军历史资料丛书编审委员会:《红军长征·文献》,解放军出版社 1995 年版,第 884—899 页。

［6］程中原:《张闻天传》,当代中国出版社 1993 年版,第 277 页。

［7］《张浩传》,当代中国出版社 2001 年版,第 132 页。

［8］1935 年 12 月 23 日中央政治局会议记录。

［9］中央档案馆:《中共中央文件选集》第 10 册,中共中央党校出版社 1991 年版,第 589—597 页。

第十二章
东征抗日

瓦窑堡会议前后,陕北的形势是这样的:陕甘苏区虽然经过发展已经比较稳固,党的各级组织和苏维埃政权建设都得到加强,并建立了陕北省、陕甘省、神府特区和关中特区;地方武装亦得到发展,并成立了绥吴、东北、东南、西北、西南、关中六个军区,但苏区的面积狭小,人口稀少,土地贫瘠,经济落后,粮食和工业品缺乏,又受到国民党军的封锁和围困,红一方面军在此长期坚持斗争,给养困难,要扩大红军也着实不易。同时,苏区周围的敌情仍较严重:北面有敌八十四、八十六师和阎锡山晋绥军五个旅,且临近长城和长城外荒无人烟的沙漠,对红军发展极为不利;西面是宁夏、甘肃边境地区,敌人兵力总共不过两个师,但也是地瘠民贫,是人口不多的回民聚居区;南面的关中、渭北地区,物产、人口条件都比较优越,但靠近国民党军的西北大本营——西安,有东北军和第十七路军八个多师驻守。此外,国民党中央军一部正向西兰公路两侧集中,敌人统治力量较强,红军发展比较困难。

相比较之下,只有东面的山西更利于红军的发展。因为统治山西的军阀阎锡山虽号称拥有10万晋绥军,但分布在晋绥两省,兵力不集中,且缺乏同红军作战的经验。另外,还有一个重要的政治原因,在于他早已同日本帝国主义订立了"共同防共"的密约,充当了日本帝国主义的走狗。这就使红军东渡黄河入晋,打击阎锡山及其所部,在政治上有理有据,师出有名,并可以直接对日作战,挽救华北危局。同时,还可以实际行动支援全国工人、农民、学生、革命知识分子和其他爱国人士的抗日民族统一战线的建立。此外,山西人口稠密,物产丰富,对于扩大红军、扩大陕甘苏区、解决红军给养十分有利。

但是,执行在发展中求巩固的方针,向东求发展也不是那么容易的。陕甘苏区与山西隔着黄河天险,对红军东征造成了一定的困难。而且"阎锡山是山西的土皇帝,他从清朝末年在山西当都督到民国当省主席和绥靖主任,统治山西几十年,他有他的社会基础。阎锡山当时有部队八万人,有自己的兵工厂。他一听说红军到了陕北,就沿黄河东岸十多个县,构筑了高碉暗堡,在山西普遍推行闾甲制度。这都会给我们红军东渡造成很大困难。"[1]

正是基于东征可能面临的困难局面,有些红军将领存在着顾虑,甚至对东征的策略也不大理解。

东征决策

当时王稼祥正在养伤,没有参加瓦窑堡会议。他就曾坦言:"我由于不了解中国阶级关系因日本的进攻而发生的变化,以致未能紧紧地跟上党的统一战线的策略上的变化。但是,过后不久,便了解了自己的错误,紧紧跟上党的路线上的发展了。……我当时是在陕北养伤未参加工作,博古等到我处说:前方同志——这时候毛主席和张闻天在前方——主张红军过黄河东征,并主张由山西北上到绥远,以求与外蒙打通联系,背靠外蒙古。当时我认为红军过黄河东征后,可能回不来,更反对向绥远发展,认为该地是沙漠地带,难于立足。就这样,我便同意和博古等一同到前方开会讨论东征问题。等我们到达了前方,毛主席就对我们说:根本没有到绥远去的计划,并严厉地批评我们反对红军过黄河东征的错误。"

彭德怀对红军东征的战略方针是同意的,但也坦率地说出了自己的顾虑。他后来对这段经历作了客观的介绍:"1936年,大约是1月中旬,接毛主席电报,决定东渡黄河,夺取吕梁山脉,开辟新根据地。我接到军委这个指示后,是拥护毛主席这一决定的,但是内心有两点顾虑:一是怕渡不过去。当时红军在大疲劳之后,体质还很弱,且人数也少,包括刘志丹、徐海东两部分才1.3万余人。如受挫而强渡不成,那就不好。二是东渡黄河后,在蒋军大增援下,要保证能够撤回陕北根据地,在这一点上,也是不能大意的。因此,我除复电同意外,还就自己的上述看法,提出东渡黄河是必要的,但须绝对保证同陕北根据地的联系。我这种想法,反映了当时红军体质弱的实际情况以及长征中没有根据地的痛苦教训。这引起了主席的不高兴,他说,你去绝对保证,我是不能绝对保证的。"[2]

为了进一步统一思想,打消个别高级将领的顾虑,1936 年 1 月 17 日,毛泽东在中央政治局会议上做报告,作了极富战略远见的分析:抗日运动高涨和陕北地贫、人穷、兵员缺的特定环境,不能一般地采取以巩固求发展,而是要以发展求巩固。我们要扩大抗日力量及主力红军。我们向南、向西、向西北的文章不好做,只有向东。"我们要下极大决心到山西","山西的发展,对陕北有极大帮助"。我们的军事基本方针是稳打稳扎,背靠苏区建立根据地,争得东渡黄河的来往自由。

毛泽东的报告消除了领导层的一些疑虑,统一了大家的认识。会议最后决定:红军东征时中央政治局随军行动,彭德怀、林育英参加中央政治局的工作;陕北由周恩来、博古、邓发组成中央局,以周恩来为书记,主持后方工作。

1936 年 1 月下旬,毛泽东从瓦窑堡出发,经过延川到达延长县城,并于 31 日召开了军委会议,具体研究东征的战略方针。会上,毛泽东反复说明了阎锡山与日寇正勾勾搭搭,东征讨阎无论在政治上还是在军事上都对党和红军大为有利,红军执行的是"在发展中求巩固"的方针,通过东征可望建立一块根据地,与陕北根据地连接在一起,在山西"筹款""扩红",以解决陕北根据地"太穷"的问题。

经毛泽东同志说明,大家原则上都同意东征,但仍然担心黄河天险,渡过去后有没有回不来的可能?于是毛泽东又作了补充部署,要求部队一定要保证黄河各渡口在我手中,使红一方面军能进退有据。参加会议的领导最后同意了毛泽东东征的战略部署。正是在这次会议上,东征的行动策略得以真正确立,红一方面军的东征也自此拉开了大幕。

四十天准备

东征战役方针确定之后,中革军委为确保战役胜利,于 12 月 24 日下达了《四十天准备行动计划》,随后红一方面军按照瓦窑堡会议决定的策略路线和战略方针,同陕甘苏区军民一道,展开了东征的准备工作。

为适应东征作战的政治和军事上的需要,中共中央和中革军委决定将中国工农红军第一方面军改称为"中国人民抗日先锋军",由彭德怀任司令员,毛泽东任政治委员,叶剑英任参谋长,杨尚昆任政治部主任。下辖红一军团,林彪任军团长,聂荣臻任政治委员;红十五军团,徐海东任军团长,程子华任政治委员。

同时,为了充实东征部队的实力,在陕甘苏区开展了声势浩大的"扩红"运动,至1936年1月,5000余名青壮年参加红军,另有750多名伤病员出院归队,184名毕业学员分配到部队,并争取了2000多名俘虏兵参加红军。在此基础上,红一军团以第一、第十三团为基础,加上新建的第三团,重建了第一师,其他各部也做了调整充实,使方面军作战部队实力增加到1.27万人。

此外,为保卫陕甘苏区,中革军委在苏区的北线以陕北独立第一、第二、第四团为基础,组建了红二十八军,辖3个团1200余人,刘志丹任军长,宋任穷任政治委员;在南线,以红军第一团及中宜、宜川独立营和华池等县游击队为基础组建红二十九军,暂编2个团,萧劲光任军长,朱理治任政治委员;另外还整理和扩建6个独立营、10个基干游击队,作为主力红军东征后,保卫后方的骨干力量。另从方面军及陕甘苏区抽调了300名干部,组成地方工作队,220人组成山西游击大队,经过培训,准备随军东征,开展山西新苏区的地方工作。

强渡黄河

红军东征作战成败的关键是能否越过黄河天险,突破阎锡山军队的黄河防线。为此,必须首先确定渡河方式。红军领导人最初曾设想利用黄河结冰期从冰面上通过,并派红一军团军团长林彪实地侦察。但由于天气变暖,部分河冰开始解冻,且考虑东渡后同西岸的交通联系和准备必要的回渡,于是决定在河面较窄、地形较为隐蔽的延水关至福禄坪地段上实施偷渡,偷渡不成则改为强渡。

渡河方式确定以后,便是确定渡河点。军委领导人对此极为重视。延长会议后,毛泽东、彭德怀亲自到黄河西岸侦察渡河点情况,最后确定了起渡和突破的具体地点。2月11日,毛泽东、彭德怀又电令各军团长及其先头师、团的首长到指定渡河地段进行细密勘察,详细了解了渡河点及其周围的敌情、地形等情况。

接受军团渡口侦察任务后,时任红一军团第一师师长的陈赓,立即命令副师长杨得志率侦察班亲自去渡口摸情况。

那天的风虽然不大,但依然很冷。杨得志率侦察班长小周和四个侦察员,化装成陕北农民,徒步来到黄河岸边,此地距对岸敌人只有五六百米。为了完成好任务,又不被敌人发现,小周很有办法,一会儿装作解大便、蹲在地上画图,一会儿指手画脚,装作要向敌哨兵说明什么,尽量靠前观察核对,其他几位侦察员也摆出一副种庄稼的架势,尽力和他配合,不大会工夫,草图就画好了。

在侦察渡口的基础上,各军团都以强渡黄河的战术技术为重点进行了紧张艰苦的临战训练,提高渡河战斗的战术和技术水平。为了隐蔽战役企图,红一方面军采取了严格的保密措施:部队集结、开进、进入进攻出发地域等行动,都采取夜间行动,严密封锁消息;还对渡河点附近敌军占据的清涧等城镇提前派出地方独立营和游击队进行包围、封锁道路,控制来往行人。为了保障渡河时的指挥顺畅,行动有序,方面军还实行了统一计划、统一指挥,在各军团起渡点上,设立了渡河司令部,负责指挥调度。

渡河的另一项准备也极为关键,就是渡河工具的准备。根据毛泽东、周恩来签发的《四十天准备行动计划》,前方后方大力收集各种造船材料,多方征调了造船和划船民工300名,加速制造渡河器材。至2月上旬,制造大木船4只、羊皮筏子100只,陆续运往沿河集结地域,又调集了100名船工准备随军行动。

东征在即。在做好各种渡河作战准备的同时,红军上下广泛进行政治动员,进一步统一思想认识。2月上旬,红一方面军各部陆续集中于延川县的永坪镇和延长县之间及其以东地区,进行东征作战的政治动员和政策教育。红军总政治部下发了《关于东进抗日行军中政治工作的指示》,红一方面军政治部先后下达了《关于东征部队的政治工作问题训令》《关于东征中地方工作的指示》《东征中对敌军政治工作的指示》以及《关于处理公共机关的决定》《关于处理邮政电报局的决定》等文件,对东征作战的意义和胜利条件作了详细阐述,对部队的思想动员和行动中的政治工作提出具体要求,对敌军、对战区地方工作的政策作了具体规定。据此,各部队对指战员进行了深入的动员和教育。2月中旬,毛泽东又召集团以上干部会议,进一步作了东征的政治思想动员。各军团还召开誓师大会,使全军上下明确了任务,鼓舞了斗志,增强了胜利信心。

1936年2月中旬,红一方面军经过近两个月的艰苦工作,完成了东征作战的各项准备,为夺取东征战役的胜利奠定了基础。2月18日,红一方面军司令员彭德怀、政治委员毛泽东下达了《红一方面军关于东征渡河战役之作战命令》,命令规定:方面军第一步有东渡黄河以坚决手段消灭东岸地区之敌,占领吕梁山脉各县,首先占领石楼、中阳、永和等县,粉碎沿河堡垒线,控制船渡于我手中,在东岸造成临时作战根据地的任务。[3]

命令红一军团及红十五军团八十一师为北路,从沟口渡河,另以小部从福禄坪、马花坪佯渡;红十五军团(欠八十一师)为南路,主力从河口渡河,另以一部从舍峪里渡河,一小部向辛关佯攻;红一方面军直属队随红十五军团之后从河口渡河。此外,红二十八军进入神木地区沿河一线,负责保卫后方并策应前方。主力渡河成功后,迅速强占义牒镇,相机夺取石楼。

19日,红一方面军又下达补充指示,电告周恩来:部队"明日(20号)黄昏开始渡河"。

统一时间,在当时做到也是不容易的。因为当时指挥员所用的都是作战时缴获来的旧表,快慢不一。所以部队经常为行动是否准时而发生争执。有时上级批评下级迟到,下级不服,说照我的表我们还提早到达哩。因此,为了防止扯皮,先锋军司令部规定了一项制度:每天定时同上级司令部机关对表。当时,部队中还流行这样一句俏皮话:"谁的'官'大,谁的表准。"

于是,毛泽东又向各部队发了一个电报:"渡河时间不可参差,一律二十号二十时开始,以聂荣臻之表为准。"

红一军团政委聂荣臻的一只旧表居然成了东征渡河作战的标准时间。

20日晚,当聂荣臻的那只旧表指向8点时,红一方面军渡河作战开始。

红一军团以二师第五团,红十五军团以七十五师二二三团为先头团,乘夜暗开始渡河,途中被对岸守敌发现,于是偷渡转为强渡。各先头团突击队指战员冒着敌人的炮火穿过弹雨、越过惊涛、掠过冰块,以勇猛果敢的动作,迅速攻占对岸敌人碉堡,突破了阎锡山苦心经营的黄河防线,控制了河东滩头阵地。各先头团、先头师全部渡河,占领了山西省中阳县三交镇、石楼县贺家凹,并猛力扩大渡河场,掩护后续部队渡河。21日晨,当太阳缓缓升起的时候,红军的千军万马,源源不断地渡向河东。

21日晚,毛泽东率领东征先锋军总部工作人员,沿黄河南行,到清涧县西辛关,从房儿沟过河,在山西石楼县东辛关登岸。

过河后,部队稍事休整。一生酷爱晶莹白雪的毛泽东伫立山坡之上,两手叉腰,久久地凝视着被皑皑白雪覆盖的壮丽山河。巍峨多姿的北国风景、连绵起伏的黄土高原、横贯东西的万里长城,使他胸中激越豪放的诗情喷涌而出,回驻地后挥笔写下了千古绝唱——《沁园春·雪》:

> 北国风光,千里冰封,万里雪飘。望长城内外,惟余莽莽;大河上下,顿失滔滔。山舞银蛇,原驰蜡象,欲与天公试比高。须晴日,看红装素裹,分外妖娆。　　江山如此多娇,引无数英雄竞折腰。惜秦皇汉武,略输文采;唐宗宋祖,稍逊风骚。一代天骄,成吉思汗,只识弯弓射大雕。俱往矣,数

风流人物,还看今朝!

关上村战斗

至 23 日,红一方面军全部渡过黄河,控制了辛关、老鸦关、转角镇、三交镇各渡口,占领了包括三交、留誉、义牒各镇在内的横宽 50 余公里,纵深 35 公里的地区。方面军首长以七十五师二二四团转攻晋西战略要地石楼县城,主力集结于留誉至石楼之间地区作短暂休整,准备再战。

阎锡山对红军迅速突破其苦心经营的黄河防线极为惊慌,他一面急电入陕的晋绥军四个步兵旅撤回柳林、离石、中阳地区,会同该地的第七十一师残部及第一〇一师一个旅,围堵红军;一面调整晋绥军的部署,钳制红军东进,以拱卫太原。

毛泽东在指挥关上村战斗时住过的窑洞——石楼县张家塌村

面对以上敌情,2 月 24 日,彭德怀、毛泽东在张家畔发布了《关于粉碎阎敌进攻及争取在山西发展抗日根据地的训令》,指出:"方面军有坚决粉碎敌人援兵之任务,基本方针是在柳林、离石、中阳、孝义、隰县、永和一线,内围石楼,求得打增援部队,用大的速度争取居民群众与红军一致,集中兵力消灭。"并强调:"目前极短时间之内(估计十天左右),我们是处在两个战斗任务之间,即渡河战斗已经完结,而进攻尚未到来。这个中间阶段的任务是集中全力准备作战,具体任务是:一、使红军与居民群众相结合;二、使红军干部与山西的敌情、地形、政治经验、社会情形等之了解与熟悉相结合;三、从政治、军事工作提高战斗力。"[4]

根据上述训令,红十五军团主力迅速向隰县进击,25 日 7 时,其二二五团在石楼以南歼灭从黄河边溃退之敌一个营。另三个团在隰县西北之蓬门一带与前往救援石楼的晋绥军第六十九师第二〇三旅先头遭遇,当即先敌发起攻击,并以小部奔袭隰县城以阻敌主力出援。经一昼夜激战,歼敌一个营,击溃敌一个营,俘敌营长以下官兵 300 余人。随后,军团主力向吕梁山区东进,于 27 日占领晋西交通要地水头镇。

原先集中在留誉、暖泉地区开展群众工作,准备打击援敌的红一军团主力,于2月25日奉命向吕梁山区关上村进发,以控制东出要点。

此时,晋绥军独二旅先头第四团加强一个炮兵连已抢先进占关上村,主力集结于石板上。同时,水头镇驻有敌军一部。毛泽东、彭德怀鉴于关上村、水头镇的要冲地位,果断决定:以红一军团全力歼灭关上村之敌,红十五军团主力歼灭水头镇之敌。

红一军团依照上述决定,26日上午,先以一部监视、包围关上村,并截断该敌与其旅部和第三团的联系。当日下午,以红一、红四师由西北向东南,红二师由南向北合击关上村之敌,经数小时激战,全歼该敌。该敌旅部和第三团闻讯,即向汾阳溃逃,红一、红四师乘胜追击,于27日在距关上村约50里之郭家庄附近将逃敌大部歼灭。

这支被阎锡山称为"满天飞"的独立第二旅,过去哪里吃紧,它就"飞"到哪里去救急。可是这次,它却没能"飞"出红军的手掌心。

兑九峪的遗憾

关上村战斗后,红军主力在以关上村、水头镇为中心的地区转入休整,养精蓄锐,为打好第二仗做准备。

为了巩固和发展胜利,毛泽东、彭德怀就关上、水头胜利后的形势与红军的任务,于3月1日致电林彪等,预测:关上村、水头镇之线,是红军作战的枢纽,敌势必向我军进行坚决反击。因此,要求红一、红十五军团必须准备在短期内粉碎敌人四至五个师规模的反击,红二十八军及陕北地方武装,趁晋绥军东撤,迅速收复吴堡、佳县、神木、府谷等被占的苏区,使黄河东西两岸连接成一片,并继续发展同东北军的统战工作,保障红军巩固的战略后方。

果不其然,阎锡山在堵截红军受挫后,把可机动的部队编为四个纵队,分别由隰县向北、由介休地区经孝义向西、由汾阳地区经三泉镇向西、由中阳向南发起反击,企图使红军腹背受敌,首尾难顾。

根据以上情况,红一方面军于3月5日确定了以关上、水头为枢纽,背靠石楼,集中两军团主力,以连续战斗,消灭晋绥军东面两路或三路的基本作战方针。除了以红二师在关上,红十五军团一个营在隰县石口镇地区,钳制敌第四、第一纵队外,彭德怀和毛泽东把重头戏放在了兑九峪,计划集中两军团主力于兑九峪西南隐蔽待机,力歼进入该地区及附近的敌第二、第三纵队。

3月10日凌晨,红一军团第一师位于郭家掌及其以东地区,军团主力进到兑九峪西北之张家庄地区;红十五军团主力进至阳泉曲、兑九峪以南之仲家山、孟家庄地区,对兑九峪之晋绥军形成了三面包围态势。7时,两军团同时发起攻击,担负正面进攻的红一师和右翼红十五军团主力很快击溃晋绥军第一线部队。但在红一军团主力对敌主力发起攻击后,不意受到敌第三纵队一部阻击,双方展开猛烈争夺战,进展缓慢。红七十五师占领西沟井高地,曾经几次猛冲,均因守敌火力太强,未能奏效。此时,阎锡山从驻太原的第七十师急调两个团火速增援,并派飞机助阵,这样,在兑九峪战场上的晋绥军兵力已达到13个步兵团和1个炮兵团,敌我力量悬殊,再战也恐难歼敌。于是,激战至下午3时,我军主动撤出战斗,给红军东征战役留下了遗憾。

分兵三路南下北上

兑九峪战斗后,红一方面军进至汾阳、中阳、水头、大麦郊等地区。阎锡山的晋绥军第一纵队一部退隰县,一部调回临汾;第二、第三纵队退至孝义、汾阳及其附近地区;第四纵队主力仍在柳林、离石、中阳和关上村附近,企图再次反击红军。蒋介石应阎锡山的要求,从3月上旬起陆续抽调驻河南、湖南等地的中央军约10个师驰援山西,并委任陈诚为中央军总指挥,协助阎锡山"进剿"红军。

为了打乱敌军的进攻部署,进一步扩大胜利成果,3月12日,红一方面军在大麦郊召开了团以上干部会议。会议决定:以红一军团全部、红八十一师(欠一个营)为右路军,向霍县出击,尔后沿汾河、同蒲铁路南下作战;以红十五军团主力为左路军,向灵石佯攻,掩护南下部队的行动;以红十五军团第七十五师二二四团、红八十一师一个营和正在组建的红三十军为中路军,统归叶剑英指挥,巩固现有占领区,在石口镇、水头、关上村等要点钳制晋绥军的四个纵队。

这时,阎锡山为夺回被红军占领的沿河地区及渡口,命令晋绥军四个纵队于3月17日再次向石楼方向展开全线反击。

晋绥军四个纵队向石楼方向发动进攻,减弱了其在晋南、晋西北和太原地区的防守兵力。毛泽东、彭德怀敏锐地抓住这一有利时机,果断决定:以叶剑英指挥的中路军保卫占领地区,用游击战钳制晋绥军主力的进攻;以徐海东、程子华指挥的红十五军团主力为左路军,乘虚北上,第一步占领文水、交城及其附近地区,威胁太原,破坏其后方;第二步相机占领静乐、岚县、岢岚等县,创建晋西北抗日游击根据地,并与陕北的神府苏区打通联系。以林彪、聂荣臻指挥的红一军团和红八十一师为右路军,乘晋南空虚之际迅猛南下,进行扩红、筹集资材、发动群众,建立群众性的抗日武装,并相机夺取赵城、洪洞、临汾,向曲沃、闻喜、运城前进。这样,红军便形成了以小部兵力在中路钳制晋绥军的主力,主力分兵北上、南下发展进攻的有利态势。

红一方面军的分兵南下北上作战,各路军均获得很大成绩。右路军东出汾河后,解放了南起闻喜、北至灵石的广大村镇,摧毁了反动政权,建立了秘密的共产党组织,发动群众,组织游击队 200 余人,成立河东抗日独立团,并攻克了襄陵县城,扩大红军 3000 余人,筹集抗日经费 7 万余元。左路军占领了汾阳至太原公路,逼近太原,人民夹道欢迎红军,并扩大红军 500 余人。中路军钳制晋绥军主力,有力地支援与配合了左右两路军的北上与南下行动,并在占领区开展创建苏区的工作,扩大红军 500 多人。

在此期间,中共中央政治局于 3 月 20 日至 27 日,在晋西地区举行扩大会议。会议传达了共产国际第七次代表大会关于建立反法西斯统一战线的决议,毛泽东作了关于战略方针问题的报告,分析了全国和华北的形势,指出"争取迅速对日作战为党和红军的重要任务",红军的战略原则应是"以发展求巩固"。此外,会议还讨论了同张学良和杨虎城的谈判问题。这次会议,发展了瓦窑堡会议的精神,进一步明确了中共中央的军事战略和红一方面军的战斗任务。

红军主力分兵南下北上后,阎锡山于 3 月下旬与陈诚策划后,决定将入晋的中央军编为第一路,由陈诚任总指挥,其第二十五师编为第五纵队,第三十二军第一四一、第一四二师编为第六纵队,第十三军第四、第八十九师编为第七纵队,第九十四、第九十五、第二十一师及第一师第一旅、第二师第六旅、第六师第十八旅等三个师另三个旅,分别部署在同蒲铁路南段和晋东南地区,主要"进剿"红军的右路军,并防堵红军向河北、河南转进。以杨爱源指挥的晋绥军一、二、三、四纵队及其他晋绥军各部为第二路,分别部署在晋西、晋西北地区,主要"进剿"红军左路军和中路军。蒋介石为策应山西的"进剿",还命令驻陕西的东北军、第十七路军进攻陕甘苏区,从西面封锁黄河,阻止红军西返,企图将红一方面军各个击破,分割围歼于山西境内。

3 月 29 日,毛泽东、彭德怀根据当时黄河各渡口正被蒋、阎军队占领的新情况,电示在陕北神木、府谷、葭县地区活动的红二十八军准备东渡黄河,协同左路军行动。31 日,刘志丹率领红二十八军于罗峪口附近渡过黄河,进入晋西北,并破坏了罗峪口至黑峪口间约 30 公里的黄河堡垒线。尔后主力南移,在兴县以南曹家坡与敌第七十一师第二〇七旅遭遇,经一天战斗,歼敌两个营和一个炮兵连,俘敌 200 余人。战后移至康宁镇一带休整。

4 月初,敌军占领红军控制的全部黄河渡口后,随即以主力开始向红军左、右两路发起进攻。4 月 3 日,毛泽东、彭德怀根据敌人全面进攻的情况,决定逐步收缩兵力向中间靠拢,准备集中力量粉碎国民党军的"进剿"计划。部署是:右路军暂不向晋东南发展,转入蒲县地区集中训练,准备作战,尔后同中路军在这一地区开展地方工作和破坏黄河封锁线,夺取永和关及其以南的黄河渡口;左路军从兴县、临县交界地区逐步南进,集中在临县、离石、中阳地区扩大红军和开展地方工作,并夺取三交镇以北的黄河渡口,红二十八军随左路军行动;中路军以主力在隰县、灵石间钳制敌军,以一部兵力在永和以西地区破坏黄河封锁线,保证与陕北后方的交通联系。同时,为了对付东北军、第十七路军的进攻,决定将陕甘苏区扩大的新兵补充和加强到红二十九军,并令其在陕甘苏区积极开展斗争,不断钳制和打击进犯之敌,掩护黄河东岸红军主力的行动。

从 4 月 4 日开始,红一方面军左、右两路军在抗击敌人的进攻中,从南北两线逐步向晋西地区集中。当日晚,左路军由康宁镇地区向南转移,进至白文镇附近同红二十八军会合。6 日,尾追之敌第七十三师第二一〇旅和独三旅进占康宁镇,进至方山之敌第三纵队和临县以北之敌第七十一师第二一六旅等部正向白文镇进逼。当日晚,左路军和红二十八军果断地向南突进,突破敌人的拦阻,于 7 日晚到达方山以南之屹洞镇,11 日进抵离石县城以南之金罗镇附近。这时,"追剿"红军左路军之各部敌军又迫近金罗镇地区,并截断了红军南向中阳的去路,企图围歼红军于金罗镇地区。根据上述敌情,毛泽东、彭德怀指示红十五军团主力和红二十八军迅速分路突出敌之包围。

12 日,红十五军团主力向东突围,突破敌封锁区,进入中阳县城至昊城镇中间地区。14 日,奉命进至大麦郊地区休整。在为期一周的整训中,红十五军团进行了整编,将原第七十五师之二二三团扩编为第七十三师,原第七十五师之二二五团扩编为第七十五师,原第七十八师不变,原第七十五师之二二四团三个营分别编入三个师,原第八十一师正式脱离军团建制,归红一方面军直接指挥。17 日,红二十八军进至康城镇附近,同方面军总部会合。21 日,右路军也全部集结于大宁以北、桑壁镇西南地区隐蔽休整,待机破敌。

至此,红一方面军左、右两路军,摆脱了敌人的追堵和围攻,完成了收拢兵力、集中作战的预定计划,粉碎了敌人分割围歼红军于南北两线的企图。

刘志丹阵亡三交镇

东征战役,红军的唯一遗憾是未能在兑九峪歼灭阎锡山的主力,但最大的损失,则是在左路军转移收拢阶段,红二十八军军长刘志丹的牺牲。

4月12日,红二十八军在金罗镇附近与红十五军团分手以后,按方面军的指示向西转进,执行消灭三交镇、转角镇、辛关、义牒一带之敌,并恢复黄河交通的任务。

14日,进攻三交镇的战斗打响了,军长刘志丹亲赴第一线观察敌情、指挥战斗。警卫员看他站得那么高,几次拉他,让他姿势放低一点,防止危险。但刘志丹为了便于指挥,还是照样站起来。谁知,就在他全神注视敌人态势的时候,一梭子弹打了过来,刘志丹手捂胸口,踉跄着跌倒了,牺牲时年仅34岁。

三交镇老爷庙战斗遗址

正当毛泽东考虑下一步作战部署的时候,他接到刘志丹在三交镇战斗中牺牲消息的电报,泪水一下子盈满眼眶。他在陕北虽只和刘志丹见过一面,但对刘志丹的为人,已在纠正陕北肃反扩大化错误的过程中有所了解。刘志丹刚担任红二十八军军长不久,关于该军是否东渡黄河参加东征,在领导层内部曾出现过分歧,他是力主红二十八军参加东征的一个人。现在刘志丹为国捐躯,怎能叫他不悲痛呢?于是马上回电指示:一定要将刘志丹的遗体安全运回瓦窑堡,开一个隆重的追悼会,安排好后事。后来,毛泽东深情地说:

一个人死了开追悼会,群众的反映怎样,这就是衡量的一个标准。有些人高高在上,官位很大,称首长,好像老百姓都拥护他,其实这不能说明问题,要看最后的盖棺论定,要看开追悼会那一天老百姓落不落泪。有些干部死了,我看老百姓就不见得落泪,他是自封的群众领袖。因为你做了官,老百姓不得不和你打交道,其实公事一办完,人家就掉头而去,不大理眯你了。真正的群众领袖,到开追悼会那一天,老百姓会觉得他死了很可惜。至少不会觉得死了也好,可以省下小米。刘志丹牺牲后,陕北的老百姓伤心得很,这说明他是真正的群众领袖。[5]

为纪念刘志丹烈士,中共中央与陕甘苏区政府于1936年决定,将烈士故乡陕西保安,改名为志丹县。后来刘志丹陵园落成时,毛泽东挥笔为刘志丹烈士题了"群众领袖,民族英雄"八个光芒四射的大字。

刘志丹牺牲时,衣袋里仅留下半截铅笔、两个烟头。他没有给后代留下遗产,却给根据地军民留下了最宝贵的精神财富。在中国革命的茫茫长夜里,刘志丹像一颗灿灿的启明星,用他生命的火花迎来了陕北高原和新中国的曙光。

回师西渡

红一方面军在晋西地区集中后,蒋、阎军队的七个纵队也跟踪围拢过来,企图压迫红军于黄河东岸狭小地区而加以消灭。为防堵红军向北、东、南三个方向突进和避免被红军各个击破,他们采取堡垒主义推进的战法,以主力构筑从三交镇起,经中阳、孝义、灵石、临汾至新绛、河津的弧形封锁线,并由南向北进逼。以一部兵力驻守石楼、隰县、大宁、永和等重要城镇。

在各路敌军逼近晋西、即将发动进攻的情况下,为了避免与优势的国民党军决战,保存抗日力量,发展争取抗日民族统一战线的实现,4月22日,毛泽东、彭德怀致电各军团首长及周恩来,确定红军今后的行动方针是:

"基本的为了向东或向北突出封锁线,进到晋东南或晋西北;特殊的也为了必要时西渡打杨虎城";"准备暂时地回到陕甘,经营神府区域、三边区域、环水区域、渭水区域、陕南区域等次要的战略方向"。

4月28日,彭德怀、毛泽东对山西、陕西和甘肃的国民党军的情况作了进一步分析后,决定暂时撤出山西,返回陕北另图发展,并致电周恩来和各军团首长,指出:目前的情况是,在山西,是阎锡山加蒋介石的51个团的兵力,再加上堡垒主义来对付红军。在陕西,是张学良、杨虎城在蒋介石命令下向陕北进攻,企图封锁黄河,但神府区域、三边区域空虚。在甘肃,是蒋介石之胡宗南等部调入山西,毛炳文调甘南,王均、伍诚仁等在陕南与甘南,张学良原在环水区域之部队,大部调陕西,环水区域及其以西均空虚。

根据上述情况,方面军在山西已无作战的顺利条件,而在陕西、甘肃则产生了顺利条件,容许红军到那里活动,以执行扩大苏区、锻炼红军、培养干部等任务。另一方面则粉碎卖国贼扰乱抗日后方计划,亦是当前的重要任务。此外则有派一支队去陕南扩大苏区,吸引敌人之必要。根据这些情况,红一方面军首长决心西渡黄河,第一步集结于延长地域,渡河时机、渡河秩序及集结地域的区分,另行命令。

红一方面军向西执行上述任务,仍然是为着争取迅速直接对日作战之基本的政治任务。

华北各省仍然是战略进攻的主要方向。在把蒋介石部队调出山西以后,在积极地进行山西干部的创造、山西士兵运动的加强、神府苏区的扩大等条件下,再一次进入山西作战的机会是会有的。坚持以陕甘苏区为中心向各方面作战,而以东方各省为长时期内的主要方向,这是确定的方针。

月底,中共中央在永和县和赵家沟的政治局会议上,做出了回师西渡的决策。

毛泽东、彭德怀这种根据当时实际情况所做出的具体作战方向和作战计划的改变,是贯彻基本战略方针与战略计划的坚定性和具体作战行动的灵活性相结合的范例,是实事求是的典范。

军委后方办事处得悉红一方面军主力回师西渡的决定后,即迅速完成了迎接主力部队西渡回陕的准备工作,并组织了以张云逸为团长,有宋裕和、杨立三参加的渡河指挥团,以负责方面军西渡黄河的指挥调度。

5月2日,毛泽东、彭德怀下达西渡黄河命令,红一方面军各部自即日起至5日,利用夜暗,分批由清水关、铁罗关两渡口西渡黄河,回师陕甘苏区;第三十军担任掩护任务,在各部队安全渡河后也返回陕北。全军集结在延长、延川、永坪地区进行休整、总结经验和作新的战斗难备。

在红一方面军西渡之际,陈诚曾命令第一、第五、第七纵队星夜追击,企图抢占渡口,围歼红军于黄河东岸。但是,当他们追到黄河岸边时,除了给胜利西渡的红军送行外,什么也没有得到。蒋介石、阎锡山围歼红军于黄河以东的计划彻底破产了。

5月5日,毛泽东和朱德联名发出了《停战议和一致抗日通电》,标志着红军东征战役的结束。

东征战果

红一方面军历时75天的东征作战,是一次战略性的进攻,在军事上、政治上、经济上都取得了重大胜利。

在军事上,红军渡河东征,共消灭敌人 7 个团、1.7 万余人,俘其官兵 4000 余人,缴获各种枪械 4000 余支(挺)、火炮 20 余门,给阎锡山的晋绥军以沉重打击,迫使阎锡山把入陕"协剿"的两师撤回河东,从而冲破了国民党对陕北苏区的"军事围剿",巩固和扩大了陕北根据地。

对此,红十五军团政委程子华后来回忆说:

> 渡河战斗中歼灭晋军河防部队二○七旅一部,余部在兴县康宁战斗中全部就歼;关上战斗歼敌独二旅第四团全部;蓬门战斗歼敌一营;兑九峪战斗歼敌两个半团;大石头战斗中歼灭晋军郭登瀛部一个整团;再加上一军团转战晋南及其他战斗中的歼敌数字,足有七八个团之多。[6]

在政治上,红军以实际行动宣传了中国共产党的抗日救国主张,激起了山西乃至今国人民的抗日救国热情,推动了西北乃至全国抗日民族统一战线工作的开展;在山西 20 多个县播下了抗日的种子,发展了抗日和革命力量,有 8000 多青壮踊跃参加红军,给予山西军阀阎锡山的封建统治,及其推行的反共媚日政策以沉重打击。

在经济上,通过打土豪和没收官僚资本,筹集了 40 万元,再加上物资合计约有 50 万元,使红军得到了财力物力的补充。

战后,毛泽东用这样几句话来总结东征胜利的意义:"打了胜仗,唤起了民众,筹备了财物,扩大了红军。"

[1]《聂荣臻回忆录》上册,解放军出版社 1983 年版,第 297 页。

[2]《彭德怀自传》,解放军文艺出版社 2002 年版,第 218 页。

[3]《红军东征》,中共党史出版社 1997 年,第 85 页。

[4]《红军东征》,中共党史出版社 1997 年,第 101 页。

[5]《毛泽东文集》第 3 卷,人民出版社 1996 年 8 月版,第 60 页。

[6] 程子华:《漫忆红军东征》,见《红军东征》,中共党史出版社 1991 年版,第 466 页。

第十三章
西征打击"二马"

红一方面军回师陕北以后，蒋介石不顾日益严重的民族危机，无视中国共产党提出的"停战议和一致抗日"的倡议，仍顽固地坚持其"攘外必先安内"的反动政策，着手成立以陈诚为总指挥的晋陕绥宁四省边区"剿共"总指挥部，指挥入晋的中央军和晋绥军各一部，以及东北军、第十七路军等部共16个师另3个旅，对陕甘苏区和红一方面军发动新的"进剿"，重点是陕北苏区。

在黄河东岸的晋西、晋西北地区，另有晋绥军4个多师，其主要任务是防备红军再次东渡入晋；在陕甘宁三省边境地区及宁夏腹地，有宁夏军阀马鸿逵、马鸿宾部2个师，防堵红军西进；东北军骑兵军主力及第五十一军等部则驻防于甘肃境内待机。

这时，由于东北军与第十七路军已经同共产党初步建立了秘密的统战关系，广大官兵不愿同红军作战；由于阎锡山与蒋介石存在矛盾，只求自保不愿再以大量兵力投入"剿共"，所以，实际上中央军第十三军汤恩伯部成为"进剿"的主力。而在陕甘宁三省边境地区，仅有马鸿宾第三十五师，步骑兵共8个团，驻守在环县、庆阳、镇原一带；第十五路军总指挥兼新编第七师师长马鸿逵部共有步骑兵12个团，主力集中在黄河以西的宁夏腹地，一部兵力驻守在定边、盐池、豫旺（今下马关）等地。"二马"虽然反共坚决，但防区广大，兵力分散，对红军的发展是个较有利的方向。

西征决策

中共中央考虑到全国政治、军事形势的发展和陕甘苏区面临的情况,确定党的政治任务是:扩大巩固西北抗日根据地与抗日红军,努力争取西北地区抗日力量的大联合,争取迅速直接对日作战,推动全国国防政府和抗日联军的建立。在军事战略上,避免与当前敌人决战。

由此确定陕甘地区党和红军的战略任务是:第一,造成广大的陕甘宁抗日根据地,进而向北打通与苏联、蒙古的联系,向南策应红二、红六军团和红四方面军北上;第二,争取东北军及其他可以联合的友军;第三,坚决地进行陕甘苏区的游击战争。执行这三项任务的目的,是争取时间,争取空间,争取力量,为发动全国抗战和发展革命力量创造条件。

为执行上述任务,根据中共中央的决定和敌军分布情况,西北革命军事委员会决定以红一方面军第一、第十五军团和第八十一师、骑兵团等共 1.3 万余人,组成西方野战军,彭德怀任司令员兼政治委员,进行西征战役,向国民党兵力薄弱的陕甘宁三省边界地区进攻,打击坚持反共的马鸿逵、马鸿宾部,创建新的抗日根据地;以红二十九军主力、红三十军和陕北地方部队及群众武装,在东线坚持游击战争,钳制国民党中央军和晋绥军西渡黄河及陕北、渭北敌军的进攻,保卫陕甘苏区的安全;以红二十八军准备出陕南,协同在陕南坚持斗争的红七十四师,巩固与扩大鄂豫陕苏区,吸引蒋介石中央军主力南下,策应西方野战军作战(后因情况变化,改到石湾、绥德以南地区掩护运粮)。

5月14日,红一方面军在陕北延长县大相寺召开团以上干部会议,中共中央和军委领导人毛泽东、张闻天、博古、彭德怀等出席会议。毛泽东作了关于目前形势与任务的报告,总结了东征作战的经验,进行了西征战役的动员。

抗日红军大学成立

在这次会议上,中央鉴于全国抗日爱国运动的蓬勃开展,西北抗日民族统一战线工作的初步形成,以及即将到来的抗日战争,对红军的干部工作提出了更高的要求,各条战线都需要大量经过系统教育和培养的领导人才,决定以原有的西北抗日红军大学[1]为基础,筹建抗日红军大学。

5月20日,中央政治局常委专门召开会议,讨论建立中国人民抗日红军大学问题。在这次会议上,毛泽东亲自主持研究制定了学制时间、教育方针、内容方法等,提出了指导性的意见。

在学校的领导力量配备上,毛泽东把眼光投向了林彪。他说:"黄埔军校在国民革命中起了很大作用,我们办红大,就要像黄埔一样完成革命的历史使命。办学校最重要的是选择校长和教员。一军团作风雷厉风行,很能打仗,校长就选林彪。"[2]毛泽东是想要把红大办成新的黄埔——共产党的黄埔。他特意选了黄埔毕业生中的佼佼者林彪来当红大的校长,也包含了这层寓意。

在其他岗位上,中央任命罗瑞卿为教育长,周昆为校务部主任,袁国平为政治部主任。教育委员会由林彪、罗瑞卿、毛泽东、周恩来、杨尚昆、周昆组成。教员由张闻天、博古、周恩来、毛泽东、林育英、凯丰、李维汉、杨尚昆、叶剑英、林彪、罗瑞卿、罗荣桓、张如心、袁国平、董必武担任。12月,刘伯承任副校长。

6月1日,抗日红军大学的开学典礼在瓦窑堡米粮山上一座作为红大校部的旧庙门前的空地举行。空地上临时堆起一个土台,放上一张长方桌,摆上几张木条凳,上方悬挂着"中国抗日红军大学开学典礼"的横幅,庙墙上贴满了红绿标语,整个会场显得简朴而又庄重。毛泽东和其他中央及军委领导张闻天、周恩来等出席了红大的开学典礼。

毛泽东作了热情洋溢的讲话,首先阐明了创办红军大学的重要意义。他说:"办红大是为了提高干部的水平,是为了储备干部,准备迎接新任务;目前全国形势大好,就要大联合了,红大培养好干部到抗日最前线,就像铁扫帚一样,把反动派一扫而光。""办学校,便是为的供给人到各方面去,到南方,到北方,到前线,到后方。现在有觉悟的人不够,共产党员不够。要煽动全国的烽火,有了全国人民做干柴还不够,而火与助火的风,都需要我们来制造。各处都要我们去讲游击战、民众运动、统一战线……"[3]

毛泽东对红大寄予厚望,在讲话中意味深长地提到了"黄埔精神",说:"第一次大革命时有个黄埔。它的学生成为当时革命的主导力量,进行了北伐战争,但到现在它的任务还未完成。我们的红大要继承黄埔的精神,要完成黄埔未完成的任务,要在第二次大革命中也成为主导力量,即要争取中华民族的独立解放!"[4]

最后,毛泽东告诫教职学员:"我们这里要教员,没有;要房子,没有;要教材,没有;要经费,没有;怎么办? 就是要我们艰苦奋斗。"[5]

红军大学在瓦窑堡的时间很短,只有一个月左右。6月21日,国民党军队突袭了瓦窑堡。林彪率红大学员队掩护中央党政军机关撤出瓦窑堡后,曾组织反击,但没有奏效。第二天,红二十九、红三十军奉命支援。但通过侦察,发现敌人据城固守,地形不利于进攻,于是红军没有展开攻击。23日,红军大学和红二十九、红三十军都撤离了瓦窑堡。红军大学一、二科随党中央迁往保安,三科迁往甘肃环县。

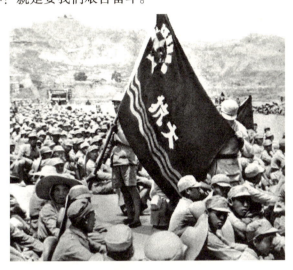

抗日红军大学

在保安,红大的新校址选在距城二里路的一个野山坡上,当校址由瓦窑堡迁到保安时,连仅容数百人的校舍都没有着落。保安是一个贫困破陋的小城,老百姓所能让出的,只有几所破窑、废庙、牛厩、马房。但是以善于克服困难著称的红军出身的这一批教职学员,终于凭着自己的劳动,将这些破烂不堪的房屋,改造成为整齐清洁的校舍。校舍一切都是学员们自己动手建设起来的。以许多小石洞作为卧室,两个、三个或四个人一间,一个较大的石洞做讲堂,以石壁做黑板,用石头砌成桌子和凳子……总之,极大部分的用具是石头做的,就好像师生们还过着石器时代的生活。[6]红大学员自己动手将烂石洞改造成整齐清洁的校舍,极大地感动与鼓舞了保安人民,当地群众特地送来一面锦旗,上面写着"劳动者可以创造世界"[7]。

红大的物质简陋,生活非常艰苦,但创造了长征奇迹的红军将士,就是从这"石器时代"的破石洞中,走出了大批抗日战场上叱咤风云的人物。

红大第一期共招收了1000多名学员,分为三科,第一科为军团和师级干部，第二科多为团、营干部，第三科为连、排干部，全部来自红一方面军的第一、第十五军团。其中最引人注目的是第一科，这科共招收了 38 名学员，包括了罗荣桓、罗瑞卿、谭政、彭雪枫、陈光、杨成武、苏振华、刘亚楼、张爱萍、王平、贺晋年、耿飚、莫文骅、黄永胜等，平均年龄 27 岁，都是身经百战的战将，每个人身上的伤疤平均起来有三处。如果把蒋介石对这些学员的悬赏金额累计起来，有数百万元之巨。中华人民共和国成立后，1955 年中国人民解放军第一次授衔，这些人中有元帅、大将、上将，军衔最低的是中将，真是一个名副其实的"将帅科"。

党中央对红大的教学工作十分关心，一些中央主要领导亲自担任了不少课程的教学。毛泽东亲自讲授战略学，在讲课中，他对红军在十年内战中的经验教训作了全面总结，系统阐述了他对中国革命战争规律的认识，讲义就是毛泽东军事思想的奠基之作——《中国革命战争的战略问题》。此外，张闻天讲授《中国革命基本问题》，秦邦宪讲授《政治经济学》，杨尚昆讲授《务国论》，徐特立讲授《新文字》，李维汉讲授《党的建设》，李德讲授《兵团战术》，林彪讲授《战役学》。中央领导同志结合自身工作和作战指挥实践的讲授，使学员们受益匪浅。

这段时间，毛泽东的工作实在繁忙。部署西征战役，迎接红军三大主力会师，研究如何处理张国焘的问题，布置统一战线工作，确实是日理万机。尽管这样，只要是红军大学的事，无论大小，他都要过问，随时提供指导和帮助。

在教学指导上，毛泽东曾于 8 月 26 日专门致函林彪，强调了红大加强文化教育的问题。信中说：

"三科的文化教育（识字、作文、看书报等能力的养成），是整个教育计划中最重要最根本的部分之一。""如果学生一切课都学好了，但不能看书作文，那他们出校后的发展仍是很有限的。如果一切课学了许多，虽不算很多也不算很精，但学会了看书作文，那他们出校后的发展就有了一种常常用得着的基础工具了……如果你同意此意见，那我想应在二三两科，在以后的四个月中把文化课（识字、看书、作文三门）更增加些，我意把它增加到全学习时间（包括自修时间）的四分之一或三分之一，请你与瑞卿同志考虑这个问题。定期检查时，文化应是重要的检查标准之一。"[8]

在生活上，毛泽东想方设法改善学员的伙食。他曾为红大学员的菜费和津贴费专门写信给苏维埃中央政府西北办事处主任博古,要求拨给每人每天五分钱菜金和每月一元钱津贴。另外要财政部拨出款项给红大购买用具,保证红大学员除了小米饭、干豆角、腌菜外,每周还能吃到一头猪或者一只羊,这在当时已是很高的伙食标准了。

在教学保障上,他请周恩来委托钱之光代为买纸,请刘鼎从南京、北京等地书店帮助选购军事图书。前线红军各部队,也纷纷向红大提供资金、骡马、慰劳品和各种物资。有一次,当毛泽东听说红一军团送给红大的纸张被截留时,他马上致电彭德怀转杨至成,严肃地指出截留一军团送给红大的纸张用品是不对的,要求立即如数送还给红大,不得缺少一件。由于有党中央和毛泽东的关怀以及部队同志对红大的大力支持,红大办学条件逐步得以改善,保证了红大教学工作的顺利进行。

1936 年 11 月,红军三大主力会师后,红二、红四方面军的两所随营学校并入抗日红军大学第三科,称为红军大学第二校。西安事变爆发后,为了适应新形势的需要,1937 年 1 月 20 日,红军大学第一校、第二校随党中央由保安迁往延安,改名为中国人民抗日军事政治大学,林彪仍任校长兼政委,毛泽东任教育委员会主席,同时举行第二期开学典礼。陈赓、杨得志、李志民等进入第二期学习。红二、红四方面军的一些军、师级指挥员也进入抗大一、二科学习,这就是中国革命史上有名的革命熔炉——抗大。

"黄河之滨,集合着一群中华民族优秀的子孙。人类解放,救国的责任,全靠我们自己来担承……"

"抗大,抗大,越抗越大"。伴随着威武雄壮的校歌,抗大的旗帜由陕北高原飘扬到太行山麓、江淮河汉。在此后的九年

抗日红军大学改名为中国人民抗日军事政治大学

里,它秉承着"坚定正确的政治方向,艰苦奋斗的工作作风,灵活机动的战略战术"的教育方针,为中国革命培养输送了大批人才。

打击二马

大相寺会议后,中革军委下达了关于西征战役的行动命令。5 月 19 日至 20 日,西方野战军以红一军团为左路,经蟠龙、安塞向吴起镇集结;红十五军团为右路,经永坪、蟠龙、榆树峁子向新城堡集结;红八十一师、军委骑兵团和野战军指挥部、直属队随右路军跟进,拉开了西征战役的序幕。

彭德怀根据中革军委命令和当面敌情,决定部署如下:以红十五军团先行一步,袭占宁条梁和安边堡,尔后继续西进,向定边、盐池进攻,并袭击灵武、金积或豫旺县城,以示红军进攻宁夏腹地,调动驻守庆阳至洪德城一线之敌第三十五师回援;红一军团向元城、曲子方向进攻,伺机在运动中求歼回援宁夏之马鸿宾部第三十五师,并相机夺取曲子、环县、洪德城。

左路军红一军团,在吴起镇稍事集结动员后,即向陇东进攻。6 月 2 日,军团前卫红二师攻克通往宁夏要冲的国民党环县县政府所在地曲子镇,打开了西进门户。接着红四师在马岭、阜城地区歼灭固原来援之敌第三十五师一〇五旅一个整团另一个营及一〇三旅三个营。在由红二十九军接过开辟环县、曲子、固原、合水地区的任务后,红一军团主力即乘胜继续西进,经环县、毛居井,占领七营,包围李旺堡,袭击黑城镇及杨朗镇,在清水河、七营川与东北军骑兵对峙,并按照军委总政指示,积极对东北军开展了抗日民族统一战线工作。

徐海东、程子华率右路军红十五军团,辖红七十三、七十五、七十八、八十一师等部,于 5 月 18 日由延川贾家坪一带出发,经安塞、保安西出甘、宁,挺进三边。首战新城堡,直取宁条梁,这两地之敌不堪一击,望风而逃。随后,继以七十三师夜袭小河畔,七十五师进攻安边县城,但都未能攻克。有鉴于此,西方野战军司令部命令徐海东、程子华率七十三、七十五师主力继续向宁夏豫旺堡地区前进,七十八师留下受野司直接指挥,前去围困安边县城。

6 月 10 日,野战军前指命令二十八军北上,与八十一师及骑兵团组成中路军,于 6 月 14 日接替七十八师围攻安边的任务。安边县城地处要冲,被敌重兵固守,四周为开阔沙漠地,易守难攻。八十一师开进后,即对该城的东、南两面进行围攻,西、北两侧的攻城任务由二十八军担任,经过 20 余日反复强攻,该城仍未攻克。城内的地主反动武装张廷芝、张廷祥和一部分国民党杂牌军负隅顽抗。数十日的强攻,红军伤亡较大,八十一师就有五名连长、九名排长、百余名战士牺牲。马鸿逵、马鸿宾连遭失败之后,不断组织力量进行反击和袭扰。驻横山之敌第八十六师派骑兵两个营、步兵三个连于6月24日增援安边堡,企图解安边之围。于是,彭德怀令中路军留一部分兵力防守定边、盐池,集中力量准备打击第八十六师增援部队。7月13日晨,将其击溃退回堆子梁。由于安边堡围寨墙高、坚固,红军又缺乏攻坚器材,至7月17日,中路军几次强攻均未奏效,彭德怀遂决定撤围安边,八十一师及骑兵团奉命担任野战军预备队,二十八军则负责开辟三边地区工作,敌第三十五师也向西转移至海原、黑城镇一带,东北军一部接防七营以南阵地,与红军对峙。

韩先楚违命用兵

韩先楚、崔田民率七十八师奉命归建。离开安边之后,于6月16日途经定边县,经过侦察发现城内驻有敌军一个营,师首长认为这是一个难得的战机,就立即电报彭德怀和徐海东、程子华,请求袭击定边县城,同时继续进行地形侦察,并令二三三团、二三四团于当日下午赶来准备参战。当日黄昏,部队已进入阵地,待命攻城。

就在这时,野司彭德怀复电,不同意攻击建议,指示:"袭击定边,恐难奏效,依照原来计划前进。"

接到电报后,韩先楚、崔田民立即召集各团团长、政委开会,传达彭总电令,讨论是否作战。上级的特派员沈新发三次提醒韩先楚等师里领导说:"彭总的电报就是命令,应慎重考虑。"

对此,韩先楚不是没有考虑,而是考虑得很多、很细。他想起了西征出发前,军团首长传达毛泽东、周恩来、彭德怀同志联名发布的西征战役计划,指出:红十五军团为右路军,侧击三边宁夏一线之敌,配合左路军红一军团夺取陇东的曲子、环县,扩大根据地,尔后继续西进,迎接红二、红四方面军北上会师。他还考虑到打下定边关系到扩大陕北革命根据地和西征的后方保障,具有重要的战略意义。

正是基于上述考虑,韩先楚决定违命用兵。他和政委商量后,果断地说:"部队已做好了充分的准备,士气高涨,有攻克的把握。再说,攻克该城也是完成任务,对我们的全局有利。还是决心打,不要动摇!"

16日晚,部队开到距定边城2公里多的地域,各团分别向各自预定地段展开,隐蔽地向城墙靠近。为了联络,要求每一个指战员右臂上系一条白毛巾或一条白布,规定登上城墙后都吹"吃饭"号(意在将敌人吃掉)。

深夜2时为各团开始登城的时间。只见各登城处,一个个黑影向城墙奔去,一个接着一个迅速爬上云梯,登上城墙,遇到敌哨兵和散兵的抵抗,红军战士就进行有力的回击。30分钟后,各部队都登上了城墙,四周吹起了"吃饭"号。顿时,枪声、手榴弹声、号声和部队的喊杀声震耳欲聋,城内守敌被吓得惊恐万状,失魂落魄,四处逃窜。拂晓时战斗结束,除敌县长带了几个民团逃跑外,红军歼敌一个营和保安团大部,俘敌350余人,缴枪400余支、战马180匹及其他很多军用物资。

政委崔田民在指挥部马上向彭总及军团首长报告战况。彭德怀立即回电:"你们机动灵活攻克定边,庆祝胜利,防务移交宋、宋(二十八军军长宋时轮、政委宋任穷),继续向盐池侦察前进。"

从彭总的电报内容上可以看出,韩先楚师长违令用兵,不仅没有受到彭总的批评,反而受到了他的赞扬。这说明作为一名指挥员,只要胸有全局,就能临机处置,夺取胜利。

红旗插上盐池城

红七十八师攻克定边后的第二天,在师长韩先楚、政治委员崔田民的率领下,向盐池开进。

盐池位于宁夏东部边陲,地处宁夏、陕西接合部。红军要在陕甘宁站住脚,夺取占领盐池意义重大。彭总命令红七十八师向盐池侦察前进,意在夺取盐池。对于这些,韩先楚、崔田民在出发前就了解清楚了。为此,他们和一部分团、连指挥员,骑上打定边缴获的战马,长驱盐池,先行侦察敌情、勘察地形,做好攻城前的准备工作。

宁夏盐池城遗址

6月19日晚11时,部队

抵达距城不到 2 公里的地域停了下来,以团为战斗单位整顿队伍,尔后向指定攻城地段运动。

部队到达指定地段后,师长韩先楚立即召集第二三二团团长王得荣、政委刘懋功,第二三三团团长彭义隆、政委周庆安,第二三四团团长何光宇、政委贺大增等指挥人员研究作战方案。韩先楚看到部队走了一天路,比较疲劳,也来不及做充分的准备,便以征求意见的口气说:"部队刚到,地形不熟,天又黑了,今天晚上攻城来不及准备,是不是明日白天再打?"大家同意,但当把意见报请上级审批时,上级坚持当晚攻城。

军令如山,深夜 2 时战斗打响。红军战士不怕伤亡,勇敢进攻;敌人早有准备,且凭险死守,战斗打得十分激烈。一个多小时过去了,攻城进展不大。

韩先楚深入到第一线,发现问题比较多。主要是部队太疲劳,一个团因向导带错了路,贻误了统一攻城时间,没有形成三面同时攻城的态势;城墙高而厚,一砖到顶,结构坚固,我军没有重武器和爆破器材;周围地形平坦,隐蔽条件差;敌人以逸待劳,居高临下,依托城墙和设置的工事拼死抵抗,继续打下去,不仅攻不下城,而且部队伤亡太大。基于这种种原因,韩先楚开始考虑战斗是否还要继续进行下去。

每到关键时刻,韩先楚总爱冷静思考,给自己提出许多问题。所提问题有正面的,也有反面的;有自己方面的,也有敌人方面的。对提出的问题,他要认真思考、反复比较。这是他的习惯,在战争中养成的习惯,指挥打仗时养成的习惯。熟悉他的人,这时尽量不去打扰他,为了让他集中精力思考问题;不甚了解他的人,这时要去找他,准会吃闭门羹。不过碰个不理睬,也没有人对他有意见,因为知道他是在思考问题。

"部队撤出战斗,到附近村庄休息。"韩先楚考虑好后,果断地做出了决定。于是,除留下少数围城、监视敌人的部队外,大部分部队撤下来休息。20 日白天,部队围而不攻,在城周围抓紧时间做群众工作,宣传中国共产党和工农红军的政策。

20 日早上,韩先楚再一次带领参谋人员和团、连干部看地形,确定各团主攻地段、火力配备,并根据新的战斗部署进行了战斗编队,规定了战斗中的通信、联络信号,最后确定:二三二团在城北,为主攻方向;二三三团在城南、二三四团在城东,为助攻方向,天黑后发起进攻,拂晓前解决战斗。

看了地形、研究了战法,各团领导心里有了底,便各自回部队动员、布置,抓紧时间做各种准备工作。

夜幕笼罩着盐池县城。这是一个阴沉的晚上,刮着阵阵风沙。从城内传来一阵阵哨子声、稀疏的狗吠声,还可以隐约望见晃动的点点灯光。

红军战士经过白天的休息,情绪高昂,决心攻下县城。到了夜里12时,部队开始运动,主攻部队已抵出发阵地整装待命,后续部队在集结地域待机行动,大家都以急切而紧张的心情等待攻击信号。到了21日凌晨1时许,平静了一个白天和半夜的盐池,在一阵嘹亮的军号声中,又响起了激烈的枪声——新的攻城战斗打响了。

攻击部队从东南北三个方向朝守敌发起猛烈进攻,三面枪声大作,火光冲天,喊杀声震撼城墙。英勇的红军战士不怕流血牺牲,前仆后继,架起云梯奋勇登城;团、连指挥员身先士卒、带头猛攻,指挥有力;手榴弹飞上城楼、飞向敌群爆炸;机枪和步枪一齐怒吼,向敌人倾泻着复仇的子弹。攻上城的战士同敌人搏斗,大刀挥舞,砍得敌人喊爹叫娘,有的血流满身,有的身首分离。城北的敌人不甘灭亡,拼命顽抗,疯狂反扑,红军几次登城都被压了下来;英勇的红军战士未被敌人的猛烈火力所吓倒,攻击一次比一次猛烈,前面的同志倒下了,后面的战士奋力扑上去,终于压住了敌人的火力,奋勇登上城墙,与敌人展开激烈的肉搏。敌人被砍死不少,敌阵出现一片混乱,红军趁机在城北打开了突破口。韩先楚和师领导深入前沿指挥,看到战士们战斗情绪高昂,各级指挥员都在第一线,组织指挥得也不错,很是满意,鼓励部队好好打,争取战斗的最后胜利。

经过一个多小时的强攻,敌人抵挡不住红军的凌厉攻势,纷纷败退。各团相继登上了城墙。后续部队听到信号后,也迅速奔向各突破点,投入了扩大战果的纵深战斗。

至21日凌晨3时左右,红旗插上了盐池城楼。

战斗结束后,经清点,击毙敌骑兵营、保安团及县政府武装警察400多人,俘敌官兵及盐池、定边(红军打定边时逃到盐池的)两县县长以下500余人,缴获枪支近千支、战马400余匹、50瓦电台两部和大批物资。所缴获的战马送给了军团部,后来以这些战马为基础成立了第十五军团黑马骑兵团。这支骑兵部队在抗日战争期间驰骋于华北平原,在打击日本侵略军中发挥了重要作用。

红七十五师在七十八师胜利的鼓舞下,于6月26日攻克豫旺,全歼十五路军骑兵一个营及壮丁总队。红七十三师为保障豫旺战斗安全,于6月12日攻占同心,14日攻克王家团庄,各歼地方反动民团一部。7月1日,七十五师及七十三师一个团北进,围攻红城水及韦州,红城水敌逃往韦州固守。7月5日,敌新编第七师骑兵三个团另两个营由韦州向南进犯,企图夺回豫旺县城。当其进至红城水一带时,预先在该地区占领阵地的红十五军团第七十五师奋力抗击,毙伤该部300余人,迫其退回韦州。此后,右路军主力展开在王家团庄、高崖子、同心城、红城水、大水坑、甜水堡、豫旺县城等地区,大力开展创建苏区的工作。

此时,东北军骑兵军军长何柱国,在张学良去南京参加国民党五届二中全会时,按照蒋介石的命令,指挥东北军7个师和第三十五师残部,从固原至庆阳一线大举进攻红军。

西方野战军自西征以来,为争取东北军共同抗日,一直避免与之作战,但何柱国却误以为红军的克制态度为软弱,继续北犯。7月14日,毛泽东致电彭德怀:对何柱国指挥"进剿"之全部东北军,宜决定消灭其一部,这样并不会妨碍大局,反有利于大局。在对敌两团以上兵力作战时,似宜集结更为优势之兵力,期于一举消灭之。

7月17日,何柱国以骑兵第六师向七营地区红军进行试探性进攻,被红一军团第二师一举击溃。此后,何柱国鉴于红军已有充分的作战准备,加之张学良从南京回到西安,遂暂时停止进攻。

西方野战军在向西进攻、扩大占领区域的同时,还抽出一部分兵力协同陕甘宁边区地方武装,对盘踞和流窜在红军占领区域内的民团、土匪进行了连续的清剿,配合陕甘宁地方党组织开展创建苏区的工作,使新苏区逐步得到巩固。

在红一方面军主力西征期间,东线红三十、红二十九军和陕北苏区的地方武装,在中革军委直接指挥下,积极开展游击战,同进攻之敌进行了坚决的斗争,保卫了陕甘苏区,支援了西方野战军的作战。

7月27日,西方野战军按照中革军委的指示,结束西征战役,就地转入整体。

在回族地区的民族统战工作

西方野战军在对敌作战的同时,坚决贯彻执行党的民族政策,为西征胜利奠定了坚实的群众基础,为扩大红军影响和促进抗日民族统一战线的最终形成,做出了突出的贡献。

红军西征的主战场——宁夏,是我国最大的回民聚居区,回民遍及全区,尤其在西吉、海原、固原和同心地区最为集中。在中国封建社会,回族的生存史也是一部血泪史,回族人民除受到阶级压迫之外,还屡受民族压迫。清朝同治年间,西北地区爆发了声势浩大的回民起义,遭到了残酷镇压和血腥屠杀。事后,几万名回民从陕、甘和宁夏内地被迁往宁夏东南部山大沟深、土地贫瘠的偏僻地方,回族人民长期疾苦不堪。国民党统治期间,又继续实施民族歧视政策,不承认回民是一个独立的民族,甚至欺回灭教。长期以来,由于受到民族歧视和国民党反动军队的践踏,回族群众对汉民,特别是对汉族军队成见很深。

虽然1935年红军长征时,曾经过宁夏部分地区,在当地群众中有一定影响,但由于西征红军入境前,国民党宁夏军政当局一方面加强军事设防,一方面利用民族宗教问题,进行造谣诬蔑,蛊惑群众,又造成了一些新的民族矛盾和隔阂。如他们在各县建立了专门诬蔑红军的"宣传团",在回民群众中散布红军是"依不里斯"(魔鬼)、"红军一来,杀回灭教"、"共产党要实行'共产共妻'"等谣言;还起劲地宣传红军抓了回民俘虏,要一律杀头,妄图煽动回民群众对共产党和红军的恐惧、仇恨心理。因而当听到红军西征入宁的消息后,不少回族群众心存疑虑,产生恐慌情绪;有的担心红军走后,马家军卷土重来,"秋后算账",不敢接近红军;有的青年男女逃往深山野外,躲藏起来。这种严重的思想隔阂和障碍,给红军在宁夏回民聚居区执行作战任务、开展革命活动造成了很大困难,也为红军做好民族统战工作提出了新的重大课题。

有鉴于此,党中央、红军总政治部和西征红军总部对做好宁夏回族地区的工作问题进行了认真研究和部署。在红军西征出发前,1936年5月25日,由毛泽东签署,发表了《中华苏维埃中央政府对回族人民的宣言》,宣言运用马克思主义的民族理论,结合中国革命的具体实践,阐明了民族自决、民族平等和民族解放的原则和方针,并向回族人民宣布了相关政策。[9]

根据宣言精神,红军总政治部颁发了《关于回民工作的指示》,强调西征红军要把党对回民工作的各项方针政策作为自己的行动准则,严格遵守,以便争取军事、政治斗争的胜利。并规定了红军进入回民区的"三大禁条、四大注意",即:禁止驻扎清真寺,禁止吃大荤,禁止毁坏图文经典;讲究清洁,尊重回民的风俗习惯,不准乱用回民的器具,注意回汉两大民族的团结。

参加西征的各红军部队组织干部战士认真学习了《关于回民工作的指示》和《红色中华》报刊登的《回民工作问答讲话》。由于深入进行宣传教育,广大指战员把认真贯彻党的民族政策、严格遵守回民风俗习惯变成了自觉行动。

红军每到一地,都召开阿訇会、积极分子会、群众会,反复宣传讲解党的民族政策和宗教信仰自由政策。各部队还选派干部、战士深入村庄各家各户开展宣传动员工作,并在大街小巷张贴标语口号,进行宣传鼓动。通过广泛深入的宣传教育工作,使党的民族宗教政策和建立抗日民族统一战线的政治主张家喻户晓,深入人心;加之红军纪律严明,关心群众,热爱群众,真心实意地为回族人民服务,回族群众逐渐消除了对红军的思想疑虑和隔阂,同红军将士逐渐熟悉起来,亲热起来。有的回族老人主动帮助红军写标语,做宣传工作。有些回民群众主动为红军做事,并给红军送来了大批军鞋和粮食。王团庄解放后,群众像过年一样欢腾雀跃,高兴地唱起了欢快的歌曲:

> 滚滚乌云风吹散,红军来了见晴天;
>
> 家家户户住红军,回民红军亲又亲;
>
> 回汉人民是兄弟,团结起来打日本。[10]

过去回民群众怕见兵,也最怕被抓去当兵。现在许多回民青年看到红军好,真正是人民自己的队伍,便纷纷自愿报名参加红军。同心羊路村有两个回民兄弟"夜行百里当红军",一时传为佳话。

在做好回民群众工作的同时,西征红军还抓住少数民族地区统战工作的关键,大力做好民族宗教上层的工作。

进入宁夏境内后,西方野战军通过内线传递消息、积极分子做工作、红军代表登门拜访等形式,逐步沟通了与当地宗教界人士的关系。与回族上层人士接触时,一般由各级部队首长亲自出面洽谈,并主动到各清真寺赠送锦幛,进行宣传。彭德怀、左权、聂荣臻、徐海东、程子华等领导都非常重视做穆斯林上层人士的工作。彭司令员在海原县吊堡子驻地,经常邀请当地伊斯兰教伊合瓦尼教派的李阿訇到司令部做客,还把一位回民木匠送给他的精制木床送给这位阿訇,两人建立了深厚的情谊。

为了团结回族上层人士,红军曾几次把一些有名望的回族老人和阿訇请到部队,给他们反复讲解红军一不派捐款,二不催粮草,三不拉夫抓丁;在宁期间,决不骚扰百姓。这种做法对稳定回民地区的人心起到了重要作用。

西征红军经过同心时,红十五军团多次派干部到敌占区洪家岗子拜访八十高龄的伊斯兰教虎夫耶门宦教主洪寿林。经过宣传,这位老教主对党的民族宗教政策和救国救民的主张表示理解和支持。一次,两位红军代表来到他家,被国民党民团发现,洪教主怕红军代表被敌人抓去,就把他们藏在自己的"禁房"(教主修心盘道的净地,任何外人不得入内)里。洪教主白天亲自给他们送茶送饭,倒大小便,晚上与他们亲切交谈。红军代表的言谈引起了教主的共鸣,他感动地说:"红军是顺民之师,必定胜利!"这两位代表在他家住了七天七夜,最后为安全起见,他把两位红军打扮成阿訇模样,派人护送回部队。

从此以后,洪教主经常给教民宣传红军是穷苦人民的军队,并动员回民给红军送粮送草,做了许多有益的工作。红十五军团为了表彰和感谢他,以敌工部长唐天际等人的名义给他赠送了一面上书"爱民如天"四个大字的锦幛。他心情十分激动,请人赶制了一面锦旗,亲笔题词,送给红军,并特备两箱蜡烛,送给红军领导照明使用,寓意红军为"太阳之光,普照大地"。洪寿林逝世时,他把西征红军赠送的锦幛交给儿子洪清国,说:"我留给你红军的这面锦幛,比什么家产都珍贵,你要不惜一切将它保存下来,等待红军回来。"洪清国遵照父亲遗嘱,把锦幛放在罐子里,用黄蜡封上口藏在坑洞里,一直保存到新中国成立以后,才献给了宁夏博物馆。[11]

此外,西方野战军西征期间,还大力培养少数民族干部,帮助回族人民组织革命武装,建立了红色政权。西征各部队以团为单位成立了回民工作团。红一军团成立了回民教导团,配备了受过党校教育的回民干部任教,培训回民工作干部。红十五军团经西征总部批准,成立了回民独立师,由回族干部马青年和欧阳武分别担任师长和政委。彭德怀非常关心这支部队,亲自给回民独立师布置任务,传授带兵经验和工作方法,使这支部队成长很快。回民独立师进军宁夏后,广泛宣传党的抗日主张和民族政策,发动群众,剿灭土匪,维护治安,巩固革命政权,深得回、汉各族人民的支持和拥护。

西征红军所到之处,都在深入发动群众的基础上,不失时机地组织领导当地群众打土豪、分田地,开展民主革命斗争,并积极做好建立红色革命政权和地方武装的工作。在广大指战员的艰苦努力下,在回民聚居地区创立了回民自治区,建立了革命委员会和"回民解放协会"等政权和群众组织。

西征红军在解放盐池、固原、同心、海原、西吉等广大地区后,首先普遍建立了区、乡基层革命政权,接着建立了盐池、豫旺、固北三县苏维埃政权。还根据《对回族人民的宣言》中关于"凡属回族的区域,由回民建立独立自主的政权"的原则,帮助建立了中国历史上第一个县级回族自治政权——豫海县回民自治政府,由当地回族农民马和福任自治政府主席。自治政府的建立,是西征红军认真贯彻党的抗日民族统一战线的伟大胜利,是党的民族区域自治政策在回民聚居区的第一次尝试。当时,豫海县回民自治代表大会筹备委员会曾向全国、全军和各地回族教主名流以及土耳其代表韩德发出通电,对于团结全中国各民族抗日贡献了力量。

由于在党的抗日民族统一战线主张和民族政策感召下,西征红军和当地回族劳动人民建立起了水乳交融的血肉联系,红军的军事行动得到了广大回族群众的全力支持,从而奠定了西征必胜的深厚群众基础。

西征战果

自 1936 年 5 月下旬至 7 月下旬,在中共中央和中革军委的直接领导下,红一方面军主力组成的西方野战军,在历时 2 个多月的作战中,给予坚决反共的宁夏军阀马鸿逵、马鸿宾很大打击,除大量杀伤敌军外,还俘获其官兵 2000 余人,缴获各种枪支 2000 余支、战马 500 余匹,解放了环县、定边、盐池、曲子、豫旺、同心等城镇,开辟了纵横各 200 公里的陕甘宁新根据地;红一、红十五军团各新组建了一个骑兵团,并协助陕甘宁军区组建了独立师、独立团,征集了大量资财。至 8 月底,陕甘宁根据地的面积发展到东西长达 1200 余里,南北 600 余里,为下一步迎接红二、红四方面军北上,实现三大主力红军会师,创造了有利条件,对当时的国内政治形势以及对宁夏人民以后的革命和建设事业产生了极为深远的影响,在中国革命战争史上留下了光辉灿烂的一页。

---

[1] 1935 年 11 月,陕甘支队随营学校随中共中央机关到达陕北瓦窑堡后,与陕甘宁红军军

事政治学校合并,成立了西北工农红军学校,后扩编为西北抗日红军大学。

[2] 胡哲峰、于化民:《毛泽东与林彪》,广西人民出版社 1998 年版,第 218 页。

[3] 北京抗大光荣传统研究会:《抗大精神永放光芒》,长征出版社,2003 年版,第 2 页。

[4]《群众》第 4 卷,第 14 期。

[5]《中国人民解放军国防大学史》第一卷,国防大学出版社 2004 年版,第 84 页。

[6] 参见莫文骅:《红军大学生活日记》,见《星火燎原》第四册,人民文学出版社 1961 年版。

[7] 李志民:《革命熔炉》,中共党史资料出版社 1986 年版,第 19 页。

[8]《毛泽东书信选集》,人民出版社 1983 年版,第 52 页。

[9]《中共中央抗日民族统一战线文件选编》(中),档案出版社 1985 年版,第 151—152 页。

[10]《红旗漫卷》,宁夏人民出版社 1982 年版,第 182 页。

[11]《红旗漫卷》,宁夏人民出版社 1982 年版,第 200 页。

第十四章
西北抗日大联合

1935 年 11 月 26 日,硝烟未尽的陕北直罗镇,在人员进出一片忙碌的中央红军陕甘支队东村前敌总司令部,神情肃穆的毛泽东正在挥笔疾书,给东北军五十七军的军长董英斌写信,信中痛陈东北三省沦丧的历史教训,指出:“东北军将领虽铸‘九一八’大错,然而今日者固犹是食中华之粟,践中华之土。东北军之与红军,固犹属中国境内之人,何嫌何仇而自相斫丧! 今与贵军长约:(一)东北军不打红军,红军亦不打东北军。(二)贵军或任何其他东北军部队,凡愿抗日反蒋者,不论过去打过红军与否,红军愿与其订立条约,一同打日本打蒋介石。(三)红军优待东北军官兵,不但一律不杀,且分别任职或资遣回队;负伤官兵,均照红军伤员一体医治。”还表示愿互派代表,商洽一切。[1]

深明民族大义、胸怀国家大局的中国共产党人,为了迅速结束内战,以促进抗日民族统一战线的迅速形成,毛泽东等中央领导决定对张学良的东北军和杨虎城的十七路军开展统战工作,并在瓦窑堡会议上成立了由周恩来任书记、叶剑英任副书记的东北军工作委员会,以建立联合抗战的“西北大联合阵线”,奠定全国联合阵营的基础。

而此时的张学良,自九一八事变以来,身负国仇家恨,忍受“不放一枪,丢失东北”的骂名,精神压抑,心情愤懑,在红军到达陕北之后,也一直在秘密寻找与中共联系的渠道,寻找着结束内战、参加抗战的途径。

战俘使者高福源

人同此心，心向此理，共同的民族感情纽带，使中国共产党和张学良及其东北军向一起聚拢着，接近着，终于在1936年的1月中旬，这两者连接到了一起，其中的牵线人就是红军的战俘——高福源。

高福源，辽宁盖平人，曾就读北京某大学，目睹民族危难，愤然投笔从戎，弃文就武，转归沈阳学军事，毕业于东北讲武堂第五期。以后又赴日本士官学校学习，回国后任张学良的卫队长，后在王以哲部队任团长，颇受张学良、王以哲的赏识，是东北军中的一员骁将。

在1935年10月的榆林桥战役中，高福源为红军所俘，在受到深刻的政治教育之后，他的思想发生了很大的变化，主动找到在甘泉地区指挥前方作战的彭德怀，提出回去劝张学良与红军联合抗日。彭德怀电告中央之后，同意了他的提议。

第二天清晨，高福源就启程赶赴洛川，去做说服张学良、王以哲的工作。彭德怀赠他路费200元，并派骑兵护送他一直到王以哲的六十七军防线上。高福源先到洛川见了东北军的王以哲军长，然后由他密电报告张学良，张学良于第二天乘飞机专程来洛川与高见面。张学良与高福源密谈后，让他回去转告红军派一位正式代表来，双方可以作一些商谈。

李克农两赴洛川

高福源接受任务后，即于1936年1月16日从洛川乘运送给养的飞机到甘泉，再由甘泉骑马回到了红军政治部。彭德怀马上电告瓦窑堡的党中央，请示可否派人去洛川与张学良会见。中共中央接到彭德怀电报后，马上由毛泽东复电彭德怀，决定派中共西北中央局联络局局长李克农与张学良、王以哲会谈，并提出了谈判条件：

一、全部军队停战，全力抗日讨蒋；二、目前就原防互不攻击，互派代表商定停战办法；三、提议组织国防政府、抗日联军，征求张、王的意见；四、请张、王表示目前东北军可能采取的抗日讨蒋最低限度之步骤（不论是积极的或消极的）；五、立即交换密码；六、欢迎王军长与彭德怀见面。

李克农

这样,李克农于 17 日下午 4 时启程,奔赴洛川。在与王以哲会谈后的第二天,致电中央汇报情况:"昨晚和王谈颇洽,内容不多但意较诚,张副司令已电复明后日亲到洛川晤谈。"

1 月 20 日 18 时,毛泽东急电彭德怀转李克农,再次指示与张学良谈判的方针:

> 甲、向彼方表示,在抗日反蒋基础上,我军愿与东北军联合之诚意,务使进行交涉克抵于成;乙、向彼方提出,东北军如不在抗日反蒋基础上求出路是很危险的;丙、暗示彼方如诚意抗日反蒋,我方可助其在西北建立稳固局面,肃清蒋系势力,进一步助其回平津东三省。军训械弹,我方亦有办法助其解决,并暗示彼方如有抗日反蒋诚意,国防政府首席及抗日联军总司令可推张汉卿担任;丁、克农继续担任我方代表,常驻洛川,并征求彼方同意,准备二天内回甘泉一行,再返洛川;戊、要求彼方派代表来瓦窑堡。

当晚,李克农与张学良在洛川进行了历时三个小时的会谈。李克农向张学良说明了中共的态度。张学良说国民党方面同情国防政府的不乏其人,如红军真有诚意,他本人回西安后去甘肃、南京会晤于学忠、蒋介石,劝其放弃一党专政。如有成绩,两周后到延安或洛川与彭德怀见面。会谈结束后,李克农于 1 月 21 日将上述情况电告了中共中央。

这是中央红军到达陕北后与张学良的第一次接触,双方了解了对方的态度,意义重大。对中共中央而言,这是转变政治路线后,在抗日民族统一战线政策上的重大突破,也为即将进行的东征解除了后顾之忧,打开了以后的局面。对张学良而言,他终于和中共方面有了联系,是他走上抗日道路的起点,开始了他一生中的重大转折。

对此,毛泽东曾称赞说:"李克农单枪匹马,搞得很好。"

张学良

2 月 10 日,关于以后继续会谈的方针,周恩来对李克农说:

"按目前形势,这次和张学良谈判停止内战,共同抗日,成功的可能性是很大的,也有一定的困难和危险。"[2] "按 12 月会议精神,先谈局部合作抗日和经济通商问题,为了谈成,对重大问题,要及时向中央请示。"[3]

李克农让高福源先回洛川,建立红军与王以哲六十七军的电讯联系。2 月中旬,高福源致电中央,说明了张学良希望李克农再到洛川的愿望。于是中央决定让李克农于 20 日再赴洛川,并指示:

一、处处把张学良和蒋介石分开;二、求得互不侵犯的协定的订立;三、坚持抗日救国代表大会,反对蒋介石召集任何违反民意,欺骗民众,丧权辱国的会议。坚持抗日和声讨卖国贼的不可分离。但是,这次谈判中,绝不应因这些原则而和张学良造成尖锐对立,致妨碍初步协定的订立。因此,谈判的原则是:原则不让步,交涉不破裂。

2 月 19 日,毛泽东、彭德怀致电张学良,通知了李克农的行期。25 日傍晚,李克农率钱之光、戴镜元、警卫员等四人,在高福源的迎候下抵达了洛川,进行了第二次洛川会谈。

这次会谈,从 3 月 3 日下午 3 点一直持续到 5 日凌晨 4 时左右,虽然双方在抗日是否要反蒋、红军东征行动路线等问题上产生了分歧,但会谈的整体气氛是和谐的,态度是真诚的,取得的成就也是相当大的。会议达成的口头协定是:

一、为了进一步商谈抗日救国大计,张学良请中共方面派一名全权代表,最好是毛泽东或周恩来与他举行会谈,地点定在延安,时间由中共方面确定。二、由中共方面派一名代表常驻西安,张学良给以灰色掩护,以利开展工作。三、关于红军代表去苏联问题,可经过新疆,由张学良负责与盛世才联系。

第二次洛川会谈,使张学良在联共抗日的道路上迈进了一大步,中共也对张学良有了一个较为全面的认识,了解了他的思想状况、政治志愿和对时局的看法。因此这次会谈对中共和张学良之间的互相了解起了促进和推动作用,为不久以后即将举行的周恩来和张学良的肤施会谈铺平了道路。

刘鼎常驻西安

这次会谈之后,张学良立即回到了西安。不久,中共对东北军开展统战工作的另一位重要人物出场了,这就是刘鼎。

刘鼎,原名阚尊民,四川南溪人。1924 年去德国勤工俭学,经孙炳文、朱德介绍,由共青团员转为共产党员。后又去苏联,1930 年回国后,在周恩来领导的中革军委保卫局工作。顾顺章叛变时被捕,后逃出,辗转进入赣浙皖苏区工作。1935 年苏区失败,刘被俘后逃脱,进入上海避难,由曾在保卫局共同工作的蔡叔厚介绍给史沫特莱，接受中国人权保障同盟的救济，伺机寻找党组织。

1936 年 3 月上旬，董健吾由陕北回上海，向宋庆龄等复命时，宋庆龄把刘鼎在上海的情况和张学良谋求与共产党联系，想找一位党员去西安的事告诉了董健吾。董健吾曾和刘鼎在一起工作过，他找到刘鼎，说服了他去西安。3 月下旬，得到消息的张学良派他的高级参议赵毅赶到上海，把刘鼎接到了西安。

张学良与刘鼎素不相识，突然见面，彼此都不大了解。但性情开朗而又为人豪爽的张学良并不拘束，一见面，他便提出了自己的问题："为什么你们骂我投降卖国不抵抗？为什么红军打我打得那么厉害？"

对于这些问题，刘鼎在来西安之前就特意做了准备，他从夏衍托他带给中央的工作报告中，看到了一些党的文件，认真学习了"八一宣言"，并搜集了大量有关张学良和东北军的资料，因此，回答起来胸有成竹。他说："张将军掌握几十万大军，坐镇东北，严防边远，有守土之责。日寇犯我，一夜之间，沈阳沦陷，进而东北尽失。面对外侮不放一枪，全国人民能不骂你？共产党同全国人民一气，当然不能例外。东北军是蒋介石指使下的'剿共'先遣大军，前在鄂豫皖，后在陕甘边区，一直都很积极，红军受到很大损失。你们打我们，我们回击了一下，能算厉害吗？红军有广大人民作后盾，是不可战胜的，蒋介石百万大军也无可奈何。"

为了说清道理，刘鼎又补充说："蒋介石驱东北军上前线'剿共'，是他的'一箭双雕、借刀杀人'之计，你看是红军厉害还是蒋介石厉害？东北军应当联共抗日，这不仅可以洗掉东北军不抵抗、投降卖国的骂名，而且还可以摆脱蒋介石的阴谋诡计。将来，抗日胜利和中国解放的大功，张将军和东北军将名列前茅。"

刘鼎的一席话，说得张学良将军心里特别高兴，表示要留刘鼎多住几天，并在当天一起飞赴洛川。张学良到洛川，表面上是督师剿共，实际上是等待周恩来前来会谈。在这等待的十几天中，张学良和刘鼎几乎形影不离，相谈甚欢，成了知己。

肤施小城彻夜长谈

4 月 6 日，毛泽东、彭德怀致电王以哲转张学良，告知中共代表周恩来偕李克农定于"8 日赴肤施，与张学良先生会商救国大计。定 7 日由瓦窑堡启程，8 日下午 6 时前到达肤施城东北 20 里之川口，请张学良作好接待工作"。还就双方会谈内容提出如下建议：

一、停止一切内战，全国军队不分红白，一致抗日救国问题；二、全国红军集中河北，首先抵御日军迈进问题；三、组织国防政府、抗日联军具体步骤及其政纲问题；四、联合苏联及选代表赴莫斯科问题；五、贵我双方订立互不侵犯及经济通商初步协定问题。

周恩来一行于 7 日从瓦窑堡启程，8 日晚到达肤施城外的川口。由于当时天下大雨雪，所带电台与东北军电台联系不上，经石楼的中共中央与六十七军联系后，告之：会谈推迟一日。9 日上午，张学良自驾飞机偕王以哲、刘鼎自洛川飞抵肤施。下午 6 时，张派卫队营长孙铭九接周恩来从川口入城，到天主教堂会面。

张学良与周恩来是初次见面。过去彼此虽然都久闻其名，却无缘相会，今天在陕北一偏僻小城，得以握手言欢，坐在一起会谈，真是机会难得，所以两人一见如故，谈笑风生。

这次会谈，从晚上 8 时开始，一直持续到次日凌晨 4 时，宾主双方在友好、愉快、轻松的气氛下，坦诚相见，肝胆相照，就停止内战、救亡道路、联蒋抗日、联系苏联、通商合作、培养干部等许多问题进行了广泛的交谈，取得非常满意的结果。

回到瓦窑堡后，周恩来向中共中央汇报了会谈情况，中央对会谈表示满意，决定派刘鼎作为中共代表常驻西安，与张学良继续谈判。4 月下旬，刘鼎带着中共中央的嘱托和周恩来的亲笔信，由瓦窑堡经肤施返回洛川。肤施会谈之后，红军与东北军都按照协议秘密行动，基本上形成了实质的停战联合局面。

汪锋受命约见杨虎城

就在对张学良及其东北军的联合抗日工作秘密进行的同时，中央对杨虎城的统战工作也悄然地进行着。

1935 年 12 月 5 日，毛泽东派遣对杨虎城及其十七路军较为熟悉的汪锋，以红军代表的身份，携带他的亲笔信前往西安约见杨虎城。信中写道：

> 盖日本帝国主义实我民族国家之世仇，而蒋介石则通国人民之公敌……是以抗日反蒋，势无偏废。建义旗于国中，申天讨于禹域。驱除强寇，四万万具有同心；诛戮神奸，千百年同兹快举。鄙人等卫国有心，剑履俱备；行程两万，所为何来；既达三秦，愿求同志。倘得阁下一军，则河山有

幸,气势更雄,减少后顾之忧,增加前军之力。……凡愿参加抗日讨蒋之联合战线者,鄙人等无不乐与提携,共组抗日联军,并设国防政府,支持抗日讨蒋大计。……重关百二,谁云秦塞无人;故国三千,惨矣云燕在望。亡国奴之境遇,人所不甘;阶下囚之前途,避之为上。[4]

杨虎城

杨虎城与汪锋密谈后,并未表明态度,指定王菊人先生和张依中先生继续会谈。之后,汪锋又会见了杜斌丞、邓宝珊,转交了毛泽东的信,说明了中共的主张和对他们的希望。

就在中央派出信使联系十七路军的同时,中共北方局、驻共产国际中国代表团也在积极工作着,向杨虎城表示了停止内战、一致抗日的诚意。

中央、北方局、共产国际代表同时递出橄榄枝

在汪锋到达西安的一个月后,北方局派出了情报部长王世英,随十七路军代表崔孟博来到西安,会见了杨虎城。

王世英和杨进行了密谈。他就目前形势和中共政策,代表中共北方党组织正式向杨作了详细说明,并表明了中国共产党对杨的希望。杨虎城也真诚地表示了自己反对内战,要求联合红军抗日的愿望,希望与红军正式谈判。二人达成了初步协定的四项原则,即:互不侵犯防区;建立电讯联系;建立交通站,掩护红军人员往来;做抗日准备,教育部队抗日等。

汪锋与王世英离开西安后,衔命而归的共产国际中国代表王炳南也来到了西安。

王炳南的父亲与杨虎城是世交好友,王炳南的出国留学也是杨虎城帮助促成的。有了这层关系,王、杨之间的谈话也就自然坦率直接得多了。在三原东里堡的别墅里,二人进行了一天的长谈。王炳南向杨虎城讲了自己归国的使命,介绍了国际形势,希望杨虎城尽快与红军达成联合。这次长谈更坚定了杨虎城的联共抗日决心。

至此,中共中央、中共北方局党组织、共产国际中国代表团各自独立进行的对杨虎城统战工作的三条线索交汇到了一起,走入了新阶段。

1936 年 3 月下旬,返回陕北的汪锋和王世英,向正在晋西开会的毛泽东等人汇报了情况。中央讨论后决定,同意在王世英与杨虎城达成的四项原则下与杨虎城建立联系。汇报之后，王世英即返回白区，同时负责把中央的意见在途经西安时转告给杨虎城。4月底，王世英到西安时，杨虎城迫于蒋介石之命，为应付差事，"围堵"东征红军，正驻守韩城。王世英在王菊人陪同下在韩城与杨再度见面，转达了中央的意见。杨虎城冰释了旧有的许多疑虑，此后不久，即在郦县、西安等地设立了与红军联络的交通站。

毛泽东派秘书亲赴西安

为了更好地加强十七路军的统战工作，1936年8月26日，毛泽东派遣秘书张文彬到西安，专门做杨虎城的统战工作。

张文彬来西安时，携带了毛泽东给杨虎城的亲笔信，代表中共中央领导人向杨致意，表达了进一步加强双方合作的真诚愿望。毛泽东在信中说：日本正在绥远一带蠢蠢欲动，陕甘大受威胁，"覆巢之下，将无完卵"，在"全国联合抗日渐次成熟之际，双方合作应百尺竿头，更进一步"，"双方关系更臻融洽，非特两军之幸，抑亦救国阵线之福"，并提出"切望贵部维持对民众纪律，并确保经济通商"等具体建议。

9月6日晚，张文彬与杨密谈了近两小时，达成了三项口头协议：

一、互不侵犯，双方在各防区内取消敌对行动。杨虎城负责抑制民团不摧残革命组织，注意军队纪律，密切群众关系。二、取消经济封锁，设专门贸易站，保障苏区贸易，十七路军负责掩护。群众通商自由，苏区不禁止群众供应十七路军粮食等物资。三、建立军事联络，双方军事行动事先通报。杨方供应南京等各方情报，如有纠纷，双方协商解决。

会议的第二天，张文彬又与王菊人、崔孟博等就实施这一协议进行了交谈，作了意见交换，并把结果迅速电告了中央，取得中央批准后，双方即按协议各自秘密实施。自此，张文彬便以十七路军指挥部政治处主任秘书的名义常驻西安，专门负责双方的联络合作。

三位一体的"西北大联合"

中国共产党为了团结十七路军联合抗日，党中央和毛泽东、周恩来、彭德怀、邓小平等同志亲自做工作，西北局、陕西省委、红军一齐做工作。党的工作与民主人士的工作结合，上层军官工作与基层士兵工作结合，部队工作与地方工作结合，统一战线工作与武装工作结合。八年抗战，是十七路军这支军队坚决抵抗日本帝国主义侵略的八年,也是与共产党并肩战斗、风雨同舟的八年。毛泽东曾称赞对以十七路军为前身的三十八军的统战工作为"我党统一战线的一个典范"。

就在张学良与杨虎城分别与红军秘密谈判的同时,由于共同抗日的愿望,联共抗日的默契,东北军与十七路军也冰释前嫌,采取一致行动,为促成西北联合局面而积极努力。到1936年秋天,红军、东北军、十七路军"三位一体"的"西北大联合"局面形成了。

---

[1] 中共中央文献研究室:《毛泽东年谱(1893—1949)(上)》,中央文献出版社2002年版,第490页。

[2] 中共中央文献研究室:《周恩来传》,中央文献出版社1998年版,第307页。

[3] 中共中央文献研究室:《周恩来年谱》,中央文献出版社1986年版,第300页。

[4] 十七路军中共党史资料征编领导小组:《杨虎城的十七路军与中国共产党的关系》,中国文史出版社1990年版,第1页。

第十五章
迎接红二、红四方面军

奔袭会宁——会宁古城一夜闻名——红一、红四方面军会师庆祝大会——喋血华家岭——红二方面军渭水突围——激战六盘山——欢聚将台堡为迎接红二、红四方面军北上,实现三大主力会师,中央命令红一方面军主动采取策应行动。

1936 年 7 月 27 日和 8 月 1 日,毛泽东、周恩来连续致电彭德怀,要求西方野战军在完成西征战役第一阶段任务之后,做好继续向南打通与红二、红四方面军联系的准备,指出:"如果我们在 8 月得到了休养生息的成绩,到 9 月配合二、四方面军南北夹击夺取陕甘大道的战斗,就将更有力量地进行了。"

8 月 31 日,休整训练了一个月的西方野战军主力,按照中共中央的部署,离开了豫旺堡,9 月 3 日到达了吊堡子。红一军团重占七营,红十五军团第七十三、第七十五师重占王家团庄、高崖子,主力迅速南下,将李旺堡地区马鸿宾部一个团另一个营包围。

9 月 6 日,彭德怀在吊堡子召开了红一军团连以上干部参加的会议。红一方面军政治部主任杨尚昆以及徐海东、左权、聂荣臻等出席了会议。会上,彭德怀作了重要讲话。他首先阐明红军西征的目的是:第一,扩大和发展抗日根据地;第二,迎接尚在甘肃南部北进的二、四方面军;第三,消除马鸿逵、马鸿宾在这一带地方的影响,并同他们的部队直接建立抗日统一战线。

会议第二天,彭德怀就红一、红十五军团等的兵力部署致电毛泽东、周恩来。报告说:聂荣臻率红一师经郑旗堡、海原南进硝河地区,开辟海原以南、固原以西、静宁以北苏区。红一军团主力集结于七营等处,控制海原、黑城交通。红十五军团主力于海原之双河堡、马营、关桥堡监视海原,截断打拉池交通。红八十一师监视李旺堡,掩护开辟苏区。特务团主力仍在毛居井向三岔、小岔一带扩大苏区。红二十八军骑兵第一团主力仍在盐池、定边两城,一部向清水营、灵武、金积、惠安堡扩大苏区。

当下,聂荣臻率领红一师和骑兵第二团主力组成的特别支队,于9月9日从郑旗堡、海原之间向硝河城南进,策应红二、红四方面军北上。9月14日占领将台堡,继而进至单家集一线,主力集中在兴隆镇,向海原以南、固原以西地区开展群众工作,并派出一部插入静宁、会宁之间的界石铺游击侦察。

左权率红一军团主力向西转移,红二师于12日击溃马鸿宾驻兵三个营,攻占郑旗堡,军团主力在七营、郑旗堡之间,继续开展群众工作,抗击国民党军西进。

徐海东、程子华率红十五军团主力由红八十一师接替包围李旺堡的任务后,即转移到海原以北、同心城(半个城)以西山区,准备打击由中宁南犯的马鸿逵部;红七十八师主力仍驻红城水,以一部攻占了同心城及其附近地区。9月12日,红十五军团奉命以第七十三师政治委员陈漫远率领该师一个团及骑兵第三团组成的特别支队,向靖远挺进,14日占领打拉池,击溃国民党军新编第一军第十旅一部。

在此期间,留守陕甘宁苏区的骑兵第一团和红三十军第二六四团等部,在定边地区击溃国民党军第八十六师步骑兵400余人的袭扰,毙伤俘国民党军营长以下300余人,缴获枪支、战马各一部分;红二十九军主力在陕北苏区永坪附近也击溃了国民党军的进攻。

由于红一方面军西征野战军对红二、红四方面军行动的积极配合。红二方面军占领了成县、徽县、两当、康县四座县城。红四方面军占领了漳县、临潭、渭源、通渭四座县城及岷县、陇西、临洮、武山等县广大地区,并以岷县为中心,建立了甘肃省委,成立了甘肃省苏维埃政府。这样,二、四方面军同一方面军形成了南北呼应、夹击敌人的有利态势,三大主力会师,指日可待。

奔袭会宁

1936年9月30日,彭德怀致电朱德、张国焘及四方面军全体同志,部署

"第二师附骑兵第二团为左纵队,经硝河城、常家集、隆静间出庄浪,相机袭占、威胁秦安;七十三师为右纵队,昨 29 日出郭城驿,该地敌新十旅被击溃,我骑兵第三团乘夜猛追,敌人主力逃散,剩四五百人退入靖远城,现正在收降散兵及清查缴获中。明(1 号)一部向静宁继进,相机袭取之,主力在郭城驿站替四方面军征集粮食,骑兵向兰州方向游击"。同时,将一、四方面军的会师地点定为会宁。

甘肃省会宁城西关

会宁位于甘肃省东部,黄河支流祖厉河上游。它南接通渭,东邻静宁,是红二、红四方面军北上的必经之道。县城坐落在祖厉河畔,守城的为甘肃省保安团和县保安队 400 多人。

根据中央和总部部署,1936 年 9 月 30 日中午,红十五军团首长通知驻扎于同心城附近的骑兵团团长韦杰和政委夏云飞:火速赶到军团部所在地王家团庄,接受攻打会宁城的战斗任务。

当日晚,韦杰、夏云飞来到军团部。徐海东介绍了敌情,指示他们:"会宁县城所处的地理位置很重要,是二、四方面军会师的必经之地,国民党王均部和马鸿逵部必然下令堵截二、四方面军北上与我一方面军会合。因此,你们要抢在敌人的前头,占领会宁县城。要求你团于后天早晨,以急行军奔袭战术打下会宁城。为取得战斗胜利,今夜你团要迅速地到达海原以北,白天要绝对隐蔽好,明日夜间悄悄绕过敌占海原县城,然后实施奔袭会宁的任务。"

徐军团长继续说:"若在今明两天会宁县城被王、马二部之敌占领,或守候保安团有准备,奇袭不成,攻城任务即由随你团跟进的七十三师实施。你团就绕过会宁县城向西南方向活动,积极寻找二、四方面军,向二、四方面军首长汇报我十五军团活动情况和敌情动态。"

接受攻城重任后,韦杰、夏云飞即刻催马返回驻地打拉池。当晚 10 时许,他们召集了连以上干部会议。午夜时分,这支四个连队的骑兵团在茫茫夜雾中急奔。经过4个多小时的急行军,像旋风般地于第二天凌晨4时前按时到达目的地,潜入村庄,疏散隐蔽,封锁消息。6时许,韦杰、夏云飞召开了连以上干部会,在会上进一步分析了敌情和城墙高度,并依据骑兵作战的特点,制定了攻打会宁县城的作战方案。规定在统一的时间内,主力分别由北门和西门突袭。突进城后各连以一个排控制城楼制高点,部队迅速向城内敌人驻地展开猛烈进攻,不使敌有喘息之机。找到大木头,在火力的掩护下,进到城门下,撞开城门,攻进城内。团长韦杰率先头连靠前指挥,政委夏云飞跟一连后进。

第三天凌晨5时半,骑兵团顺利绕过海原,行进到离会宁县城三公里处。韦杰在望远镜里看到这座古老县城的城墙高约两丈开外,上面有敌哨游动,西门和北门外是一片开阔地,东门和南门外是起伏的山丘。部队渐渐靠近了会宁城,城头游动哨没有查问口令,也没有鸣枪报警,而且城门已经打开。大概敌人根本不会想到红军会从天而降。

"开始!"韦杰果断地下达了作战命令,各连迅速按战斗序列展开,战士们策马扬刀,闪电般分别向北城、西城两门冲去。

一、二连战士冲到北门时,看到有一班敌人向城门洞急奔,看样子是来关城门的。一连前卫排机枪射手端起机枪向敌人扫射,敌人有的应声倒地,有的连滚带爬地往回跑。战士们催马向城内冲杀,很快突入城内。二连和三连各一个排迅速控制了城门楼制高点,组织火力掩护部队向城内守敌展开攻击,四连和团部随一、二连从后面也冲杀进来。

敌人被这突如其来的事变搞得晕头转向,惊慌失措。保安团在街西学校内乱作一团,有的站队,有的乱跑,有的早就吓得魂飞天外,趴在地上直打哆嗦,有的卧倒在地向红军射击抵抗。在我机枪火力的掩护下,一连连长一马当先,带领战士挥舞着明晃晃的马刀,向敌人冲杀。敌人妄图利用街巷负隅顽抗,二连的战士跳下战马,对还在垂死挣扎的敌人实施徒步作战,猛打猛冲。这时,三连从西门冲杀过来,和一、二连两面夹击,打得敌人溃不成军。经过短短10分钟的激烈战斗,敌保安团第二营营副王初光率残部及国民党县政府人员拼命向定西方向逃去。红军各连对溃散之敌进行逐街逐巷搜索,约1小时后战斗结束,会宁县城就此宣告解放。经清查,共毙敌10余人,俘虏50余人,缴获一批武器弹药。红军只有一位参谋和几名战士负伤。

老百姓从门缝里看着国民党队伍狼狈溃退的样子格外开心，待激烈的枪声一停，便纷纷拥上街头，瞪着惊奇的眼睛看着这些英勇无畏的红军战士。

10月3日，国民党军邓宝珊部刘宝堂新编第十一旅约两个团从定西向会宁城反扑，红十五军团特别支队撤到城外高地阻击，双方激战数日，刘宝堂人马一度攻入会宁城。红一军团首长遂以第二师一部驻守界石铺，令第一师主力、第二师第四团和骑兵第二团向会宁增援。刘宝堂闻讯于6日晚撤出会宁西逃，红十五军团特别支队和红一军团部队重新进占会宁城。刘宝堂率残部逃往西巩驿（距定西东90里）集结，与其驻西巩驿的第二团一部会合后，于10日上午8时再度向会宁反攻，于11时在曹家河畔与红军骑兵团的300多骑兵接触，双方激战3小时，率部退守鸡儿嘴堡（距会宁20里）。午后3时。刘宝堂人马占领麦家川及曹家河畔。当晚，刘宝堂人马宿罗家堡一带阵地。10月4日早8时，红军骑兵从会宁城分为两路向刘驻地进攻，刘宝堂急令其副旅长郭震台率石、张两骑兵连及其第一团第三营全部，向鸡儿嘴挺进，令第二团中校团副张铭注率第二团一、二两营向西沿山前进，刘宝堂进驻曹家河畔指挥。下午2时，双方在鸡儿嘴及西沿山同时接触，激战中，刘宝堂部团副张铭注毙命，另伤连副一名，伤亡士兵多人，人马不支向西巩驿撤退，于10月6日上午4时全部撤至西巩驿，会宁被牢牢地掌握在了红军手中。

红一方面军的策应行动，取得了相当的战果：会宁城已为红军的西路特别支队占领，从此除静宁、定西两城以外，以界石铺、会宁城为中心的大道已控制在红军手中。在这种情况下，从9月30日起，红四方面军由临潭、岷县、武山、漳县等地，分作五路纵队向北进发，红二方面军也从天水以西向北转移。

会宁古城一夜闻名

三军大会师就在眼前了。会宁，这个本来寂寂无闻的古城也将一夜间闻名天下，成为红军长征的终点。

为了顺利会师，四方面军的领导同志，亲自到各军、师、团，利用一切机会，为部队作会师的宣传动员；各级党委、支部也都相应地采取多种形式，召开了动员会、誓师会，自发地展开了激烈地讨论；文艺兵们也及时地编排了节目，在行军途中,在宿营地,在战斗间隙,进行强有力的宣传鼓动;一个"为会师而战斗"、"为会师而行军"的竞赛活动,在部队中踊跃开展起来,同志们纷纷表示决心:要以"多杀一个敌人,多缴获一件武器,多为会师做一份贡献"的实际行动,迎接红军三大主力会师,向党中央献礼。

10月4日,红四方面军第三十一军先头团重新占领了通渭县城,第九军抵达榜罗镇。10月5日,红四方面军总部到达武山县榆盘镇。10月8日,先头部队红四军第十师,在会宁之青江驿、界石铺与红一方面军第一师胜利会师。1936年10月9日晨,朱德、张国焘、徐向前率红四方面军总指挥部和直属纵队,从阳坡湾出发奔向会宁城。

这天拂晓,东方刚泛起玫瑰红,走在最前头的四方面军直属纵队,就在司令员兼四局局长杜义德的率领下出发了。突然,前面传来一阵歌声:"哎呀哩,毛主席领导好主张,打得敌人叫爹娘,哎呀哩……"

"兴国歌,兴国歌!"大家一片欢呼。这是江西根据地流行很广的民歌,已经很久没有听到了。如今忽然听到,让战士们感到分外亲切,有人情不自禁地学着江西老表的腔调呼唤着:"哎! 同志哥哟……"

前面不远处的山包上,有20多个人蹲着,边擦武器边唱,听到喊声一起站了起来,迎着队伍跑过来,边跑边喊:"同志们辛苦了! 你们是四方面军的同志吧?"

"是啊,是啊! 你们是一方面军的同志吧?""是啊!"两边激动地问答着,对跑着。有的战士搁下挑子,有的把枪往背后一推就扑了上去……长久地、紧紧地拥抱,表达着战友间朴实的情感,许多战士激动得流出了幸福的热泪。大家笑啊、跳啊,手拉手转起圈圈来。后边的同志也赶上来了,整个山头一片欢腾。同志们争抢着挑挑子、扛枪、背背包。

杜义德被这种气氛感动了,他情不自禁地把前来迎接的一位小战士抱起来原地转了两圈,然后笑呵呵地把他举到马背上,让他骑骑马。小战士不好意思地从马背上滑下来,很有礼貌地说:"首长,还是您骑马,我年轻,走得快!"

看到大家那个高兴劲,杜义德激动地喊了一嗓子:"同志们,我们快去与党中央会合吧!"部队就像决了堤的洪流,浩浩荡荡向会宁城涌去。

此刻,古老的会宁城披上了节日盛装。城里城外锣鼓喧天,红旗招展,鞭炮

会宁会师门

齐鸣,气氛非常热烈。城内沿街的墙壁上,写了不少五颜六色的标语,内容是"欢迎英勇善战的红四方面军""同志们辛苦了"等,城内外站满了欢迎的民众和部队。

当杜义德率直属纵队来到会宁城南时,老远就看到南门外的高大彩门。尽管经过长途跋涉,四方面军战士衣衫破烂,装束不一,但还是一个个精神饱满。

主力大会师的时刻终于到来了。红一方面军的首长和同志们迎了上去,紧紧地和红四方面军的将士们拥抱在了一起。大家再也抑制不住那百感交集的心情,任凭眼中的热泪尽情流淌。这座偏僻的小山城空前地热闹起来,到处是人群,到处是欢声笑语,战士们悲喜交集,倾心交谈……

先期到达会宁的红一方面军官兵,为了迎接会师,做了充分的准备工作,会宁一带粮食和水源都很缺乏,条件相当艰苦,接应部队除了向老百姓购买粮食外,还将自己每天三餐改为两餐,尽量节约水窖里的藏水,力求把更多的粮食、水和住房留给四方面军的弟兄。

红一师师长陈赓领着杜义德到师指挥部,向他介绍了一方面军为二、四方面军准备的衣物食粮等方面的情况,并当面交接了给四方面军准备的粮食、肉、菜以及柴草等,还派人把红军被服厂赶做的冬装、手套和战士们自己动手做的许多慰问品如毛衣、毛袜、手套、鞋等一一送交红四方面军后勤部。

俗话说"男儿有泪不轻弹",但此刻,大家再也抑制不住激动的热泪。杜义德看到这一切,紧紧握着陈赓的手说:"好同志,太感谢你们了!"陈赓笑着说:"义德同志,你们太辛苦了!不用谢,这是党中央的一点心意。"

中午时分,朱德、张国焘、徐向前、陈昌浩等率领红军总司令部、四方面军总指挥部和四军、三十一军先后进入会宁城。四方面军的战士们望着这些织有"欢迎阶级兄弟""会师留念"等字样的毛衣、手套,捧在手上,暖在心中。许多同志当时都舍不得穿戴,把它留作永久的纪念。

红一、红四方面军会师庆祝大会

10月10日，在城中孔庙的广场上，军民举行了盛大的庆祝会师联欢会，一、四方面军各派出一部分部队参加。为避开国民党军的飞机骚扰，大会在黄昏时举行。朱德、张国焘、徐向前、陈昌浩、陈赓等两个方面军的领导人出席了大会。

红一、红四方面军会师联欢会旧址——会宁文庙

会师大会上，陈昌浩宣读了中国共产党中央委员会、中华苏维埃中央政府、中央革命军事委员会致大会的通电，徐向前、陈昌浩、陈赓分别代表红四方面军和红一方面军致祝词，朱德作了热情洋溢的讲话。他说：

> 　　同志们，团结就是力量，只有加强了全体红军的团结，才能克服一切困难，争取革命事业的胜利！我们红军三大主力胜利会师了，就更要团结一心，互相尊重，并肩作战，战胜我们共同的敌人。同志们要顾全大局，要讲革命，要讲团结。红军是一家人，是党的军队，是党中央和军委统一领导下的工农红军。红军经过了万里长征，在这里会师，是我们伟大的胜利。各个方面军的部队都是英勇善战的，都很能吃苦，都有很多的长处。大家要亲如兄弟，互相帮助，取长补短。[1]

朱德的讲话，使全体与会指战员热血沸腾，很受鼓舞。

最后，红一师的战友代表中央红军向四方面军赠送了羊毛编织的衣服、草鞋等慰问品，两个方面军的将士一起观看了红军宣传队表演的文艺节目，战士们手挽手，唱着新编的《会师歌》，将大会的气氛推向了高潮。两个小时后，联欢大会在笑声、歌声、掌声和雄壮的口号声中结束。

深秋的夜晚凉意阵阵，沉沉夜雾笼罩着沸腾了一日的会宁县城。夜已深了，然而红军部队上至总司令，下至战士无不沉浸在会师联欢会的喜庆气氛中。长时间的奔波、征战，曾似浓云密雾笼罩在红军将士的心头，现在，大家看到了红军的强大力量，也看到了中国革命的美好前景，人人内心充满了希望，浑身仿佛增添了无穷的力量。

这次两军会合,尽管气氛热烈,两军欢颜,但是不再像第一次会合时那样住在一起,行动在一起了。原来早在9月21日会合之前,毛泽东就已经秘密指示彭德怀:"双方下级指挥员以不相接触为适宜,聂(荣臻)应指导界石铺部队作适当处置,仅团级干部以讲和态度与接防部队首长接洽。接防后归还主力,绝对禁止任何一方面军人员自傲与不友爱举动。"[2]所以彭德怀谨慎从事,不做过分热情表示。

会师以后,朱德、张国焘在城里设立了总指挥部,迅速与陕北中央联系,通报四方面军的详细情况。10月12日,徐向前、陈昌浩、李先念致电毛泽东、周恩来、彭德怀、杨尚昆和红一方面军全体同志,称:

> 9日弟等抵会宁,10日与我一师举行联欢大会。全场欢跃,士气百倍。我们正在学习在党中央直接领导下的红一师并已一切开始运用他们的组织经验,大大减少直属机关人员,充实连队。本日还派得力干部到界石铺向红五团学习他们的工作和组织经验。请党中央及总政将一年来大胆运用党关于民族革命统一战线的经验,及已经采取的组织上的(如群众与政权组织的办法与方式)与策略上(如土地问题)重要改变扼要电示,以便依照执行。

同日,朱德、张国焘、徐向前、陈昌浩又就一、四方面军会合致电林育英、张闻天、毛泽东、周恩来、彭德怀,电文称:

> 弟等与一师首长陈(庚)杨(勇)晤谈并参观一师部队,情绪甚高,精神极好,前晚在大会上一、四方面军指战员都举行了大的联欢,表现了兄弟的团结与友爱。一方面军全体指战员们一年来的艰苦斗争创造了广大抗日根据地,对于新统一战线策略的运用,更有着显著的成绩,我们诚恳地向一方面军指战员表示敬意与欣慰,前次送来关于国际七次大会上的报告及决议,我们正在讨论研究执行,但为数甚少,请乘便再送若干份数。

喋血华家岭

然而,会师的喜悦还未散去,敌人的追兵又尾随而来,红四方面指战员还来不及好好享受会师后的阳光温暖,就不得不又重新投入到更加艰苦的斗争中。其中,红五军副军长罗南辉和几百名红军战士,喋血华家岭,书写了一、四方面军会师后第一仗的悲壮。

10月21日，为了顶住沿西兰公路而来的南路敌人，红五军在军长董振堂和副军长罗南辉的率领下，根据徐向前总指挥的命令，在会宁以南的华家岭至马家营子之间防御阻击敌人。

华家岭一带，丘陵起伏，山上缺木少草，光秃秃的不利于防御。担任阻击指挥的罗南辉，仔细侦察地形，把第一梯队的两个团，沿公路两侧部署成一个袋形阵地。他的指挥所，就设在马家营子后面的山梁上。

华家岭战役旧址

夜幕降临，月色朦胧。部队按照罗南辉的命令，加紧挖战壕，筑工事。罗南辉从一个阵地到另一个阵地，具体交代战斗任务，号召大家打好红军会师后的第一仗，给党中央、毛主席、朱总司令和周副主席送一个见面礼。

10月22日凌晨，东方刚露出鱼肚白，罗南辉就拿起望远镜，紧紧盯着西兰公路。太阳刚爬上山头，敌先头部队就出现在公路上，钻进了红军布下的口袋里。罗南辉一声令下，轻、重机枪一齐吼叫起来，手榴弹在敌群中纷纷开花。随着撼天震地的喊杀声，红军战士跃出战壕，扑向敌群。一场激战后，阵地上横七竖八地躺满了敌人的尸体，活着的纷纷缴枪投降。一个骑马的敌团长，在混战中丧命。

这一场伏击战打得真漂亮！战士们抚摸着刚缴来的各种武器，谈论着罗副军长出色的指挥。忽然，远方传来隆隆的马达声，十几架敌机从南向北袭来，朝红军阵地一阵疯狂扫射，敌人的大炮也向红军阵地轰击。马家营子和周围的山头上，立刻腾起一团团浓烟。

敌人的援兵在飞机大炮的掩护下，潮水般地冲了上来。罗南辉冒着弹雨，沉着果断地指挥部队反击，敌人一片片地倒在阵地前。在残酷的激战中，红军的伤亡也很大，鲜血染红了山梁。

突然，敌人的一发炮弹落在离罗南辉不远的地方，他身子晃动了一下，倒在地上,胸部、头部鲜血直流。军部卫生员马上为他做了包扎。他坐在担架上,忍着剧烈的伤痛,继续指挥部队边打边撤退。

10 月 23 日这天,部队撤到会宁南面的大墩梁,罗南辉将指挥所设在山头上的一个堡子里。大约下午 1 点,敌机再次对红军阵地猛烈轰炸。突然,几枚炸弹落在山梁堡子里,罗南辉被冲天的浓烟烈火吞没了……

徐向前总指挥接到罗南辉牺牲的电报时,哀伤得久久说不出话来。他脱下军帽向罗南辉致哀。他流着热泪说:"南辉同志是红军中的一位优秀指挥员,他的牺牲是红军的一大损失。南辉同志的英名将与华家岭共存!"

红二方面军渭水突围

由于张国焘擅自命令红四方面军西撤,阻挠党中央静宁、会宁战役计划的实施,延误了时间,致使敌情发生严重变化。在党中央布置静宁、会宁战役时,敌毛炳文、王均两部处于较为孤立的态势。由于张国焘阻挠北上,部队调来调去,延误了时日,胡宗南急忙以四个师的兵力前出到清水、庄浪、秦安一带,对红二方面军构成严重威胁。

在这种危急形势下,如果红二方面军单独留在陕甘边界,就有被敌人隔断、各个击破的危险。面对骤然突变的严峻形势,贺龙、任弼时、关向应、刘伯承立即向党中央报告,要求放弃甘南各县,向西兰大道北移。党中央根据敌情的变化,决定迅速实现三大主力红军会师,整理部队,相机打击胡敌。10 月 2 日,党中央电示红二方面军领导人,令其放弃成县、徽县、两当、康县,率部北进。

在此前后,中革军委致电张国焘,要其"在武山、甘谷方面布置相当的兵力,掩护红二方面军转移","派有力部队占领庄浪,在通渭、庄浪两地部队均向秦安迫近、游击,以确实掩护红二方面军转移"。但张国焘无视中革军委指示,不顾大局,仍率军西撤,造成了两个方面军北上动作不协调,使国民党军有隙可乘,胡宗南所部新一军、王均的第三军,毛炳文的第三十七军均渡过渭水,扑向了红二方面军。

这三个虎狼之军,均为蒋介石的嫡系,不仅武器装备精良,且以逸待劳。而红二方面军不仅弹药奇缺,且指战员体力多未恢复,军中又多杂病流行,如肺结核、夜盲症等。

此时,红二方面军除了拼死一搏外,已别无选择。贺龙征得中革军委的同意,决定经天水以西率领部队向通渭方向转移,他说:"路是人走出来的,我们现在就只能夺路前进了!"贺龙急令散在各地的部队迅速收拢,红二方面军以六军为右纵队先行,指挥部率二军、三十二军为左纵队后进,突破渭水,向通渭方向转移。

前卫开路,后卫保驾。在六军北撤的行军序列中,紧随着前卫十六师之后的是刘转连师长率领的"模范师",十七、十八两师走在队尾,中间夹着军团指挥机关和各后勤单位,几十匹骡子驮着刚刚筹集到的大批给养和物资,有准备过冬的棉花、布匹、食盐、粮食,还有一些在战斗中缴获的枪支弹药等。

可此时他们的行动却完全暴露在敌人眼皮底下,队伍出发不到两个钟头,便被胡宗南在巨幅军用地图上标示出来了。敌人的地方保安队甚至把红十六师的编制人数和实有人枪都列出一长串清单,报到胡宗南的案头。

胡宗南在电话上告诉王均和毛炳文,表示还要派出飞机助战。毛、王二人大受鼓舞,争着选派"精锐之师"。这些家伙都是久驻西北的老油子,地形比较熟悉,当下两人就不约而同地想到了罗家堡、余家海头坝这两个地方。

这是六军撤离成、徽、两当和康县,向天水方向行进的必由之路。此处群峰叠立,处处有路,又处处无路,用兵的回旋空间大。但如果不熟悉地形,就会像进入八卦阵一样难逃劫数。

红十六师师长张辉和政委晏福生带部队尽可能快地往前赶,始终跟模范师保持着适当的距离。7日凌晨,在离罗家堡还有十几里路的一个小岔路口,张、晏一看前面地形比较复杂,正准备通知部队,在左右加派两个警戒分队时,前卫营就和敌人接上火了。

晏福生招呼两名贴身警卫员一道赶往前卫营,一看,师参谋长正在那里督战,组织部队抢占山头,伤亡相当大。晏福生赶忙返回本队调兵增援。此刻,在红十六师的左右两侧,一边是敌保安队,一边是毛、王的正规军,天空还有敌机的盘旋扫射,情况十分危急。

晏福生果断下令:"不能跟敌人拼消耗,马上改变行军路线,在山下的斜坡上杀出一条血路,掩护军团直属分队通过!"十六师很快全面投入激战,首尾难顾。激战中,师长张辉被一颗流弹击中,当场倒地阵亡。晏福生也身负重伤,与部队失去联络。

走在红十六师后面的模范师一听枪声,便知道十六师的情况非常不妙。师长刘转连当即指挥已经渡过小河的前卫部队一个连,在十六师的侧后山脚下抢占了一块山头阵地,马上转为警戒。

这时候,敌情已明显复杂化!在模范师和军直属队左侧的山头上,也出现了大批的敌人。霎时,山上山下,枪声大作。

为了掩护军指挥机关和后勤部门安全冲过敌人的封锁线,刘转连当机立断,组织部队向左侧山头上的这股敌人发起进攻,并很快就把敌人压了回去,攻占了敌人的山头阵地。

一看模范师跟敌人交上了火,军指挥部和后勤机关、骡马大队,立刻乘机从模范师部队屁股后面往前冲,冒着敌人的炮火,沿着红十六师杀出的血路,拼命突了出去。而十七、十八两师,见到前面已经被封锁,趁敌人被十六师和模范师吸引的机会,绕道而行,很快离开了险地。

时间已近中午,模范师的当面之敌被刘转连猛打猛冲的势头搞懵了,一时摸不清虚实,不敢贸然进攻。一看这种情况,刘转连命令留下少量兵力坚守山头阵地,与河对岸的警戒连遥相呼应,密切监视敌人,大部队则神不知鬼不觉地撤回到侧后的山坡隐蔽地,抓紧时间休息、吃干粮。

几位师、团指挥员凑到一块儿,边吃边议下一步的行动。有人说,现在如果跟在十六师往前硬拼是很危险的,不如暂时撤离此地,回到后边打几天游击,再想办法突出去。

刘转连慎重地权衡了一下,说:"眼下,前卫十六师打散了,生死不明。军团直属队跟指挥部一起突过去了,后面的十七、十八师又绕道远去,二军团的各部队也都北撤,我们事实上已经成了一支孤军。如果回撤,只会离兄弟部队越来越远,敌人肯定欺负我们势单力薄,一起拥过来对付我们,后果不堪设想。再说,我们来这里不到一个月,群众工作又不怎么深入,这里不是根据地呀!没有政权可以依托,打游击施展不开,没前途!目前,敌人的口子还没有完全封死,还是一鼓作气抢时间突过去更为有利!"

刘转连是六军团一员有名的猛将,非常擅长钻空子、走险棋,而且每走必胜。这一点从突破澧、沅封锁线,到黔大毕的将军山阻击战,无不体现得淋漓尽致。他用兵最大的特色就是能牢牢控制住战场上的"大势",利用敌我双方瞬息万变的"兵势",果断决策,绝不犹豫。

　　几个师团领导正嚼着炒米在议论着,小河对岸的警卫连报告说,军直属队冲过去之后,在斜坡的路上扔下了许多给养,还有20多匹驮骡。两边高地上的守敌一见这些东西,全都扑下来大抢特抢,乱成一锅粥呢。

　　这个机会不用更待何时! 争议没有了,部队立即杀过去,打他个措手不及! 当模范师冲出敌人的火网,押着一大群俘虏,赶着20多头驮骡,风尘仆仆地撵上大部队时,陈伯钧军长站在路口那个高兴劲啊,真是没法说。

　　王震过来了,咧着嘴把刘转连端详个仔细,当胸擂一拳:"你这个家伙!"然后,两人就紧紧抱在一起。在刘转连的耳边,王震沉痛地说:"你是回来了,可十六师损失很大,张辉牺牲了,福生负了重伤,生死下落不明……"

　　得知这一消息,刘转连于是主动请缨,带两个营前去搜救晏福生。

　　在军团指挥部和后勤机关快要过完的时候,敌人一梭子弹打中了晏福生的手臂,他小臂折了,一只血淋淋的手从破烂的袖管中掉了下来。伤口的鲜血如泉水般喷出很远。晏福生只觉得胳膊被重重撞了一下,并没有丝毫的疼痛。两个警卫员解下绑腿,使劲地捆死伤口,便匆匆忙忙将晏福生抬到一个隐蔽的山后,简单地包扎了一下。

　　这时,敌兵正在身后大呼小叫地追赶过来。警卫员要背着晏福生往前跑,但没跑几步便被晏福生挣脱下来。他对警卫员说:"我不行了,你们带上我的文件包和武器,赶快找部队去!"两个警卫员说什么也不肯离开晏福生一步。

　　敌人的追兵越来越近,晏福生严肃地硬起嗓门:"你们不许违抗……我们来当红军不是为了死,而是为了活着消灭更多的敌人! 你们听着,我的文件包里面,有党的秘密文件和密电码本,这比我们的生命还要重要! 我们就是死,也不能让它们落到敌人的手中。我命令你们立即离开我,赶快去追部队,一定要把文件包和密码本安全地带出去,交给组织。这是更重要的任务! 冲!"

　　警卫员泪如泉涌,只好服从命令。他俩把晏福生抬到一个隐蔽的地点,背上那个宝贵的文件包和武器,拔出身上仅有的两颗手榴弹,迎着追过来的敌人投了过去。然后,趁手榴弹爆炸的烟尘,拼死冲出敌人的包围圈,一直跑到30多里外的红和镇附近,才总算见到了六军部队。陈伯钧和王震听到两个警卫员详述晏福生的情况,加上搜索部队打跑敌人后也没有找着晏福生,他们都以为晏福生牺牲了,军长陈伯钧在当天的日记中也写道:"十六师政委晏福生同志阵亡。"军政治部主任张子意也在日记中写道："我部晏福生同志牺牲。"

10天后，部队渡过渭河，六军在天水附近为晏福生召开了一个简朴而又隆重的追悼会——这已经是红六军团为晏福生召开的第二次追悼会了。第一次追悼会是1935年4月在陈家寨战斗后召开的。不料，晏福生和警卫员却浑身挂满缴获来的长短枪出现在追悼会场。他幽默地说："革命还没有成功，阎王老子不收我呢！"有趣的是，晏福生这一次也没有牺牲。

晏福生送走警卫员后，独自一人避开了敌人的搜捕，从老乡处买了套衣服，换了装，吊着流血的断臂，沿着部队原定的北上路线去赶部队。他日夜赶路，经过半个月近千里的行程，终于在10月下旬，在通渭县境内找到红四方面军第三十一军的一个团。当晏福生出现在三十一军军部时，萧克不禁惊喜万分。他立即将晏福生送到军医院给他治疗，随后又转送到条件更好的红四方面军医院。断臂将军晏福生就这样完成了他富有传奇色彩的长征。

在六军遇险的同时，左纵队的红二军第四、第六两师和军部，也遭到了毛炳文部侧击。红六师的第十七团在康县被敌人隔断，与主力失掉联系，虽几度突围终未成功。全团官兵有的牺牲，有的负伤，有的被俘，有的流荡当地，有的辗转回乡，只有屈指可数的几位同志历尽磨难找到部队。

十七团的损失，是红六师长征中遭受的最大一次损失。可叹这一团人马，长征以来，千难万险都闯了过来，却没料到在即将与中央红军会师之际，竟遭优势国民党军之毒手。

多年后，时任红六师政委的廖汉生心痛地回忆道："从长征出发至进草地前，我师一直保持有3000多人，走起路来也称得上是浩浩荡荡，不见首尾。这次一下子就损失了千把人，再加上沿途的损失，只剩下不足2000人，因而在团一级下面撤销了营的建制。我走在行军队列中，不禁向贺炳炎师长感叹道：'我们一个师就剩这么点人了，骑在马上可以从队前看到队尾，我们失去了多少好同志啊！'"[3]

10月10日，红二方面军抵达甘谷、武山一带，准备在乐善镇附近抢渡渭水。经连日急行军和战斗，部队已人困马乏，疲惫不堪。加上甘东一带连降大雨，道路泥泞难行，部队进抵渭水河边时，只见河水滔滔，深不可测。天水一带国民党军亦全部出动，向红二方面军紧逼过来，敌机一直也跟着红二方面军投掷炸弹，疯狂扫射。当红二方面军总指挥部领导人贺龙、任弼时、关向应等率人马赶到渭水岸边时，由于行军速度太急，指战员们体力不支，有数千人掉了队，贺龙一面命令各部队领导干部收拢部队，一面进行战场紧急动员，并下令各部队自行选择渡口，泗水过河。为了组织伤病员安全渡河，卫生部领导和医生亲自下水探路，组织一批身强力壮、个子高大的战士，将伤员们高举过头顶，分批运送到渭水北岸。

当红二方面军主力抢渡渭水之际，渭水上游下了暴雨。河水陡涨，不少行至河心的指战员由于体力不支，被洪水卷去。这些经过万里长征保留下来的精华，牺牲在三大主力红军会师的前夕，总指挥部领导和广大指战员无不悲痛万分，扼腕叹息。

傍晚时，部队刚刚渡完，敌人的追兵便已到达渡口。贺龙回望渭河对岸黑压压的敌人，命令部队隔河布置好武器，并且决定："偷得一两日闲，休整一下再走。"

这个大喘气的机会，是刘伯承争来的。原来，刘伯承与川军孙震有点旧交。当时，他修了一封颇有情意的信给孙震，晓以抗日救国大义，痛陈同室操戈之害，硬是把孙震说动了心。结果，轮到他当差追赶红军时，便装聋作哑按兵不动，这才让红二方面军在最吃紧的节骨眼上，松了一下筋骨。

渡过渭水，险情仍然没有化解，部队行至海源县时，又有胡宗南的飞机飞来，对红二方面军指战员狂轰滥炸。当时有一发炮弹在贺龙身边爆炸，把贺龙从马上掀翻下来，惊得警卫人员一拥而上，急将贺龙从土中刨出，大家看时，只见贺龙帽子、衣服多处被弹片划破，都疑他负伤，再仔细验看，却无一处伤痕，而他的战马和警卫数人被炸死。大家都道贺龙是一员福将，虽身经百战，枪弹却远离其身。

多年后，贺龙对渭水突围这一幕险情仍然念念不忘，他回忆说：

> 过渭河，狼狈极了，遭敌侧击，渭河上游下暴雨，徒涉，水越来越大，冲了点人去。张国焘违背中革军委的指示，二方面军几乎遭到全军覆没。渭河南岸也很危险。这是长征中最危险的一次。乌蒙山并不紧张，他们要埋炮（即为转移把不好带的炮埋了），我都不准埋，到黔、大、毕那面都可以打，封锁线我们一冲就破。要说紧张，第一次是甘孜，张国焘要困死我们；二次就是成徽两康战役。我们原来估计四方面军不会走的。后来，我们给中央

发了电报。早走两天就好了,不会这样狼狈,六军团也遭不到侧击。四方面军一撤走,敌人就围拢来了,急行军,掉了几千人。刚出草地,部队体力都未恢复,早走两天可以少受损失,可以冲出去,往东打也好,可是不能,因为被大的战略意图箍住了。这个战役是岷州三十里铺开会决定的,我们坚决执行了,张国焘未执行,敌人压到我们头上来了。"[4]

两天之后,红二方面军的部队体力得到了有效的恢复,一鼓作气,按预定计划直奔六盘山南山脚。

激战六盘山

六盘山是陕北和陇中两高原的界山,它南连秦岭,北濒大河,遥遥 200 里,陡峭峥嵘。西兰公路曲曲折折,盘旋而上,当地谚语说:"六盘山,十八旋,上山二十五,下山三十一。"

六盘山

凭借险要地势,敌人企图在此一举消灭红军,并狂妄地派人送来恐吓信,声称如果不缴械投降,将在几小时内全歼红二方面军于六盘山下。

贺龙大怒,将信撕掉,传令红四师师长卢冬生率部在六盘山南麓设置防御阵地,掩护主力翻山,并要求:"狠狠地打击敌之气焰!"

红十二团团长黄新廷积极请战,卢冬生遂把这个艰巨的任务交给了他。正在这时,突然前面枪声骤起,前卫红二营营长蔡久报告:与敌人一股骑兵遭遇。黄新廷指示红二营全部投入战斗,顶住敌人,同时指挥红一营迅速把部队拉上去,支援红二营战斗。接着,黄新廷赶到红二营阵地,对蔡久说:"一定要顶住敌人,不管我们遭受多大损失,也要保证主力部队顺利通过六盘山。"蔡久说:"团长放心,有我们二营在,哪怕只剩下一个人,敌人也休想通过。"

这股国民党军约有一个团的兵力,分两路向红十二团进攻。经过激烈战斗,进攻之敌被打垮。黄新廷和蔡久指挥部队乘势占领了山坡上的一个小村庄,重新部署了兵力,并指示部队防止敌人偷袭。

拂晓前,师长卢冬生穿着被露水打湿的粗布单军装来到了阵地,与黄、蔡二人一起到各连的工事里巡视了一回,作了具体部署,要求部队准备阻击更多的敌人。

第二天,国民党军又发起进攻。敌人黑压压一片,沿山下的大道拥上来,骑兵在大道上奔驰,掀起一片黄色烟尘,约有两个团的兵力。黄新廷下令第一营和第二营全部进入阵地,准备战斗,同时让司号员吹号,调预备队第三营赶来。

战斗打响后,国民党军凭着优势兵力,气势汹汹地向阵地扑来。第一、第二营的指战员们沉着冷静,手榴弹揭开了盖,子弹顶上了膛,两眼紧盯着前方。当敌人进到阵地前几十米时,手榴弹、子弹一齐飞向敌群。

突如其来的打击使敌人阵势大乱,黄新廷立即指挥第一营猛虎般地冲向敌群;接着,蔡久率领第二营也发起了冲锋。黄新廷几次向后瞭望,就是不见第三营的踪影。经第一、第二营指战员的死拼,终于把敌人压在了一条沟里。

这时,第三营营长万希珍赶了上来。黄新廷顿时一股怒气直冲心头。战斗前,他再三讲了团里担负的掩护任务关系整个方面军的生死存亡,第三营竟在此时耽误了时间,如果两个营没有顶住敌人,后果将不堪设想。

黄新廷气得双手直发抖,厉声呵斥:"我毙了你!"说着拔出佩枪就打。警卫员周忠甲眼疾手快,上前夺枪,子弹射在了万希珍的脚下。此时,一参谋报告:东北军的一个骑兵团向南开进,与第二营接上了火。黄新廷压住怒火,对惊恐未定的第三营营长万希珍说:"不把敌人打下去,不要来见我!"

万希珍立即带着第三营,以惊人的速度冲向敌骑兵部队。黄新廷又下令团里的机枪分队,朝敌人马群猛烈射击。敌骑兵部队顿时乱成一锅粥,有的连人带马一齐滚到沟里,有的被打死在马上,尸体被马拖着跑,有的被死马压在地上,拼命挣扎着起来往回跑。战场上硝烟四起,真是人喊马嘶,人仰马翻,光被马踩死的敌人就不知有多少。

天黑后,师长卢冬生宣布:"咱们的部队已经在今天中午全部从北山脚安全通过了!"掩护任务完成,红十二团的指战员撤出阵地,去追赶主力部队。

就在红十二团与追敌激战之际,贺龙率主力登上了六盘山顶。

"六盘山上高峰,红旗漫卷西风"。时值深秋,天高云淡。贺龙站在一年前毛泽东曾吟出名句的山顶上,放眼南望,那起伏的山峦,延伸到遥远的天际,不由得感叹道:"中国共产党的历史,每个字都是烈士的鲜血写成的啊!"

贺龙率领红二方面军指战员,经过半个多月的苦战,终于继红一、红四方面军会宁会师之后,踏上了会师的道路。

欢聚将台堡

得知红二方面军将要前来会师的消息,红一军团政委聂荣臻即派红三团政委萧锋先期代表红一方面军把5万块银圆、100头羊、50头猪、300套棉衣、数百张羊皮、2万斤羊毛、数万斤粮食和3架缝纫机送交红二方面军首长,转给二方面军供给部。

10月21日,在平峰镇。贺龙、任弼时、关向应、刘伯承与前来迎接的红一军团政委聂荣臻、代军团长左权、政治部副主任邓小平亲切相会。大家见面,甚为高兴,真有说不完的话。果敢豪爽的左权笑着对贺龙、任弼时说:"有你们这一来,红军兵多将广,大西北可就热闹啰!"任弼时也笑着说:"大家早就想同中央红军老大哥会师。这下好了,三个兄弟会到了一起,打开新局面不成问题了!"

10月22日半夜时分,红二方面军总指挥部及红二军团人马将要到达将台堡时,突然接到"准备在将台堡同中央红军会合"的消息,消息传出,指战员们的疲劳顿时一扫而光,黑夜中,大家欢呼着:"到家了! 到家了! 就要与中央红军会师了! 就要见到毛主席了!"不知不觉地加快了脚步。

胜利会师的时刻终于到来了! 一双双粗糙有力的大手紧紧相握,两个方面军的战友互相扑向对方,紧紧地拥抱,亲切地问候,热情地鼓励,喜悦的泪水禁不住从这些打不倒的钢铁汉子们的眼中流出,阵阵口号声此起彼伏,在广阔的原野上回荡。

当日,左权、聂荣臻就红二方面军一部及贺龙、任弼时等到达将台堡致电彭德怀、红一师师长陈赓、政治委员杨勇并报毛泽东,称:"一方面军一部及贺、任、关、刘于今日到达将台堡、硝河城,余部明日可到。"

毛泽东、周恩来复电左权、聂荣臻,指示:"二方面军进至单家集、硝河城线后即可开始休息、整理。该地区比较丰富,待一方面军执行新任务时,接替对南防御任务,亦当有休息机会。""我三个方面军目前应以休息、整理,蓄积锐气,准备执行新的战略任务为基本方针。对敌采迟滞其前进方针。"

第二天,红二方面军六军1800多名指战员,由参谋长彭绍辉、模范师师长刘转连率领到达距将台堡20公里的兴隆镇,受到萧锋等率领的红一军团三团全体指战员及中共静宁县委、苏维埃政府负责人和群众3000多人的夹道欢迎。

"草枯叶黄谷上场,秋风阵阵催人忙。"陕北的10月,天高云淡,秋高气爽,正是收获的黄金季节,到处是丰收的喜悦。经过千难万险、转战万里、九死一生的红军两军将士相见,无不激动万分。

会师后,红二方面军根据党中央指示向甘肃东北开进。10月24日,部队到达陕甘边界时,党中央派红一军团政治部副主任邓小平前来慰问。随后,党中央又派周恩来到洪德城慰问红二方面军。贺龙、任弼时和周恩来副主席都是久别的老战友,如今在西北高原重逢聚首,分外亲切,忍不住互相久久地握手拥抱。

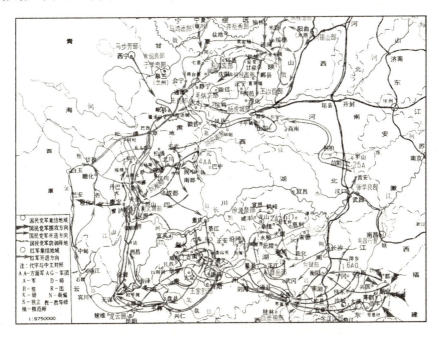

红军长征全图

就这样,红二方面军胜利地完成了历时一年,转战湘、黔、滇、康、川、甘、青、陕八省,行程两万余里,大小战斗110多次的伟大长征。红二方面军的长征是胜利的、成功的,与红一方面军会师时尚有11000多人。

一个月后,即1936年11月,毛泽东在陕北保安(今志丹县,1936年7月至1937年1月为中共中央所在地)会见二、四方面军部分领导人时,高兴地赞扬红二方面军在长征中为中国革命保存了大量有生力量。

至此,红军一、二、四方面军三大主力经过艰苦奋斗,终于胜利会师,长达两年之久的长征胜利结束。红军三大主力会师,标志着中国工农红军胜利地完成了1934年秋开始的战略大转移的艰巨任务,宣告了国民党反动派围追堵截、聚歼红军阴谋的彻底破产,极大地推动了正在蓬勃发展的抗日救亡运动,促进了抗日民族统一战线的形成,成为中国革命走向胜利的转折点。

---

[1] 中国工农红军第四方面军战史编辑委员会:《中国工农红军第四方面军战史资料选编》(长征时期),解放军出版社1992年版,第334页。

[2] 中国工农红军第四方面军战史编辑委员会:《中国工农红军第四方面军战史资料选编》(长征时期),解放军出版社1992年版,第711页。

[3] 《廖汉生回忆录》,八一出版社1993年版,第159页。

[4] 中国工农红军第二方面军战史编辑委员会:《中国工农红军第二方面军战史资料选编》(四),解放军出版社1996年版,第280页。

尾声
山城堡战役及新局面

蒋介石的通渭会战计划——红军的《十月份作战纲领》——海
打战役流产——胡宗南第一军孤军冒进——山城堡三军用命

坚持"攘外必先安内"的蒋介石,对于红军三大主力在西北的集中,如芒在背。他对张学良、杨虎城与共产党的秘密联系早有所闻,一直非常不安。10月8日,他解决完"两广事件"[1]腾出手后,便赶紧召开了"剿共"紧急会议,部署"通渭会战"计划。他在会上说:"两年前,我在江西召开会议,研讨赤匪为何放弃江西之缘由,寿山兄(指胡宗南)做了发言,他说,赤匪之所以放弃江西根据地而四处流窜,是因为赤匪得不到赤俄的援助,无法在江西立足,他们流窜北上的目的,是想进入甘青、新疆、蒙古一带,以便打通国际路线,再伺机反扑。""今日看来,赤匪流窜北上,正为此举。"

蒋介石的通渭会战计划

从1936年6月底以后,张学良的东北军和杨虎城的西北军,便与红军基本上只保持对峙状态,没有发生过大的战斗。蒋介石的特务科长江雄风综合各方面情况,几次向蒋介石报告,张学良所部和红军已有默契的模样。因此,蒋深恐红军三大主力会师后,向西打通国际路线,得到苏联的援助,而东面与张、杨携手。但目前没有真凭实据,且张、杨二人手中都握有重兵,蒋介石除了不给他们安排主力位置以外,却也无可奈何,只能抓紧督促他们"围剿"红军。

蒋介石判断:"朱、徐、萧、贺等股匪,企图于我军未集中之前,与毛、徐(海东)匪等于西兰公路界石堡、会宁之线会合后渡黄河西窜,以求打通赤俄路线。

自 9 月下旬以来,分由蜗县、陇西、武山间向通渭、马营、会宁前进。"为此,蒋介石欲采取两个步骤对红军实施"围剿",第一步,组织所谓"通渭会战",在通渭地带,给红军以致命打击。第二步,组织最后"围剿",将红军主力压迫在黄河以东、西兰通道以北地区,尔后一举消灭之。

随后,蒋介石发布命令:中央军系统的第一军胡宗南部由秦安前进,第三十七军毛炳文部由陇西前进,关麟征部由宝鸡转向陇县,于学忠部抽出两个师向定西前进;马步芳及驻防凉州的骑五师师长马步青,配合宁夏马鸿逵部,扼守河防;王以哲部位于平凉、静宁防堵,董英斌部集中两个师位于固原策应,庄浪由王以哲部派一个团固守。蒋介石没把西北军和东北军放在主攻位置上,是对张学良、杨虎城两部不放心;也令他们协助作战,一方面是强迫张学良、杨虎城执行其"剿共"计划,另一方面也可在战争中削弱他们的力量。如不服从,则将他们调离西北,逐步肢解,免留后患。

显然,所谓"通渭会战",就是蒋介石想乘红军长途行军,刚到陕北,立足未稳,又已届严冬,十分疲劳困顿的时机,一举围歼,结束对红军和中国共产党的"最后五分钟战斗"。

蒋介石开"剿赤"会议的当天,张学良便将蒋的"通渭会战"计划通报给中共中央,并提出了七条建议:

一、设法推迟会战时间。二、红一方面军佯攻靖远,威胁兰州,抑留东北军于学忠部守城。三、红二方面军在现地区活动,钳制王钧部、关麟征部。四、红四方面军迅速通过西兰大道与红一方面军会合,执行宁夏战役。五、蒋介石有意抽调固原的部队到平凉,使东北军集中作战,因请红军佯攻固原。六、请红军大力攻击庄浪。七、胡宗南表示要坚决进攻,估计胡部将紧随红军身后,破坏宁夏战役计划,建议红军集中兵力抗击胡敌。

提议红军及早进行宁夏战役,控制河西,接通苏联。

红军进行宁夏战役,夺取宁夏的目的是为了打通国际通道,这一口号是红军自长征以来党中央制定军事方针、政策时一直在思考的问题。

早在 1935 年 6 月,一、四方面军第一次会师时,毛泽东就有过向宁夏发展的意图。他谈笑风生地说明共产国际曾来电指示,要红军靠近外蒙古,现在根据我们自身的一切情况,也只有这样做。他说:"打开地图一看,西北只有宁夏是富庶的区域,防守那里的马鸿逵部,实力也比较弱。"[2]

随后,在 1935 年 8 月中央政治局毛尔盖会议的决议中也指出:为了创造川陕甘新苏区,目前我们的中心工作之一是"必须加强川康省与宁夏省军委的工作,使我们能够真正集中地方工作与游击战争的领导。要使这一地区,成为川陕甘苏区之一部。红军到达陕北后,则须更大的建立与加强当地的工作"[3]。

当然此时重视宁夏,还不能说是为了打通国际通道,但已初步有了以陕甘为基础,以宁夏、外蒙为靠背的思路。

中央红军到达陕北之后,特别是 1935 年 11 月林育英回国后,向党中央汇报了共产国际关于建立抗日民族统一战线的指示,以及莫斯科、斯大林不反对中国红军主力从北方(外蒙方向)和西北(新疆方向)靠近苏联的指示。中共中央根据林育英带来的指示精神,在瓦窑堡会议上确立了建立抗日民族统一战线的战略方针,同时在随后的近一年中所制定和实施的军事战略方针无不以靠近苏联、打通国际通道为中心。按照莫斯科、斯大林的指示,靠近苏联可通过外蒙和新疆两地。到达外蒙的路又有两条:一条是通过绥西进外蒙,连接苏联;另一条是攻取宁夏出蒙古,接近苏联;再加上通过河西走廊进新疆,接近苏联。这样接近苏联的道路就有三条。三条道路中第二条道路即夺取宁夏,通过外蒙连通苏联是毛泽东、党中央极为重视的一条道路。这是因为和通往甘、凉、肃三州到达新疆相比,接近宁夏更容易。通过甘、凉、肃之河西走廊进新疆,打通苏联,距离远,人口稀疏,红军行军、宿营均不方便。相反,到达宁夏,接近外蒙,连通苏联,距离较近,人口经济条件较好,所以较为有利。

退一步讲,如果不能完成打通国际通道的任务,只要能够打下宁夏或宁夏的部分地区,也算获得了胜利,也就扩大了陕甘宁边区的范围,可以成为名副其实的陕甘宁边区。它与陕甘苏区连成一片,使老苏区更易于巩固。

另外,宁夏人口在 120 万人以上,在西北为最富,而且宁夏的战略前途广泛,与凉州、永登接壤,可向甘西发展;与绥远交界,便于东进抗日。得到宁夏是政治、军事、经济、国内、国际之主要一环。

所以,经过对比之后,毛泽东、党中央极为重视宁夏这条路线。

红军的《十月份作战纲领》

1936 年 5 月 18 日,当红一方面军东征受阻回师后,提出了西征计划:向西面进攻,以造成广大的陕甘宁根据地,并向北打通与蒙古、苏联的联系,向南打通同红四方面军和红二、红六军团的联系;东面坚持游击战争;南面争取东北军和其他可以争取的国民党军队走向抗日。为了实现这一任务,红一军团和红十五军团以及第八十一师、骑兵团组成西方野战军,以彭德怀为司令员兼政委,打击宁敌马鸿逵、马鸿宾。

1936年6月26日,毛泽东在给彭德怀的电报中又一次提出了北出宁夏接通苏联的观点。指出:从总的战略上看,无论站在红军的观点上,站在红军与其他友军联合成立国防政府的观点上,打通苏联解决技术条件,是今年必须完成的任务。打通苏联的道路有二,一是宁夏及绥远西部,二是甘(张掖)、凉(武威)、肃(酒泉)州,时机一是夏秋,一是冬季。

之后,党中央、中革军委就着手制定宁夏战役的战略方针。

现在,三大主力即将胜利会师,蒋介石国民党大军压境,提前将宁夏战役付诸具体实施,时机已经成熟。鉴于此,中央于1936年10月11日,也就是红一、红四方面军会宁会师的第二天,发布了《十月份作战纲领》,对迟滞国民党军进攻和夺取宁夏的准备做了部署,要求全军在11月10日以前休整训练,做好进攻宁夏的各项准备工作,尽量迟滞国民党军前进。

攻宁部队,准备以西方野战军全部及定、盐一部,四方面军之三个军组成之,四方面军之其余两个军及二方面军全部,一方面军之独四师组成向南防御部队,可能与必要时,抽一部参加攻宁。[4]

同时,中央还要求各部队加强宣传鼓动,以保卫西北、保卫华北、保卫中国、工农学兵商联合起来、驱逐日本帝国主义出中国等口号为中心,不提宁夏战役任务,以免泄漏红军战略意图。

为了统一军事指挥,中央确定了毛泽东、彭德怀、王稼祥、朱德、张国焘、陈昌浩六人组成的军委主席团(周恩来因准备谈判,未参加主席团),并决定三个方面军的行动由朱德、张国焘以总司令、总政委的名义,依照中央与军委的决定组织指挥,而《十月份作战纲领》的各项任务,亦由"朱张两总及各方面军首长以个别命令行之"。

《十月份作战纲领》下达后,各方面军即开始准备实施宁夏战役。红四方面军按照《纲领》规定,确定了以下的部署:由三十军开至靖远的大芦子一带秘密造船,并准备随时渡河;以四军、五军、三十一军,沿会宁、界石铺、华家岭、马营、通渭、宁远镇、葛家岔、静宁等地,梯次配置,抗击胡宗南、毛炳文、王钧、关麟征等部的进攻;以九军置于会宁至靖远之间,作预备队。

根据这一部署,"四军、五军、三十一军部队,于界石铺、马营、华家岭、宁远镇、葛家岔一线,坚守防御,顽强抗击"。因为"顶住南敌的进攻,是渡河执行宁夏战役计划的先决条件"[5]。而三十军则加紧造船，并搜集民船，为渡河做准备。

为了确保计划顺利实施，彭德怀与在会宁城的张国焘通了电话，彭说到会宁去看张，并在电话中向张讲了东北军四个军的位置：王以哲军驻洛川，董英斌军驻庆阳，何柱国军驻固原，于学忠军驻兰州城，这些都不会阻拦红四方面军东进。又讲了蒋介石已令王均部进至平凉，有向隆德阻击模样；令胡宗南部开往西北。彭还说红四方面军应全部集结海原、打拉池地区，准备消灭王均部。

张国焘在电话里不要彭德怀去会宁，说他即日和朱总司令等来打拉池面谈，并说徐向前、陈昌浩亦率部前来。

1936 年 10 月 22 日，张国焘同朱德一起，经过一天的急行军，到达打拉池，与彭德怀、徐海东会了面。

红军在打拉池召开了联欢大会。为防止敌人偷袭，大会于下午太阳即将落山时召开。会场设在打拉池镇外的一块平地上，入场处用松柏扎成彩门。主席台用木板搭成，周围贴着"中国工农红军万岁"、"北上抗日，不做亡国奴"、"红军三大主力会师万岁"、"中国共产党万岁"等标语。全场红旗招展，歌声嘹亮，声势雄壮，气氛十分热烈。会上，张国焘、朱德、彭德怀、徐海东等人先后讲了话，最后，由红一方面军和红四方面军的剧社表演了精彩的文艺节目，会场上不时响起阵阵热烈的掌声。

张国焘等到了打拉池的第二天，彭德怀得知陈昌浩在指挥造船时，便向张通报了自己掌握的敌情：据我们掌握的敌情和中革军委的通报，敌已分数路从南压来，我当破南来之敌，再行渡河不迟。"王均部正向打拉池前进，只要四方面军在打拉池西阻截，布置伏击阵地，红一军团即可从敌侧后进攻，消灭王均部不在话下。"张国焘表示赞同。

其实，张国焘口头上虽表赞同，但行动上却是另外一套。当他忽然收到了中革军委关于提前实施宁夏战役的电文，立即又开始打新的小算盘，欲借题发挥。他召来陈昌浩，把《作战纲领》递给他，暗示：据目前情势看，陕北已同莫斯科发生了联系，又快要与张学良、杨虎城组成西北联合政府，虽然军事力量上不如我们，可在政治上已经占了上风。你我到了那里，毛等能够相容吗？

张国焘的意思是，要利用宁夏战役计划，如果四方面军占了宁夏与河西走廊及新疆地区，西可接通与苏联的关系，东可与陕北、西安相互依赖。这样，也可使蒋在甘肃的军队处于多面受敌的境地。所以，应当迅速渡黄河西进，要迅速训练对付骑兵的战术，做好同回民建立友善关系等工作。为此之计，他希望陈昌浩抓紧时间做好渡河准备。

在张国焘、朱德去打拉池与彭德怀会面之时,陈昌浩、徐向前按照张国焘渡河西进的命令,召开了军事会议,研究渡黄河的方案。会议开始后,陈昌浩首先传达了中革军委宁夏战役的计划。接着徐向前讲了在靖远县的大芦子一带秘密造船事宜,讲了红四、红五、红三十一军的战斗任务和红九军预备队的任务。

第二天,全军出发,从西兰公路向靖远县的大芦子挺进,边行军边于沿途集中造船材料。各兄弟部队也收集到了木板、石灰、桐油、铁钉、棉花等物。经过一天的急行军,红三十军到达了靖远城南的大芦子、小芦子一带。八十八师位于大芦子村附近造船和训练渡河突击队。当时,县城驻有敌一个团,因红军兵临而惶恐不安,但他们始终把注意力集中在守城上,对红军在黄河边上造船、训练和大部队集结则一无所知。

在李先念的亲自指导下,造船队进展非常顺利,平均每天能打造两三条船。根据中央下达的《十月份作战纲领》,11月10日前完成渡河准备,到那时可以造好四五十条船。

然而,此时敌情日益严峻。10月21日,在国民党第三路总司令朱绍良的指挥下,集结于秦安、清水、天水、甘谷、陇西、武山的胡宗南、王钧、毛炳文、关麟征等部乘红军从会宁及东面地区北移之时,从东、西、南三路向静宁、通渭、会宁地区的红军围攻。10月22日,蒋介石亲自飞抵西安进行督战。在此部署下,敌人开始了大举进攻。

海打战役流产

敌情的变化,迫使中共中央、中革军委调整原先的计划部署,提出:第一步打破南面之敌,第二步才是宁夏战役。而且不进行第一步,是不可能有第二步的。

10月25日,毛泽东、周恩来就击破南面之敌的部署,致电朱德、张国焘、彭德怀并二、四方面军领导人,指出:

> 根据敌向打拉池追击及三十军已渡黄河的情况,我们以为今后作战,第一步重点应集注意力于击破南敌,停止追击北敌。我处南北两敌之间,北面作战带阵地战性质,需要准备两个月时间。不停止南敌,将使尔后处于不利地位。第二步重点集注意力于向北。[6]

电文还提出如下具体部署:红四方面军以一个军渡河,协同第三十军迅速控制河西枢纽地带,并侦察定远营与中卫敌情,准备第二步用一个军的兵力攻占定远营;红四方面军的其余三个军与红二方面军对付南敌;红一方面军主力与红四方面军两个军控制黄河西岸地带后开始行动,做渡河准备;南线敌人因受严重打击而停止前进后,红四方面军再派一个军渡河。此时整个战局进入以北面为重点的第二步,并以红四方面军的两个未渡河的军及红二方面军全部防御南敌。

26 日,毛泽东致电彭德怀,再次强调指出：

> 目前以打击胡敌,夺取定远营两者最为重要。三十军占领永登是对的,九军必须夺占定远营,这是攻取宁夏的战备枢纽……四、五、三十一军、二方面军,应以打胡为中心,仅抗击不够,打法可采取诱敌深入。[7]

随后,中央为实现"根本停止"南线敌人追击的第一步重点目标,决定在海原、打拉池地区发动海打战役。对左翼的毛炳文、王均两部予以牵制;对右翼的东北军王以哲部进行争取;重点打击中路胡宗南部。

为此,中央特成立前敌总指挥部,任命彭德怀为总指挥兼政治委员,刘伯承为参谋长,统一指挥三个方面军各部进行海打战役。

10 月 29 日,前敌总指挥部发布各部队集结位置的命令。30 日,彭德怀下达了海打战役作战部署。

按战役部署,红四方面军的第三十一军应集结于打拉池以东地区,协同红一方面军主力组成突击集团,求歼胡宗南部先头部队;红四方面军的第四军和第五军应在郭城驿、打拉池之间钳制毛炳文、王均所部,以保障突击集团的侧翼安全;红二方面军则负责突击集团的另一侧翼安全。

在进行宁夏战役、打通国际的大方向上,中央与张国焘是一致的。但张国焘也有自己的小算盘,配合很不积极。

中央于 10 月 27 日致电红四方面军：目前作战应注重击南敌,四方面军三十、九两军及指挥部过河外,其余各部应停止过河。过河部队,应以一个军向中卫延伸,一个军准备夺取战略要地定远营。

然而此时虎豹古渡口已被胡宗南部占领,加之中央电示红三十一军停止渡河行动,这两支部队才没有渡河,在前敌指挥部的直接指挥下,随大军东去。翌日,张国焘再次电令红四方面军指挥部,伪称：已得毛泽东同意,四军、三十一军即在三角城渡河,准备迎接。

由于红四军和三十一军被敌所迫,无法渡河。张国焘遂命令红四军撤至贺家集、兴仁堡,红三十一军撤至同心城、王家团庄。

接着,张国焘和朱德又下令原在靖远黄河渡口两岸担任护船及警戒任务的红五军西渡黄河。

当红三十军在虎豹古渡口渡河时,红五军在会宁一带设防,为三十军渡河争取时间。由于敌军来势凶猛,加之地形均为黄土,隐蔽性差,敌之飞机轮番扫射,致使红五军伤亡七八百人,副军长罗南辉亦壮烈牺牲。

三十军和九军渡过黄柯,敌关麟征部突至靖远,红五军已无法靠近打拉池,遂遵"两总"命令,于10月30日,撤至靖远之三角城,从三角城渡口渡过了黄河。

这样,海打战役计划就此流产,致使红一方面军主力的侧翼暴露于敌军面前,红军主力不得不从打拉池地区向东转移。

11月初,前敌总指挥部为贯彻中央继续争取实现夺取宁夏的计划,做出如下部署:集中红一方面军、红二方面军以及红四方面军的第四、第三十一军,在海原以北、同心城以西地区,求歼胡宗南部一至两个师,以停止敌人的追击。红军虽多次设伏诱歼胡宗南部,但左路敌军在控制靖远后已逐步和中路胡宗南部靠拢,诱歼计划未能实现,进行宁夏战役的最基本前提丧失。

胡宗南第一军孤军冒进

在中央和红军总部确定作战新计划东撤之后,国民党军连续占领了海原、同心、豫旺等地,对此,蒋介石错误地认为红军经长途跋涉,已不堪一击,决心集中兵力从庆阳、固原、七营、同心、中卫等地出击陇东,妄图南北夹击,全歼红军,进而直捣陕北苏区。其部署是:以十五路军马鸿逵部在中卫,第三军王均部在同心,第一军胡宗南部在固原以北,合组为左纵队;以六十七军王以哲部和骑兵军一部在固原、庆阳间,组为右纵队,共同向陇东进攻。同时,还调三十七军毛炳文部,五十一军于学忠部为预备队,由朱绍良指挥,随时予以增援。

在这部分敌人中,第一军胡宗南部号称"王牌",是进攻红军的主力,也是蒋介石赖以起家的本钱。该敌对于反共极为积极,并且倚仗着优势兵力和良好的装备,骄横嚣张,目空一切。

11月12日,胡宗南电令其第九十七师师长孔令恂、第四十三师师长周祥初、第七十八师师长丁德隆率所部向同心城、高崖子等地发动进攻。令九十七、四十三两师为左翼,在关桥堡、驼厂堡、瓜河湾、扬家庄之线,向红古城、同心城进攻。第一旅于 13 日以一部向北五当山、上下于家庄佯攻，以主力由北五当山以东向高崖子、王家团庄、草厂进攻。第二旅于 13 日应在第一旅右翼后跟进。[8]

第二天，国民党军占领了同心城、高崖子、王家团庄、草厂一线。胡宗南得意扬扬地在战报中炫耀：

十三日拂晓，第二团以第一营协同步炮之火力向当面之匪猛烈攻击，匪不支向豫旺方向纷纷溃退。旅部到达田子塘后仍命第二团追击，第一团之一营向北五当山佯攻，卒于本日（十三日）申刻将王家团庄、高崖子、草厂之线完全占领。[9]

获得小胜的胡宗南认为红军不堪一击，更加狂妄自大，遂于 14 日兵分两路，向豫旺县城方向展开攻击。

在胡宗南率部急进之时，负责指挥预备队的朱绍良认为红军经过长途跋涉，劳顿疲惫，人数少，武器差，利于他们进攻。于是，命令第三十七军调头西渡黄河，参加对已经渡河的红军之五军、九军、三十军的围攻。

根据胡宗南孤军深入以及其他方向的敌情变化，为了打击敌人的嚣张气焰，中革军委于 11 月 14 日和 15 日接连向红军总部、前敌总指挥部下达指示，着重指出：

敌既继续向我进攻，目前中心是打破敌之进攻，然后才能开展局面，才有利统一战线。否则敌以我为可欺，不但局面不能开展，与南京之统一战线也是不可能的。

敌占豫旺后，有继续追击可能。一、四、十五、三十共四个军，应即在豫旺县城以东，向山城堡迅速靠近，集结全力，准备打第一仗，消灭敌之北路纵队。[10]

中革军委还鉴于张国焘的干扰使前线指挥不统一、部队行动不协调的问题，明确指示各个方面军，"一切具体部署及作战行动，各兵团首长绝对服从前敌总指挥彭德怀同志之命令，军委及总部不直接指挥各兵团，以便适合情况，不影响时机，战胜敌人"。当张国焘离开陇东前往陕北后，毛泽东还致电彭德怀，"前线部队统交你指挥，当可放手去做"。为了加强前敌总指挥部的力量，中革军委还任命任弼时为前敌总指挥部政委，与彭德怀、刘伯承一起统一指挥三个方面军作战。

15 日，彭德怀按照军委的指示，对各兵团集中地区和任务做了具体部署。

在此之前,前敌总指挥部将在古西安州地区俘获的东北军人马放回,密切了红军与王以哲第六十七军的关系,进一步孤立了胡宗南部的行动。16 日,红军各部开始向山城堡南北地区集中。

山城堡三军用命

为什么毛泽东、彭德怀选择在山城堡而不是别的什么地方来作为打击胡宗南的伏击阵地呢？其实理由再简单不过:山城堡有一股笔孔那么大的泉水。追根溯源,正是这一眼泉水,成了促使中国历史发生重大转折的有功之泉。在陇东高原,说水比油贵重,似乎还没有表达出水的深刻意义。在那里,水的重要性,就在于它是一切生命的象征,是一切生命之源。原因是当地河沟里的水,又苦又涩,喝下去人会浮肿、拉稀。当地老百姓全靠储存雨水、雪水维持生存。于是,家家都有一个地下水窖。水窖的大小和储水量的多寡,几乎就是衡量这家财富的标志。以至人们逢年过节走亲戚,送馍不送水。馍是礼物,水是生命,礼物可送,生命不可以送,道理就在这里。可以想见,无论是胡宗南,还是毛泽东、彭德怀,要指挥部队作战,就不能不考虑解决部队的水源问题。胡军要越过山城堡一线东进,必定要到山城堡补充饮水。这就是红军选择山城堡的理由。从地形上来说,这里也是川塬相交,沟壑纵横,便于大部队设伏。

就在红军在山城堡撒下大网,专等胡宗南这条大鱼之时,胡宗南由于远离后方,给养运送不及,粮食奇缺,遇到了严重困难,连连致电向蒋介石告急。蒋介石命令该部占领定边、盐池,向榆林推进,打通道路,解决给养。

11 月 17 日,胡宗南第一军占领同心城后,即兵分三路向定边、盐池前进:左路第一师李正先第一旅由宁夏灵武县惠安堡东进;中路第一师詹忠信第二旅向萌城、甜水堡前进;右路丁德隆第七十八师由西田家塬向山城堡前进。孔令恂之第九十七师、周祥初之第四十三师为第二梯队,跟进至豫旺县城及其附近地区。

其中中路的敌第二旅在进入萌城以西地区时,红四方面军陈再道、王宏坤的第四军,萧克、周纯全的第三十一军已经先期到达该地区。两军首长考虑红军主力正向山城堡集结,布置战场,敌人又跟得很紧,为迟滞敌人行动,掩护主力行动,必须狠狠打一仗。于是,萧克命令红三十一军第九十三师一部预伏石梁山,担任正面阻击任务;另一部和九十一师,布置于魏家山,向敌右翼包抄。王宏坤指挥红四军的四个团预伏于萌城西北羊福山,向敌左翼迂回,以达到全歼敌一个旅的目的。

后来两军首长了解到敌人共有 5 个团共 1.2 万余人，装备又好，每连 9 挺机枪，营有重机枪，以红四军、红三十一军两个军近 1 万人的兵力，怕一下吃不掉，就决心首先歼灭敌先头部队一部。

山城堡战役时红军战壕遗址

17 日 11 时，敌先头第二旅一个团进至石梁山下，隐蔽在山头上的红九十三师突然开火，预伏于魏家山的九十一师向敌右翼发起侧击，战斗打响了。这时，几驾敌机俯冲过来，对我阵地轰炸扫射，敌后续部队乘机向我发起猛攻。在关键时刻，红九十三师人称"侉子师长"的柴鸿儒挺身而出，指挥部队打退敌人的多次进攻。战士们望着敌机，怒不可遏，举起步枪齐射，终于击中一架，敌机冒着青烟栽了下来。

看到敌机栽落，部队士气大振，向敌人发起猛烈反击。敌见势不妙，慌忙抢占西北方向的要点羊福山，刚爬到半山腰，就被潜伏在此的红四军打了下来，红四军乘胜向敌左侧后迂回。敌人乱了阵脚，在红军的三面打击下，死伤累累，狼狈逃向草坪山，红军追击十余里。

由于敌后续部队赶来，会合溃敌，据守草坪山，占领有利地形，战斗形成对峙。两军首长认为已达到阻击目的，且敌人火力较强，不能速战速决，遂于黄昏时分撤出了战斗。

这次战斗，击毙敌团长一名，毙伤 600 余人，俘敌官兵一部，尽管付出了一定代价，但迟滞了敌军的疯狂进攻，为红军主力设伏山城堡赢得了时间，意义十分重大。

敌人在遭到萌城、甜水堡的失败后并未引起警惕，胡宗南部为取得给养，令其左路第一旅进到大水坑；中路第二旅撤回豫旺县城整理，第四十三师接任中路向保牛堡前进；右路第七十八师向萌城至山城堡大道之间的古城堡推进，迂回萌城侧后截击红军。18 日，敌第七十八师师长丁德隆发觉红军已向洪德城、环县方向转移,即令所部向山城堡方向追击。11月19日侵占惠安堡后,经豫旺堡、古城,于20日黄昏到达山城堡。

此时,七十八师的行进顺序是:廖昂旅走在前面,师部与李用章旅在后面跟进。廖昂是黄埔二期出身,为人多谋,然不能善断。初到山城堡,廖昂一看四周地形,暗吃一惊,心中顿感不妙,马上命令旅部后移。此举受到团长晏俭的反对。晏俭认为部队正在安排宿营与寻找水源,有的士兵已经两天多没有喝到一口水,此时移动部队,徒然自相惊扰,引起军心摇动。再说,我们现在是撵着共军打,怕的就是他们不敢来。他们来了,也就省得我们再撵了,就地解决,一战定陕北。廖昂经此干扰,也就犹犹豫豫地住了下来,心中还暗存着一个侥幸,也许今晚不会有什么问题,先对付过去,明天再说。哪里料到撵不过去了,这里即将成为他们的坟墓。

面对难得的歼敌良机,毛泽东、朱德、张国焘、周恩来、彭德怀、任弼时、贺龙于18日联名下达了《粉碎蒋介石进攻的决战动员令》:

> 当前的这一个战争,关系于苏维埃,关系于中国,都是非常之大的,而敌人的弱点我们的优点又都是很多的。我们一定要不怕疲劳,要勇敢冲锋,多捉俘房,多缴枪炮,粉碎这一进攻,开展新的局面,以作三个方面军会合于西北苏区的第一个赠献给胜利的全苏区的人民的礼物。[11]

19日上午,前敌总指挥部在山城堡召开了各军首长会议,从陕北赶到这里的周恩来、林育英和彭德怀、任弼时等出席了会议。会议决定集中红军力量,歼灭敌第一军右路第七十八师,并制定了作战部署。会后,根据地军民立即行动起来,开始了紧张的战前准备工作。在周恩来和陕甘宁省委的指挥下,苏区人民人拉畜驮,为红军运送粮食、弹药,保证了部队的军需供给。同时,又在敌军途经地区,将粮食和各种物资都埋藏起来,给敌人制造了种种困难。各个方面军的指战员选择战场,构筑阵地,擦拭武器,决心歼灭敢于来犯之敌。

19日晚,彭德怀下达了作战命令:以红一军团隐蔽于山城堡以南之罗家沟至于家湾之间,待机出击;红十五军团以小部诱敌东进,主力隐蔽于山城堡以东及东北山地待机出击;红三十一军主力隐蔽于山城堡以北之田家庄附近待机出击;红四军主力置于山城堡东南地区待机出击;红二方面军主力为预备队,在洪德城以北之水头堡集结。另以红二十八、红二十九军和红三十一军一部,分别钳制胡宗南部左路和中路;红八十一师和由红一方面军特务团、红一军团教导营组成的朱瑞支队协同红六军团在环县、洪德城以西分别阻滞东北军王以哲部各路前进。

按照红一军团的部署,红一师、红四师担负战斗主攻任务。陈赓红一师的任务是从东向西攻击敌重兵防守的一座山头。

红军将领们指挥山城堡战役时住过的部分窑洞

陈赓既是胡宗南的黄埔一期同学,也是自河口血战后,第二次与胡宗南直接交手。河口之战,陈赓丢了面子,这次要从胡宗南手里把面子争回来。为此,他拄着拐杖,拖着受伤的双腿,利用夜色在阵地之间爬上爬下,一边检查作战部署,一边对部队进行动员,常常第一句话就是:敌人是胡宗南的精锐,要准备啃骨头,动刺刀、马刀。陈赓是铁了心要打好这一仗的。

战前,陈赓按照总部《决战动员令》的精神向部属作了动员:"这一仗,关系重大,事关全局。这是红军三大主力会师后的第一仗,这一仗打不好,敌人将直插定边、盐池,然后进逼保安,我们党中央、毛主席的所在地……"随后,他又亲自带领担任主攻的第十三团指挥员作现场勘察。

夜幕下,月亮和星星都被重重乌云吞噬,四周一片漆黑。接到攻击令后,红十三团的指战员全凭经验、感觉展开行动。但连续两次在两个突破点上的冲锋,都被抵挡在山脚下,而山头上的射击还越来越猛。

夜深了,寒风怒吼,黄沙扑面,突然黑暗中传来陈赓的声音:"天太黑,地形不利,这是原因。你们从两处一齐突,也是可以的,只是忽略了加强主要的突击方向。马上把预备队调上去,加强第三连,全团的火力集中支援他们! 马上调整部署。"

"在第二次突击中,号兵连的司号员一直摸到敌人碉堡底下,但因为他的手榴弹用完了,又不见后续部队,只好又摸了下来。"跑步赶来的三连连长王茂全说。"这次就让这个司号员带领突击班! 去叫他来一下!"陈赓道。

"你已经摸上过敌人的山头,这次就让你带着突击班上去,行吗?"陈赓亲切地询问前来的司号员。"行！我保证把突击班带到碉堡跟前！"

陈赓一声令下，二十几挺机枪一齐吼叫，三连连长王茂全一挥马刀，高喊一声"冲啊"！部队似离弦之箭飞上山头。

听到红一师那边杀声震天，在集结地域待命的红四师第十二团团长邓克明心中直犯痒痒。连日来遭到胡宗南部队的追击，他憋了一肚子火，很想也立即参加到战斗中，去狠狠地教训一下敌人。但上级又没有命令让他们去打。于是他就打电话向李天佑师长请战："现在红一师同敌人打得很激烈，我们是不是参战，配合一师把敌人阵地拿下来？"

李师长回答道："带一个连去。"邓克明一听，高兴极了，当即要通信员告诉伙房："今天要提前吃饭，买只鸡来炒辣椒吃！"交代完以后，他就去了红五连，找到了连长王永禄和指导员，兴奋地对他们说："师长要我带一个连配合红一师作战，把敌人阵地攻下来。我决定带你们这个连去。今天你们要提前吃晚饭，可以买一头猪，让全连战士吃得饱饱的，打起仗来有劲。你们赶快把连队集合起来，我要讲话。"

10分钟后，邓克明站在整齐的队伍前面，他操着大嗓门，作起了战前动员：

"你们是红三军团闻名的模范红五连，能打仗。只要你们发扬太阳嶂阻击战英勇杀敌的精神，我相信你们一定能够配合红一师把敌人的阵地攻下来。希望你们保持红三军团总政治部授予你们的'以少胜多，英勇杀敌模范红五连'的光荣称号，发扬英勇顽强、猛打猛冲的战斗作风，坚决完成李天佑师长交给我们团的战斗任务！"[12]

黄昏时分，邓克明带领红五连从韩山堡出发，一个小时后到达了红一师指挥所。在与陈赓师长见面后，邓克明马不停蹄地上了十三团的主攻阵地。根据与魏洪亮政委的商议，邓克明率领连队运动到敌人阵地左翼，隐蔽待机。

不一会，主攻打响了。红五连以迅雷不及掩耳之势，一下子迂回到敌人阵地后方，从背后发起了猛烈的进攻。敌人为了打开一条逃命的退路，纷纷冲将过来，与红五连短兵相接，展开了白刃战。这可是红军的拿手好戏！不一会，便打垮了敌人，占领了阵地。

根据战前规定的信号，邓克明打了三发红色信号弹。这时，红一军团第二师、红十五军团主力、红三十一军等各兄弟部队一起向敌人发起了四面合围的猛烈进攻。

几分钟，仅仅几分钟，胜利的号音就响彻了山野。

几分钟,仅仅几分钟,顽抗的敌人开始四处溃逃。

当红二师师长杨得志在山城堡西北面同第四团团长罗华生、副团长胡炳云一起指挥战斗时,通信员跑来报告,说红五团被敌人的火力压在山下,攻不上去。杨得志听了,急忙赶到红五团一看,见那里山虽不高,但位置很重要,是敌人逃跑的必经之路。山上的敌人利用几座炮楼控制着这个制高点,用轻、重机枪严密封锁了红五团进攻的道路。团长曾国华和政委陈雄见杨得志来了,有点发急地说:"师长,我们伤亡很重!"

杨得志仔细地观察了一下地形和敌人的火力网,对曾国华和陈雄说:"把大部队收回来,派小分队迂回进攻,先敲掉敌人的炮楼。不过时间要抓紧,不能耽误全军的进攻。"

曾国华和陈雄领受任务后,即带两个连队,分头从两侧迂回到敌炮楼前,以突袭的动作把炮楼给"端"了。但当部队在浓烈的烟雾中往上猛冲的时候,突然又受到设在半山腰的一座碉堡的火力阻击,转眼间十几名战士倒下了。陈雄大喊一声:"卧倒!"部队停止了冲击。刹时间,阵地上一片寂静。

杨得志瞅了瞅那敌堡,位置很低,机枪射不到它的要害部位,手榴弹也够不到,怎么办? 就在这时,只见陈雄从他身旁的一个战士手里抓起一束手榴弹,飞快地向那碉堡滚去。杨得志见了大喊一声:"陈雄!"

陈雄好像根本没有听见,继续往前滚。杨得志眼见他身子一抬,只高出地面一点点,就倒下了。是负了伤? 还是在迷惑敌人? 杨得志急令身边的战士们集中射击进行掩护,好一会儿他仍然不动——肯定是负伤了。"你们上!"杨得志向身边的两位战士喊道。这两位战士刚跃起身,就看到陈雄猛地站起来,连扑带爬地靠上了敌堡,只见他把一束手榴弹塞进了敌堡的射孔。紧接着"轰隆"一声巨响,敌堡倒塌了,战士们冲上去了,但是军政双全的年轻政委陈雄却再也睁不开眼睛了。

20日对山城堡的总攻发起后,在红一方面军红一军团、红十五军团,以及红四方面军三十一军的围攻下,21日黄昏,敌军第二三二旅开始向曹家阳台逃散。红一军团乘机攻入山城堡。激烈的战斗发生在夜间,又是在山区,立刻显出了敌我双方的优劣之处。白天打阵地战还能逞凶一时之胡宗南的这支"精锐",在擅长夜战的红军面前,兵离了官,官丢了兵,完全变成了一盘散沙,很快就溃败下去。

这时,红一师师长陈赓对跟在红五团后进攻的红三团主官说:"十五军团、四方面军四军、三十二军和二方面军二军团、六军团十八师正从三面围攻高地的敌人，马上也会向山城堡寨内猛冲，你们要密切协同作战。"

接受命令后，红三团一连即在连长贺志祥的带领下，冲向敌七〇四团重机枪阵地，阵地上的100多敌人，冻得手都张不开了，工事也没挖好，就当了红军的俘虏；三排长崔华光率该排猛冲到敌迫击炮、山炮阵地上，吓得敌军不知炮往哪里打，一下就俘虏了120多人。不一会儿，三个方面军的红军从四面八方呐喊而来，杀声震天，敌炮兵正想开炮乱轰，做垂死挣扎，二排刘才明排长冲上去，大吼一声，"不许开炮！放下炮弹，缴枪不杀！"敌人吓得目瞪口呆，乖乖地当了俘虏。

此时的敌人一片混乱，三连指导员罗永祥带队冲到敌七〇五团二营营部，把敌人的指挥所打得乱七八糟，缴获了两部报话机，活捉了敌营长吴耿星以下120多人；副政治指导员带队冲到敌人的团指挥所，缴了电台，活捉敌七〇五团三营的杜芳鸣营长，又俘虏了110多人。这个杜芳鸣骄傲得很，硬说这仗打得不算数。但在红军明亮亮的刺刀面前，不得不举手当了俘虏。

四连的王景山副连长，以迅雷不及掩耳之势，带队冲到山城堡北面窑洞里，活捉了敌七〇四团高梁均团长，缴到敌人手枪20多支，这个团长说他要自杀，红军丢给他一把刺刀说："你自杀吧！"贪生怕死的他丧魂落魄，顿时瘫在地上。

在山城堡北山窑洞里，是敌二三二旅骑兵营，二连冲进去活捉了营长阎胡均，缴到战马100多匹。

半夜时分，红三团同四师、十五军团、三十二军的十八师混在一起，各部队带着被俘的敌人，你来我往，又下着大雪，挤得路都不通了。不久，机炮连将敌七〇四团副团长也押送到团指挥部来了。阮金庭团长问那个副团长："你是哪个师的？""是七十八师二三二旅的。""你们进到山城堡有多少团？""有5个团，还有二三四旅带的七〇二团在甜水铺。胡宗南在环县。"

当敌团副在这里交代时，红二师早已经趁夜向甜水铺方向猛追，歼灭了敌二三四旅的两个团；准备策应的东北军、西北军、"三马"军阀部队和阎锡山的部队也被红二十八军在同心城、环县、豫旺堡、榆林、固原等地击溃。

至22日9时，号称"天下第一旅"的胡宗南部丁德隆师的一个多旅全部被歼。

山城堡战斗取得了重大胜利。此役红军共歼敌胡宗南部七十八师二三二旅及二三四旅两个团，连同何家堡战斗，萌城、甜水堡战斗，共歼敌万余，缴获了大批的武器弹药和军事装备，给予敌人以沉重的打击。敌第七十八师的丁德隆

也在战报中承认:

"(红军)向山城堡、曹家阳台一带重重包袭,我与匪混战,损失极重,不能支持……在山城堡苦战一昼夜,众寡不敌,全部溃乱……以现计约损失三分之二以上。"[13]

山城堡战役纪念碑

山城堡战役胜利的当天,即11月22日,中共中央、中华苏维埃中央委员会、中华苏维埃中央革命军事委员会联合发布了"中央为各方面军歼胡敌一个旅"给全军的通电,指出:

这个胜利是粉碎蒋介石全部进攻的开始,我全体红军战士要更加团结起来,吃苦耐劳,执行命令,勇敢作战。我全苏区人民要帮助红军输送粮食,转运伤兵,搬运胜利品。白军来时,用坚壁清野对付之。为保卫抗日根据地而战,为消灭全部进攻之敌而战。

红军万岁!

苏维埃万岁!

抗日救国之民族革命战争万岁![14]

11月23日下午,红军在山城堡的一个大庙里召开了团以上军政干部参加的祝捷大会。会场上悬挂着醒目的横幅,上面写着"庆祝山城堡决战伟大胜利"。朱德、彭德怀、刘伯承、聂荣臻、左权、贺龙、任弼时、关向应、萧克、王震、徐海东、程子华等中央和三个方面军的主要领导人出席了会议。朱德在会议讲话中倡议三军将士:

"三大红军西北大会师,到山城堡战斗结束了长征,给追击红军的胡宗南部队以决定性的打击。毛主席讲过,三大红军战略转移,是盘古开天以来的第一次。长征是宣言书,长征是宣传队,长征是播种机,长征以我军胜利敌人失败而告终。我们要在陕北苏区站稳脚跟,迎接全国抗日救亡运动的新高潮!"

彭德怀在讲话中号召全军指战员:

"发扬山城堡决战中猛打、猛冲、猛追的顽强战斗作风,争取再给胡宗南几个致命的打击,猛烈发展和扩大陕甘宁边区苏维埃运动。"

最后,左权军团长在概括山城堡决战的伟大意义时十分精辟地指出:

"在毛主席、周副主席、朱总司令的统一指挥下,在苏区人民的全力支援下,红军在山城堡英勇作战,粉碎了胡宗南两个先头师,歼灭一个师,俘虏敌人一万五千多,把其他围堵白军吓跑了。这是中国苏维埃运动史上带有决定性胜利的一仗。"[15]

的确如此,山城堡战役发生在历史转折关头,是三大主力红军会师后的第一仗,此战胜利不仅加强了三个方面军的团结,壮大了红军的力量,而且树立了在党中央统一领导下团结战斗的光辉典范,使全军指战员在政治上、思想上、组织上更为统一。山城堡战斗的辉煌胜利,又宣告了中国工农红军二万五千里长征"以我们胜利、敌人失败的结果而告结束",从而作为具有重大历史意义的"第二次国内革命战争的最后一仗"载入史册。

山城堡战役结束后,蒋介石、胡宗南基本停止了派兵对红军的进攻,开始退守到大火坑、萌城、甜水堡及其以西地区。而河东的红军主力部队则集结于环县、定边、盐池之间休整待命。

40多天之后,"西安事变"的消息传来。

中国的历史在这个枢纽发生了一次重大的转折,国共之间进行了第二次合作,共同抗击日本帝国主义的入侵。抗日战争全面爆发后,中国工农红军改编为八路军,开赴抗日前线直接对日作战。中国革命史上翻开了新的一页!

"红军不怕远征难,万水千山只等闲。"从红都瑞金到陕甘苏区,从血战湘江到夜战山城堡,中国工农红军的长征终于完全胜利了!

70年前,那些疲惫不堪但却英勇无比的红军将士,可能还没有料到:当中央红军将士们渡过雩都河时,他们的行军将同一个共和国的诞生紧紧地联系在一起;他们走过的二万五千里将成为地球上不朽的红飘带!他们度过的那些日日夜夜是多么的弥足珍贵!他们用鲜血和生命铸就的不朽功勋,对于中华民族,对于中国共产党及其领导下的人民军队,又有着怎样不可替代的伟大意义!

正如毛泽东在回顾长征时豪情满怀的断言:

　　长征是历史纪录上的第一次,长征是宣言书,长征是宣传队,长征是播种机。自从盘古开天地,三皇五帝到于今,历史上曾经有过我们这样的长征吗?十二个月光阴中间,天上每日几十架飞机侦察轰炸,地下几十万大军围追堵截,路上遇着了说不尽的艰难险阻,我们却开动了每人的两只脚,长驱二万余里,纵横十一个省。请问历史上曾有过我们这样的长征吗?没有,从来没有的。长征又是宣言书。它向全世界宣告,红军是英雄好汉,帝国主义者和他们的走狗蒋介石等辈则是完全无用的。长征宣告了帝国主义和蒋介石围追堵截的破产。长征又是宣传队,它向十一个省内大约两万万人民宣布,只有红军的道路,才是解放他们的道路。不因此一举,那么广大的民众怎会如此迅速地知道世界上还有红军这样一篇大道理呢？长征又是播种机。它散布了许多种子在十一个省内,发芽、长叶、开花、结果,将来是会有收获的。总而言之,长征是以我们胜利,敌人失败的结果而告结束。[16]

这不仅是中国革命由挫折走向辉煌的旷世神话,也是世界军事史上绝无仅有的非凡奇迹,更是一部人类气壮山河、豪气吞云的英雄史诗！长征精神将光照千秋,与日月同辉。

---

[1] 1936 年 5 月 12 日,国民党元老、中央常务委员会主席胡汉民因患脑溢血在广州病逝,两广一时失去了中心人物。蒋介石企图利用胡汉民之丧,乘机解决两广问题,要陈济棠把广东大权交还南京中央政府。陈济棠在全国人民抗日怒潮的推动下,不满意蒋介石的卖国政策,决定先发制人,联合广西实力派李宗仁、白崇禧等人,以"北上抗日"为名,举兵反蒋,史称"两广事件"。

[2] 张国焘:《我的回忆》第三册,现代史料编刊社 1981 版,第 226 页。

[3] 《六大以来》(下),人民出版社 1981 年版,第 688 页。

[4] 参见《巩固和发展陕甘苏区军事斗争》(1),解放军出版社 2000 年版,第 781 页。

[5] 徐向前:《历史的回顾》,解放军出版社 1987 年版,第 509 页。

[6] 《巩固和发展陕甘苏区军事斗争》(1),解放军出版社 2000 年版,第 804 页。

[7] 《巩固和发展陕甘苏区军事斗争》(1),解放军出版社 2000 年版,第 810 页。

[8] 《巩固和发展陕甘苏区军事斗争》(2),解放军出版社 2000 年版,第 852 页。

[9] 《巩固和发展陕甘苏区军事斗争》(2),解放军出版社 2000 年版,第 856 页。

[10] 《巩固和发展陕甘苏区军事斗争》(1),解放军出版社 2000 年版,第 853、854 页。

[11] 《巩固和发展陕甘苏区军事斗争》(1),解放军出版社 2000 年版,第 864 页。

[12] 邓克明:《忆山城堡战役》,《巩固和发展陕甘苏区军事斗争》(2),解放军出版社 2000 年版,第 308 页。

[13] 《巩固和发展陕甘苏区军事斗争》(2),解放军出版社 2000 年版,第 876 页。

[14] 《巩固和发展陕甘苏区军事斗争》(1),解放军出版社 2000 年版,第 882 页。

[15] 参见萧锋:《长征日记》,上海人民出版社 1979 年版,第 191 页。

[16] 《毛泽东选集》(一卷本),人民出版社 1964 年版,第 135 页。